儒家成人论

The Confucian Theory of Human Accomplishment

吴新颖　陈翰苑　著

人民出版社

国家社科基金后期资助项目
出版说明

后期资助项目是国家社科基金项目主要类别之一，旨在鼓励广大人文社会科学工作者潜心治学，扎实研究，多出优秀成果，进一步发挥国家社科基金在繁荣发展哲学社会科学中的示范引导作用。后期资助项目主要资助已基本完成且尚未出版的人文社会科学基础研究的优秀学术成果，以资助学术专著为主，也资助少量学术价值较高的资料汇编和学术含量较高的工具书。为扩大后期资助项目的学术影响，促进成果转化，全国哲学社会科学规划办公室按照"统一设计、统一标识、统一版式、形成系列"的总体要求，组织出版国家社科基金后期资助项目成果。

全国哲学社会科学规划办公室

2014 年 7 月

目　　录

第一章　儒家及成人观的历史演变

第一节　儒及儒学

一、儒及儒学

（一）"儒"的内涵

关于"儒"字的阐释，较为人推重的如下。

（1）东汉许慎："儒，柔也，术士之称。从人，需声。"（《说文解字·人部》）

（2）东汉郑玄："儒之言优也，柔也；能安人，能服人。又，儒者，濡也；以先王之道，能濡其身。"（《礼记·儒行》）

（3）西汉扬雄："通天地人，曰儒；通天地而不通人，曰伎。"（《法言·君子》）

（4）西汉韩婴："儒者，儒也。儒之为言无也，不易之术也。"（《韩诗外传》卷五）

（5）东汉末应劭："儒者，区也，言其区别古今。居则玩圣哲之词，动则行典籍之道，稽先王之制，立当时之事，此通儒也。若能纳而不能出，能言而不能行，讲诵而已，无能往来，此俗儒也。"（《后汉书·杜林传》李贤注引《风俗通》）

（6）南朝梁皇侃："儒者，濡也。"

《周礼·天官》云："儒，以道得民。"郑玄注："儒，诸侯保氏，有六艺以教民。"

而孔子也有关于儒的说明，在《论语·雍也》中，孔子对子夏说："女为君子儒，无为小人儒"。这应是"儒"字的最早记载。它表明，"儒"作为一种行为方式或职业，在孔子时代已经表现有十分不同的品格。《礼记·儒行》关于"儒"，孔子列举了几种"儒行"的表现或品格。

儒有席上之珍以待聘，夙夜强学以待问，怀忠信以待举，力行以待取。其自立有如此者。

儒有居处齐难，其坐起恭敬，言必先信，行必中正，道涂不争险易之利，冬夏不争阴阳之和；爱其死以有待也，养其身以有为也。其备豫有如此者。

　　儒有不宝金玉,而忠信以为宝;不祈土地,立义以为土地;不祈多积,多文以为富。难得而易禄也,易禄而难畜也。非时不见,不亦难得乎? 非义不合,不亦难畜乎? 先劳而后禄,不亦易禄乎? 其近人有如此者。

　　儒有可亲而不可劫也,可近而不可迫也,可杀而不可侮辱也。其居处不淫,其饮食不溽,其过失可微辨,而不可面数也。其刚毅有如此者。

　　易见,所谓"儒",是有知识、懂礼仪,且具有特定倾向与"专业"范围的知识阶层。同时,这里的"儒",既是"儒"之原始概念及其所含蕴的实体经历了漫长历史时期的积沉,也是"儒学"或"儒家学派"所赖以形成的逻辑起点。

　　荀卿曾对战国诸儒做了较多的论述:"儒者,法先王,隆礼义,谨乎臣子而致贵其上者也。人主用之,则势在本朝而宜;不用,则退编百姓而悫,必为顺下矣。虽穷困、冻馁,必不以邪道为贪;无置锥之地,而明于持社稷之大义。呜呼而莫之能应,然而通乎财万物、养百姓之经纪。势在人上,则王公之材也;在人下,则社稷之臣、国君之宝也。虽隐于穷阎漏屋,人莫不贵之,道诚存也。……儒者在本朝则美政,在下位则美俗。儒之为人下如是矣。"(《荀子·儒效》)

　　在"儒者"之中,荀卿又划分了若干等级:"有俗儒者,有雅儒者,有大儒者"(《荀子·儒效》)。其"俗儒"略高于"俗人",而"大儒"最受赞许。其特点是:"法先王,统礼义,一制度,以浅持博,以今持古,以一持万。""用大儒,则百里之地久。而后三年,天下为一,诸侯为臣;用万乘之国,则举错而定,一朝而伯。"(《荀子·儒效》)荀卿所举"大儒"的典型代表就是周公,其为"得势"而用的"大儒"。另如仲尼、子弓则是"一君不能独畜,一国不能独容"的"不得势"的大儒。如子张、子夏、子游之辈,则被斥为徒具形式,装腔作势,甚至是"无廉耻而耆饮食"的"贱儒"(《荀子·非十二子》)。荀子谈到各类儒生的特点,其笔下之儒,大致可分为三类:一为品行低下、才智平庸之儒,贱儒、俗儒是也;二为德虽不贱,才智平庸之儒,陋儒、散儒、腐儒、瞀儒是也;三为德行高尚、才智皆具之儒,小儒、雅儒、大儒是也。

　　刘歆的《七略》称:"儒家者流,盖出于司徒之官,助人君顺阴阳明教化者也。游文于六经之中,留意于仁义之际,祖述尧舜,宪章文武,宗师仲尼,以重其言,于道为最高。"[1]颜师古曰:"凡有道术皆为儒。"[2]班固推定:"儒

---

[1]　(东汉)班固:《汉书·艺文志》卷三十,颜师古注,中华书局1962年版,第1728页。

[2]　(东汉)班固:《汉书·司马相如列传》,颜师古注,中华书局1962年版,第2592页。

家者流,盖出于司徒之官,助人君顺阴阳,明教化者也。"《辞源》也有:"儒,古代从巫、史、祝、卜中分化出来的人,也称术士,后泛指学者。"

上列诸说,基本上以训释字义为主,亦兼及于"儒者"或"儒家学派"的思想言行等内容。就字义而言,训"柔"或"优"或"濡",似均当与"术士"相联。许慎曰:"从人",自当指人或人之行为的一种;扬雄以"儒"与"伎"相对而称,显为人的一种类型;韩婴、郑玄、应劭之解,应指人的行为或品格;而所训"柔""优""濡"也与人的行为方式或品格相联。

"儒"作为人的一种行为方式或一种类型的人,最早出现于何时?胡适曾考定为"殷民族的教士"(《说儒》),傅斯年、冯友兰等有所谓儒者"教书匠",俞樾、钱穆等有儒者"术士",徐中舒、张岂之等有"宗教教士",郭沫若等有"缙绅先生"的说法,而所有这些身份,都有一个共同的特点,即都是指在学业上有一技之长,并以此为职业的人。胡适更是从考据学的立场考察了"儒"的生活。他说:"我疑心《周易》的'需'卦,似乎可以给我们一点线索。儒字从需,我疑心最初只有一个'需'字,后来始有从人的'儒'字。"他的结论是:"'需'卦所说似是指一个受压迫的知识阶层,处在忧患险难的环境,待时而动,谋一个饮食之道。这就是'儒'。"[1]关于"儒"冯友兰则认为"儒不必与殷民族有关"(《原儒墨》);郭沫若说"儒应当本来是'邹鲁之士缙绅先生'们的专号","是春秋时代的历史的产物"(《驳"说儒"》)。最早大约是在春秋后期,对"儒"有不同角度评论:一是晏婴。齐景公欲封仲尼,以告晏子。晏子曰:"夫儒,浩居(他书亦作"浩裾"或"倨傲")而自顺者也,不可以教下;好乐而淫人,不可使亲治;立命而怠事,不可使守职;宗(亦作"崇")丧循哀,不可使慈民;机服勉容,不可使导众。孔某盛容修饰以蛊世,弦歌鼓舞以聚徒,繁登降之礼以示仪,务趋翔之节以观众,博学不可使议世,劳思不可以补民,累寿不能尽其学,当年不能行其礼,积财不能赡其乐。繁饰邪术以营世君,盛为声乐。以淫遇民,其道不可以期世,其学不可以导众。"(《晏子春秋·外篇第八》)二是墨翟。墨子谓程子曰:"儒之道足以丧天下者,四政焉。儒以天为不明,以鬼为不神,天鬼不说,此足以丧天下。……又弦歌鼓舞,习为声乐,此足以丧天下。又以命为有,贫富寿夭,治乱安危有极矣,不可损益也,为上者行之,必不听治矣;为下者行之,必不从事矣,此足以丧天下。"(《墨子·公孟》)这里,晏婴和墨翟从负面角度的评价,恰恰说明一个事实:儒者特重礼仪、声乐,特别是丧礼;且他们有一套繁杂的仪节与学问,又自视甚高,不从俗流。

---

[1] 牛其贞:《胡适论学近著》第一集,山东人民出版社1998年版,第21页。

（二）早期儒学形成

1. 儒学起源于"王官之学"

《汉书·艺文志》："儒家者流，盖出于司徒之官。"由此创立了儒家出于"王官之说"。章太炎肯定了这一说法："此出于王官之证。"他认为："古之学者，多出王官世卿用事之时，百姓当家，则务农商畜牧，无所谓学问也。其欲学者，不得不给事官府为之胥徒，或乃供洒扫为仆役焉。""故《曲礼》云：宦学事师。学字本或作御。所谓宦者，谓为其宦寺也；所谓御者，谓为其仆御也。……是故非仕无学，非学无仕。"简言之，古代学术皆出于"王官之学"，诸子之学是"官学"延续的结果，而"官学"则是诸子之学的渊源。

最早的学术思想文化都源于宗教，原始社会"自发的宗教"是人人共有的，表现了当时人们对社会、自然的认知。为了改变"民神杂糅"，防止九黎乱德，必须"绝地天通"（《国语·楚语下》）。中国古代社会早期，天子就是天帝之子。充当地与天、人与神之间沟通角色的神职官员，将天帝的旨意传达给天子。相传从舜到夏朝，"皋陶作士以理民。……非其居其官，是谓乱天事"（《史纪·夏本纪》）。这些治民之士，是专门做"天事"的官员，必须精心加以选择。当时的官多称为"正"，如"南正"（司天以属神）、"火正"（司地以属民），此外还有"工正""农正"。商代从事神职的官主要是祝（司祭天神）、宗（司祭祖）、卜（司占卜）、史（修史、观星象与管理文籍典册），这些人都是当时文化水平最高的礼官。到了周代，这些神职礼官又担负着师、保的任务，掌管官府教育与民众教化。所谓"学在官府"，主要是指礼官从事教育和教化的工作。《尚书·盘庚》中商代执政者向臣民宣称："无有远迩，用罪伐厥死，用德彰厥善。"意思是说，无论亲疏远近，犯罪者处死，行善者表彰。这时"德""礼""孝"的观念已产生。周人在此基础上，形成了更为系统的价值观念。从上古传下来的"六艺"，无论是指礼、乐、射、御、书、数，或《诗》《书》《礼》《乐》《易》《春秋》六籍，应形成周代，并成为官学中的主要内容。

2. 学术下移与私学兴起对儒学的催生作用

官学的失落和私学的兴起对儒学起了催生作用。"天子失官，学在四夷。"（《左传·哀公十六年》）"夷"是在下、在野的意思，不是专指夷人。由于三代社会不稳定，特别是西周后期，掌握着学术文化的礼官不断流失，官学废弛，典籍散失，至春秋时期这种现象尤为严重。如史书中提到的《三坟》《五典》《八索》《九丘》等古籍早已失传。孔子曾说："君子三年不为礼，礼必坏；君子三年不为乐，乐必崩。"（《论语·阳货》）《左传》又说："礼失则昏，名失则愆。"（《史记·孔子世家》）春秋时期，已是"礼坏乐崩"时期。孔子认为,"礼坏乐崩"必然会使社会失去平衡,出现秩序混乱。然而"官学"的失坠,并不意味着传统文化的消失。孔子说:"礼失而求诸野。"(《汉书·艺文志·诸子略序》)此处的礼,可以理解为广义的官学;野,则泛指民间。因此,在野的士阶层拥有一部分官府散失而民间还保存着的文化典籍,这是儒学与儒家产生的历史条件。

(三)　儒学流派与分期

"儒学"源于"儒",但又不等同于"儒"。冯友兰对此提出:"儒家与儒两名,并不是同一的意义。儒指以教书相礼等为职业之一种人,儒家指先秦诸子中之一学派。儒为儒家所自出,儒家之人或亦仍操儒之职业,但二者并不是一回事。"①同时,他还认为:"孔子不是儒之创始者,但乃是儒家的创始者。"②儒学或儒家,就当时分散在各地的孔子弟子来说,由于其旨趣各异,取舍不同,形成不同流派,所谓的"有子张之儒,有子思之儒,有颜氏之儒,有孟氏之儒,有漆雕氏之儒,有仲良氏之儒,有孙氏(荀卿)之儒,有乐正氏之儒"。(《韩非子·显学》)

儒学随着历史发展及朝代改换而不断创新自己的内容。关于儒学的发展阶段主要有牟宗三的三期说,李泽厚的四期说,成中英五阶段说,这里,我们倾向于成中英关于儒学发展五阶段说:第一个阶段指儒学发展的原初阶段(公元前6世纪——公元前4世纪)。古典儒家的精神在于以全民个人道德的修持来促使个人自我实现、进行社会改造与达到民本政治的建立。儒家最后的目的在人性的完成与仁爱社群的实现。古典的儒家是以仁的发轫与仁的完成为个人及社会的生命的最终价值。③第二个阶段从古典儒学到汉代儒学(公元前2世纪——公元3世纪),走的是经典的整合与经义的系统化路线。汉代儒家在传授经学的同时力图建立一个比较完整可信的古典知识体系与语言解说系统。④第三个阶段为宋明新儒学(10世纪至17世纪)。宋明理学实现了本体论的重大突破,并以本体论为基础,大大地发展了儒学的人性论和心性论,同时对天人关系这一范畴,进行了细致的说明,最终为儒家提供了形上学的证明。第四个阶段为清代儒学,这是一个恐惧戒慎的保全阶段。明末清初四大家(顾炎武、黄宗羲、王夫之、颜元)在失国之痛的反省中深入地批判了宋明理学与心学的流弊,力图建立一个开放的本体宇宙观与历史哲学及务实的实践哲学。但由于改朝换代了,虽然开

---

①　冯友兰:《原儒墨》,《清华大学学报》1935年第2期。
②　冯友兰:《原儒墨》,《清华大学学报》1935年第2期。
③　成中英:《第五阶段儒学的发展与新新儒学的定位》,《文史哲》2002年第5期。
④　成中英:《第五阶段儒学的发展与新新儒学的定位》,《文史哲》2002年第5期。

启了崇实绝虚、回归经典、直探义理的学风,却不能扭转清廷基于统治的要求实行的文化政策,遂转向考据与训诂。[①] 第五阶段为当代新儒家,这一阶段的儒学发展应该吸取中国历史发展的教训,扩大眼光,吸取新知,开拓资源,在政治、经济、文化三大领域进行持续的整合与创造。

历史上儒学可谓学派林立,代表人物众多,但有其共性:一是以孔子为共同的思想宗祖;二是有相同的经典,如《五经》《七经》《十三经》,最后定位为《四书》《五经》;三是倡导礼乐教化,追求社会秩序与和谐;四是倡导以仁为核心的包括义孝忠价值观念;五是提倡经世济民,积极入世。上述儒学诸派的共性,也是儒学区别于其他学派的特色之处。

（四）历史选择儒学的必然

法家代表人物韩非在政治指导思想上过度强化法家思想,并把法术之学与诸子之学,尤其是儒、墨之学,视为绝对对立的两种思想体系,并对儒、墨之学进行了猛烈的抨击,更为极端的是把一些国家衰败的原因归为儒学的影响。他在《五蠹》中指责儒学为"邦之蠹",他认为,只要儒学存在,那么"海内虽有破亡之国,削灭之朝,亦勿怪矣"（《韩非子·五蠹》）。他把秦强盛,山东六国衰败的原因归结为:山东诸国受儒学影响太重,而秦则奉行法术。他还说:"大慕仁义而弱乱者,三晋也;不慕而治强者,秦也。"（《韩非子·外储说左上》）《韩非子·说疑》中也有:"卑主危国者之必以仁义智能也。"由此,他论述每个国家盛衰变化是否以奉法为指导思想,并总结规律是:奉法者强,弃法者败。韩非抨击儒、墨与诸子之学,他认为在理论上最根本的一点是爱之道与人的好利本性相悖。他说:"今学者之说人主也,皆去求利之心,出相爱之道,是求人主之过父母之亲也。"又说:"今上下之接,无子父之泽,而欲以行义禁下,则交必有郄矣。"（《韩非子·六反》）这种要求是根本不可能的,也做不到的。韩非的法家思想在历史上有一定影响,尤其是助推秦国强大并统一天下。

而秦国的开国皇帝秦始皇建立统一王朝后,仍信奉法家思想,反对习儒雅,禁止民间藏诗书,抛弃礼义,抛弃先王之道,独断专横,真可谓是"以乱济乱,大败天下之民",结果得天下才15年便灭亡了。对此,西汉著名思想家贾谊作了总结并一针见血指出其缘由为"仁义不施,攻守之势异也"。由此可以清楚地看到秦王朝灭亡的历史教训,说明武力可以夺取政权,但在建立政权之后,还想依靠武力征讨思路来巩固政权,则是不可取的。汉初,有识之士就认识到了这一点,董仲舒提出了广施教化才是治国的根本之策。

---

① 成中英:《第五阶段儒学的发展与新新儒学的定位》,《文史哲》2002年第5期。

对此,有学者指出:"这种思想一方面是说打天下和巩固政权不是一回事,打天下可以靠武力,而巩固政权主要不是靠武力。"①可见,儒学成为一个王朝和平时期指导思想是历史的必然。

二、儒学乃人学

"儒学就是一部人学,即关于人的成长及自我实现的学说,无论仁义礼智信,还是《中庸》所言尽人性尽物性赞天地之化育,《大学》所言三纲领八条目,都是说先要从自己做起而穷人理。"②如果我们把"穷人理"的内容落实到"成人"的整个过程,或者说"成人"就是确立以如何做人为内容,那么,传统儒学史就是一部"成人"解析史。

最初,孔子创立儒学,只是中国思想的一个流派而已,之后好几代人的不懈努力,却把孔子倡导的中国文化建构成为一个"学统"。汉代早期"罢黜百家、独尊儒术"的运动使儒家逐渐渗透到社会各个方面,从而使儒学传统在中国古代社会真正产生广泛的影响。其实,儒学最初只是一个智者对其身处"乱世"的所观、所思、所想。然而,在其后的数百年间,儒学由一家之言上升为国家哲学,成为意识形态,这一历史文化现象值得深思。而意识形态化的儒学,则仍注重以人的德性发展为基点,且论证了因人的德性成就而形成及其合理性。

因此,儒家成人观是儒学的核心内容,也是中国哲学、中国传统文化的核心内容,儒学即以人的关怀为核心,也就是说,儒学乃人学。

三、儒学核心功能即人的教化

李景林认为:"从一定意义上说,中国哲学实质上是一种'教化哲学'。"③由此可见,教化在中国哲学中的重要地位。中国古代教化始终伴随着社会发展与变化。早在周朝就有教化实践,到了战国后期,有了关于教化的理论思考,而在汉代董仲舒的力推下,教化则提升为一种治国策略。"教化"作为系统理论,由尧、舜发明,哲贤阐发,政府推动,旨在依靠法令制度的强制性约束手段的同时,辅以劝谕性方式,促使民众去恶向善。梁漱溟在《中国文化要义》中从"教化"对于中国政治、社会发展的功用角度认为,周孔教化虽非宗教,但中国自孔子以来,即走上"安排伦理名分以组织社会",

①　曹影:《教化的意蕴》,《光明日报》2004 年 7 月 6 日。
②　陈代湘:《冯友兰方法论与朱熹工夫论》,《湘潭大学社会科学学报》2002 年第 6 期。
③　李景林:《教化哲学——儒学思想的一种诠释》,黑龙江人民出版社 2006 年版,第 486 页。

"设为礼乐揖让以涵养理性"①。儒学作为中国传统文化的主流思想,指导和影响着世代中国人的生存与发展,之所以如此,得益于儒学最重要的功能,这也是历代执政者尤其是在太平治世时首选的核心目标即对人的教化。"儒家者流,盖出于司徒之官,助人君顺阴阳,明教化者也。游文于六经之中,留意于仁义之际,祖述尧舜,宪章文武,宗师仲尼,以重其言,于道最为高。"孔子曰:"'如有所誉,其有所试。'唐虞之隆,殷周之盛,仲尼之业,已试之效者也。然惑者既失精微,而辟者又随时抑扬,违离道本,苟以哗众取宠。后进循之,是以五经乖析,儒家渐衰,此辟儒之患。"②而儒家的教化,旨在使人由自然人向社会人转变,就教化本义而言是上施下效,长善救失,使其改变。儒家提倡教化,是人文教化,是力图保持着人性,即人的善良本性。孟子说:"大人者,不失其赤子之心者也。"(《孟子·离娄下》)老子也认为人要回归自然,回到婴儿般纯真状态。显然,儒家教化即教行迁善,人人向善,最终使整个社会止于至善。当代西方,在对启蒙主义的反思下,"教化"观念引起了前所未有的重视。当代社会,儒学研究也迎来了新视域:"20世纪初以来,我们基本上把儒学纳入哲学的框架中来研究。其实,儒学并非一种西方意义上的纯粹的理论哲学,它的核心是教化"③。

何谓"教","教,文之施也"(《国语·周语》)。许慎在《说文解字》中将"教"解释为:"上所施,下所效也。教效叠韵。"段玉裁注:"上施故从攵,下效故从孝。故曰:教学相长也。"另外,"教"在《说文解字》中为一部首字,与古文"學攵"为同部字,其义为"觉悟也"。段玉裁注:"详古之制字,作學攵,从教,主于觉人。秦以来去攵,作学,主于自觉。《学记》之文,学、教分列,已与《兑命》统名为学者殊矣。"在段玉裁看来,"教"和"学"本是相互融合的存在,教中含学,自秦以后,随着两字的分化,也就有了不同的意义。"教"侧重主体先知先觉的施动,"学"侧重客体的仿效学习。"化"在许慎笔下被解释为:"化,教行也。"段玉裁将此注之为:"教行于上,则化成于下。"而化的本义是悄然改变的,所谓有"在阳称变,在阴称化"。何谓"化",首先是与"变"联系在一起的,并且是人的变化。《管子·七法》亦云:"渐也、顺也、靡也、久也、服也、习也,谓之化。"对个体而言,"化"就是个体自我思想观念及行为的转变,即转化为社会所期望的目标。"化"更应是人性、品性的潜移默化。现实中,"化"不是一朝一夕就能完成的,"化"具有长期

---

① 梁漱溟:《中国文化要义》,上海人民出版社2011年版,第105—106页。

② (东汉)班固:《汉书·文艺志》,颜师古注,中华书局1962年版,第1728页。

③ 李景林:《教化观念与儒学未来发展》,《人文杂志》2009年第1期。

性,荀子讲"长迁而不反其初,则化矣"(《荀子·不苟》)。关于"长"的时间,有多久,荀子没给出答案,而后世董仲舒则提出将"天下常无一人之狱"视作民已大化之后的理想境界。

"教化"连为一词使用始于荀子,《荀子》一书中,多次使用"教化"。"教"和"化"组合成"教化"时,意为政教风化、教育感化,凡是在上者对在下者的影响以及一定的价值观念、舆论礼俗对受众的作用都应属于此范畴,它是一种观念,是一种实践,也是一种活动。教化是人之成人的必需过程,对此,俞吾金指出:"就本质上而言,一个刚出生的婴儿是一个自然存在物,但其必然要发展为社会存在物,也就是说,要在社会中生活,要转换为一名社会成员,也就必然要接受教化。教化的过程离不开语言作为中介,因此,教化的过程又必然包含着学习语言的过程。在语言的传授中,又往往包含着一定的意识形态导向。所以从这个角度来看,教化的过程与接受意识形态的过程又是同一的。在这个意义上讲,意识形态并非空洞说教,它是自然存在物转化为社会存在物的关键,是在社会中生活的许可证。只有经过教化而认同某种意识形态,才会进而认同该种意识形态所主导的社会生活"。①

易见,教化是一个社会化过程,国家层面上,是追求一种稳定的社会秩序为目的,而最终是个体的社会化过程。其过程即是自然人转变为社会人的过程。也就是说人自出生后,就需要向社会人转变,因而需要接受不同方面的社会思想、社会意识,通过家庭、社区、学校的教育感染,了解、掌握相关的社会规范,进而转变成为社会需要的人,并担当着一定社会角色。易见,人的社会化、人的成熟是一个漫长复杂的过程,教化起着重要作用。

第二节　儒家成人观

成人观是指在历史进程中形成的人们关于人与自然、人与社会的关系,是人们从前人的经验中获取的处理自然和社会关系问题的价值观念和具体细化。成人观则以内敛的形式而存在,它是中华民族对于"人之为人"的内心认同和日常落实,成人既不是自我的无限膨胀,也不能一味地压抑自我,而是呈现出"为己"与"毋我"的交修并进、回环往复。总的说来,"人当能成""成为什么"以及"如何成为"成为中国古代社会思想家对"人"的形上思考。

---

① 俞吾金:《意识形态论》,上海人民出版社 1993 年版,第 2—3 页。

一、何 为 成 人

关于"成"字。"成"字最早出现在甲骨文,字形为"|"(即"杵")。根据熊春锦的解释:"'斧''杵'具备就可以做成事情。"《说文》曰:"成,就也。"《康熙字典》中还有"毕""终"的意思。由此,我们可以推断,"成"意味着"完结"。"成人"即是人的生长发育阶段已经完结,作为人已经定型;而最重要的是"成"易于完成事功。因为"成事"的条件是只要具备了"斧"或"杵"。"斧"在《说文》的解释是:"斧,斫也。"在古人看来,用来斩击他物的物件甚至是这一动作都叫"斧"。《易·系辞》曰:"断木为杵。"《说文》则将其直接释为"舂杵",即舂米的棒槌。可见,"成"即是拿块石头或木头就可以做好的事情,当然不能算很重大的事情。从"人"字着眼,"成人"中的"人"有广、狭之分:广义之"人",泛指整个人类,通常用于"人禽之辨"。如"厩焚。子退朝,曰:'伤人乎?'不问马"(《论语·乡党》)中的"人",即指广义的人。而狭义之"人",特指他人或他者,往往用来区分"人""我",如"修己以安人"(《论语·宪问》)中的"人",即指狭义的人。"成人"一词在孔子之前已有,晋文公在返国后行赏时,把人分为三等"成人""贤人""免我于患难之中者"。"夫高明至贤,德行全诚,耽我以道,说我以仁,暴浣我行,昭明我名,使我为成人者,吾以为上赏。"①"成人"在《论语》一书中共出现 4 次,集中在"子路问成人"章。子路问成人,子曰:"若臧武仲之知,公绰之不欲,卞庄子之勇,冉求之艺,文之以礼乐,亦可以为成人矣!"曰:"今之成人者何必然?见利思义,见危授命,久要不忘平生之言,亦可以为成人矣!"(《论语·宪问》)

刘向的《说苑》中:"颜渊问于仲尼曰:'成人之行何若?'子曰:'成人之行,达乎情性之理,通乎物类之变,知幽明之故,睹游气之源,若此而可谓成人。既知天道,行躬以仁义,饬身以礼乐。夫仁义礼乐,成人之行也。穷神知化,德之盛也。'"②关于成人,荀子也说:"君子知夫不全不粹之不足以为美也,故诵数以贯之,思索以通之,为其人以处之,除其害者以持养之。使目非是无欲见也,使耳非是无欲闻也,使口非是无欲言也,使心非是无欲虑也。及至其致好之也,目好之五色,耳好之五声,口好之五味,心利之有天下。是故权利不能倾也,群众不能移也,天下不能荡也。生乎由是,死乎由是,夫是之谓德操。德操然后能定,能定然后能应。能定能应,夫是之谓成人。"

---

① 刘向:《说苑·复恩》,北京大学出版社 2009 年版,第 211 页。
② 向宗鲁:《说苑校证》,中华书局 1987 年版,第 442 页。

(《荀子·劝学》)

所以，"成人"从生理条件来说，也仅仅是人所必经的阶段，而从心理要求来说，则是人所必做的准备。因此，朱熹在为孔子作注时曰："成人，犹言全人"。杨伯峻先生也据此将"成人"的内涵解读为："全人，道德和才能都达到了一定水平的人。"从解释本身来说，"全"应有两层含义：一层即事情形式上的完整，《说文》："全，完也"。另一层是指在形式完整的基础上，内涵上无可挑剔，《周礼·冬官考工记》曰："玉人之事，天子用全"。《注》曰："全，纯用玉也。"这里的"全"不仅指玉，而且是纯色的玉，是"全"上之"全"的意思。"成人"有名词与动词两重含义，作为名词的成人，即指生理与心理成熟的人；而作为动词短语的成人，则是使成为人。"成人"一词，既可作名词，也可作动词，其区别在于，一指既定的状态，一指不断发展、完善的过程。

人之为人，不但其有共同的"类本质"，而且其始终与他人共处。有关于此，孔子早有确论。"长沮、桀溺耦而耕。孔子过之，使子路问津焉。长沮曰：'夫执舆者为谁？'子路曰：'为孔丘。'曰：'是鲁孔丘与？'曰：'是也。'曰：'是知津矣！'问于桀溺，桀溺曰：'子为谁？'曰：'为仲由。'曰：'是鲁孔丘之徒与？'对曰：'然。'曰：'滔滔者，天下皆是也，而谁以易之？且而与其从辟人之士也，岂若从辟世之士哉？'耰而不辍。子路行以告，夫子怃然曰：'鸟兽不可与同群。吾非斯人之徒与而谁与？天下有道，丘不与易也。'"(《论语·微子》)

成人的观念不独在中国先民中存在，在世界各地的诸民族中都不同程度的存在。如古埃及，父亲教育儿子要孝敬母亲，因为他的每一步成长都沐浴着母亲的辛劳和关爱；同时，丈夫要善待妻子，与之和睦相处，认为这是兴家之道；同时，提出做人要谦虚、谨慎，不可高谈阔论，目空一切。还提出了"宅心仁厚，人必乐与之交"；"做人应堂堂正正；世间最可贵者为德性而非珍宝"[①]；并留下了"粗茶淡饭心安理得，胜于家财万贯愁眉苦脸"(阿蒙莫普座右铭)等训诫。古印度人则告诫自己的后人："依照人的行为，决定那个人将来要成什么样，行善的成善，行恶的成恶。"[②]鼓励人们行善而戒恶。古希腊先哲们同样认为"坚定不移的智慧是最宝贵的，胜过其余一切"。

儒家成人是由自然人成为社会人，不仅是智人即懂生存、会技能(有高级灵长类也会使用简单工具)，而且最重知仁义而成为有德性之人。

---

① ［美］威尔·杜兰：《世界文明史》(卷一)，幼狮文化事业公司1972年版，第29页。

② ［美］威尔·杜兰：《世界文明史》(卷一)，幼狮文化事业公司1972年版，第29页。

二、人之在与人之成

（一）人之在

著名汉学家安乐哲提出了"人之在"（human beings）和"人之成"（human becoming）的论点。在西方文化中，"人们一直认为存在着可以复制的、赋予我们个性和使我们成为'人之在'的基本品质。如苏格拉底的灵魂、亚里士多德的理性、奥古斯丁的个人意志。这种基本的自我之概念最后导致了自主的、独立的、无负担的、自我选择的个人之自由概念的出现"①。关于"人之在"也就是关于"人是什么"？这个形式变成"人是谁"。在海德格尔看来，"是什么"的思考方式是对"人"的一种限制，不管是哲学思考，还是流言见解，都不应限于此，即很可能会无视时空。现实世界的"人"，总是处在具体的时空关系中；而时空的现实化，同样也离不开活生生的个体。可是，当我们追问"人是什么"的时候，变动不居的时空关系往往被视作杂乱无章的现象，从而预先被排除在"是什么"之外。因此，海德格尔不免遗憾地表示："曾经向时间性这一度探索了一程的第一人与唯一一人"②康德最终无法窥见"我思"的时间性维度，"时间"和"我思"之间的决定性联系就仍然隐藏在一团晦暗之中，这种联系根本就没有成为问题。康德之所以在时间问题上裹足不前，其中最主要的一个原因在于教条地沿袭了笛卡尔的主体性立场。"凡是在时空中产生的一切事物都只是一个相对的存在。这种见解早为古人所洞察。"正是这个古已有之的观点，使"人"沦为固化的"存在者"而非活生生的"存在"。对此，终至哲人习焉不察，"那个始终使古代哲学思想不得安宁的晦蔽者竟变成了昭如白日不言而喻的东西"③；人们逐渐形成了一个教条——不再追问"存在"的意义，"人"同"存在"一起被彻底遗忘。这样，对人的本真样态没有真正认知。

在海德格尔的影响下，萨特高标"存在先于本质"。此处所谓的"先"，既指时间上的顺序差，又指逻辑上的不一致。就前者（"时间"义）而言，当我们说存在先于本质时，其意义是说："首先有人，人碰上自己，在世界上涌现出来——然后才给自己下定义。"或者说，在存在主义者眼中，"一开始"的人是不能下定义的，因为"在一开头人是什么都说不上的。他所以说得上是往后的事那时候他就会是他认为的那种人了"。人的存在对人的本

---

① ［美］安乐哲：《家庭问题：儒家多元主义与奥林匹克精神》，周炽成、黄亮、谢艳霞译，《学术研究》2008 年第 2 期。

② ［德］海德格尔：《存在与时间》，陈嘉映、王庆节译，三联书店 1999 年版，第 27 页。

③ ［德］海德格尔：《存在与时间》，陈嘉映、王庆节译，三联书店 1999 年版，第 3 页。

质,具有时间上的优先性;而这种时间上的"先于",在某种意义上也证明了存在与本质的非同一性。因此,以"本质"的方式——"是什么"——来探究"存在"("人"),必定是行不通。因此,萨特将"人"与"虚无"相联系,并且指出"人类的自由先于人的本质,并且使人的本质成为可能";而其所谓的"自由",则标志着"人"(或存在)具有动态生成的品性。除现代欧洲大陆哲学外,"认识主体"同样受到英美分析哲学的诘难。"没有思考着或想象着的主体"这种东西。总之,人之在是真实的,就个体在是偶然的。但人之在总是处于一定时空或者说是处于一定社会文化环境中。由人之在向人之成转变是必然的。

其实,人之在,不仅是个体自我之在,也是共在。共者,共存也,万物共生共存于同一方天地之间,共享天地泽被,对每个人来说,在其未出生时就决定了要与固定血缘和地缘关系的人长久共存,而且是祖祖辈辈子子孙孙无穷尽矣。孔子言"人"不可能与鸟兽混同共居,与人交往共处"吾非斯人之徒与而谁与"(《论语·微子》),才是人的存在方式。在现实生活中,某人的父母是谁、子女是谁等这些当然是"经验"的;但关系本身具有"先验"性,因为人生在"世"的根本状态是"群",亦即海德格尔所谓的"共在"(共同存在与共同此在)。群居首先保障了人的生存需求:"人,力不如牛,走不若马,而牛马为用,何也? 曰:人能群,彼不能群也。"(《荀子·王制》)人的禀赋能力,就个体而言劣于许多动物,但是人可以依靠群体的力量,团结互助,去战胜困难。其实,人之在也包括共在,最终要走向人之成。

(二) 人之成

如果,我们从某个方面或某种角度,将人与其他存在作出区分;但同时也有把人框定在抽象概念之中的趋势,即以"是"观"人"。(法)吉尔·德勒兹曾说,"他者既不是我的视野里的一个客体,也不是看着我的一个主体。"而儒家以"成"观人方式具有深厚的哲学意义。从更广的视域来看,"人之能成"同样是在回应与解答广义的"人是什么",即人的本质就在于动态生成,即人能成其所成,用现代哲学的语汇可描述,即为"主体性"与"主体间性"。"今天西方不少思想家忧虑极端个体主义(特别是像美国所代表的)对于社会整体的损害,因而提出了所调社群论(communitarian)的个人权利说。"[1]

成人是漫长的,孔子曾这样描述他的成人过程:"吾十有五而志于学,三十而立,四十而不惑,五十而知天命,六十而耳顺,七十而从心所欲,不逾

---

① 余英时:《现代儒学论》,上海人民出版社 1998 年版,第 189 页。

矩"(《论语·为政》)。孔子唯独没有说"二十而冠",可见他并没有将成人限定在人的生理年龄,他所着意的是人生的阶段性和人在各个阶段的精神体验。对此,高清海认为孔子所说的"吾十有五而志于学"就是指人必须接受教养、学习"做人",然后才能成人;"三十而立","而立"表示个体已有人的类本质,获得了人的第二生命且能够主宰自己的本能生命,可以认为已经成为完整的人;"四十而不惑",到这个岁数对事方有自我主见,表明"自我人格"的初步确立;"五十而知天命",知天命就是理解了人自身的天职和本性,做事能顺天应人合乎规律;"六十而耳顺",这时应该突破小我局限,进一步走向大我,确立起自觉的"类主体";"七十而从心所欲不逾矩",这是一个人发展的最高阶段,也是作为人的最高理想目标:完成自我塑造,实现自我价值,进入"自由人"的最高境界。这个解读应该说基本揭示了儒家成人历程的内涵。① 关于"三十而立",杜维明提出了"据礼而立"。也就是说,而立之年的人通过前期学习做人的知识到此时已经认识到并且开始践行做人之道,使其立起来的便是在成年礼之后以成年人的资格遵循礼的要求参与社会生活。根据杜维明的阐释,在举行冠礼之前,还有一套精心安排的教育过程:六岁开始家庭教育,七岁接受性教育,八岁是礼仪教育,九岁学计数,十岁开始学校教育。到十三岁时,要学完乐、诗、舞、礼、骑及射。这似乎是一个颇为精英化的教育模式。② 其实,"礼"便是"'仁'在特殊的社会条件下的外在表现","只有少年品行优良,才有获得加冠的资格;若在成年之前犯有恶劣的不端行为,要接受惩罚,而不允许加冠"。③ 社会责任意识和能力的培养应该是中国古代社会成人的核心要求,"故孝弟忠顺之行立,而后可以为人;可以为人,而后可以治人也"(《礼记·冠义》)。即任何人只要按照成人的要求做好准备并举行成人仪式,就有行使相应的管理、监督等社会职责的权利。

　　"成人"可用来指生理年龄成熟之人,所谓"成人之者,将责成人礼焉也;责成人礼焉者,将责为人子、为人弟、为人臣、为人少者之礼行焉"(《礼记·冠义》),显然"成人即意味着开始承担人伦责任"。在中国古代社会,关于能否成人,不在于年龄,也不在于技能,而是够不够资格举行成人礼。因此,《周礼·秋官》规定:"凡害人者弗使冠饰,而加明刑焉,任之以事而收教之。"中国的礼俗发展得非常完备和成熟,更重要的是中国人非常地重视和强调礼俗。

---

① 参引王德福:《做人之道:熟人社会中的自我实现》,华中科技大学博士学位论文2013年。

② 杜维明:《人性与自我修养》,中国和平出版社1988年版,第30页。

③ 虞宁宁、张霞:《先秦成人礼的历史教育意义及现代价值》,《辽宁教育行政学院学报》2007年第3期。

正如孔子所说:"不学礼,无以立。"(《论语·季氏》)同时,成人礼强化了国家、民族、群体对于成人的作用。孟子曰:"人有恒言,皆曰天下国家。天下之本在国,国之本在家,家之本在身。"(《孟子·离娄上》)因此,在中国,历代以来"躬恤卫国,其勤公家,夙夜不解"(《礼记·祭统》)与"君得其志,苟利国家,不求富贵"(《礼记·儒行》)的仁人志士都会层出不穷。而从"坏国、丧家、亡人,必先去其礼"(《礼记·礼运》)、"治国不以礼,犹无耜而耕也"(《礼记·礼运》)等古训中亦可知,礼在其中所起的催化作用是极为重要的。

在中国古代,男子年满二十则要行冠礼,称为"弱冠"。《礼记·曲礼上》记载:"二十曰弱,冠。"弱冠之年成为古代中国青年男子成熟的标志,但也有十八岁就行冠礼的,终军年十八岁请缨,贾谊十八岁为博士,他们声名远播时都不满二十岁。在孔子之前,"成人"只是古时沿袭下来的一种社会礼俗,以示男子长大成人,年龄一般是二十岁左右,即所谓"男子二十,冠而字"(《礼记·曲礼》),此时往往都要举行一场隆重的加冕仪式,即"冠礼"以庆祝成人。所以"已冠而字之,成人之道也。"(《礼记·冠义》)"冠礼"是当时贵族青年成为"成人"。按礼,成为"成人"才"可以为人","可以为人"才"可以治人",取得"治人"的贵族特权。因此,所有贵族,包括天子、诸侯、卿大夫、士在内,都必须举行这个仪式,《礼记·士冠礼》所谓"天子之元子,犹士也,天下无生而贵者也"。按礼,任何贵族中人都不是"生而贵者",必须经过"冠礼",才能取得"治人"的特权,就是天子、诸侯也不例外。所以《荀子·大略》说:"古者,匹夫五十而士,天子诸侯子十九而冠,冠而听治,其教至也。"《说苑·建本》说:"周召公年十九,见正而冠,冠则可以为方伯诸侯矣。"在春秋史料中,诸侯中只见鲁襄公在十二岁时,由于晋侯的建议,举行过"冠礼",晋侯建议的理由只是"国君十五而生子,冠而生子,礼也"(《左传·襄公九年》)。卿大夫中只有晋国的赵文子举行过"冠礼",赵文子在"冠礼"后,曾遍见卿大夫,《礼记·冠义》所谓"以成人见也"。赵文子见同朝的卿大夫时,栾武子教他"务实",中行宣子教他"戒骄",韩献子说:"此谓成人,成人在始与善",智武子教他要"有宣子(赵盾)之忠而纳之以成子(赵衰)之文"(《赵文子冠》)。所有这些,无非因为赵文子已"成人",将继任卿大夫的职位,教以如何治国和"为人"。在战国以前,只有秦国国君认真举行过"冠礼"。按照秦国礼,"冠礼"在二十二岁时举行,秦惠文王、昭襄王都是"生十九年而立"①,又都是"三年王冠"②的。秦始皇年十三岁而

<hr>

① (西汉)司马迁:《史记·秦始皇本纪》,中华书局1963年版,第27页。
② 记忆经典丛书编委会:《史记精华》,中国青年出版社2018年版,第52页。

立,到"九年,彗星见,或竟天。攻魏垣、蒲阳。四月,上宿雍。己酉,王冠,带剑"①,也是二十二岁举行"冠礼"。

"冠礼"和"成丁礼"的相同之处是,它们不仅同样是青年进入成年阶段的仪式,而且同样需要经过一定程序的教育和训练。《礼记·曲礼上》说:"人生十年曰幼学,二十曰弱冠。"《礼记·内则》又说:"十年出外就傅,居宿于外,学书计;……十有三年学乐,诵诗,舞勺;成童舞象,学射御;二十而冠,始学礼。"有所谓"小学"和"大学"。根据古代的礼俗,男女成年都要举行仪式,男子称"冠礼",女子称"笄礼"。而且这种礼节很重要。《礼记·冠义》中指出:"冠者,礼之始也,嘉事之重者也,是故古者重冠。"尽管这里只是把冠"礼之始"当作"古者重冠"的因,但反过来,正因为"古者重冠",所以,冠才被作为"礼之始",从而成为"嘉事之重者"。

成人礼俗具有神圣性,其体现在人们衣着神情举止的庄重上,如"主人玄冠,朝服,缁带,素鞸,即位于门东,西面。有司如主人服,即位于西方,东面,北上"(《礼记·士冠礼》)。其中既提到了参与者的服饰搭配及颜色,也提到了参与者的站位,还提到了参与者站位中的位序、朝向,足见其神圣性。另外,其神圣性还体现在成人礼"筮日""筮宾"的神秘性上。另外,成人礼俗的严格性,严格性除了体现在着装、站位等细节外,还体现在整个过程有一整套完备、规范的操作程序。未成年人对成年礼怀有特别的期待、崇敬之情,也正是这样一种情感,使得成人礼具有很强的价值导向。

三、人的"实然"之态到"应然"之境

人不仅是生物学意义上的自然存在,人还有精神文化追求,人类能够凭借自身寻求价值意义,由自在走向自为,并从中获得鸢飞鱼跃的自由之感。关于"实然"与"应然"的区分起源于"休谟问题",休谟划分了知识的两类领域:一是实然分析(What is),只关心事情的真相;二是应然分析(What ought to be),推断事情应该如何。这里指向人的双重存在:"人双重地存在着,主观上作为他自身存在着,客观上又存在于自己生存的这些自然无条件之中。"②

这里可从本体论角度思考,本体论可看作是研究世界本原的学说,在西方哲学史中,本体论指关于存在及其本质和规律的学说。在中国古代哲学中,本体论叫做"本根论"即探究天地万物的产生、存在、发展变化根本原因

①　(西汉)司马迁:《史记·秦始皇本纪》,中华书局1959年版,第227页。
②　《马克思恩格斯全集》第46卷上,人民出版社1979年版,第491页。

和根本依据的学说。本体论所要研究的是整个世界而非具体到"人"。在某种意义上,中国古代"成人"思想涉及本体论,其表现了两个层面:一为"是什么"(to be);二为"做什么"(to do),此即成人的动词性含义。尽管有不少学者指出这是对"ontology"的识解,但从"ontology"字源的考察我们得知,所谓"本体论其实并不是关于本体的学说,而是关于是的学说"。

如果仅是单一地主张和倡导"人当能成",即从本体层面肯定人的生成,既需切实有效地回答"如何能成",更重回答"成为什么"。总之,儒家"成人"思想涉及"能否成为""如何能成"与"成为什么"三个问题。成人意味着什么?孔子被认为是成人的高标准,在中国古代社会的两千多年间,他的圣人光辉形象没有被动摇过,正如子贡的"日月"之喻,孟子的"人伦之至"之称,宋明儒者的"天地气象"之述。当然,这是成人中圣人的至高标准。

成人的关键是"成","成"就是形成(to be)。人性不会从天而降,不会自然生成,必须依赖人的自我作为。儒家对"人"的形上思考从根本上说可以归结为"人当成为什么"。这是中国古代社会思想家们一直关注的问题。对此,马振铎提出:"在苏格拉底那里,'人是什么'是其要解决的根本问题。在孔子那里,'人应当是什么'是其要解决的主要问题。苏格拉底对人的兴趣,是和早期希腊哲学家认识自然的理性主义一脉相承的,而孔子的'人的哲学'则是一种理想主义,是一种实践哲学"①。诚如,"天地之道,可一言而尽也;其为物不贰,则其生物不测"(《礼记·中庸》)。天地的法则,简而言之,从"体"的方面看,乃是至诚纯一;从"用"的角度说,又可化育万物。熊十力曾以"摄体归用、体用不二"来揭橥中国哲学"本体论"的特质:"恒转成为大用,即无有离用而独存之体。譬如大海水成众沤,无有离众沤而成大海水"。成中英受此启发,明确指出,中国哲学的本体,"不只是西方形上学所说的那种单纯的、静态的'存有'(Being)或只是一个当下的此在,如早期海德格尔所指称,而且是一个动态中发展的中和关系,包含了自我和事物、和他人,或整体人类以及整体宇宙的关系"。② 可见,动态生成确为中国哲学本体论的特质——天地之道,大化流行;人生其间,亦复如是。"中国哲学言天必及人,通天人之际,是中国哲学本体论的讲法。"日新不已、生生不息,同样构成了人的根本特质。作为一种对"人"的形上思考,"成人"不是

---

① 马振铎:《仁·人道:孔子的哲学思想》,中国社会科学出版社1993年版,第6页。
② 麻桑:《儒学建构中的本体诠释——成中英教授访谈录》,《河北学刊》2006年第26卷第3期。

关于"是"(being)的形上学,而是指向"成"(becoming)的形上学。杨国荣说:"在理解人的时候,这两个方面(一是人的本质,一是人的感性)都需要注意。……要而言之,人性问题、人的本质问题与人的真实存在、具体存在应当联系起来,对人的理解,既不能限于自然机能,也不能仅仅停留在抽象的本质层面上。"①

如果从更广的视域来看,其实不只是早期儒家"成人"思想,中国古代哲学中的道、释二家几乎皆对"人当能成"采取肯定态度:"儒家主张提升个人以至于伟大人格或者圣人;道家主张提升个人以至于神人或至人;而佛家主张提升个人以至于分享佛性的有觉悟者"。尽管三家在提升的目标与方法上存在差异,但对人之成都很重视。也就是说,儒、释、道三家具体到境界与工夫方面或有不同,但在本体论上实有相似之处——宇宙大化流行、人生日新不已。

由"自在之物"到"为我之物"。人刚刚来到现实世界,无论身体还是心智,在某种意义上都还处在自在之物的状态,主要是由其生物本能来支配,诸如饥而欲食、困而欲眠,如孟子所言"人之所以异于禽兽者几希"(《孟子·离娄下》)。儒家虽然高度重视人的存在价值,但其肯定的不是实然意义上的"是其所是",而是应然意义上的"成其能成"。"人禽之辨"的哲学洞见:人从根本上说,不可能与鸟兽混同共居,"与人打交道"才是人的存在方式。由此,孔子提出的"人禽之辩"有两个层面:一方面,"人猿相揖别",标识着人类社会的开端;另一方面,人与人相交是人的存在方式。"鸟兽不可与同群,吾非斯人之徒与而谁与"(《论语·微子》),标志着人摆脱自然原始未分的状态,走向人的社会。

黑格尔曾提出:"一个有文化的民族竟没有形而上学——就像一座庙,其他各方面都装饰得富丽堂皇,却没有至圣的神那样。"②就《论语》全书而言,似乎并未对"人是什么"这一问题做出明确回应,有的只是"一些善良的、老练的、道德的教训"。其实,仅把"是什么"作为对"人"的终极追问,或许已犯了"错置具体性的谬误"(the fallacy of misplaced concreteness);只要"我们把自己的抽象概念误为具体实在时",就会产生此种谬误。一旦我们以"是什么"来对"人"发问,就已预先设定了"人"可以是个"什么";而"是什么"中的"什么",如康德将"我可以知道什么"(形上之问)、"我应当作什么"和"我可以希望什么"归结为"人是什么"(人类之问),对此,黑格尔提

---

① 杨国荣:《中国哲学中的人性问题》,《哲学分析》2013年第4卷第1期。
② [德]黑格尔:《逻辑学》上册,杨一之译,商务印书馆1966年版,第2页。

出："形而上学回答第一个问题,伦理学回答第二个问题,宗教回答第三个问题,人类学回答第四个问题。但从根本说来,可以把这一切归结为人类学,因为前三个问题都与最后一个问题有关系"①。

第三节　儒家成人观的历史演变

儒家的"成人"观,自孔子开始,到孟子,再经荀子、柳宗元,直到王夫之,被不断丰富和完善。具体是,孔子重仁智统一,孟子主张性善,荀子则重智等;而柳宗元偏重于师友的帮助及倡导文以明道;王夫之则重人在人与自然交互过程中培养,且主张"成身"与"成性"相统一。

一、孔子的仁智统一观

孔子认为教育的最高旨归和目的就是使人"成人",他当时创办学校、实施教育,就是为了培养人们理想中的"君子"。据《论语》记载,孔子答"子路问成人"时说道:"若臧武仲之知,公绰之不欲,卞庄子之勇,冉求之艺,文之以礼乐,亦可以为成人矣。"(《论语·宪问》)又说:"今之成人者何必然?见利思义,见危授命,久要不忘平生之言,亦可以为成人矣。"(《论语·宪问》)由此,在孔子眼中,那些有智慧、廉洁、勇敢、才艺等素养的人才能成为君子。

在孔子看来,培养人才的目的在于提升个人的德性修养。孔子在《论语》的《樊迟问仁》一章中对"仁""知"作了解释:"仁"——"爱人","知"——"知人",在《里仁》一章中,他进一步阐述:"仁者安人,智者利仁",即强调"知"的素质是"仁"的形成和实施的基础。由此得知,在孔子看来,"知"从属于"仁","仁"才是其思想主旨之一,突出"仁"的教育,也重视智育,所谓:"未知,焉有仁"(《论语·公冶长》)。由此,孔子是主张仁与智统一的。

为了实现"成人"的教育目标,孔子从自身出发,为人师表,做出了表率。他提倡"学而不厌,诲人不倦"的育人品德,主张"知之为知之,不知为不知"的求知热情和对待知识的严谨态度,可谓仁智统一的典范。在教学过程中,他注重师生间沟通与互动。他曾说:"二三子以我为隐乎?吾无隐乎尔,吾无行而不与二三子者,是丘也。"②(《论语·述而》)孔子还说:"爱

---

① ［德］黑格尔:《逻辑学》,许景行译,杨一之校,商务印书馆1991年版,第15页。
② 刘向:《说苑复恩》,北京大学出版社2009年版,第211页。

之,能勿劳乎？忠焉,能勿诲乎？"(《论语·宪问》)

孔子主张"仁智"统一的教育思想,对此,孟子和荀子都很赞赏,他们将具备理想完善人格的人称为"成人""君子""大丈夫""圣人"等,并一致将"仁智统一"作为其重要特征。昔者子贡问于孔子曰:"夫子圣矣乎？"孔子曰:"圣则吾不能,我学不厌,而教不倦也。"子贡曰:"学不厌,智也,教不倦,仁也。仁且智,夫子既圣矣。"①荀子也认为:"孔子仁智且不蔽,……故德与周公齐,名与三王并。"(《荀子·解蔽》)关于"成人"的境界,孔子也做出了解释,他特别强调立志,"苟志于仁矣,无恶也"(《论语·里仁》),他还说:"三军可夺帅也,匹夫不可夺志也"(《论语·子罕》)。孔子还提出:"志士仁人,无求生以害仁,有杀身以成仁。"(《论语·卫灵公》)

孔子认为"生而知之者,上也;学而知之者,次也"(《论语·季氏》)。"生而知之"即认为认识源于先天,"学而知之"又明显主张认识源于后天,其实,孔子更强调"我非生而知之者,好古,敏以求之者也"(《论语·述而》),以及"多闻,择其善者而从之,多见而识之"(《论语·述而》)的鼓励中,可以看出,他强调后天的学习作用。孔子所谓:"若臧武仲之知,公绰之不欲,卞庄子之勇,冉求之艺,文之以礼乐,亦可以为成人"(《论语·宪问》),表面上看起来,对成人设定的门槛是高之又高。因为,臧武仲、孟公绰、卞庄子均为鲁国大夫,一位是当时的智者,一位是当时的贤者,而另一位则是受到当时人们称赞的勇者。其中的"卞庄子,鲁卞邑大夫。言兼此四子之长,则知足以穷理,廉足以养心,勇足以力行,艺足以泛应,而又节之以礼,和之以乐,使德成于内,而文见乎外。则材全德备,浑然不见一善成名之迹;中正和乐,粹然无复偏倚驳杂之蔽,而其为人也亦成矣"(《论语·宪问》)。

实际上,孔子对于"成人"是分层的,即有"小成""大成"之分。如受到孔子称颂的有:尧、舜、禹、微子、箕子、比干、周文王、周武王、周公、泰伯、虞仲、夷逸、伯夷和叔齐;受到孔子赞扬的有:晏平仲、孔文子、子产、管仲、宁武子、公叔文子、蘧伯玉、柳下惠与左丘明;而受到孔子好评的有:史鱼、颜渊、子路、冉有、子贡、子贱、冉雍、公西华、闵子骞、子夏、桑伯子和南容。这三十五人中,来源大体有三种:一是古代先贤;二是同时代的"仁""德"之人;三是孔子的学生。而在这三十五人之中,除冉有因孔子给予了明确具体的好评而位列其中外,并不包括孔子在"成人"解说中提到的臧武仲、孟公绰和卞庄子。相反,他指出了臧武仲和孟公绰的不足,如针对臧武仲"以防求为

---

① 　南怀瑾:《孟子公孙丑》上,东方出版社 2011 年版,第 96 页。

后于鲁"(《论语·宪问》)的叛逆和犯上行为,虽有人开脱其"不要君",但孔子依然表示"吾不信也";而对孟公绰,他说:"孟公绰为赵魏老则优,不可以为滕薛大夫"(《论语·宪问》),认为以孟公绰的才学和品行在赵魏这样的大国做一些辅助工作已经很好了,但要是主持政务的话,连滕薛这样小国的大夫都难以胜任。可见,他对臧武仲和孟公绰的肯定是有限的。同时,在这被评价的三十五人中,却又提到了不少"智""勇"和"不欲"者,如孔子直接以"知"而品评的有:"舜其大知也与"(《中庸·第六章》)、"宁武子邦有道则知,邦无道则愚"(《论语·公冶长》)、"邦有道,不废;邦无道,免于刑戮"的南容适(《论语·公冶长》),"其行己也恭,其事上也敬,其养民也惠,其使民也义"的子产(《论语·公冶长》),"邦有道,则仕;邦无道,则可卷而怀之"(《论语·卫灵公》)的蘧伯玉等都是"智者"。

　　孔子说的"成人"的"成"是立在"能成"和"有成"基础之上的。针对当时的社会情况,孔子指出:"今之成人者何必然?见利思义,见危授命,久要不忘平生之言,亦可以为成人矣"(《论语·宪问》)。即今天的成人还不用达到这个标准,只要见到财利想到道义,遇到危险不贪生怕死,能够持之以恒的节守自己的操行,也就能够成为一个"全人"了。由此,孔子当初所设定的成人,绝对不应该是"上全"或"万全"意义上的"全人",比它更"全"的人还大有人在。而这种认识也可以从朱熹转述二程的论述中得到应证,程子曰:"知之明,信之笃,行之果,天下之达德也。若孔子所谓成人,亦不出此三者。武仲,知也;公绰,仁也;卞庄子,勇也;冉求,艺也。须是合此四人之能,文之以礼乐,亦可以为成人矣。然而论其大成,则不止于此。若今之成人,有忠信而不及于礼乐。则又其次者也"①。这里,程子对"成"作了解释。

　　应该说,孔子的"成人"思想只是儒家成人观的胚胎与雏形,开启了"成人"观的理论起点。在孔子那里,"成人"主要围绕"为己"与"毋我"两个向度回环展开。"为己"出自《论语·宪问》:"古之学者为己,今之学者为人";而"毋我"出自《论语·子罕》:"子绝四:毋意、毋必、毋固、毋我"。对此,孔子"成人"思想应是以自我完善为目的,以期融入群体。"整个中国哲学的儒释道三系的理论归结都是人生哲学进路的观念建构体系,理论建构的最终标的是为了提出'我应该怎么做! 我要成为什么!'的人生根本的问题理论。"②

---

① (北宋)程颢、程颐:《二程集》,《河南程氏遗书》卷十三,第139页。
② 杜保瑞:《功夫理论与境界哲学》,华文出版社1999年版,第2页。

二、孟子的性善观

孟子提出性善观,关于性善主要体现在他与告子的争论之中。告子曰:"人性之无分于善不善也,犹水之无分于东西也。"(《孟子·告子上》)孟子曰:"水性无分于东西,无分于上下乎? 人性之善也,有犹水之就下也。人无有不善,水无有不下。"(《孟子·告子上》)。孟子认为,每个人自从出生都有潜在的向善可能性,并称之为"端",来描述这种萌芽状态,他认为,人皆有"四端",即"仁""义""礼""智",并认为这是先天就具有的,同时,作为人的德性的"善"体现于"仁""义""智""礼"四个方面,即孟子说:"恻隐之心,仁也;羞恶之心,义也;恭敬之心,礼也;是非之心,智也;仁义礼智,非由外烁我也,我固有之也"(《孟子·告子上》)。指每一个人都天生即有"四心":恻隐之心、羞恶之心、辞让之心和是非之心,其犹如火之始燃或泉之始出,是养成仁、义、礼、智四种主要德性的基础。这就是,人成为有德之人是因为我们的本性,也就是在于人性的深层本质自动地呈现为善。

孟子还认为,人的性格塑造是有差异的,且需要自我长期修炼:"可欲之谓善,有诸己之谓信,充实之谓美,充实而有光辉之谓大,大而化之之谓圣"(《孟子·尽心下》)。孟子进一步断言,如果人充分认识到自我"心"的潜能,就能了解人的本性;而通过了解自我的本性,人将认识天。在孟子看来,认识天及整个宇宙是人的本性,也是一种境界:"万物皆备于我矣。反身而诚,乐莫大焉"(《孟子·尽心上》)。

孟子论述了人生而具备"四端",并强调使人"成人",重在"仁""义""礼""智"四个方面的德行修炼。对于这一转化过程,孟子认为其中包括如下三个重要方面。

一是重个人主体性。在人性善转化的具体过程中,强调个人追求"成人"的主观努力。孟子认为:"君子深造之以道,欲其自得之也。自得之,则居之安;居之安,则资之深;资之深,则取之左右逢其源。"(《孟子·离娄》)由此,孟子将善作为人性本质的价值诉求,这也是个人进行积极主动地追求"成人"的最重要方面。

二是为善需教化。孟子继承了《中庸》中"修道之谓教"的思想,并将教以善作为其重要内容,并提出了"父子有亲,君臣有义,夫妇有别,长幼有序,朋友有信"(《孟子·滕文公上》)。同时,人性善是后天教化的基础,而后天的教化能使善念不断深化为内在品性,督促个体主动向善,追求"成人"。

三是重环境的熏陶。孟子认为后天环境对人性的影响十分重要。据记载："孟子自范之齐,望见齐王之子,喟然叹曰:'居移气,养移体,大哉居乎!夫非尽人之子与?'"(《孟子·尽心上》)对此,孟子曰:"王子宫室、车马、衣服多与人同,而王子若彼者,其居使之然也。"(《孟子·尽心上》)这段话中的"居"就是指当时齐国都城(齐威王之子的居住地点)的社会生活环境,而孟子所说的"居移气"就是强调后天环境对人的气质影响。孟子还认为,人性本善,而如果个体所生存的社会生活环境有助于善的保存并发挥,那么,这必将有助于"成人"。

三、荀子的"知""情""意"观

荀子提出积善成德的"成人"观,并把"成人"看作是一个"积善成德"的成长过程。荀子曾说过,"君子知夫不全不粹之不足以为美也""君子贵其全也"(《荀子·劝学》)。

荀子成人学说的特点是,坚持知、情、意以及真、善、美的统一。荀子相比于孔子更强调意志:"无冥冥之志者,无昭昭之明"(《荀子·劝学》),即一个人如能有默默坚持的意志,他就会有智慧,头脑清晰。只有意志坚定才能上升到"通于神明,参于天地"(《荀子·性恶》)的境界,在此基础上,他还阐述了意志的自主性:"自禁也,自使也,自夺也,自取也,自行也,自止也。故口可劫而使墨(默)云,形可劫而使诎(屈)申,心不可劫而使易意,是之则受,非之则辞"(《荀子·解蔽》)。与此同时,他还强调:"君子知夫不全不粹之不足以为美也,故诵数以贯之,思索以通之,为其人以处之,除其害以持养之。使目非是无欲见也,使耳非是无欲闻也,使口非是无欲言也,使心非是无欲虑也。及至其致好之也,目好之五色,耳好之五声,口好之五味,心利之有天下。是故权利不能倾也,群众不能移也。天下不能荡也。生由乎是,死由乎是,夫是之谓德操。德操然后能定,能定然后能应,能定能应,夫是之谓成人。"(《荀子·劝学》)这说明坚定的意志是"成人"必备的一种品性。

荀子还认为意志有选择和专一的双重品性。荀子认为:"心容,其择也无禁。"(《荀子·解蔽》)"生由乎是,死由乎是""权利不能倾,群众不能移,天下不能荡"(《荀子·劝学》),即面对目标勇往直前奋斗。

荀子在讲"意"的同时也强调"知"。荀子主张,注重用理性来掌握人的意志。这里的"理性"即"道","道者,古今之正权也;离道而内自择,则不知祸福之所托"(《荀子·正名》)。荀子重智,他说:"凡以知,人之性也;可以知,物之理也"(《荀子·解蔽》)。

当然,在求知的过程中,荀子也注重学。所谓"学不可以已""青出于蓝而胜于蓝"(《荀子·劝学》)。所谓"君子博学而日参省乎已,则知明而行无过矣"(《荀子·劝学》)。在知与行的关系上,荀子认为行高于知:"不闻不若闻之,闻之不若见之,见之不若知之,知之不若行之。学至于行而止矣。行之,明也"(《荀子·儒效》)。认为认识不仅有知识,更重要的还在于行。行还在于依礼仪来规导自己,"夫行也者,行礼之谓也"(《荀子·大略》)。即养成"使目非是无欲见也,使耳非是无欲闻也,使口非是无欲言也,使心非是无欲虑也"(《荀子·劝学》)的习惯。习惯成了自然,如目好色,耳好声,口好味那样,那便是"积成德",真正形成德性,也就"成人"。

荀子除重"知"与"意"以外,还特别注重人的情感,如他著有《礼论》《乐论》。荀子提出情感的变化是"成人"过程不可少的一部分。荀子说:"故乐行而志清,礼修而行成,耳目聪明,血气和平,移风易俗,天下皆宁,美善相乐。"(《荀子·乐论》)荀子还认为,情同性一样,是人生命中一股强大的力量,除了礼仪约束外,还需要雅、颂之类音乐艺术,对情加以疏导、转化,"先王恶其乱也,故制雅、颂之声以道之"(《荀子·乐论》)。这样的疏导、转化是使人的内心情感服从社会秩序,"故乐者,出所以征诛也,入所以揖让也;征诛揖让,其义一也。出所以征诛,则莫不听从;入所以揖让,则莫不从服"(《荀子·乐论》)。同时,荀子还认为乐教(包括音乐、舞蹈、诗教等)可以促进人性尽善尽美。"先王恶其乱也,故制《雅》《颂》之声以道之,使其声足以乐而不流,使其文足以辨而不諰,使其曲直、繁省、廉肉、节奏足以感动人之善心,使夫邪污之气无由得接焉。"(《荀子·乐论》)乐教有去"邪污"、动"善心"的作用。由此,荀子还提出了"美善相乐"的观点。"成人"就是求知、向善、爱美相统一的主体。

四、柳宗元的"志于道""明道"观

秦汉至魏晋南北朝,儒家"成人"探究有自己的特点,但缺少系统的论述。到了唐代,柳宗元较为系统地论述了"成人"。他在《报袁君陈秀才避师名书》中提出了自己的观点,即为"志道""明道"。他还提出"师友以成"与"文以明道"观点。他坚持:"时时读书,不忘圣人之道"①,"学圣人之道,身虽穷志求之不已"②。在《报袁君陈秀才避师名书》中,柳宗元使用了"成人"一词。

---

① (唐)柳宗元:《柳河东集》卷三十三,《再与杨海之》,上海人民出版社 1974 年版,第 534 页。
② (唐)柳宗元:《柳河东集》卷三十四,《报崔黯秀才论为文书》,上海人民出版社 1974 年版,第 547 页。

"志于道"，将"道"作为人的不懈追求和行动指南。柳宗元所讲的"道"，内涵丰富，是"成人"的最高追求，这个"道"应是儒家的核心思想"仁""义"。柳宗元特别推崇孔子，他认为："学圣人之道，身虽穷，志求之不已"①。

柳宗元主张"文以明道"，完成社会历史使命。他认为："作者报其根源。"②在他的视野中，诸如《诗》《书》《礼》等儒家经典，连同诸子史籍等历史文献，都是"文"的源泉。从文学角度，他将"文"分为两类：一是承续《书》《易》等的论述文；二是承续《诗经》即以诗歌为代表的文学创作。二者各具特色，但皆"宜流于遥诵"③。柳宗元认为，"文之二道"虽各有千秋，但都要统一到"明道"中，为如何"成人"指明了方向。

"文以明道"一般都被看成是文学理论，很少有人从"成人"的角度理解。柳宗元在《答韦中立论师道书》中提出，"文者以明道，是固不苟为炳炳烺烺，务采色，夸声音而以为能也。凡吾所陈，皆自谓近道"，这与儒家是一脉相承的。荀子最早提出了"明道"，到刘勰才明确表达为："道沿圣以垂文，圣因文而明道"（《文心雕龙·原道》）。柳宗元追求的是尧、舜、孔子的"圣人之道"。柳宗元称圣人之道为"中道""大中之道"，"圣人之为教，立中道以示于后，曰仁，曰义，曰礼，曰智，曰信，谓之五常，言可常行者也"。"立大中，去大惑，舍是而曰圣人之道，吾未信也。"④他主张读书作文"其归在不出孔子"⑤，他一生努力为"延孔氏之光，烛于后来"⑥。柳宗元还注重"著述"，"著述"以理论思维为主，要求"词正而理备"；诗赋以形象思维为主（运用比兴），希冀"言畅而意美"⑦。尽管著述与诗赋有不同要求，但二者均属于"文"，"文之用，辞令褒贬导扬讽喻而已，……故作者抱其根源，而必由是假道焉，作于圣"⑧。其实，不管是褒贬还是讽喻，都是为了"假道"而"作圣"；也不管"著述"或是"诗赋"，其目标即鼓励人去成人，做圣人。

① （唐）柳宗元：《柳河东集报崔黯秀才论为文书》，上海人民出版社1974年版，第13页。

② （唐）柳宗元：《柳河东集杨评事文集后序》，上海人民出版社1974年版，第22页。

③ （唐）柳宗元：《柳河东集杨评事文集后序》，上海人民出版社1974年版，第34页。

④ （唐）柳宗元：《柳河东集》卷三，《时令论下》，上海人民出版社1974年版，第56页。

⑤ （唐）柳宗元：《柳河东集》卷三十四，《报袁君陈秀才避师名书》，上海人民出版社1974年版，第547页。

⑥ （唐）柳宗元：《柳河东集》卷三十四，《答贡士元公瑾论仕进书》，上海人民出版社1974年版，第554页。

⑦ （唐）柳宗元：《柳河东集》卷二十一，《杨评事文集后序》，上海人民出版社1974年版，第372页。

⑧ （唐）柳宗元：《柳河东集》卷二十一，《杨评事文集后序》，上海人民出版社1974年版，第371页。

柳宗元认为人生中的教师和友人,在"成人"的过程中有重要作用。他说:"不师如之何,吾何以成? 不友如之何,吾何以增?"①由此,教师和友人是"成人"过程中的两个重要参照群体,且个体自身要从他们的言行中提及所需的"成人"元素。他在《师友箴》中说:"今之世,为人师者众笑之,举世不师,故道益离;为人友者,不以道而以利,举世无友,故道益弃。呜呼! 生于是病矣,歌以为箴。既以敬己,又以诚人。不师如之何? 吾何以成! 不友如之何? 吾何以增!"②他对当时不愿从师、以利交友的不良社会现象予以了批评。

其实,"成人"过程是一个漫长的自我反思、自我成长的过程,其间可能会出现这样那样的错误并因此遭人批评。对此,柳宗元认为,个体在"成人"过程中出现错误时,"当自求暴扬之,使人皆得刺列(批评),卒可采其可者,以正乎已"③,认为人要有勇气因自我错误而接受别人批评。在他看来,一个人要想"成人",要有接受他人批评与自我批评的勇气,同时,还要善于向他人学习。

易见,柳宗元的"成人"观追求的是国家社稷价值取向。同时,柳宗元的"成人观"还特别推崇自然界的力量,尤其是自然赋予人类的"刚健之气"以及"纯粹之气",并强调这是"成人"的基础。

五、王夫之的"情""志""道"观

柳宗元之后,对"成人"较为系统阐释的是王夫之。王夫之认为人的成长需要培养,"自非圣人,必以学成人之道"④。他的"成人之道"有两个层次:一是对《易传》"继善成性"命题的阐释,并提出了人的成长是在人与自然相互作用中进行的。二是提出"身成"与"性成"相统一。《易传·系辞上》中有:"一阴一阳之谓道,继之者善也,成之者性也。"《易传》提出人有善端,但善端需要后天培育。王夫之还主张:"自非圣人,必以学成人之道"⑤,即是说,对于个体而言要想成人就需要学习。他的成人观,具体有以下几个方面。

一是"习成而性成"。王夫之提出"性因习成",在于"因习成性",也就

---

①　(唐)柳宗元:《柳河东集师友箴》,上海人民出版社 1974 年版,第 51 页。

②　(唐)柳宗元:《柳河东集》卷十九,《师友箴并序》,上海人民出版社 1974 年版,第 431 页。

③　(唐)柳宗元:《柳河东集与杨海之第二书》,上海人民出版社 1974 年版,第 98 页。

④　(清)王夫之:《四书训义·论语·宪问》,岳麓书社 2011 年版,第 39 页。

⑤　(清)王夫之:《四书训义·论语·宪问》,岳麓书社 2011 年版,第 56 页。

是人是在日常生活中成就德性。为此，他说："习与性成者，习成而性与成也"①，"德性"渗透于"习"的各个方面。

二是"性日生则日成"。王夫之提出，动物的"命"与人是不同的，是不会变的，但人是在后天中通过学习而使自我本性改变，他还认为人性是一个不断改变的过程。对此，他说："夫性者生理也，日生则日成也。则夫天命者，岂但初生之顷命之哉！"②他还认为："性也者，岂一受成侀，不受损益也哉？"③同时，王夫之还提出，"命曰受，且性曰生"。他认为人的最大特点就是认识能够自主选择，有主体性。

三是"身成"与"性成"相统一。王夫之说："身者道之用，性者道之体。合气质攻取之性，一为道用，则以道体身而身成。大其心以尽性，熟而安焉，则性成。……君子精义研几而化其成心，所以为作圣之实功也。"④

"身"，指人的身体、感觉、欲望等的综合；"性"，指仁义礼智等德性。"身成"，肯定人的合理感性欲望。"性成"，就是注重自我的德性修养。王夫之说："天以其阴阳五行之气生人，理即寓焉，而凝之为性。故有声色臭味以厚其生，有仁义理智以正其德，莫非理之所宜。声色臭味顺其道，则与仁义理智不相悖害，合二者而互为体也。"⑤为此，他提出德性完善是建立在感性基础上的，而人的感性欲望也需要德性指导，即"以道体身而身成，所以'身成'也离不开'性成'"。"身成"与"性成"其实是相互作用的。因此，针对宋儒"存理灭欲"即："圣贤千言万语，只是教人明天理，灭人欲"（《朱子语类》卷十一），王夫之是反对的，并认为无论是程朱理学，还是陆王心学，他们的缺陷就是割裂了人性中感性欲望与德性意识之间的内在关联。理学家提出了这种禁欲主义观点，诸如"圣人无我"。"圣人则全是无我。"（《朱子语类》卷三十五）"夫天地之常，以其心普万物而无心；圣人之常，以其情顺万事而无情。"⑥对此，王夫之给予了有说服力的批判。

在成人的过程中，个体彰显主体性，且"情"的因素对人的影响很大。王夫之说："或曰圣人无我，吾不知其奚以云无也？我者德之主，性情之所持也。"⑦讲"我"一定要兼顾"性"与"情"。理学家认为主体的"我"在与外

---

① （清）王夫之：《尚书引义太甲二》，中华书局1962年版，第76页。

② （清）王夫之：《尚书引义太甲二》，中华书局1962年版，第35页。

③ （清）王夫之：《尚书引义太甲二》，中华书局1962年版，第114页。

④ 《张子正蒙注》卷四，《中正》，中华书局1975年版，第138页。

⑤ 《张子正蒙注》卷三，《诚明》，中华书局1975年版，第102页。

⑥ （北宋）程颢、程颐：《二程集》卷二，《答横渠张子厚先生书》，王孝鱼点校，中华书局1981年版，第460页。

⑦ 《船山全书》第3册，岳麓书社1988年版，第448页。

界事物接触中,人是无情的,即程颐所说的"顺万事而无情"。程颐在《伊川易传》中对"艮卦"解释时说:"不获其身,不见其身也。谓忘我也,无我则止矣""外物不接,内欲不萌,如是而止,乃得止之道,于此为无咎也"(《近思录》卷四《存养》)。艮卦的本义,是山峰巍然对立,寂然静止之意。其实,这与"外物不接、内欲不萌"的禁欲主义没有必然联系,但程颐却得出了"无我"为人的行为"得止之道"。对此,王夫之持反对意见,坚持"身成"为"性成"的基础。他说:"形者性之凝,色者才之撰也。故曰:'汤、武身之也。'谓即身而道在也,道恶乎察?察于天地,性恶乎著?著于形色,有形斯以谓之身,形无不善,身无不善,故汤、武身之而以圣。"①

四是"继善成性"。这里的"继"是指人与自然界、社会的相互作用的过程。正所谓"阴阳健顺之德本善"②,这里的"继"重点突出人的德性完善。为此,他说:"性可存也,成可守也,善可用也,继可学也,道可合而不可据也。至于继,而作圣之功蔑以加矣。"③即强调人对所见所闻能够做到"择其善者而从之,其不善者而去之"(《论语·述而》)。是故,"善也,性之所资也"④。人若要"成人",就要在人的善端基础上努力培养自己的德性,且坚持不懈,这样才能将"善之资"不断内化,继而实现"习成而性与成"(《尚书引义·太甲二》)。

关于"继",张载提出"继继不已""勉勉而不息"⑤。而王夫之则提出"继,谓纯其念于道而不间也"⑥。王夫之认为,人之"生理"即性,是自然赋予的,即"天以此显其成能";但人是不断追求着"道"的,即"绍其生理者"。同时,他还认为:"继之则善矣,不继则不善矣。天无所不继,故善不穷。人有所不继,则恶兴焉。"⑦即认为"作圣之功"就是坚持不懈地选择善并远离恶。总之,他的"继善成性"既是人性发育自然而然的事,也是人的德性培育的作圣之功,于是在人与自然相互作用中,成就了"成人之道"。

五是"循情定性"。王夫之提出的"成人"是以"任天下"为己任的。他坚持人的意志和感情统一,尤其是意志对"我"的巨大影响。他曾力倡:"介然以其坚贞之志,与日月争光。"⑧"循情定性"是王夫之将人性作为出发

---

① (清)王夫之:《船山全书》第2册,岳麓书社1996年版,第352页。
② (清)王夫之:《蒙注诚明篇》,中华书局1975年版,第245页。
③ (清)王夫之:《周易外传系辞上传》第五章,中华书局1977年版,第146页。
④ (清)王夫之:《周易外传系辞上传》第五章,中华书局1977年版,第231页。
⑤ 参见《张载集》,章锡琛点校,中华书局1978年版,第217页。
⑥ (清)王夫之:《张子正蒙注》,中华书局1975年版,第161页。
⑦ (清)王夫之:《周易外传》,中华书局1977年版,第182页。
⑧ (清)王夫之:《尚书引义君陈》,中华书局1962年版,第92页。

点,关于情感,他认为:"情者性之端也,循情而可以定性也"①。

六、中国古代社会成人观评价

中国古代社会中的宗法制度,世系的传承是以男性为核心的。所以传宗接代的关键在于得子,女必嫁,妇必娶,关系很清楚,所以在一般人的头脑中,生了女儿迟早要嫁出去,"天要落雨,娘(宁波口语:姑娘)要嫁人"等俗语正是表现了这种心态。很自然的,通常认为生女儿是"人家的人"。围绕一个新生命的风俗,首先是从确定其性别开始的。生儿育女本来是自然的现象,但在中国古代,则是重大的社会问题。在父权制下,男性家长具有绝对的权威,男性在社会地位、家庭地位上都大大优越于女性。体现在人的头脑中,便是重男轻女,如民间习俗,有所谓弄璋与弄瓦的区别。《诗经·小雅·斯干》:"乃生男子,载寝之床,载衣之裳,载弄之璋。其泣喤喤,朱芾斯皇,室家君王。乃生女子,载寝之地。载衣之裼,载弄之瓦。无非无仪,唯酒食是议,无父母诒罹。"弄璋与弄瓦的习俗最早起于什么时候,已难考索。《毛诗序》说:"《斯干》,宣王考室也。"郑笺说:"考,成也",所以它讲的习俗实在是王宫之中的。不过古人久已将之当成古俗看待,弄璋、弄瓦也成了生儿育女的雅典了。对诗中所说的生男子之俗,郑玄笺:"男子生而卧于床,尊之也。裳,昼日衣也,衣以裳者,明当主于外事也。玩以璋者欲其比德焉,正以璋者明成之有渐。"其要义为尊。至于生女弄瓦,郑玄笺曰:"卧于地,卑之也。裼,夜衣也,明当主于内事。纺砖习其一,有所事也",要在卑下。这就是男尊女卑的体现。《诗经》为儒家五经之一,它对弄璋、弄瓦的记述无异于对这一习俗在观念上的肯定。所以一般儒学中人都认为弄璋、弄瓦实在有男女尊卑的区别。班昭的《女诫》说:"古者生女三日,卧之床下,弄之瓦砖,而斋告焉。卧之床下,明其卑弱,主下人也。"

这重男轻女的习俗有其形成的社会根源,而这一根源,又与中国传统的经济生活密切相关。在以农为本的传统经济模式中,男丁是主要劳动力,民以食为天,填饱肚子的粮食生产是第一位的。至于其他职业,如负贩贸易,也都是以男人主事,如仕途干禄,则是男人的特权。中国古代社会中重男轻女的思想长期占着主导地位。儒家男尊女卑的思想则是在理论上对之论证,在礼仪上作出严格的规定,使这类思想既有天然合法的外观,又有人人可尊行的规范,久之便相沿成俗了。

因此,中国古代成人观,总体上是重男性、轻女性,在平民大众阶层中更

---

① (清)王夫之:《正蒙注中正篇》,中华书局 1975 年版,第 149 页。

突出，同时，社会等级观念、尊卑秩序也是明显的，这既是社会现实，又有其深刻的社会文化背景，也有其明显的缺陷。当然，这也是人类社会发展必然历程。

第二章　儒家成人的逻辑前提："人"

第一节　人 的 阐 释

一、人 为 何 物

　　究竟什么是人,人为何物,古今中外关于人的说法历来是最为分歧和多样的,学化学的人可以把人看做是碳水化合物,学生物的人可以把人规定为特定类型细胞聚集的生命体。而从哲学角度看,说法就更多了,诸如人是有思想、有理性的动物;人是驯化的或开明的动物;人是政治动物、社会动物、符号化的存在;还有诸如"人是没有羽毛的两脚直立的动物"(柏拉图语)、"人是政治动物"(亚里士多德语)、"人是一种力量与软弱,光明与盲目、伟大与渺小的复合物"(狄德罗语)、"人是一架会自己发动自己的机器"(拉·梅特里语)、"人是六英尺的碳、氢、氧、氮以及磷原子的特殊分子序列"(乔舒亚·莱德伯格语)等,真可谓千奇百怪。马振铎指出:"在苏格拉底那里,'人是什么'是其首要解决的根本问题。"人们还依据生物进化论提出的关于人是高级动物的种种说法,如人是"理性动物""文化动物""社会动物"之类,仅从这一基点来看,这些说法是很有道理也是很有根据的。据目前掌握的资料来看,人是约 3 亿年前由古海洋中某种鱼类逐渐进化而来的,因此,"生物进化论"应当成为我们理解人的前提。尽管"人究竟是怎样从动物进化来的"这点人们有很多猜测,至今谁也说不清楚。而这种说法的一个优点是,它关于人的"定义",比如说"人是富有理性的动物"这一定义,从形式逻辑上看还是有道理的,符合"属+种差"公式的要求。诸如什么"语言动物""符号动物""经济动物"不一而足,"动物+x(附加值)"的这种公式几乎成了表述"人"之定义的经典思维模式。但是这里存在着一个根本性的问题,这就是人作为人的特质及人之为人的优越性和崇高如何显现,还有以这种方式理解的"人",如何同动物真正区别开来。

　　我们该如何面对"人"这个概念? 其核心依然是:究竟什么是人? 什么是人的本质? 人在地球上存在已有了几百万年乃至上千万年的历史,至今人类创造了巨大的物质和精神财富,现代人在宏观方面已经可以认识从太阳系到银河系以及比银河系更大的范围,在微观方面已经可以认识电子、中子、质子、光子一系列粒子,但是,对于人自身的认识还有许多未知领域。究竟什么是人及其本质? 哲学家思考这个问题,历史学家、文学家、社会学家、人类学家等也在思考。达尔文的进化论认为:人是从古猿进化来的,人与动物具有一样的本质,就是生存的本能,这从起源上说明人的来源问题,可以作为一种代表学说。关于人的来源,我国古代也有人与万物"混生"说或"俱生"说。所谓的"刚柔相成,万物乃形,烦气为虫,精气为人"。(《淮南子·精神训》)这是说阴阳二气生万物、生男女,人的本质就是元气、精气。

到了现代,随着生物遗传学、人体解剖学以及社会生物学、社会学、心理学、行为科学的发展,许多学者从自然科学和社会科学两个方面解释人的结构及其功能并说明人的本质。如美国社会生物学家威尔逊在《新的综合》中从个体、群落、基因群、基因序等结构性变化说明人性、人的行为的本质。在我国,也有学者从人的主体性结构(认知结构、意志结构、情感结构)分析人的心理机制和社会环境(主要指社会关系)相互作用的功能过程——自然历史过程和社会进化过程,说明人的意识的发展及人的本质。[1] 尽管如此,也没有找到人与动物的根本区别,因为在高级动物中也在不同程度上存在着"记忆、注意、联想,乃至少量的想象以及推理的各种能力"[2]。应该说关于人的探究依然有许多未知世界。

二、人就是"人"

如何理解人,给人下定义,这里借用高清海关于人的基本观点:人就是"人"。人就是"人"这个判断,看起来好像什么也没有说明。如果把这样的回答用于具有特有规定性的事物,说"水就是水""树就是树""矿石就是矿石",确实如此,似乎这是一种同义反复。但对人来说,情况就不一样,人就是"人"这一论断的意义就在于,它引导人们只能"按对人的方式"理解人,意味着人先天具有人的本性,只能按照人的本性,从"人本身"去理解人。那么人是从何而来的? 我们可以从进化论的角度看,人应该是这样一种存在:它什么都是,什么都可以是,也什么都曾经是过,这样作为自然进化的最高产物,它经历了从最低级到最高级发展的一切阶段,这一过程是极其漫长的,只是到了最后才进化为人,而人一旦成为真正意义上的人,人就同动物有了本质的区别。

---

① 肖君和:《论人》,浙江人民出版社 1986 年版,第 40—71 页。
② 〔英〕达尔文:《人类的由来》,商务印书馆 1983 年版,第 125 页。

在地球上,或者说在已知的星球上,人是唯一具有智慧、情感和想象力的动物,这真是一个令人类感到骄傲的奇迹,也是人类无与伦比的福祉。对此,莎士比亚在《哈姆雷特》中写道:"人类是一件多么了不得的杰作! 多么高贵的理性! 多么伟大的力量! 多么优美的仪表! 多么文雅的举动! 在行为上多么像一个天使! 在智慧上多么像一个天神! 宇宙的精华! 万物的灵长!"①

关于人,中国古代社会的许多思想家都给予了探究。从中医学角度看人体生命是一个系统,其可分为意化系统与物化系统。意化系统(脑髓系统)和物化系统(五脏六腑)联系在一起,且意化系统也由人体组织器官组成,人体机体组织活动亦受存在意识活动的影响。例如,患者通过输血,造成性格上的改变以及生理上出现某种不同以往的反应等情况时有发生。意化系统(脑髓系统)和物化系统(五脏六腑)是人的生命体意识和生命体物质的关系,两者之间相互作用的原理至今还未被人们完全掌握。物化系统(五脏六腑)为保证人的生长发育及维持生命,需从外界吸收物质,所吸收的物质包括空气、水分、阳光及各类食物等,并通过本系统的吸收和转化作用,将经过处理的物质以一定的特殊方式传送给意化系统(脑髓系统),意化系统只是接收由物化系统(五脏六腑)传送过来的营养物质,从而保证本系统的成长发育,不直接从外界吸收营养物质。意化系统(脑髓系统)通过自然反应现象和意识作用现象,向物化系统(五脏六腑)传送自然反应产生的内分泌物质和经过脑处理后所转化的意识信息。

人有相对独立且独特的脑髓系统,通过静脉向动物体内注射亚甲蓝之类的生物色素给有生命的细胞染色,色素由毛细血管渗出,扩散到组织中,把动物全身染成蓝色。但是,有的部位却没有被染成蓝色,这就是脑和脊髓,其他器官都变成了蓝色,只有脑和脊髓不受色素影响,依旧呈白色。这是因为脑和脊髓的血管对向其渗透的物质要经过严格的选择,使得脑和脊髓远离有害物质的侵袭。我们可以看出,脑髓是一个相对独立的系统,它吸收物质或能量物质的方式与脑髓系统以外的人体有着根本的区别。脑髓系统是为生命提供意识的物质系统,只是脑髓系统的物质属性与其对应的五脏六腑系统的物质属性不同,尤其是脑脊的生理机制,还存在着许多未解之谜。

我们认为人类经过几百万年乃至上千万年进化形成了人的独特脑髓系统或者说大脑,在中国古代,有许多人包括中医在内认为心脏具有精神、意

---

① ［英］莎士比亚:《莎士比亚全集》第 9 卷,朱生豪译,人民出版社 1978 年版,第 49 页。

识、思维、思想、感觉、知觉、情感、认识、记忆功能。中国古代在确立心的重要地位的同时,也对脑给予了极高的评价,并且认为除了心脏外,认为脑具有精神意识和思维功能,《黄帝内经·灵枢·经脉篇》:"人始生,先成精,精成而脑髓生,骨为干,脉为营",简练地说明了脑的生成过程。《黄帝内经·素问·脉要精微论篇》:"头为精明之府。"《类证治裁·健忘》:"脑为元神之府,精髓之海,实记性所凭也。"《黄帝内经·素问·脉要精微论篇》:"夫五脏者,身之强也。头者,精明之府,头倾视深,精神将夺矣。"《黄帝内经·素问·刺禁论篇》:"刺跗上,中大脉,血出不止死。刺面,中溜脉,不幸为盲。刺头,中脑户,人脑立死。"

人为何成为人? 究竟人与动物有着什么本质区别? 答案就在于人有区别于动物的文化心理结构。对此,李泽厚认为:"人类不但制造、积累、发展外在世界的物质文明,从原始石器、陶器至今天的航天飞机,而且同时也在不断创造、积累、发展内在世界的精神文明。除了物态化的作品(波普尔的世界Ⅲ)之外,它还表现为人的精神、心灵本身的结构状态(波普尔的世界Ⅱ)。人的心理不同于动物,人有区别于动物的人性。这就是建筑在动物性生理机制上的社会性的心理结构和能力。文化心理结构使人区别于动物,它即是人性的具体所在。"①而这个文化心理结构或心理机制就是人的独特大脑或古人认为的"心"。人的大脑有许多独特的功能,特别进化到一定时期,人具有语言、思维尤其是文字的创造与使用,从而使人的意识思想得以外化并得以传承。

人的意识活动首先是无意的自然意识活动,其次是有意的意识活动。有意的意识活动在人类社会文化环境与生产中最为复杂,人的意识活动各不相同、千差万别,人的意识活动反映在外,表现为人的思想、语言,并由意识产生人的行为、智力活动等。人的意识活动的外在反映同样千差万别,表现在人的思维、气质、精神状态等。而无意的自然意识活动,是人不受自己的意识有意控制所表现出的生理机能的反映,比如,人对饥饿感的反应,感冒时免疫系统自动启动时产生的发热反应、伤口自动愈合结痂现象等,这都是无意的自然意识活动(这应与其他动物没有区别)。而人的思想是自然世界及人类社会行为通过感受器官存储于自身意识器官内,由意识器官进行意识活动的表现过程,这一过程最终产生思想,思想的过程是对这些存储的记忆进行提取、加工、整理总结,形成自己对自然世界和人类社会表现行为的看法。思想区别于意识的关键之处,在于思想总是力图让他人感受到,

---

① 李泽厚:《中国古代思想史论》,人民出版社 1985 年版,第 255 页。

并且通过语言、行为等形式让他人理解、认识并作用于他人;而意识则是自己的意识器官对自身的理解、认识和作用。意识是内在的,是头脑中的意识器官自己对自己的思维意识,可以让他人知晓,也可以不被人知晓。当意识通过自身有目的的行为(如语言、文字等形式)让他人知晓时,意识就转化成了具有对外界产生影响的思想。

由此,人之为人不仅是有肉体的生命体(这同其他动物没有太多差别),而人有独特的脑髓系统,更重要的是人类社会诞生了文化,尤其是语言、文字的产生,使人的意识可以外显、外化。人有思想,有自我价值观。所以,从某个角度看,人是观念的集合体。

三、儒家凸显"人"

远古时期,原始人类就有了图腾崇拜。随着历史的进步,图腾崇拜逐渐衰落了,图腾观念逐步消亡了,最后,只有些残迹存留下来,早期图腾崇拜表现为人兽同体的神祇观念。随着时间的推移与观念的变化,图腾中"人的要素"(如体形)渐渐增长,"人的要素"已经开始慢慢浸入,"人"已经成为"神"的一部分,人们开始用自己的形体来塑造神祇。

德国神话学家 W.曼哈得认为具有人兽同体特征或人与植物互通灵魂的"低级神话",代表着某种更古老、更原始的信仰。这种"低级神话",并不是以神人同形为基础的"高级神话"的"可怜残迹退化的表现",而是"上古时代的遗粹",是神人同形神话得以形成的基础。这个理论被现代神话学研究所证实。在埃及经典《死人的书》里,保存着一幅"奥西里斯阴间法庭图",上面绘着几个兽首人身的冥府之神,有的正拿着死者的心脏在过秤,有的正在登记着什么,……整个画面还以许多动物或植物形的神秘符号为背景,给人以难以描述的"非人间"的印象。而这幅图画,制作于"新王国时代",离鹰形荷拉斯的时代已有一千多年,纯粹的动物神已然消失,人兽同体因素已然明显。

中国的上古神话,具有相当鲜明的人兽同体特征。仅从《山海经》来看,这一类神祇即达数十位之多,数量远远超过了神人同形的神。河神"冰夷"、水神"天昊"、海神"禺京"、沼泽神"相柳"、园林神"英招"、沙漠神"长乘"、时令神"陆吾"、昼夜神"烛龙",以及昆虫神"骄虫"、海鸟神"顒头"、玉神"泰逢"等,都是人面兽身、人面鸟尾和人头蛇躯。

马王堆帛画还告诉我们,无论帛画中那位天神是始祖神伏羲,还是太阳神羲和,他们都有一个至关重要的共同点即天神的造型是人兽同体的。从画面上看,他(或她)披散着头发,上身穿着蓝色袍子,下身却是蛇体,长长的躯干环绕在他(或她)的四周。可以认为这一造型的创造者们,显然不具备成熟的神人同形观念。因此,人兽(蛇)同体的倾向异常鲜明。这样原始的神,很难说他具备完全的而又高于常人的人性。他的生活是神秘而朦胧的,难以反映丰富的世俗化、文明化的社会生活。据考证,这幅帛画的年代在西汉初年,距离上古神话产生的黄金时代已经久远,但仍未脱尽人兽同体观念的影响(东汉末年的武氏祠石刻依然如此)。

神人同形的神祇,则采用了彻底的人类外形,且具有人的意志、欲望、性格,拥有超人的能力和达到自己目标的非凡手段。中国早期人类社会,先祖们制造了许多工具,其中,就有人的日常用具,如"人头壶",即是朦胧的人的观念。

中国早期关于人之伟大的思想是与"神""圣"的观念紧密相联的。在原始社会里,那些给人类生存作出贡献的人,被尊奉为"神",这个神只是抽象的人的概括反映。中国远古神话中的神人、圣人的出现,则体现出人是伟大的思想萌芽。如人类始祖:盘古、女娲、伏羲;而神农、黄帝、颛顼、帝喾、尧、舜、禹则是为民兴利除害者。这些神人、圣人,都是人之伟大者、灵明者。

中国古代社会许多哲学家、思想家在其著作中,都肯定人是伟大的,"人为万物之灵",人优异于禽兽。把天、地、人并列为宇宙中的三个伟大者。《尚书·泰誓上》曰:"唯天地万物父母,唯人万物之灵。"《周易·序卦》曰:"有天地然后有万物,有万物然后有男女,有男女然后有夫妇。"《周易·系辞下》亦云:"天地氤氲,万物化醇;男女构精,万物化生。"《黄帝内经·素问·宝命全形论》曰:"天地合气,命之曰人。"《淮南子·精神训》曰:"古未有天地之时,惟象无形,窈窈冥冥,……鸿洞莫知,其间有二神,经营天地(注:二神,阴阳之神也)。于是乃别阴阳,离为八极。刚柔相成,万物乃形。烦气为虫,精气为人。"中国人相信自己就是万物的灵长,世界的主宰。"唯人万物之灵。"(《尚书·泰誓》)"人者,天地之贵物也。"(《白虎通义》)"故人者,天地之德,阴阳之交,鬼神之会,五行之秀气也。"(《礼记·礼运》)

《列子·天瑞》记载,孔子游泰山时,在路上遇见荣启期,衣不蔽体,但边弹琴边唱歌,一副怡然自得的模样。孔子问他:"先生所以乐,何也?"荣启期回答:"吾乐甚多:天生万物,唯人为贵。而吾得为人,是一乐也"。还有一次"厩焚"。子退朝,曰:"伤人乎?不问马。"(《论语·乡党》)孟子则说:"万物皆备于我矣。"(《孟子·尽心上》)这句话意味着,凡是自然所有的,人身上都有,所以人才被称呼为"人",更重要的是,因为人的存在,万物才有意义。而荀子则提出:"水火有气而无生;草木有生而无知;禽兽有知而无义;人,有气、有生、有知、亦且有义,故最为天下贵也。"(《荀子·王制》)易见,我国古代思想家觉察到人的高贵性,与其他动物有本质差异。对此,荀子认为,由于人具有知识智慧、道义,所以异于、高于其他众物,为最高贵者。他说:"凡以知,人之性也;可以知,物之理也。"(《荀子·解蔽》)即人有认识事物的能力,事物及其规律是可以被人认识的。这就是"所以知之在人者,谓之知;知有所合谓之智。所以能之在人者,谓之能;能有所合谓之能"(《荀子·正名》)。人之所以知、所能知,在于有智慧、有能力,这是其他众物所不具备的。正因为如此,人力不如牛马,却可以使牛马为人所用,并可以裁制万物,兼利天下。反观历史上的秦文化,可以说,是一种牺牲文化思想相对自由发展的专化,是抹煞人的生存、人的需要和人的发展的专化。在秦文化史上看不到楚文化中的屈原、庄周这些文化天才对人的异化的痛苦焦虑和反思;相反,秦人缺乏自我反省和理性精神。在《商君书》《韩非子》等秦政治文化经典中缺少以人为本位的人学气息。可见,秦文化最大的失落是人的失落。

汉继秦后,思想家们对于"人"则有更多的思考。董仲舒发挥了"天地之性人为贵"的思想,肯定了"人副天数",人是天的副本,人本于天而生,天是最崇高、最伟大者,所以人是万物中最高贵、最卓越者。他说:"人受命于天,固超然异于群生,人有父子兄弟之亲,出有群臣上下之谊,会聚相遇,则有耆老长幼之施;粲然有文以相接,欢然有恩以相爱,此人之所以贵也。生五谷以食之桑麻以衣之,六畜以养之,服牛乘马,圈豹槛虎,是其得天之灵,贵于物也。故孔子曰:'天地之性人为贵。'明于天性,知自贵于物;知自贵于物,然后知仁谊;知仁谊,然后重礼节;重礼节,然后安处善;安处善,然后乐循理;乐循理,然后谓之君子。"(《汉书·董仲舒传》)董仲舒还说:"天、地、人,万物之本也。天生之,地养之,人成之。天生之以孝悌,地养之以衣食,人成之以礼乐。三者相为手足,合以成体,不可一无也。"(《春秋繁露·立人元神》)董仲舒说:"天地之精,所以生物者,莫贵于人。"(《春秋繁露·人副天数》)曹操也说:"天地间,人为贵。"(《度关山》)周敦颐在《太极图说》中指出:"惟人也,得其秀而最灵。"陈淳在《北溪字义》中也说道:"人得五行之秀,故为万物之灵。……总之,人为万物之灵。"胡宏关于"人为万物之灵"的思想,亦与其兄胡寅相近,并对人优异于万物的思想作了具体的阐发。他说:"万物万事,性之质也。因质以致用,人之道也。人也者,天地之全也。而何以知其全乎?万物有有父子之亲者焉,有有君臣之统者焉,有有报本反始之礼者焉,有有兄弟之序者焉,有有救灾恤患之义者焉,有有夫妇之别者焉。至于知时御盗如鸡犬,犹能有功于人,然谓之禽兽而人不与为类,何也? 以其不得其全,不可与为类也。夫人虽备万物之性,然好恶有邪正,取舍有是非,或中于先,或否于后,或得于上,或失于下,故有不仁而入于夷狄禽兽之性者矣。惟圣人既生而知之,又学以审之,尽人之性,尽物之性,德合天地,心纯万物,故与造化相参而主斯道也。不然,各适其适,杂于夷狄禽兽。是异类而已,岂人之道也哉! 是故君子必戒谨恐惧,以无失父母之性,自则于异类,期全而归之,以成吾孝也。中者,道之体;和者,道之用。中和变化,万物各正性命而纯备者,人也,性之极也。"(《知言·往来》)胡宏认为:"一气流行,万物生化,有物便有性,有气便有形。"由此说来,性为气流行的主宰者,有性才有人有物,无性则无人无物,这就是"成之者性"之义。胡宏说:"非性无物,非气无形。性其气之本乎""气之流行,性为之主。性之流行心为之主"(《知言·事物》)。又说:"万物皆性所有也。圣人尽性,故无弃物。"(《知言·一气》)胡宏显然是说性为人和万物之本的自然观。从这种本体论出发,胡宏肯定人和万物都有"性",都有"性之质",但人能因"不同性之质"而致其用。人之所以能做到观万物之变化,察万物之本性,执天地之机,调理万物,是因为人"备万物,参天地",掌握中和之道。就是说,人兼备万物之性,得天地之全,故具有知识、智慧、道德、礼义。这种"万物备而为人"(《知言·天命》)的人,既能体万物,又能用万物,"人备万物,贤者能体万物,故万物为我用。"(《知言·事物》)当然是优异于万物的灵者贵者。

易见,中国古代社会尤其是儒家凸显了"人"的观念,发现了"人",尽管同近现代西方"人文主义"理解有差异,但却具有中国式"人文主义"的理解。对此,唐君毅说:"我们所谓人文,乃应取中国古代所谓人文化成之本义。'人文化成',则一切人之文化皆在内,宗教亦在内。中国儒家所谓的人,不与天相对。用今语释之,即不与神相对。中国之人文思想,自来不反天而只赞天。"①这是说"人文"涵盖了一切人之文化。徐复观说:"中国人文主义和西方十五世纪、十六世纪这个短时期的人文主义,在以人为主体这一点上是相同外,内容则并不相同。"这是说在"以人为主体"上,中国的人文主义与西方的人文主义具有相同性,但在内容上有很大不同。对此,张岱年说:"人文主义却是一个翻译名词。在西方思想史上,所谓人文主义主要指文艺复兴时期反对宗教神学的思潮。从严格意义上来讲,中国上古时代和中古时代不可能具有与西方近代'人文主义'相同的思想。但是,在中国古代存在着'以人为中心'的思想。这种'以人为中心'的思想,从广泛的意

---

① 唐君毅:《人文精神之重建》,广西师范大学出版社2005年版,第4—5页。

义来说,亦可称为人文主义。"就是说,中国古代"以人为中心的思想"可以理解为人文主义。中国哲学是关于人的学问,关心人的生命,肯定人的价值,肯定人追求现世幸福,远鬼神,注重道德修养,且提出了系统的教化理论和修为方法。

第二节　人是文化化的人

人先天具有人的本性,人又有动物习性,人的生存与成长离不开一定的文化环境,否则人将不成为人,狼孩及野孩就是例证。这就说明,人就是"人"是不够的,人性只有在社会文化环境中才能够显现,且人才能成就为人。从这个意义上看,人是文化化的人。

一、文化即人化

(一) 文化的阐释

文与化都是中国比较古老的观念,在甲骨文中已经出现了,在先秦的典籍中被普遍地使用着。何为"文"?《说文解字》解释说,文化之文,作象形文字"心",象征内心宁静、和平,这是文的本义。"化"字在古代也是一个独立的概念,多属动词性,本义为生长,直到今天,化与其他词组成一个概念如化育、创化等,化仍然是生的意思。"物生谓之化,物极谓之变。"(《黄帝内经·素问·天元纪大论》)文与化在先秦时代并未形成一个概念。《周易·贲卦》曰:"观乎天文以察时变,观乎人文以化成天下。"这大概就是文化这一概念的最早雏形。文化这一概念最早应形成于汉代。刘向《说苑·指武》篇云:"圣人之治天下也,先文德而后武力。凡武力之兴,为不服也,文化不改,然后加诛。"晋人束皙曰:"文化内辑,武功外悠。"(《补亡诗·曲仪》)南齐王融《曲水诗序》云:"设神理以景俗,敷文化以柔远。"也是文治教化之义,这与武力镇压、征服相对而言。西方人对"文化"一词的理解与中国古人略同,这一词汇来源于拉丁文"Cultura",具有耕种、居住、练习等多重含义,后来演变为英语"Culture"一词,即有耕种、培育、教化、文明、修养等多种意思。这与中国古代典籍中所记载的"观乎天文,以察时变;观乎人文,以化成天下"的含义十分相近。在中国古代社会,"天文"与"人文"相对,"天文"指天道自然,"人文"指社会人伦,意思是治国者必须观察天道自然的运行规律,以明耕作渔猎之时序,又必须把握现实社会中的人伦秩序,以明君臣、父子、夫妇、兄弟、朋友间伦常关系,使人们的行为合乎文明礼仪,并由此而推及天下,以化成天下。总之,文化一词在中国古代社会便有明确的文明教化或人文教化之义。

关于文化,泰勒在1871年于《原始文化》一书中对文化作了近代科学意义上的整体说明之后,中外关于文化的定义可归为四种类型。一是从广义的意义上去理解,以为文化是人类所创造的物质文明和精神文明的总和。二是以狭义的也即意识形态的角度去诠释,则为观念形态或精神文化、文化心理结构。三是从文化是人的创造力的体现的视野去阐发,以文化为人的创造力的凝聚,是人类创造的不同形态的特质所构成的复合物。四是从文化是人的生活样法、行为模式的观点去说明。

（二）文化即人化

文化即人化,是人类社会发展到一定程度和阶段才有文化,即人类学会制造工具,如石刀、石针等,而这就是文化。文化可分为物质文化和精神文化。物质文化又称器物文化,是指人类创造的一切物质产品,物质文化是文化的有形部分,它是人类智慧的物化,不仅满足了人们某种需求的使用价值,更是含艺术价值于一身。如建筑物、电器、服饰、交通工具等,都是物质文化的具体形式。文化标志着人类把握自然的程度,也标志着技术发展的阶段,人类在对历史的时代进行划分时,有的是以使用的生产工具为标准的,如石器时代、青铜器时代、铁器时代、机器时代、电器时代、信息网络时代等。物质文化是人类财富的化身,是社会存在与发展的物质基础。而精神文化是指人类创造的一切非物质产品,其可以分为制度和观念两大类,因而精神文化又可以分为制度文化和观念文化两大类。制度文化又称规范文化,是人类智慧在制度中的凝结,制度文化不仅为人们提供了若干行为模式,调节人与人之间的关系,而且还以制度的形式规定了各种社会组织的职能,使整个社会按一定秩序运行,如习俗、道德、政令、法规、法律等都是制度文化的主要组成部分。而观念文化是文化的核心部分,是人类智慧在观念中的凝结,价值观念是观念文化的灵魂,是观念文化的核心要素,价值观念也是人们判断是非、选择行为方向和行为目标的准则,从这个角度,人是观念的集合体。

在动物界如蜜蜂、海狸、蚂蚁等动物只生产它自己或它的幼仔所直接需要的东西。马克思认为:"动物的生产是片面的,而人的生产是全面的;……动物只生产自身,而人再生产整个自然界,动物的产品直接属于它的肉体,而人则自由地面对自己的产品。动物只是按照它所属的那个种的尺度和需要来构造,而人却懂得按照任何一个种的尺度来进行生产,并且懂得处处都把固有的尺度运用于对象;因此,人也按照美的规律来构造。"①这

---

① 《马克思恩格斯文集》第1卷,人民出版社2009年版,第162—163页。

段话有两层意思。一是说动物所进行的生产劳动是片面的，是受它所属的那个种的属性所支配的，而人的生产劳动则是全面的，能按"任何一个种的尺度"去进行生产。二是说动物的生产只是出自"直接的肉体需要"，是局限于生物性的本能，而人是"不受肉体需要的支配"去进行"真正的生产"，从而在整个自然界打上人的意志与需求的烙印，能"自由地对待自己的产品"。本能的生产与自由的生产是动物与人的本质差别。在全面的、自由的生产劳动的过程中，一方面把整个自然界变成人化的自然，也即"人再生产整个自然界"，对每一种产品赋予了主观的目的和创造力；另一方面又在熟悉自然界一切对象的客观过程中，发挥和提升了自己的创造才能，使劳动对象本来具有的对人的疏远性、强制性，变成为人服务的、满足人的种种需求的东西，也就是说使自在之物变成了为我之物。当人以实践形态如务农、做工、经商、科学研究等方式去呈现人的创造力这一本质力量时，便构成了人类的物质文化，当人以观念形态如哲学、艺术、道德等方式去呈现人的创造力时，便形成了人类的精神文化。物质文化与精神文化愈益发达，人类自由王国的实现就愈益迫近。正如恩格斯所说："文化上的每一个进步，都是迈向自由的一步。"①

二、文化即化人

文化是人类的生存方式，是人类为生存、发展而逐渐形成的一套生活方式。文化是人类生活的全部，包括人与自然关系的物质形态文化，只要和人类有关的一切，如语言文字、宗教信仰、伦理道德、思想观念、教育、科学、文学、艺术、政治制度、社会风俗乃至日常生活中的行为态度，都属于文化的范畴。美国人类学家摩尔根认为："人类是从发展阶梯的底层开始迈进，通过经验知识的缓慢积累，才从蒙昧社会上升到文明社会的。"②摩尔根所说的"经验知识"就是文化。而人与文化结合才是一个完善的人，一个有人的全面本质的人。人作为社会的主体，同时也是文化的载体。

文化是"人化"，即它是人的主体性或本质力量的对象化，文化是"化人"，是教化人、塑造人、熏陶人。人是文化的创造者，也是文化的创造物。人类创造了一个文化世界，而在这个意义上，文化世界相对于人而言先于个人经验的存在。文化世界是人创造的，是人对外部世界的经验知识和价值思维的肯定形式，这个世界一旦被创造出来，它的存在及其价值和意义也就

---

① ［德］恩格斯：《反杜林论》，人民出版社 1970 年版，第 112 页。
② ［美］摩尔根：《古代社会》上册，商务印书馆出版社 1987 年版，第 3 页。

不为尧存、不为桀亡，而成为一个超有机体的文化世界存在于整个社会群体和历史活动中了。任何人从他呱呱坠地就被抛进了一个文化世界，而这个世界的价值和意义是先于他个人的经验的，是超越他个人经验而存在的。

中国传统及儒家教化即人的文化化过程，特别注重社会文化环境对人所产生的潜移默化作用，尤其注重"化"。荀子对教化之"化"字更是进行了充分论述，《荀子》中还有不少论述"化"的文字，其中的"化"都是指社会文化环境对人所产生的潜移默化作用。"夫人虽有性质美，而心辩知，必将求贤师而事之，择良友而友之。得贤师而事之，则所闻者尧、舜、禹、汤之道也；得良友而友之，则所见者忠信敬让之行也。身日进于仁义而不自知也者，靡使然也。今与不善人处，则所闻者欺诬、诈伪也，所见者污漫、淫邪、贪利之行也，身且加于刑戮而不自知者，靡使然也。"（《荀子·性恶》）"靡"即是"摩"，观摩也，模仿也，受别人行为的影响。荀子引用他人的话说："'不知其子视其友，不知其君视其左右。'靡而已矣！靡而已矣！"（《荀子·性恶》）荀子还指出，"注错习俗，所以化性也""习俗移志，安久移质"，"居楚而楚，居越而越，居夏而夏，是非天性也，积靡使然也。"（《荀子·儒效》）"蓬生麻中，不扶而直；白沙在涅，与之俱黑。……所渐者然也。"（《荀子·劝学》）应该说，随着文化环境的变化，人的观念、性格、行为习惯等会有悄然变化，甚至可以使人的本性得到改变。

人创造了文化，文化也创造了人，人和动物不同的地方，就在于他不仅是自在的动物，而且是自为的动物，动物都能为自己的生存而活动，但是他们却不能自觉地认识自己的存在，只有人创造了文化，使自己和动物王国脱离开来，才会对自己的存在发生疑问，当人类从野蛮蒙昧中刚刚走出来的时候，他所面临的两大问题之一就是"我"是什么？"我"从哪里来？正是这一问题，使人把他自己和客观世界区别开来。卡西尔说："认识自我乃是哲学探究的最高目标。"①这个目标从人类认识到自身的那天起就困扰着人类，是一个至今仍未解决的问题。人的问题之所以如此困扰着自己，是因为"人"的本质并非是一成不变的抽象之物，它本身就是一个随着文化的发生发展而不断发生发展的逻辑范畴。每个时代、每个民族对人的本质的认识都具有时代的和民族的文化特点。世界上只有带着时代和民族文化特点的人，而没有抽象的人。每个民族对人的定义，都是这个民族文化的最高表现。

近现代西方进化论和传播主义都把人置身于文化之中，近代西方，随着

---

① ［德］恩斯特·卡西尔：《人论》，李琛译，光明日报出版社2009年版，第3页。

实证主义的兴起,那种纯内省的方式变得不再那么具有说服力。威廉·冯特将实验同内省相结合,创建了现代心理学,并且将心理学引入文化研究当中。冯特认为一切文化现象都是心理活动的产物,都由观念、情绪和行为三部分构成。而塔尔德则从集团心理研究文化的传播过程,提出了模仿说,认为文化创造会引起模仿效应,低等级的社会阶层模仿高等级的阶层,低等文明的民族模仿高等文明的民族。应该说,模仿说为理解文化传播和文化演进的过程提供了理论支撑。

同时,也有许多理论家从制度文化角度考量文化与人之关系。制度文化研究影响最大的心理学家弗洛伊德,他相信人类由两种互相冲突的欲望所支配:爱的欲望与死的欲望。文明是爱欲在被压抑情况下的转换形式。在弗洛伊德之后,荣格将性本能上升为集体无意识心理主义。同时,美国心理学派代表本尼迪克特认为人类文化是一个丛生的多样性群体组合,每一个群体都有自己独特的文化模式。人们的行为受其所属文化的制约。霭理士提出,马林诺夫斯基甚至一度想成为激进的弗洛伊德主义者,但是后来"他既不是一个弗洛伊德主义追随者,也不是反弗洛伊德者。他承认弗洛伊德思想的价值,并准备随时利用他们来阐明在调查过程中所碰到的各种现象"①。所以他的理论穿插着精神分析的因素,强调文化对人的塑造作用。正如马林诺夫斯基所言:"一个人服从于习惯性的义务,追随行动的传统规程,这是因为受到某种动机的驱使、某些观念的引导,并伴之以某些情感。"②而马林诺夫斯基并不满足于从心理的层面去理解人、把握人。他认为,将社会看成是超个人的社会实体,是玄学捷径。而文化哲学与心理学最大的区别就是前者力图以最全面的方式去把"我们必须考察人,研究与他密切相关的东西,研究生活给予他的立场。文化价值各有分殊,人们渴望不同的结果,追随不同的冲动,追求不同形式的幸福。每一种文化都存在不同的制度让人追求其利益,都存在不同的习俗满足其渴望,都存在不同的法律与道德信条褒奖他的美德,或惩罚他的过失。研究制度、习俗信条,或是研究行为和心理,而不理会这些人赖以生存的情感和追求幸福的愿望。这在我看来,将失去我们在人的研究中可望获得的最大报偿"③。对此,关于文

---

① [英]马林诺夫斯基:《原始的性爱》,王启龙、邓小泳译,中国社会科学出版社2000年版,第5页。
② [英]马林诺夫斯基:《西太平洋的航海者》,梁永佳、李绍明译,华夏出版社2002年版,第17页。
③ [英]马林诺夫斯基:《西太平洋的航海者》,梁永佳、李绍明译,华夏出版社2002年版,第18页。

化即化人可以看出,一是人的存在采取了文化的形式,其中包括他的社会环境和历史传承;二是文化和人之间不存在着隔绝与对立,人消融在文化世界,文化内化于人自身;三是文化世界是物质和精神交融的本体世界,所有的文化因素交织在一起,以制度的组织形式,推动着社会发展,并使人得以生存。马林诺夫斯基眼中的文化本体世界,包含物质和精神,但是却不能用物质或精神来限定它,他认为物质文化是超个人的实体。"这超个人的实体就是这一套物质文化,它是存在于个人之外,而同时却又影响着个人的日常生理现象。"①但是物质文化很明显并不是单纯的物质形态,任何物质文化都渗透着人的审美情趣乃至价值取向。

第三节　属人的世界

大千世界,纷繁万物,世界因人的存在而精彩,而有意义。"人是物质尺度",包括人类中心主义都有其不足之处,但更有其道理,世界是人的世界。

一、故人者天地之心也

《礼记》认为,人是天地之心,"故人者,天地之心也"。(《礼记·礼运》)即人是天地的心;人的意志(人心),也就是天地的意志(天心)。人心、天心的讨论是儒家的一个重要问题。

中国古代先哲们认为,人在宇宙中的地位是伟大而崇高的。所以说:"夫'大人'者,与天地合其德,与日月合其明,与四时合其序,与鬼神合其吉凶,先天而天弗违,后天而奉天时,天且弗违,而况于人乎? 况于鬼神乎?"(《乾卦·文言》)人不仅与宇宙融为一体,而且事事、处处与天地相通,无所不知,无所不能,可谓是伟大而崇高。《礼记·礼运》篇云:"故人者,其天地之德,阴阳之交,鬼神之会,五行之秀气也。故人者,天地之心也,五行之端也。食味、别声、被色、而生者也。天地之德为善德,人禀阴阳之精、五行之秀而生,故为天地万物之有善德者,即具有天地之德。""心"为思维器官,人为天地万物中之有知觉意识活动者,所以说是天地之心者。人具有道德礼义、知觉意识,为阴阳、五行所成万物中之最高贵、最优秀者,为万物之灵,非他物所能比。《礼记·中庸》篇中,更以人"则可以与天地参矣"说明人的地

---

① ［英］马林诺夫斯基:《原始的性爱》,王启龙、邓小泳译,中国社会科学出版社2000年版,第5页。

位之伟大、卓越。"自诚明,谓之性。自明诚,谓之教。诚则明矣,明则诚矣。唯天下至诚,为能尽其性;能尽其性,则能尽人之性;能尽人之性,则能尽物之性;能尽物之性,则可以赞天地之化育;可以赞天地之化育,则可以与天地参矣。大哉!圣人之道,洋洋乎,发育万物,峻极于天,优优大哉!"(《礼记·中庸》)自诚明为由内向外推出扩展而求知的工夫;自明诚为由外向内体认收缩的工夫,经过外推、内收的工夫,最终达到上下与天地同流,万物与吾为一体的境界,即"可以赞天地之化育"而"与天地参"的境界。

人,一方面是人在宇宙之中,另一方面是宇宙在人之中,人在宇宙之中即人在无限中的位置,宇宙在人之中即人对自身和有限性的超越。人的伟大和高贵就在于他对自身的突破,他善于把宇宙间的万事万物调动起来,荟萃于一身,人的形象是他自己,但他所发出的声音却是整个宇宙的声音。儒家的大人、圣人或人极具有笼天罩地的能量;"为天地立心,为生民立命,为往圣继绝学,为万世开太平"(《横渠语录》),这是恢宏的境界,也是豪迈的气概,这就因为"人兼体乾坤之德"(朱子语)。这样,人在宇宙中有至高无上的位置。荀子认为"凡以知,人之性也"(《荀子·解蔽》),这就是说,能够认识事物是人的本性。《潜夫论·卜列》说:"夫人之所以为人者,非以此八尺之身也,乃以其有精神也。"法国哲学家帕斯卡尔说道:"人只不过是一根苇草;是自然界最脆弱的东西;但他是根能思想的苇草。"①这就是人能对自然界、对人类社会乃至人类自身作出繁纷复杂的认知并作出规律性探究。即人为宇宙立心。

宇宙是中国传统哲学的一个重要范畴,且有其特征。对此,方东美认为:"'宇宙',在中文里原是指'空间'和'时间',上下四方的三度空间叫做'宇',古往今来的系统变化叫做'宙',宇和宙一起讲,就表示时空系统的原始统会,宇宙两字中间如果没有连号,就是代表一个整合的系统,只在后来分而论之的时候才称空间和时间,西方即使 Minkowski 所说的四度空间性,亚历山大教授所说的'空间—时间',都不能贴切地表达'宇宙'一词中时空的不可分割性,最接近的讲法倒是爱因斯坦所说的'统一场',在中国哲学家看来,宇宙正是所有存在的统一场。"②就是说,中国哲学中"宇宙"是连续的、不可分割的,在西方,只有爱因斯坦说的"统一场"接近中国哲学中"宇宙"的含义,即除了物质条件外,还兼有精神意义与价值。方东美说:"因为'空间—时间'只是物体机械存在的场合,若拿它来当作全部生命的

①　[法]帕斯卡尔:《思想录》,何兆武译,商务印书馆 1995 年版,第 157—158 页。
②　方东美:《中国人生哲学》,黎明文化事业股份有限公司 2005 年版,第 171—172 页。

环境就变成只知其一,不知其二。因为生命除掉物质条件外,原兼有精神意义与价值。"即是说,中国哲学中的"宇宙"富有精神意义和价值。

对于中国哲学家不常用"宇宙"这个范畴的原因,方东美的答案是中国哲学家不把"宇宙"看成机械系统,而是看成充满生命的有机系统。他说:"中国哲学家正相反,他们不常用'宇宙'这词,正代表他们不愿意把宇宙只看成一个空间与时间的机械系统,所以在经书子书中,我们常会遇到一些观念,像'天''天地''乾坤'等代表创造化育的作用,在自然创进历程中则有'道''自然''阴阳'和'五行'等观念,再如'虚理''气'等亦然,除此之外还有许多名词也都是用来形容宇宙的特性。但都是用来对宇宙秩序和结构作妥帖的解释,如果我们只执着于这些差异的名词,不能会通,那中国的宇宙观就可能会被误为驳杂、纷乱,言人人殊。但是,我想这种种的理论都可以归结于一个根本要义,而表现出一种伟大的哲学见解,那就是宇宙是一个包罗万象的广大生机,是一个普遍弥漫的生命活力,无一刻不在发育创造,无处不在流动贯通。"①易见,方东美对于"宇宙"的解释,完全是一种生命的解释,是充满生命情调的有机的统一场。因为人的存在,人为天地之心。

在佛学中,识、识性是非常复杂的概念,既作一切精神现象解,又是"五蕴"之一的"识蕴",又作十二因缘的"识支"。它与心、意同构为一个范畴。《俱舍论》:"集起故名心,思量故名意,了别故名识……义虽有异而体是一"。所谓"有别而体是一",即功能不同而都是"一心体"。称其为心时,是因它能集结种种心理活动(心所)及行为(业);当其称为意时,是因它能思虑;而称其为识时,是因能判别对象。到大乘佛教唯识宗起,便把作用上的区分推原到心的结构上,认为作用不同,存在的体性也有分别,于是将"心"分别为八,称为"八识"。这也是心是认识世界的根本。

中国古代社会文学艺术注重将主观的心灵与客观的现象混融为一体,如绘画与其说是画山水、花鸟,毋宁说是画"心"。传统的哲学,是将宇宙看成一个有机的生命,画家每以皮、肉、骨、血论画,天地万物与画家的心灵是息息相通的。这种世界观,重在强调人的悟性。"神会""会心""迁想""意",都可以看成是"悟"的功夫。"悟性"是心理属性,甚而是特殊的心理功能。不具悟性者,见花是花,见草是草,花与草是无生命的形器,花草与人无牵葛,与天地万物不相通,更与造物之理阻隔,而这其实是人心对外界的关照。西方文艺学说,自然也有"移情""想象""联想"等内容。而《诗经》有大量的以自然事物喻人的精神品德的,如《秦风·小戎》里的"言念君子,

---

① 方东美:《中国人生哲学》,黎明文化事业股份有限公司 2005 年版,第 175 页。

温其如玉",就是以玉比君子之德。荀子为文善于用喻,《劝学》篇仅千余字,连续运用了六十多个比喻。《赋》篇以云、蚕、针来象征他所倡导的"礼",如喻"云"为"功被天下,而不私置者与"(《荀子·赋》),喻"蚕"为"功被天下,为万世文",喻"针"为"下覆百姓,上饰帝王,功业甚博,不见贤良,时用则存,不用则亡"。在诗歌绘画的创作中,人们常把山、水、松、竹、梅、兰、菊、水仙、莲花等自然对象,作为艺术作品描绘的对象,并从中寄托人的因素、情操。显然,这是儒家的人贵在"有义"价值观的审美折射。黑格尔说:"一切对人有价值的东西,永恒的东西,自在自为地存在的东西,都包含在人本身之内,都要从人本身发展出来的。"①

二、人的恒定精神文化世界

人处在一个文化世界,尤其是处在恒定的精神文化世界。所谓恒定,一是指人类社会总是有精神文化世界;二是指人的精神文化(如制度)在一定时间跨度内是恒定的(如中国科举制度);三是人类精神文化世界中核心价值观念是永恒的(如中国古代社会儒家核心"仁"观念)。

文化即是人的自觉意识,有其自身的内在规定性,与自然物质存在有着本质区别,因而也有了自己的独立性。马克思曾说,人类的一切创造物,在创造之先已经观念的存在着。何谓"观念的存在"？其实就是精神文化。"这可以说是精神(文化)产生物质(准确地说是改变物质形态)。"文化也可以物质外壳即外形式加以客观化达到交流、教育、审美的目的,而它的本质来自人的精神活动,而人的精神活动内容与人的心理结构和思维活动即内形式密不可分的联系在一起。对此,黑格尔说:"关于形式与内容的对立,主要的必须坚持一点:即内容并不是没有形式的,反之,内容既具有形式于自身内,同时形式又是一种外在于内容的东西。于是就有了双重的形式。有时作为返回自身的东西,形式即是内容。另外作为不返回自身的东西,形式便是与内容不相干的外在存在。"②文化所附着的物质存在物正是与内容(本质)"不相干"的外形式,人的心理结构和思维活动是文化的内形式,是"作为返回自身的东西"而存在,它规定着文化的本质(内容)。所以物质本身就是一种文化,是人的精神对象,更重要的是物质背后体现着人的精神,即所谓的"睹物思人"。

20世纪60年代,英国哲学家波普尔曾把世界划分为三个相对独立的

---

① [德]黑格尔:《哲学史讲录》第2卷,贺麟、王太庆译,商务印书馆1959年版,第66页。
② [德]黑格尔:《小逻辑》,贺麟译,商务印书馆1980年版,第278页。

体系："第一,物理客体或物理状态的世界;第二,意识状态或精神状态的世界,或行为的动作倾向的世界;第三,思想的客观内容的世界,尤其是科学思想、诗的思想和艺术作品的世界。"①其实,波普尔的第二世界与第三世界可以合并为一个完整的"文化世界"。第二世界是由知、情、意构成的心理结构及其思维活动,表明主体的文化创造机制。第三世界则是文化创造的产品;文化产品已脱离主体而客体化。产品的客体化又使文化有了普遍意义。由此,文化始终渗透在人的生命活动、精神活动以及人类创造物质和精神财富之中,反过来又影响着、制约着人,包括人的智慧、德行、情感等。

人的恒定精神文化世界,更多为人类社会的传统习俗。至于传统,东汉刘熙的《释名·释典艺》说:"传,传也,以传示后人也。"《论语·学而》:"传不习乎?"犹前人传后人,代代相传。在相传过程中,须对传承的东西不断温习、演习、实习之,以巩固稳定。统,世代相继之意。《孟子·梁惠王下》:"君子创业垂统,为可继也。"《汉书·贾山传》:"自以为过尧舜统。"可见传统为前人传后人、代代传承相继的意思。佛教有衣钵相传的传法系统,儒家关于圣贤相传的道统与帝王相承的治统,意义均与"传统"相类。传统在现代意义上是英文 tradition 的汉译,指由历史沿传而来的、具有一定特色的思想、文化、道德、风俗、制度艺术、信仰、心态等,是一个外延较为宽泛的概念。从民族学上说,每个民族均有其传统,从而使该民族的特色凸显出来。正是这种与众不同的特色,使人们领略到该民族的独特风格。从社会学角度看,传统是在漫长的实践活动和思想承袭中积累而成的、较为稳定的社会因素,体现在劳动、生活、思维、行为、风俗等社会生活的一切方面,涉及政治、经济、意识、制度等相当广阔的领域,并通过社会心理结构与其他物化媒介如名胜古迹、饮食器皿、文献典籍、山水风光等得以世代相传。

孔子关心"学以成人",关心"恢复和传递大道"。无中生有并不是儒家的创造范式。反之,文化领域的创造需要有阐释的才华,正是在这个意义上,孔子自认为是传统的传递者而不是创造者。尽管孔子不是儒家传统的建立者,但是,他为这一传统注入了生机,延续了这一传统。

文化离不开人的创造,人与人之间的思想交流、情感沟通以及历史传承、知识积累、技术进步都是通过文化实现的。个体与社会的关系也必须靠文化来调解。人的行为,社会的运转,人与自然的关系,个体与社会的关系,要服从物质运动的规律,这包括自然规律、社会规律,这些规律都是必然的、外在于人的。同时,人还必须认识和掌握文化规律。文化规律不同于物质

---

① [英]波普尔:《科学知识进化论》,纪树立译,三联书店1987年版,第309页。

运动规律,它特点不是外在于人的,不能只靠物质力量强制人们接受,而是要通过精神活动启发、提高人的自觉意识,呼唤并调节人的情感、欲望需求,从而达到教化感人及陶冶人的目的。

人的恒定精神文化世界的另一个重要特征是文化世界具有总的稳定价值体系,世界各族人民生存的环境不同,对外部世界各种事物的价值思维肯定形式不同,因此所创造的文化世界也不同,不同文化世界的风俗、习惯、伦理、道德、文学、艺术、哲学、语言、制度等构成一种总的文化精神,也构成一种稳定文化价值体系。它不仅超越个体人的心理,也超越个别时代和个别文化价值,尤其是文化价值体系中的根本精神,是不会被个别时代、个别人物所能改变的,有些根本精神可以跨时代,超种族、民族,甚至会成为人类文化精神的永恒。中华民族有着独特的传统文化、价值体系及核心价值观念,如孔子所倡导的"仁"的观念,就具有恒久性。

人不仅是文化化的人,世界也是人的世界,同时,人也生存于意义世界,所谓意义世界,是一个文化的世界,是一个精神文化的世界,是一个观念性的精神文化世界。意义世界是一个文化的世界,还是一个人为的世界(当然更是为人的世界),是一个人所创设的世界。人为什么要创设、建构意义世界呢?对此,赫舍尔说:"人的存在从来就不是纯粹的存在;它总是牵涉到意义。意义的向度是做人所固有的……他可能创造意义,也可能破坏意义;但他不能脱离意义而生存……对意义的关注,即全部创造性活动的目的,不是自我输入的;它是人的存在的必然性。"①意义的向度是人所固有的,人的存在总是涉及意义,对意义的关注是人的存在的必然性。

意义世界是人的精神家园,它能给人精神慰藉、精神依归、精神支撑。因为有了它,人虽然"充满劳绩,但还诗意地安居于大地之上"(海德格尔)。每个社会都设法建立一个意义系统,人们通过它们来显示自己与世界的联系。这些意义规定了一套目的,换句话说,它一旦获得人们的文化认同,便构成人的"心灵的秩序",人便通过它来观照、理解生活世界,人便以此构筑自我生活世界,担当各种社会角色。对此,社会学家费孝通先生曾说:"一个人从哺乳到死亡的一切思想和行动,都是从同一群体的别人那里学得来的。所学会的那一套生活方式……都是在他学习之前就已经固定和存在的。……当一个生物人离开母体后,就开始在社会中依靠前人创造的人文世界获得生活。现存的人文世界是人从生物人变为社会人的场合。"②"文

---

① [美]赫舍尔:《人是谁》,贵州人民出版社 2009 年版,第 46—47 页。
② 费孝通:《文化自觉——传统与现代的接榫》,中国社会科学出版社 2005 年版,第 153 页。

化之网也就是意义之网。人就生活在文化之网、意义之网之中,受其影响,受其熏陶,受其支配,同时也从中获得对自己生活实践的文化支援、意义支援。"对此,克利福德·格尔茨说:"我深信马克斯·韦伯所说的,人是悬挂在自己纺织的具有意义的网上的动物,因而,我认为文化就是这些具有意义的网。"①人类的文化活动,某种意义上可以说是开拓和创造意义世界的一种努力,同时,人类也是在不断探求意义世界的过程中,提升着自己、完善着自己并创造着属人的世界。

人生命的尺度和价值不在于它存活的长短,而在于如何运用它。从生物学的角度来说,个体生命在一定意义上永远只是整个人类存在的手段。只有通过个体生育后代和自然死亡,人类才能以一定的生命形式存在。个体的生物学存在始终是有它的时间界限的,因而不朽的观念便在各个不同的文化体系中产生了。中国传统文化主要是从人生哲学来说生命的影响与不朽。典型的是《左传·襄公二十四年》中叔孙豹的"三不朽"说即"太上有立德,其次有立功,其次有立言,虽久不废,此之谓不朽。"追求不朽,是与个体生命的社会存在意义相关的。对于具有个性的人类个体生命来说,不是自然,而是社会决定了他生命的尺度和价值,对此,是要把对生死的生物学理解同社会文化有机结合在一起。"人固有一死,或重于泰山,或轻于鸿毛"(司马迁《报任安书》),司马迁的这句名言有震撼千古的感召力,激励人们为终生奋斗的事业不惜捐躯,其原因就在于此。在孔子看来,不朽不在于富贵,而在于有德行、有气节。"齐景公有马千驷,死之日,民无德而称焉。伯夷、叔齐饿于首阳之下,民到于今称之。其斯之谓与?"(《论语·季氏》)孔子强调"君子疾没世而名不称焉"(《论语·灵卫公》),认为人死后而名声不被别人称述,这是君子引以为恨的事情。孟子进一步发展了孔子关于不朽的思想,他说:"君子有终身之忧,无一朝之患也。乃若所忧则有之:舜,人也,我,亦人也。舜为法于天下,可传于后世,我由未免为乡人也"(《孟子·离下》)。在孟子看来,不朽不仅在于留给后世人们以好的品德和名望,更重要的是能为天下楷模。

其实,不朽的观念、意义世界以及传统习俗都是人类社会中人的恒定精神文化世界。且要有垂。"君子创业垂统,为可继也。"(《孟子·梁惠王下》)

三、人的变幻生活世界

人的生活世界是丰富多彩的,表现在衣、食、住、行上,表现为美味、美

---

① [美]克利福德·格尔茨:《文化的解释》,韩莉译,译林出版社1999年版,第233页。

景、美音等。然而,现实世界是不断变幻的。从人的角度看,人有代际更换;从个体的角度看,人生最长不过百年;从个体生存时间看,人总是处在昨天、今天、明天,人自身也是处在不断变化之中,这里有个体自然生命体有限性与精神价值生命无限性,或者说个体有限与族类无限性。佛教所讲的四大,是指"地、水、火、风"四大物质因素。指世界上一切都是没有自性的假有,本性是"空"的。相,是我们平日生活中所见事物的表象,其本质上是"空"的。《金刚经》中说:"凡所有相皆是虚。"说的是世上景象,都是妄念、影。之所以见"相",是由于心中对那些妄念的事物执迷不悟。显然,这是佛学对于世界的一种认知,也可以说,佛学从另一个角度看待、认知人的变幻的生活世界。

显然,人的变幻的生活世界不是虚幻的生活,人的存在是真实的,人的现实生活世界也是真实的、具体的,且以人为本位。梁启超曾指出:"中国学术以研究人类现世生活之理法为中心",这一断言还适用于先秦哲学,先秦自然观的最大特点是它始终以人为本位。人和自然界被认为是相互沟通、相互联系的,以人事追求天意,又以天意附会人事,围绕着人的现实需要、政治治理和原则规范为中心,去将自然理法化。而这种哲学观也适用于秦汉以后的各期哲学。

第三章　儒家成人中人的范型：
成人、成贤、成圣

人的出生具有偶然性，人一旦来到人世间，因出身、性别、地域环境，尤其是个人自我资质、付出而归于不同阶层，也因自我觉解、修养在德性上呈现出不同境界。

第一节　人 的 分 属

一、人 的 分 层

中国古代儒家学者都承认人是有差别、分等级的：有的从天命神意来论证人的等级性；有的从气禀人性来论证人的等级性；有的从知识、智慧来源、差别来论证人的等级性；有的从天理人欲、道德观念不同来论证人的等级性等。不管说法如何不同，观点各自相异，但他们都承认：人是千差万别的、各不相同的。

现实生活中的人，是一样的还是有差别的？是同等的还是分等的？中国历史上的哲学家、思想家，对此亦有所论，他们中大多数人肯定人是有差别的，是分等级的。这种差别、等级产生的原因，则是多方面的。但主要原因有：一是先天禀赋、出身地位、乃至于上天安排的；二是人的知识多少、德性修养、善恶取舍、社会分工不同决定的。总之，禀赋不同、地位不同、名分不同、知识不同、德性差异等，形成了人的种种区别。而人之所以为人，在于人有精神、思维一心。先秦时期有"神人"一说，即心为神明，人如能做到不离开自己的精神，保全自己的神明，便是"神人"。"神人"是最高等级的人，《尚书》中有两处提到"神人"，即："诗言志，歌永言，声依永，律和声，八音克谐，无相夺伦，神人以和"（《尚书·尧典》）。"尔惟践修厥猷，旧有令闻，恪慎克孝，肃恭神人。"（《尚书·周书·微子之命》）即前者是说舜帝命其臣蘷以典乐教子弟明中和正直庄重之理，具体内容是：诗、歌、律，以此使八音和谐，伦理不乱，这样便可以使神人成和。后者是说周成王奉天之命灭殷后，"命微子启代殷后"，叫他继承殷人的善德，敬慎孝道，严恭神人。就是说，"神人"是至高至贵，而值得恭敬、尊崇的人。《尚书》里也常讲"哲人""仁人""贤人""吉人"等，这几种人虽有其不同的含义，但主旨都是指有智慧、有道德的人，是人的楷模，如说："居上克明，为下克忠，与人不求备，检身若不及，以至于有万邦，兹惟艰哉！敷求哲人"（《尚书·伊训》）。治理好国家是非常艰难的事情，所以要广求有智慧的哲人，使之辅弼国君，师辅嗣王。又说："虽有周亲，不如仁人。"（《尚书·泰誓中》）殷纣王虽有众多的至亲，但却不如周朝很少的仁人。又说："剖贤人之心。"（《尚书·泰誓下》）这是说比干忠谏纣王，而纣王怒杀比干，并剖其心，比干如此忠贤之人，却遭到这种处罚足以证明纣王是何等残暴。"我闻吉人为善，惟日不足。"（《尚书·泰誓中》）这是说"吉人"竭日为善，还以为不足。

《尚书》还常常讲另外一等人，即：小人、佥人、凶人、罪人，这是指人中的败类，是对应该受到惩处的一类人说的。如说："蠢兹有苗，昏迷不恭，侮慢自贤，反道败德，君子在野，小人在位，民弃不保，天降之咎。"（《尚书·大禹谟》）对有苗这样执迷不悟、反道败德、是非颠倒之人，讨伐他们是合乎天意、顺乎民心的。文说："尔无昵于佥人。"（《尚书·冏命》）"佥人"为奸佞、卑鄙的小人。又说："凶人为不善，亦惟日不足。"（《尚书·泰誓中》）"凶人"竭日为恶，还以为不足。还说："播弃犁老，昵比罪人。"（《尚书·泰誓中》）殷纣王播弃老者，亲近罪人，所以该当讨伐以上所说的坏人，应当受到国家和众人的惩罚。《尚书》中对普通的人，则称为：庶人、夷人、小人等。如说："降霍叔于庶人。"（《尚书·蔡仲之命》）又说："呜呼！君子所其无逸，先知稼穑之艰难，乃逸，则知小人之依。……生则逸，不知稼穑之艰难，不闻小人之劳。"（《尚书·无逸》）这是从社会地位分工不同，而讲人的等级差别。《尚书》中，关于人的分等，不论是哲人、贤人、仁人、吉人之分，还是小人、佥人、凶人、罪人之分，抑或是庶人、夷人、小人之分，都是从社会地位、知识、智慧、德性上来划分的。

孔子把人分为不同的等级，旨在根据不同的人进行不同的教育；同时，不同的人应明白自己所处的社会地位。孔子认为，人生来是不平等的，故人是分等级的。他把人分为：生知与学知、上智与下愚、君子与小人和上、中、下等不同等级。从人的知识来源、求知能力来说，人分为四个等级。孔子说："生而知之者上也，学而知之者次也，困而学之又其次也，困而不学，民斯为下矣。"（《论语·季氏》）就人的知识来源、取得和发展而言，分为生而知者，学而知者，困而学者，困而不学者四等。生而知之的上等人和困而不学的下等人，是先天注定、不可改变的。所以说："唯上智与下愚不移。"（《论语·阳货》）就此而论，孔子把人的不同等级之差看成是先天的，具有先验性。他自己承认："吾非生而知之者，好古敏以求之者也。"（《论语·述而》)故云:"中人以上,可以语上也。中人以下,不可以语上也。"(《论语·雍也》)"圣人"得性之全,故为上智;"愚不肖之人"得气之偏,故为下愚。这种"上智与下愚",是先天具有的,不可改变的。孔子在《论语》中对人进行评价时,曾有"小人""善人""仁者""成人""君子""贤人"及"圣人"等分属,而在《孔子家语》中又有"庸人、士人、君子、贤人、圣人"等"五仪"的说法。对此,吴廷翰说:"上智与下愚不移,何也? 曰:天之生人,其为性也固皆相近,然亦有得其性之极全,而其灵觉绝异于众人者,谓之上智。上智者生而为善,非习于不善所能移也。亦有得其性之极偏而其昏蔽亦特异于众人,谓之下愚。下愚者生而不善,非习于善所能移也。夫谓之习者,自上知以下,下愚以上者而言也。若夫上知则自为善,决不肯习于不善;决不肯习于不善,乃所以为上知处。下愚则自为不善。决不肯习于善;决不肯习于善,乃所以为下愚处。若肯习于不善,则不得谓之上知;肯习于善,则不得谓之下愚。以此见性之不移。"①由于人禀气不同,而有不同的性,形成了圣人、君子、众人、小人四品人性。得性之极全而灵觉者为上智;得性之极偏而昏蔽者为下愚;介于上智与下愚之间者为中人。上智者生而善,不习自善;下愚者生而不善,习于善亦不能为善,这就是"惟上智与下愚不移"之义。只有中人之性,习于善则为善,习于恶则为恶,才是可移的。在吴廷翰看来,只有明确"上智与下愚不移"和"中人"可移,才算是知性、知人。

　　孟子与荀子继承和发挥了孔子的人是分等级的思想,从人的知识来源、认识能力、道德修养、社会分工、社会地位等方面不同,把人分为先知先觉与后知后觉、大人与小人、君子与野人、劳心与劳力、圣王与庶民等不同等级。荀子则把人分为庸人、士、君子、贤人、大圣。君子是次于大圣贤人的有道德、有知识而待人宽舒,颇有气量的人。所以说:"君子好以道德,故其民归道。……君子力如牛,不与牛争力;走如马,不与马争走;知如士,不与士争知。"(《荀子·尧问》)有德、有识、有力而不与人争胜,为人宽厚,方为君子。荀子还认为,君子的知识是学习而来的,道德是修养而成的,所以人要学习、修养,以成为君子。他说:"君子知夫不全不粹之不足以为美也,故诵数以贯之,思索以通之,为其人以处之,除其害者以持养之,使目非是无欲见也,使耳非是无欲闻也,使口非是无欲言也,使心非是无欲虑也。及至其致好之也,目好之五色,耳好之五声,口好之五味,心利之有天下。是故权利不能倾也,群众不能移也,天下不能荡也。生乎由是,死乎由是,夫是之谓德操。德操然后能定,能定然后能应。能定能应,夫是之谓成人。天见其明,地见其

① [明]吴廷翰:《吴廷翰集·吉斋漫录》卷上,容肇祖点校,中华书局1984年版,第24页。

光,君子贵其全也。"(《荀子·劝学》)

易见,"成人"从总体上涵括了各种类型的人,而这里的"人",通常是指普通百姓或"民",而其数量之多,且在历史上所起作用之大,为历代为政者所不敢漠视,作为深谙人道的孔子更是有深刻的理解,是故"尧舜帅天下以仁,而民从之;桀纣帅天下以暴,而民从之"《大学·第九章》。

二、人的分属社会分工根源

荀子提出的"明分使群",要求建立"群居和一之道"。并认为,人与动物的本质区别就在于人能群,而动物不能群,"力不若牛,走不若马,而牛马为用,何也? 曰:人能群,彼不能群也"(《荀子·王制》)。人与动物相比,其最大特点即在于结合在一起会显示出的整体社会力量。这里,群是按照一定原则组建起来的有序群体,它以"分"为前提,以"礼"为准则。"故人生不能无群,群而无分则争,争则乱,乱则离,离则弱,弱则不能胜物。"(《荀子·王制》)所谓"分",即是建构群体的一种秩序。"夫禽兽有父子而无父子之亲,有牝牡而无男女之别,故人道莫不有辨,辨莫大于分,分莫大于礼。"(《荀子·非相》)南宋吕祖谦也认为:"夫人爪牙之利,不及虎豹;臂力之强,不及熊罴;奔走之疾,不及麋鹿;飞扬之高,不及燕雀。苟非群聚以御外患,则久为异类食矣。是故圣人教人以礼,使知父子兄弟之亲,人知爱其父,则知爱其兄弟矣,爱其祖,则知爱其宗族矣。"①这都说明人的群体性、社会性特征。同时,也说明人是社会中的人。

从社会分工来看,孟子把人分为:大人与小人、君子与野人、劳心者与劳力者。据载,农学家许行的弟子陈相和孟子有一场辩论。陈相见孟子,道许行之言曰:"滕君则诚贤君也;虽然,未闻道也。贤者与民并耕而食,饔飧而治"(《孟子·滕文公上》)。两派主张有贤德的统治者,要与劳动者共同耕种,靠劳动吃饭;同时要自己做饭,也要为百姓办事。即不主张人有明确的分工。孟子针对农家小生产者所提出的社会无分工论之误,强调社会分工的必要性、合理性。孟子说:"有大人之事,有小人之事。且一人之身,而百工之所为备,如必自为而后用之,是率天下而路也。故曰:或劳心,或劳力;劳心者治人,劳力者治于人;治于人者食人,治人者食于人,天下之通义也。""无君子莫治野人,无野人莫养君子。"(《孟子·滕文公上》)大人、君子、劳心者,是指官吏、统治者、脑力劳动者;小人、野人、劳力者,是指被统治者、体力劳动者。依据社会地位、社会分工的不同和需要,前者治理后者,后

---

① (北宋)司马光:《温公家范》卷一《治家》,天津古籍出版社1995年版,第8页。

者养活前者,这是天下通行的原则。孟子还从为政者的表率作用方面,说明了这种合理性。这就是:"上有好者下必有甚焉者矣。君子之德,风也;小人之德,草也。草上之风,必偃。"(《孟子·滕文公上》)易见,孟子强调社会分工的必要性,有其相当的合理性,因为任何社会都是有分工的,正因为社会有分工,才促使社会发展进步。也因社会分工而有不同群体并有不同素养,从而有不同群类,但是人是平等的,不应有高低贵贱,至少在法律面前人人平等。

三、人的分属知识智慧德性之缘

从人的知识来源、智慧才能来看,分为"先知先觉"和"后知后觉"者,孟子借伊尹的话说:"天之生此民也,使先知觉后知,使先觉觉后觉也。予,天民之先觉者也。予将以斯道觉斯民也。非予觉之,而谁也?思天下之民匹夫匹妇有不与被尧舜之泽者,若己推而内之沟中。其自任以天下之重如此"(《孟子·万章上》)。就是说,天生下的人,就有其不同的智慧地位,天要使那些"先知先觉"的人,去开导、启发治理那些"后知后觉"的人。孔子曰:"人有五仪,有庸人、有士人、有君子、有贤人、有圣人。""所谓庸人者,心不存慎终之规,口不吐训格之言,格法不择贤以托其身,不力行以自定;见小暗大,而不知所务,从物如流,不知其所执;此则庸人也。""所谓士人者,心有所定,计有所守,虽不能尽道术之本,必有率也;率犹行也虽不能备百善之美,必有处也。是故知不务多,必审其所知;言不务多,必审其所谓;所务者谓言之要也行不务多,必审其所由。智既知之,言既道之,得其要也行既由之,则若性命之形骸之不可易也。富贵不足以益,贫贱不足以损;此则士人也。""所谓君子者,言必忠信而心不怨,怨咎仁义在身而色无伐,无伐善之色也思虑通明而辞不专;笃行信道,自强不息,油然若将可越而终不可及者;此则君子也。"(《孔子家语·五仪解第七》)

《易经》中,讲一阴一阳互相交感而化生了人,整个宇宙处于生生不息的变化之中,在这个宇宙中的人,是各不相同的,有大人、君子、圣贤与小人、凡人之分。这是《易》常常讲的人生之道。《易》的道理就是"天尊地卑,乾坤定矣。卑高以陈,贵贱位矣"(《易·系辞上》)。人有尊卑、高低、贵贱、智愚、贤否等不同,而分成各种等级的人。由于知识、智慧、认识能力不同,而有仁者智者之差,君子百姓之异。只有圣人君子,才能认识宇宙的深幽几微、神妙莫测的变化之理。"夫易,圣人之所以极深而研几也。唯深也,故能通天下之志;唯几也,故能成天下之务;唯神也,故不疾而速,不行而至。"(《易·系辞上》)宇宙的生生不息之理,人生的千变万化之道,只有圣人、君子,才有"先天"之明,"先见"之知。所以说:"天地之道,恒久而不已也。……圣人久于其道而天下化成。观其所恒,而天地万物之情可见矣。"(《恒卦·彖传》)"天行健,君子以自强不息。"(《乾卦·彖传》)"圣人有以见天下之赜,而拟诸其形容,象其物宜,是故谓之象。圣人有以见天下之动,而观其会通以行其典礼。"(《易·系辞上》)"是故,天生神物,圣人则之。天地变化,圣人效之。天垂象,见吉凶,圣人象之,河出图,洛出书,圣人则之。"(《易·系辞上》)"圣人"能观天道,察地理,明民故,兴神物,知民用,通神明,更知道吉凶、成败、立业、修德、进退、存亡之道。所以说:"是以明于天之道,而察于民之故,是兴神物,以前民用。圣人以此斋戒,以神明其德夫。"(《易·系辞上》)又说:"知进退存亡而不失其正者,其唯圣人乎!"(《乾卦·文言》)《易》中所讲的"圣人",主要是指知天地变化之道而为人设教的人,以天地之道的原则为人道的标准,教人效法天地的人,则为圣人;"大人"是圣人中的杰出者,他的精神能与天地、日月同辉,与四时、鬼神同步。

《诗经》中,把人分为几等,是根据人的知识、智力才能德行不同而分的。例如说:"国虽靡止,或圣或否。民虽靡膴,或哲或谋,或肃或艾。"(《小雅·小旻》)国家虽然很小,但也有圣人和常人,人虽然不多,但也有哲人与谋士,严肃与干练之人。再说:"维此圣人,瞻言百里。"(《大雅·桑柔》)只有这些圣智之人,目光高远才能超过百里。"圣人"是指有高超智慧、极高德业之人,如尧、舜、禹、汤、文、武、周公等人。哲、哲人,又如说:"靡哲不愚,庶人之愚,亦职维疾。哲人之愚,亦维斯戾。"(《诗经·大雅·抑》)哲人无不象愚钝,这是大智若愚。普通人的愚蠢,恰是他们的毛病。哲人表现为愚钝是其智慧。"或哲或谋",是指哲人和谋士,都是指有智慧的人。《诗经》中所讲的哲、哲人,指的是对自然、社会和人事的发展规律有理性思考的智者。

孟子所说的"先知先觉"者,是指孔子和他自己那样的"出乎其类,拔乎其萃"(《孟子·公孙丑上》)的伟大人物和尧、舜、禹、汤、文、武一类的圣王。孟子认为,伯夷、伊尹、孔子,"皆古圣人也"(《孟子·公孙丑上》)。而"圣人"又分为各种不同的"圣人"。他说:"伯夷,圣之清者也;伊尹,圣之任者也;柳下惠,圣之和者也。孔子,圣之时者也。孔子之谓集大成。"(《孟子·万章下》)像这种圣人、圣王是难能可贵的,很少出现的,需要几百年才能出现一个。孟子说:"五百年必有王者兴,其间必有名世者。由周而来,七百有余岁矣。以其数,则过矣;以其时考之,则可矣。夫天未欲平治天下也;如欲平治天下,当今之世,舍我其谁也?"(《孟子·公孙丑下》)又说:"圣人,百世之师也,伯夷、柳下惠是也。""由尧、舜至于汤,五百有余岁;若禹、皋陶,则见而知之;若汤,则闻而知之。由汤至于文王,五百有余岁,若伊尹、莱朱,则见而知之;若文王,则闻而知之。由文王至于孔子,五百有余岁,若太公望、散宜生,则见而知之;若孔子,则闻而知之。由孔子而来至于今,百有余岁,去圣人之世,若此其未远也,近圣人之居,若此其甚也,然而无有乎尔,则亦无有乎尔。"(《孟子·尽心下》)圣人、圣王是很少出现的,只有几百年才能出现一个,由这种超人来治理国家、管理万民,当然是合理的。

　　李觏由人性品级论出发,说明分等级的观点。李觏提出,"性之品三,而人之类五"的人性、人生品级论。他说:"古之言性者四:孟子谓之皆善,荀卿谓之皆恶,扬雄谓之善恶混,韩退之谓性之品三:上焉者善也,中焉者善恶混也,下焉者恶而已矣。"①"性"是受命于天、畜于内的,人所根于、受于的性不同,而分成不同等级。"圣人者,根诸性者也。贤人者,学礼而后能者也。"(《礼论七篇》)圣人之性是善的,贤人之性是善恶混的,愚人之性是恶的,即人性有三品:上智、中人、下愚。根据不同之性,人分为不同等级。由此,人性分三品,人则分五类。李觏说:"大量贤人之性也,中也。扬雄所谓'善恶混'者也。安有仁、义、智、信哉?性之品有三,上智不学而自能有者也,圣人也。下愚,虽学而不能者也,具人之体而已矣。中人者,又可以分为三焉:学而得共本者,为贤人,与上智同。学而失其本者,为迷惑,守于中人而已矣。元然而不学者,为固陋,与下愚同。是则性之品三,而人之类五也。"(《礼论第四》)李觏把人性分为上、中、下三品,又把人分为圣人、贤人、中人、同于下愚之人、下愚之人五类。这就是李觏的人生品级论。而王安石由性情论,引导出人的等级论。他把人的心理活动、认识能力,视为人与生俱来的自然本性,同时把人性视为生命所固有、存于心而未发于外的思想感情。由此,他提出了"性情一也,性者情之本,情者性之用"②的性情观。王安石指出,人有喜、怒、哀、乐、好、恶、欲七情,这是生而具有的。接于物而后发动的,发动当理,则为善,为君子;发动不当理,则为恶,为小人。

　　程颢和程颐认为,人和万物都是由"气"化生的,由于人禀秀气、清气、明气、纯气、正气而生,所以与物不同,高于万物,贵于万物。程颐说:"人乃五行之秀气,此是天地清明纯粹气所生也。盖人得天地之正气而生,与万物不同。既为人,须尽得人理。"③圣人亦是"气化"而来的,"圣人之生,亦天

① 李觏:《李觏集》,中华书局1981年版,第18页。
② (北宋)王安石:《王文公文集》上册《性情》,唐武标校,上海人民出版社1974年版,第315页。
③ (北宋)程颢、程颐:《二程集》,中华书局2004年版,第198—199页。

地交感,五行之秀,乃生圣人"①。既然人人都是禀"五行之秀气","天地之正气"而生,都是人,那么为什么还有"圣人"与"愚人"之分呢？二程认为,这还是由"禀气"之异所决定的。这里的"气"指人的德性。程颐说："禀得至清之气生者为圣人,禀得至浊之气生者为愚人。"②圣人禀至清至纯之气而生,具有崇高的、完美的德行,是"人伦之至"者。只有圣人,才能够践形道德,故为最高贵者。二程说："惟圣人然后践形,言圣人尽得人道也。人得天地之正气而生,与万物不同。既为人,须尽得人理。众人有之而不知,贤人践之而未尽,能践形者,唯圣人也。"③又说："惟圣人可以践形者,人生禀五行之秀气,头圆足方以肖天地,则形色天性也,惟圣人为能尽人之道,故可以践形。人道者,君臣、父子、兄弟、夫妇之类皆是也。"④因为圣人与天理为产得天地之中,禀阴阳之秀,所以能当践形,而与众人、众物不同,超越于众人、众物。胡寅由"气化"论,推导出异于、高于万物论。他指出,由于"气"有清浊精粗、偏正、昏明之不同而形成"各有种类","万殊不同"的人和万物。

第二节　成　　人

中国古代社会的"成人"首先成为人与别禽的"人",是文化化的人,是一定社会中的人,是众人、凡人,即使是中国古代社会中的"小人"也是人。

一、人　禽　有　别

人作为自然进化的最高产物,它经历了从最低级到最高级的发展的阶段,而这一过程是极其漫长的,只是到了最后才进化为人,而人一旦成了真正意义的人,人就同动物有着本质的区别。人就是宇宙的精华,万物的灵长。尽管人可以有其他动物与生物乃至非生命所具有的共同的普遍性的一般特性,如新陈代谢,有延续种族的生命需要,即所谓的"食色性也"。但是,人禽有别,人是最为天下宝贵的。对于在自然界中的生存境况,与动物有许多共同的自然条件和生理基础,但人能从自然界中卓然而出,具有与天地并立的崇高地位,这是因为人的最高本质就在于有精神上以及价值观念的追求,并且以此作为自己的行动指南。故荀子提出"故学至乎礼而止矣。

---

① （北宋）程颢、程颐：《二程集》,《河南程氏遗书》卷15,第159页。
② （北宋）程颢、程颐：《二程遗书》,上海古籍出版社2000年版,第347页。
③ （北宋）程颢、程颐：《二程遗书》,上海古籍出版社2000年版,第262页。
④ （北宋）程颢、程颐：《二程集》,中华书局1981年版,第372页。

夫是之谓道德之极"(《荀子·劝学》)。他在探究人的修为时,凸显人的主动性因素,强调"有治人,无治法","法不能独立,类不能自行,得其人则存,失其人则亡。法者,治之端也;君子者,法之原也"(《荀子·君道》)。把人放在具有决定意义的理论高度来论述。同时,荀子还侧重从现实生活需要的角度论述人禽有别,他说:"饥而欲食,寒而欲暖,劳而欲息,好利而恶害,是人之所生而有也,是无待而然者也,是禹桀之所同也。然则人之所以为人者,非特以二足而无毛也,以其有辨也。……夫禽兽有父子而无父子之亲,有牝牡而无男女之别,故人道莫不有辨,辨莫大于分,分莫大于礼"(《荀子·非相》)。就是说,父子、男女的人伦关系是人类社会文化发展到一定文明程度的标志,是人禽之别标志,同时,也说明人是文化化的人,人对于文化及观念由认知、认可到认同。

明代的理学家薛瑄则对于人禽之别问题认识得更透彻,他说:"人之所以异于禽兽者,伦理而已矣。何为伦? 父子、君臣、夫妇、长幼、朋友五者之伦序是也。何谓理? 即父子有亲,君臣有义,夫妇有别,长幼有序,朋友有信,五者之天理也。于伦理而且尽,始得称为人之名。苟伦理一失,虽具人之形,其实与禽兽何异哉? 盖禽兽所知者,不过渴饮饥食,雌雄牡之欲而已,其于伦理,则蠢然无知也。故其于饮食雌雄牝牡之欲既足,则飞鸣蹢躅,群游旅宿,一无所为。若人但知饮食男女之欲,而不能尽父子、君臣、夫妇、长幼、朋友之伦理,即暖衣饱食,终日嬉戏游荡,与禽兽无别矣"①。

从人和禽兽的区别来看,孟子论证了大人与小人的区别所在。孟子认为,人与禽兽、大人与小人,就其先天的本性善来说,相差不多。但是,人能运用思维器官进行意识活动,并且具有仁义礼智之性,所以人高于禽兽。大人与小人的区别,亦在于能否"立心""存心"这个根本问题上。在孟子看来,人和禽兽的区别本来不是很多、很远的,而之所以有后来的本质差别,则在于人能"存本心",走仁义之路。所以说:"人之所以异于禽兽者几希,庶民去之,君子存之。舜明于庶物,察于人伦,由仁义行,非行仁义也。"(《孟子·离娄下》)人和禽兽都有善的萌芽,君子能保持、扩充它,庶民则不能保持扩充它,反而丢失了。如果人丧失了善性,丢掉了人心,则与禽兽无异了。"此亦妄人也已矣。如此,则与禽兽奚择哉? 于禽兽又何难焉?"(《孟子·离娄下》)个人的生活如果与禽兽相仿佛,就是妄人、小人。人之所以异于禽兽、高于禽兽,就在于人有心之官则思,具有人与动物不一样的"人性",而这种"人性"需社会化、文化化,才能真正成为人,彰显真正的人性。

---

① (明)薛瑄、诫子书:《中国历代名人家训荟萃》,安徽文艺出版社 2000 年版,第 192 页。

二、君子与小人之别

人不仅有人禽之别，还有君子与小人之别。显然，人与动物有着本质区别，人是世间最高贵的物种，但是能否成为真正的人就在于社会文化熏陶与人本身修为并呈现出君子与小人之别。君子一词具体阐释始于孔子，孔子对于君子的论述，不限于"君子"一词，"士""仁者""贤者""大人""成人""圣人"等都与"君子"相关。"君子"一方还有"大人""仁者""有道者""贤人""善者""圣人"；"小人"一方，有"不仁者""残贼""暴""谗谄面谀之人""幽""厉"等。如果把这些论述都包括进来，《论语》中论述最多的应是关于君子，"君子"是孔子的理想化人格，君子以行仁、行义为己任。在孔子看来，与君子相对，即是小人。他还认为保持住善性的叫"君子"，失去善性的叫"小人"。君子与小人在春秋之前是人们社会等级的区分，直到战国仍有等级的含义。但是，从西周末年开始，"君子""小人"已有政治品性的含义，这在《诗经》某些篇中表现得很清楚。

在中国古代社会，见人彬彬有礼则称为君子，见人义无反顾则称为君子，见人泰而不骄则称君子，见人诚实无欺则称为君子，总之君子荟萃着人间最宝贵的德性。在中国古代社会人们甚至还幻想着一个"君子国"的存在，《淮南子》载："东方有君子之国。"《山海经》也载："君子国，其人好让不争。"这种对君子国的向往直至清末还不绝其缕，李汝珍在《镜花缘》中也构造了一个宁可损己，不能损人，好让不争的"君子国"。这些"君子国"应可以称之为礼仪之邦。

君子在西周与春秋时代是少数王侯贵族的专号，后来慢慢才变成上下人等都可用的通称。从《左传·襄公二十九年》所记吴公子札对叔孙穆子所说的话中可知，"君子"乃指"任大政"的鲁国"宗卿"叔孙穆子，而非一般的庶民。当"君子"与"小人"对举时，前者指在位的贵族，后者指供役使的平民。如《诗经·小雅·大东》中所说的："君子所履，小人所视。"《尚书·周书·酒诰》载："庶士有正越庶伯君子，其尔典听朕教！尔大克羞耇惟君，尔乃饮食醉饱。"此段诰词是周公述文王对众官员的教导，"君子"指在位的官员。君子较早是指人君以下的贵族、官员，是无疑义的。

何谓君子？君子，早在西周、春秋时代就已盛行，那是对有身份、有地位的贵族阶层的一种通称。《尚书·无逸》有言："君子所其无逸。"孔颖达疏引郑玄曰："君子，止谓在官长者。"这个君子就是有身份有地位的人。《左传·襄公九年》中说："君子劳心，小人劳力，先王之制也。"《孟子·滕文公上》说："劳心者治人，劳力者治于人。"到了春秋战国时期，对于君子称谓有所变化,即一般人也可称君子,而不再是王公贵族专称,另外,君子多指向道德,这些在班固等人撰写的《白虎通义·号》中有所体现:"或称君子何? 道德之称也。君之为言,群也。子者,丈夫之通称也。"①故《孝经》曰:"君子之教以孝也,所以敬天下之为人父者也。"故《诗》云:"恺悌君子,民之父母。"

孔子讲的"君子""小人"虽然有社会等级的含义,但主要指道德政治品质,孟子更是如此。君子与小人都是人,其差异在于立大体、从大体、养大体,还是立小体、从小体、养小体。大体为"心之官",小体为"耳目之官"。在孟子的观念中,"大人"与"君子"是同义词。孟子与门人公都子的一段对话可说明:"公都子曰:'是人也,或为大人,或为小人,何也?'孟子曰:'从其大体为大人,从其小体为小人。'曰:'钧是人也,或从其大体,或从其小体,何也?'曰:'耳目之官不思,而蔽于物。物交物,则引之而已矣。心之官则思,思则得之,不思则不得也。此天之所与我者。先立乎其大者,则其小者不能夺也。此为大人而已矣。'"(《孟子·告子上》)孟子认为君子与小人的分野在于前者"尽心""存性",后者"放心""从欲"。"君子所以异于人者,以其存心也。君子以仁存心,以礼存心。"(《孟子·离娄下》)"大人者,不失其赤子之心者也。"(《孟子·离娄下》)孟子所说的"大人"与"君子"不完全是一回事,不过这里的"大人"也就是"君子","君子"是善性的人格化;"小人"是感官欲的人格化。感官欲的发展是对心性的否定。孟子又说:"欲知舜与跖之分,无他,利与善之间也。"(《孟子·尽心上》)君子在于求善,小人在于求利。当然,君子也不绝对排斥财产与权力,不过重要的是要守住性。孟子提出:"广土众民,君子欲之,所乐不存焉;中天下而立,定四海之民,君子乐之,所性不存焉。君子所性,虽大行不加焉,虽穷居不损焉,分定故也。君子所性,仁义礼智根于心,其生色也睟然,见于面,盎于背,施于四体,四体不言而喻。"(《孟子·尽心上》)还有他讲到王道之师时说:"其君子实玄黄于篚以迎其君子,其小人箪食壶浆以迎其小人。"(《孟子·滕文公下》)篚,盛物的竹器。玄黄、黑黄两种织物,用作礼器。

在荀子那里,在肯定人最为贵的前提下,认为君子与小人在天性上是一样的,但是他们追求荣与利的途径不同,呈现君子小人的区别。"材性知能,君子、小人一也;好荣恶辱、好利恶害,是君子、小人之所同也。若其所以求之之道,则异矣。……君子注错之当,而小人注错之过也。故孰察小人之智能,足以知其有余可以为君子之所为也。譬之越人安越,楚人安楚,君子

---

① (清)陈立:《白虎通疏证》,中华书局 1994 年版,第 48 页。

安雅,是非智能材性然也,是注错习俗之节异也。"(《荀子·荣辱》)他又提出:"谨注错,慎习俗,大积靡,则为君子矣;纵性情而不足问学,则为小人矣。"(《荀子·儒效》)在荀子的思想体系中尽管以人性恶为理论基础,但他对人的完善始终是自信的,他认为"涂之人可以为禹",并指出"君子敬其在己者,而不慕其在天者,是以日进也;小人错其在己者,而慕其在天者,是以日退也"(《荀子·天论》),即君子"敬其在己者",相信事在人为,充分发挥人自我的能动性,坚持修身养性;而小人"错其在己者",即他没有充分发挥人的潜能,且怨天尤人。

魏晋时期被称为"竹林七贤"之一的阮籍,就在其作品《大人先生传》里,借大人先生之口说当时的"君子"是"服有常色,貌有常则,言有常度,行有常式。立则磬折,拱若抱鼓,动静有节,趋步商羽,进退周旋,咸有规矩"。"束身修行,日慎一日;择地而行,唯恐遗失。颂周、孔之遗训,叹唐、虞之道德。唯法是修,唯礼是克。"狂放不羁的阮籍对这类君子的描写虽然带有强烈的嘲讽,但却是古代严格按照礼教行事的士子们的真实写照。

余英时总结说:"君子在最初既非'道德之称'更不是'天子至民'的通称,而是贵族在位者的专称。下层庶民纵有道德也不配称为君子,因为他们另有小人的专名。君子之逐渐从身份地位的概念取得道德品质的内涵自然是一个长期演变的过程。这个过程大概在孔子以前早已开始,但却完成在孔子手里。"①所谓有:"君子之德风,小人之德草,草上之风,必偃。"(《论语·颜渊》)这里的君子就是对传统的"位"(尊与卑)的意义的承袭。所以不能笼统地说君子就是一切美好的德行。那么君子的核心要素应是说:"君子道者三,我无能焉:仁者不忧,知者不惑,勇者不惧。"(《论语·宪问》)关于君子具体有以下几个方面。

一是,君子求道不离道。孔子认为,君子之志在终身求道、谋道而不片刻离道。所以"君子食无求饱,居无求安,敏于事而慎于言,就有道而正焉,可谓好学也已"。(《论语·学而》)又说:"富与贵,是人之所欲也;不以其道得之,不处也。贫与贱,是人之所恶也;不以其道得(去)之,不去也。君子去仁,恶乎成名?君子无终食之间违仁,造次必于是,颠沛必于是。"(《论语·里仁》)一个人要想真正成为君子,不管处于何种境遇,都要以仁道端正自己的言行,处处与仁道同在。他还说:"君子谋道不谋食,君子忧道不忧贫。"(《论语·卫灵公》)那么,什么是"君子之道"呢?孔子说:"有君子之道四焉:其行己也恭,其事上也敬,其养民也惠,其使民也义。"(《论语·

---

① 余英时:《内在超越之路》,中国广播电视出版社1993年版,第106—107页。

公冶长》)自己的行为态度庄严恭敬,对待君主认真负责,教养人民有恩惠,役使人民合道义,这就是君子之道。

二是,君子尚德不离仁。孔子认为,君子必须是崇尚道德,具有德行的人。"有德者必有言,有言者不必有德。"(《论语·宪问》)据此,孔子称赞弟子南宫适是"尚德"之人。"君子哉若人,尚德哉若人!"(《论语·宪问》)孔子心目中的"君子",是有很高道德操守的人。他说:"圣人,吾不得而见之矣;得见君子者,斯可矣。"(《论语·述而》)孔子觉得自己能见到君子,就满足了。可见,君子德行是很高尚的。

三是,君子躬行不空言。真正的君子,不在"有言",而在"有德",尤在修行自己;躬行道德。孔子十分强调修己的问题,"德之不修,学之不讲,闻义不能徙,不善不能改,是吾忧也"(《论语·述而》),要人们"择善而从","躬自厚而薄责于人,则远怨矣"(《论语·卫灵公》),严格要求自己,身体力行,不说空话。所以"君子耻其言而过其行"。"子路问君子。子曰:'修己以敬。'"(《论语·宪问》)"行"当然要有一定的标准了,这标准便是"礼"。孔子说:"君子义以为质,礼以行之,孙以出之,信以成之。君子哉!"(《论语·卫灵公》)。他还说:"文,莫吾犹人也。躬行君子,则吾未之有得。"(《论语·述而》)

四是,君子改过不守恶。孔子认为,君子心胸坦荡,正道直行,择善而从。他说:"君子坦荡荡,小人长戚戚。"(《论语·述而》)君子以此坦荡广阔的胸怀,故以闻过则喜,从善如流。所以子贡说:"君子之过也,如日月之食焉;过也,人皆见之;更也人皆仰之。"(《论语·子张》)孔子在总结君子之言行时,提出"三愆":"言未及之而言谓之躁,言及之而不言谓之隐,未见颜色而言谓之瞽"(《论语·季氏》)他还提出"三戒":"少之时,血气未定,戒之在色;及其壮也,血气方刚,戒之在斗;及其老也,血气既衰,戒之在得。"(《论语·季氏》)他也提出"三畏":"畏天命,畏大人,畏圣人之言。"(《论语·季氏》)他也强调"九思":"视思明,听思聪,色思温,貌思恭,言思忠,事思敬,疑思问,忿思难,见得思义。"(《论语·季氏》)如此"见善如不及,见不善如探汤。"(《论语·季氏》)具有这种言、行、思、德的人,当然为君子了。

五是,君子通权而达变。孔子认为,君子要确立志向,追求仁道,必须"志于道""朝闻道,夕死可矣",这是恒常通达之道,但是在对待各种事物时,却要灵活处理,没有固定不变的模式。孔子说:"君子之于天下也,无适也,无莫也,义之与比。"(《论语·里仁》)这是说,君子对于天下的事情,没有规定怎么做,不怎么做,怎样恰当合理,就怎么做。所以说:"可与共学,未可与适道;可与适道,未可与立;可与立,未可与权。"(《论语·子罕》)

易见,君子小人之别,可以有多角度阐释,而这里偏重是主体自我认识、自我选择、自我修为的结果。荀子说:"天地者,生之始也;礼义者,治之始也;君子者,……故天地生君子,君子理天地。君子者,天地之参也,万物之总也,民之父母也。无君子,则天地不理,礼义无统,上无君师,下无父子,夫是之谓至乱。"(《荀子·王制》)从其此段的论述中可以发现,荀子眼中的君子就是礼的坚决执行者、维护者和传承者。陆象山还从民众和士君子到达"道"的方式比较显现差别:"民之于道,系乎上之教;士之于道,由乎己之学。"①显然,在陆象山看来就民众与君子的成人之路径是有着差异的,对于君子而言,可通过自我学习、锻炼可完成任务,而对于普通大众则需为政者及各种途径来对他们实施教化,才能使他们成为合格的人,即成人。

第三节　成贤成圣

"所谓贤人者,德不踰闲,(闲法)行中规绳,言足以法于天下,而不伤于身,(言满天下无口过也)道足以化于百姓,而不伤于本;(本亦身)富则天下无宛财,(宛积也古字抑或作此故或误不著草矣)施则天下不病贫;此则贤者也。"(《孔子家语·五仪解第七》)"所谓圣者,德合于天地,变通无方,穷万事之终始,协庶品之自然,敷其大道而遂成情性;明并日月,化行若神,下民不知其德,睹者不识其邻;此谓圣人也。"(《孔子家语·五仪解第七》)

一、贤　人

"贤"的含义,最初是指多财的意思,而指才能、德行的含义是后来才有的。《说文解字》云:"贤,多才也。从贝、臤声。"段玉裁把"多才"改为"多财"。宋代戴侗在《六书故》中说:"贤,货贝多于人也。"可见"贤"的本义为"多财"。《庄子·徐无鬼》说:"以德分人谓之圣,以财分人谓之贤。"分人以财为"贤",重点固然是"分",但却把分财与贤紧密地联系起来了,有财则能分,无财则不能分,也就无贤可言了。所以"贤"是从"财"中产生的,即贤者必然是多财之人,因此,"贤"由多财之义演化为才能和德行之义。郑玄《注》云:"贤,犹胜也。""贤"为多财与多能两种含义。

春秋战国时期,面对征战争雄、国家混乱、生灵涂炭的局面,需要伟大而崇高的"圣人"来完成天下统一的大业,当然也需要一批有才能和德行的"贤人"来协助并辅佐"圣人"来统一国家治理天下。于此,"贤人"便被用

---

①　《论语说》,《陆九渊集》卷二十一,钟哲点校,中华书局1980年版,第264页。

来指有才能和德行,仅次于"圣人"的那种人。《公羊传·桓公二年》:"何贤乎孔父? 孔父可谓义形于色矣。"义形于色的人是"贤",是指德行而言。《公羊传·桓公十一年》:"何贤乎祭仲? 以为知权也。"知权为"贤",是就才能而言的。《谷梁传·文公六年》:"使仁者佐贤者。"范宁《集解》云:"邵曰:贤者,多才也。"《周礼·太宰》:"三日进贤。"郑玄《注》云:"贤,有善行也。"《周礼·乡大夫》:"而兴贤者、能者。"《周礼·小司冠》:"三日议贤之降。"郑玄《注》云:"贤者,有德行者。"《礼记·内则》:"献其贤者于宗子。"郑玄《注》云:"贤,犹善也。"《荀子·哀公》说:"如此则可谓贤人矣。"杨倞《注》云:"贤者,亚圣之名。"可见,春秋战国时期,"贤人"是指有才能和德行,仅次于"圣人"的人。

在先秦诸子中,除道家老子"不尚贤"外,都是"尚贤"的。孔子认为,贤人是有知识、才能的人,能认识事物的根本道理,不贤之人只能认识事物的细微末节。孔子的弟子就称赞其师是这种与常人不同的贤能之人。所以子贡说:"文武之道,未坠于地,在人。贤者识其大者,不贤者识其小者。莫不有文武之道焉。夫子焉不学? 而亦何常师之有?"(《论语·子张》)在子贡的心目中,其师孔子由于能抓住事物的根本道理,又学无常师,处处求知,所以为贤能之人。当叔孙武叔在朝中对官员们说:"子贡贤于仲尼。"并诋毁孔子时,子贡明确告诉他们:"无以为也! 仲尼不可毁也。他人之贤者,丘陵也,犹可逾也;仲尼,日月也,无得而逾焉。人虽欲自绝,其何伤于日月乎? 多见其不知量也。"(《论语·子张》)孔门弟子称其师为"贤者",可见"贤人"的地位是很高的。孔子称赞伯夷、叔齐为"古之贤人也",他们之所以为贤人就在于他们"求仁而得仁"(《论语·述而》),并终身无怨无悔。符合"仁"的标准的人为贤人。因此,孔子教育弟子,要相互学习,彼此促进,择善从之,向贤者看齐。他说:"见贤思齐焉,见不贤而内自省也。"(《论语·里仁》)由此,孔子称赞自己最得意的门生颜渊,虽身处困境,生活艰辛,但却不改志向,并称这种安贫乐道的精神为"贤"。他说:"贤哉,回也! 一箪食,一瓢饮,在陋巷,人不堪其忧,回也不改其乐。"(《论语·雍也》)孔子教弟子学贤、为贤,故有弟子三千,七十二贤人。孔子不仅自己为贤、称贤,教育弟子学贤、为贤,而且主张为国家举贤、任贤,同时他认为应当以"仁"的标准"举贤才","任贤人"。

孟子引申和发挥了孔子的贤人观。孟子认为,贤人是有智慧、有道德的人。贤人的智慧、道德地位等,既是天命之必然,也是天性之必然,故人应当服从天命顺从天性,力求成为贤人。所以说:"知之于贤者也,圣人之于天道也,命也,有性焉,君子不谓命也。"(《孟子·尽心下》)以至于君位的传让,是传贤,还是与子,则是由天命决定的,"天与贤,则与贤;天与子,则与子"(《孟子·万章上》)。"天与子"是因为"子贤",不肖之子天不会与之。所以,尧之子"丹朱之不肖,舜之子亦不肖。舜之相尧、禹之相舜也,历年多,施泽于民久。启贤,能敬承继禹之道。益之相禹也,历年少,施泽于民未久。舜、禹、益相去久远,其子之贤不肖,皆天也,非人之所能为也。莫之为而为者,天也;莫之致而至者,命也"(《孟子·万章上》)。君位是让贤,还是传子,其道理是一样的,虽然是天命所定,但是都是授予贤者,不肖人之子,则不与之。因此,孟子主张尊贤、招贤、选贤、用贤。贤人为有智慧而知权变,有道德而不辱生的高尚之人。尊贤使能者王天下,反之者,则亡天下。所以说:"虞不用百里奚而亡,秦穆公用之而霸。不用贤则亡,削何可得与?"(《孟子·告子下》)孟子主张天子到各个诸侯国巡狩时,要视其对老人贤人的不同,而施行赏罚。"入其疆,土地辟,田野治,养老尊贤,俊杰在位,则有庆,庆以地。入其疆,土地荒芜,遗老失贤,掊克在位,则有让。"(《孟子·告子下》)以此"尊贤育才,以彰有德"(《孟子·告子下》),则是三王时代的太平盛世了。孟子指出,尊贤、任贤,要有真诚的态度,尤其是君主或在上位的人,对在下位的贤人,要真正尊敬,平等待之,互相尊重,朋友相交。他说:"弗与共天位也,弗与治天职也,弗与食天禄也,士之尊贤者也,非王公之尊贤也。舜尚见帝,帝馆甥于贰室,亦飨舜,迭为宾主,是天子而友匹夫也。用下敬上,谓之贵贵;用上敬下,谓之尊贤。贵贵、尊贤,其义一也。"(《孟子·万章下》)他还说:"缪公之于子思也,亟问,亟馈鼎肉。子思不悦。……(子思)曰:'今而后知君之犬马畜伋。'盖自是台无馈也。悦贤不能举,又不能养也,可谓悦贤乎?……子思以为鼎肉使己仆仆尔亟拜也,非养君子之道也。尧之于舜也,使其子九男事之,二女女焉,百官牛羊仓廪备,以养舜于畎亩之中,后举而加诸上位。故曰:'王公之尊贤者也。'"(《孟子·万章下》)尊贤、重贤在举贤、用贤,不在口头问之,肉食食之。如果把贤人当成犬马一样畜养,而不用之,这不是尊贤之举。孟子说:"以大夫之招招虞人,虞人死不敢往;以士之招招庶人,庶人岂敢往哉?况乎以不贤人之招招贤人乎?欲见贤人而不以其道,犹欲其入而闭之门也。夫义,路也;礼,门也。惟君子能由是路,出入是门也。"(《孟子·万章下》)以贤人辅君治政救世,天下共悦。

荀子关于贤,分清贤与不肖后,天下群贤毕至,贤者至之后,就要贵而敬之,尚而用之,亲而近之,对不肖者则相反。这就是:"敬人有道,贤者则贵而敬之,不肖者则畏而敬之;贤者则亲而敬之,不肖者则疏而敬之。其敬一也,其情二也。"(《荀子·臣道》)形式上都是敬,但思想感情、实质却不同,所以谓"敬一""情二",就是此义。荀子认为,尊贤举能为福,嫉贤妒能为祸,因此,他主张赏贤、罚不肖,如此赏罚分明,则为国家、人民之福,反之则为害国家人民。所以说:"赏不行,则贤者不可得而进也;罚不行,则不肖者不可得而退也。贤者不可得而进也,不肖者不可得而退也,则能不能不可得而官也。若是则万物失宜,事变失应,上失天时,下失地利,中失人和。……既以伐其本,竭其原,而焦天下矣。"(《荀子·富国》)赏罚分明,以赏进贤,以罚退不肖,因材使用,尚贤使能,则是富国之道,用人之策,这样便可得天时、地利、人和,从而能够成百事、立大功。否则,一事无成,为害国家。所以说尚贤使能,赏功罚罪,是古今一理,圣王之道。如果"妒贤能","谗人达","贤能避",便是"主之摩","世之灾""国乃蹶"(《荀子·成相》),荀子从正反对比,说明"尊贤而王","妒贤而亡"的道理。告诫国君要尚贤、让贤、尊贤、举贤、任贤。

董仲舒继承其思想先行者的贤人观,并作了自己的论证。他说:"备可《春秋》之道,奉天而法古。……故圣者法天,贤者法圣,此其大数也。得大数而治,失大数而乱,此治乱之分也。所闻天下无二道,故圣人异治同理也。古今通达,故先贤传其法于后世也。"(《春秋繁露·楚庄王》)"圣人法天,贤人法圣,圣与天为一,贤何尝不如此。贤仅仅次于圣,然至贤亦可为圣。"所谓"儒者以汤、武为至贤大圣也"(《春秋繁露·尧舜》),便是明证。董仲舒还主张尊贤、尚贤、任贤、进贤。他指出,明君治国,要在尊贤、任贤。贤人为国家之鼎足、君之股肱,任贤则国安、国兴、君尊,反之则国危、国亡、君卑。所以说:"夫鼎折足者,任非其人也。覆公食来者,国家倾也。是故任非其人而国家不倾者,自古至今未尝闻也。故吾按《春秋》而观成败,乃切悁悁于前世之兴亡也。任贤臣者,国家之兴也。夫智不足以知贤,无可奈何也。"(《春秋繁露·精华》)

总之,贤人是仅次于圣人的有智德、有才能之人。董仲舒认为,贤人是不辱其身,不降其志,为义而死,通达权变之人。董仲舒:"《春秋》贤死义,且得众心也,故为讳灭。以为之讳,见其贤之也。以其贤之也,见其中仁义也。"(《春秋繁露·玉英》)又说:"《春秋》以为知权而贤之。……夫冒大辱以生,其情无乐,故贤人不为也。"(《春秋繁露·竹林》)

二、圣　人

"圣"字的意义,从语源学上说,最初是指聪明人的意思,而无玄妙和神圣之义。"圣""圣人"的玄妙和神秘之义,是后人根据时代的发展、事物的需要而逐渐赋予的。"圣"字的原字为"聖",从其结构可以了解其本义。甲骨文中未见"圣"字，金文"圣"作"聊"。郭沫若在《两周金文辞大系》中说："'印'，古'聖'字，亦即古聲字，从口耳会意。聖'以王'声，字稍后起。'声'字更后起。《左氏》'聖姜'，《公》《谷》作'聲姜'，字犹不别，入后二字始分化。""印"为会意字，加"王"为形声字；去"口"加"殼"为形声字的别写。所以郭沫若指出"印"字从"口""耳"会意，与"聲"相通。"圣"为什么与"声"相通呢？应劭《风俗通》说："圣者，声也，言闻声知情，故曰圣。"（《广韵》）说明了"圣"与"声"相通，即"闻声知情"之意。《说文解字》云："圣，通也。从耳呈声。"声入心通，入于耳，出于口的意思。《尚·洪范》说："睿作圣。"《传》曰："于事无不通之谓圣。"通达、通晓各种知识、预见各种道理的聪明人为"圣"。《诗经》中讲"圣"多见。"召彼寿诞老，讯之占梦，具曰予圣。"（《小雅·正月》）故老和占梦者都把自己说成是圣人。"皇父孔圣。"（《十月之交》）皇父这个人自作聪明。"国虽靡止，或圣或否。"（《小旻》）国家虽然已动荡不安，然而做官的人有的是圣者，有的是否者。"靡圣管管。"（《诗经·大雅·板》）不按圣道行事而胡作非为。"维此圣人，瞻言百里。维彼愚人，复狂以喜。"（《诗经·大雅·桑柔》）圣人所见所言都是考虑很深远的事情，而愚人只看到眼前的小事情不知祸之将至，反而发狂地高兴起来。在这里把"圣人"与"愚人"对举，圣人只是聪明人的意思，而没有神秘、神圣、玄虚之义。《逸周书·谥法》："称善赋简曰圣，敬宾厚礼曰圣。"这是说，凡是精通一种技艺、通晓一方面事物和恭敬礼待别人的人，都可以谥为"圣物"。《左传》也多处讲"圣"，其意思多指有知识和明道德的人。如云："臧武仲如晋，雨，过御叔。御叔在其邑，将饮酒，曰：'焉用圣人，我将饮酒而已，雨行，何以圣为。'"（《左传·襄公二十二年》）可见，《诗经》《尚书》《左传》《国语》出现多处圣字，但基本上只是聪明人的意思，尚无崇高无比之义。战国诸子书中出现的圣字，也尚用此义。《管子·心术上》说："物固有形，形固有名，名当谓之圣人。"这是说只要能为事物正名，做到名实相当，就是"圣人"了。汉以后，也沿用此义。贾谊《新书·道术》说："知道者谓之明，行道者谓之贤，且明且贤，此谓圣人。"即明白了事物的道理而照着它实行的人，就是圣人。

孔子的弟子及同时代人，则把孔子称为"圣人"。太宰问于子贡曰："夫子圣者与？何其多能也？"子贡曰："固天纵之将圣，又多能也。"颜渊喟然叹曰："仰之弥高，钻之弥坚。瞻之在前，忽焉在后。夫子循循然善诱人，博我以文，约我以礼，欲罢不能。既竭吾才，如有所立，卓尔。虽欲从之，末由也已。"（《论语·子罕》）而孟子认为，圣人是超过常人、觉悟万民的先知之人。"圣人之于民，亦类也。出于其类，拔乎其萃。"（《孟子·公孙丑上》）孟子把圣人视为治理天下的伟人,同时,他还把圣人看成是人伦道德的楷模和百世师表。所以说:"规矩,方员之至也;圣人,人伦之至也。"(《孟子·离娄上》)"圣人,百世之师也。"(《孟子·尽心下》)圣人是做人的标准、极致,是人们百代的老师、楷模。"惟圣人然后可以践形。"(《孟子·尽心上》)圣人是备道之全、人伦之至者。

这里孔子、孟子圣人观的共同点是,圣人是具有与天一样崇高、伟大的智慧德行并且能施民济众、治理国家的完人。孟子的圣人观还具有现实性的一面,即圣人不仅是天上的完人,"圣不可知之之谓神",而且是现实中的伟人。他既把传说中的尧、舜、禹列入圣人行列,又把社会中的伯夷、伊尹、周公、柳下惠、孔子视为圣人。同时,孟子还将圣人分为"圣之清者""圣之任者""圣之和者""圣之时者"等。他更认为圣人是可望又可即者,"人皆可以为尧、舜",这就比孔子的圣人观更具体了。

荀子继承和引申了孔子、孟子的圣人观,认为圣人既是一个有能力治理天下的伟人,又是一个有智慧通晓人伦物理的超人。荀子认为圣人是无所不知、无所不明、无所不能者。荀子心目中的圣人是超人的智者。他说:"齐明而不竭,圣人也。"(《荀子·修身》)"有小人之辩者,有士君子之辩者,有圣人之辩者。不先虑,不早谋,发之而当,成文而类,居错、迁徙,应变无穷,是圣人之辩者也。"(《荀子·非相》)并且圣人能"上察于天,下错于地,塞备天地之间,加施万物之上;微而明,短而长,狭而广,神明博大以至约。故曰:……谓之圣人"(《荀子·王制》)。"圣人"是全智全能的超人。"圣人"如此,"大圣者"更是全备万物,应变无穷了。所以说:"所谓大圣者,知通乎大道,应变而不穷,辨乎万物之情性者也。大道者,所以变化遂成万物也;情性者,所以理然不取舍也。是故其事大辨乎天地,明察乎日月,总要万物于风雨,缪缪肫肫,其事不可循,若天之嗣,其事不可识,百姓浅然不识其邻,若此则可谓大圣矣。"(《荀子·哀公》)大圣者,智通乎大道,尽管天地万物有千变万化,但都能应变无穷,辨万物之情性,以遂成万物。圣人不仅能周知自然万物及其变化规律,而且能认识社会事物及其道理。荀子还认为:"圣人也者,本仁义,当是非,齐言行,不失毫厘,无它道焉,已乎行之矣。"(《荀子·儒效》)荀子从认识论、知行观上证明圣人既知之,又行之,故有其高人之处。对礼法之知,亦同样高于众人。"礼者,众人法而不知,圣人法而知之。"(《荀子·法行》)即从知识、智慧、能力上说明圣人是超众人者。同时,圣人不仅是全智全能者,而且是最有道德的人。他说:"圣也者,尽伦者也;王也者,尽制者也。两尽者,足以为天下极矣。"(《荀子·解蔽》)荀子还提出圣人是人道之极、衡量是非轻重的标准。因为圣人是十全十美的完人,所以是众人学习的榜样,权衡是非轻重的准绳。荀子说:"天下者,至重也,非至强莫之能任;至大也,非至辨莫之能分;至众也,非至明莫之能和。此三至者,非圣人莫之能尽。故非圣人莫之能王。圣人备道全美者也,是县天下之权称也,天下者,至大也,非圣人莫之能有也。"(《荀子·正论》)"想绳墨诚陈矣,则不可欺以曲直;衡诚县矣,则不可欺以轻重;规矩诚设矣,则不可欺以方圆;君子审于礼,则不可以欺以诈伪。故绳者,直之至;衡者,平之至;规矩者,方圆之至;礼者,人道之极也。……礼之中焉能思索,谓之能虑;礼之中焉能勿易,谓之能固。能虑,能固,加好之者焉,斯圣人矣。故天者,高之极也;地者,下之极也;无穷者,广之极也;圣人者,道之极也。故学者,固学为圣人也。"(《荀子·礼论》)品圣人对于天下万物之理、人伦之道的曲直、是非、轻重之衡量、判断,如同绳墨之于曲直,规矩之于方圆,权衡之于轻重一样,所以为天下"悬衡"者。"圣人知心术之患,见蔽塞之祸,故无欲、无恶、无始、无终、无近、无远、无博、无浅、无古、无今,兼陈万物而中悬衡焉。"(《荀子·解蔽》)所谓"衡",就是"道",所以人要"知道";人何以"知道",在于"心"。圣人之所以能行道,在于圣人明"治心之道"。圣人如此高明通达,当然能够用自己所通达的道理去测度古今、治理天下了。在这里,"圣"的意义便具有"神"的内容。荀子说:"曷谓一? 曰:执神而固。曷谓神? 曰:尽善挟治之谓神。万物莫足以倾之之谓固。神固之谓圣人。圣人也者,道之管也。天下之道管是矣,百王之道一是矣。"(《荀子·儒效》)非神固之谓圣人,圣人是天下道之关键和枢要,天下之道出于圣人,此"圣"与"神"同义。圣与神同,故圣具有神的意义。易见,荀子的"圣人"为"神",为是非、曲直、轻重之标准的意思,为后来的"以圣人之是非为是非"观点的先河。

董仲舒认为,圣人禀天地阴阳精灵之气而生,受命于天,与天合一,以德配天,故为宇宙中最贵者。他说:"天德施,地德化,人德义。天气上,地气下,人气在其间。天地之精所以生物者,莫贵于人。人受命乎天也,故超然有以倚。……唯人独能为仁义,……唯人独能偶天地。"(《春秋繁露·人副天数》)"夫天有阴阳,人亦有阴阳。天地之阴气起,而人之阴气应之而起;人之阴气起,而天之阴气亦宜之而起,其道一也。……故聪明圣神,内视反听,言为明圣,内视反听,故独明圣者,知其本心皆在此耳。"(《春秋繁露·同类相动》)董仲舒还说:"天、地、阴、阳、木、火、土、金、水九,与人而十者,天之数毕也。……圣人何其贵者? 起于天至于人而毕。毕之外谓之物,物者投所贵之端,而不在其中。以此见人之超然万物之上,而最为天下贵也。"(《春秋繁露·天地阴阳》)人下长于万物,上参于天地而为天下贵者。

人之中,只有圣人能合天地之变,表达天的意志积聚众人之德,极尽道义之美,故圣人尤为贵。所以说:"天地者,万物之本,先祖之所出也。……况生天地之间,法太祖先人之容貌,则其至德取象,众名尊贵,是以圣人为贵也。"(《春秋繁露·观德》)圣人与天为一,天是至高无上的,圣人亦是至尊至贵的天,是广大无限的,圣人是包容万物的。"容作圣。圣者,设也。王者心宽大无不容,则圣能施设,事各得其宜也。"(《春秋繁露·五行五事》)圣人心胸广大,容通万物,施为万物,管理天下。圣人之所以能如此,就在于圣人能效法天道以治理人世。

圣人"异乎众人","冠乎群伦",故能知天地万化之道,制礼义以化民。杨雄认为:"鸟兽触其情者也,众人则异乎!贤人则异众人矣,圣人则异贤人矣。礼义之作,有以矣夫。"(《法言·学行》)"圣人德之为事,异亚之。故常修德者,本也;见异而修德者,末也。本末不修而存者,末之有也。"(《法言·孝至》)因常修德为本,见灾异而修德为末,本末具修,方明圣人之事,具圣人之德;本末不修,惑之甚者。深知圣事、圣义,方为俊杰,反之则为愚者。圣人虽知见灾异而修德,但不信鬼神、言灾异。所以说:"神怪茫茫,若存若亡,圣人曼云。"(《法言·重黎》)鬼怪之事,虚无缥缈,所以圣人不语怪力乱神。扬雄认为,圣人作为异于、优于常人、众人者,虽不常出,但出之者,亦不神秘。因此他不同意孟子"五百年必有王者兴,其间必有名世者"的观点。杨雄还认为,圣人虽然禀天地精灵之气而生,与天地合德齐明,与天地并列为三,而有崇高道德,"圣人有以拟天地而参诸身乎"(《法言·五百》)。圣人以智慧化天下,以礼义治天下,因此圣人之言、之德传天下,并为万世法。他说:"鸿荒之世,圣人恶之,是以法始乎伏羲,而成乎尧。匪伏匪尧,礼义哨哨,圣人不取也。……圣人之治天下也,碍诸以礼乐。无则禽,异则貉。吾见诸子之小礼乐也,不见圣人之小礼乐也。"(《法言·问道》)伟大崇高的圣人之言与日月齐明,开之则廓然见四海,闭之则四壁无所见;圣人之言似于水火,水测之而益深,穷之而益远,火用之而弥明,宿之而弥壮。另外,圣人之德在行道义,贵迁善,使众人为道,不为利,重道义,轻利禄。所以说:"圣人重其道而轻其禄,众人重其禄而轻其道。"圣人曰:"于道行与?"众人曰:"于禄殖与?"(《法言·五百》)对待道义与利禄的不同,是圣人与众人的差别。只有"为道",不"为利",修德而"得德"的"迁善者",才是"圣人之徒"。扬雄进一步指出,由于圣人之言与日月齐明,普照天下,圣人之德本末双修,善化众人,故圣人之言、之德,为万世法则,衡量是非的标准。还坚持以圣人之言"定是非""正是非"。"或曰:'人各是其所是,而非其所非,将谁使正之?'曰:'万物纷错则悬诸天,众言淆乱则折诸圣。'或曰:'恶睹乎圣而折诸?'曰:'在则人,亡则书,其统一也。'"(《法言·吾子》)这是说,众人争论,各是其所是,非其所非,以谁的言论为标准呢?扬雄认为,如同万物错乱陈杂,以天为标准一样,众说纷纭,应以圣人之言论为标准、定是非。圣人在世,与圣人并立于世,应视圣人之言以正众人之言;圣人亡世,在圣人之后,应以圣人之书以正众人之言。因为圣人之书是不亡的,所以不怕看不见圣人,其统一标准是永存的。

关于圣人与常人的关系,何晏、王弼有各自观点:"何晏以为圣人无喜怒哀乐,其论甚精,钟会等述之。弼与不同,以为圣人茂于人者,神明也;同于人者,五情也。神明茂,故能体冲和以通无;五情同,故不能无衰乐以应物。然则圣人之情,应物而无累于物者也。今以其无累,便谓不复应物,失之多矣。"①王弼的这一理解,显然更切于实际。圣人并非无情,然其理智可以控制感情。

周敦颐则提出,人贵于万物,而人之中,圣人是最高贵者。圣人可以"立人极""配天地""育万物""正万民",故为人中之杰,万物之贵。所以说:"天以阳生万物,以阴成万物。生,仁也;成,义也。故圣人在上,以仁育万物,以义正万民。"(《通书·顺化》)"圣人之道,仁义中正而已矣。守之贵,行之利,廓之配天地。"(《通书·道》)"道德高厚,教化无穷,实与天地参而四时同。"(《通书·孔子下》)圣人具有极高的仁义道德品格,与天、地并列为三,与四时同行。人是物所不能及,圣人是众人所不能及,故人崇高,圣人更崇高。

关于圣人评价,影响较大和较为典型的是韩愈的圣人观:"亘古之时,人之害多矣。有圣人者立,然后教之以相生相养之道。为之君,为之师,驱其虫蛇需普面处之中土。寒,然后为之衣;饥,然后为之食;木处而泉土处而病也,然后为之官室。为之工,以赡其器用,为之贾,以通其有无;为之医药,以济其夭死为之葬埋祭祀,以长其思爱,为之礼,以次其先后为之乐,以宣其壹郁;为之政,以率其息倦为之刑,以锄其强梗。相欺也,为之符分学平,室、斗、权衡以信之相夺也,为之城郭、甲兵以守之。害至而为之备,患生而为之防。今其官曰:'圣人不死,大盗不止。剖斗折衡,而民不争。呜呼!其亦不思而已矣。如古之无圣人,人之类灭久矣。'"②不可否认,杰出的人在把人类生产实践活动规范化的过程中,作出了常人难以相比的功绩。不应当否认像"圣人"这样的杰出人物在人类文进步与历史发展中的巨大作用,但

---

① 《三国志》,上海古籍出版社 2002 年版,第 735—736 页。

② (唐)韩愈:《韩愈全集》,钱仲联、马茂元点校,上海古籍出版社 1997 年版,第 121 页。

也不能像韩愈那样断言,如"古之无圣人,人之类灭久矣"。圣人也是人,只是其德其能超乎平常之人,这既有个体天生的体质、智力、悟性,也更有一定社会文化环境的平台使然,圣人、伟人对于人类社会的进步有着不可估量的作用。那么,小人(凡人)与圣人没有不可超越的鸿沟;小人(凡人)也可成为圣人,尤其是德性方面,所谓有"凡人善举""凡人大举",这些与个人的自我悟性、觉解有关。当今,伟人、名人要以胸怀天下,兼济苍生为己任,这既是中华民族传统文化熏陶,更是个体自我的觉解。伟人、名人(圣人)的价值取向应指向众人,并把为他们谋福利,作为自我的最高追求与奋斗目标。

第四章 儒家成人的核心理念：
仁、义、孝

在董仲舒看来，"仁"与"义"是社会政治生活中最首要的价值，"所以治人与我者，仁与义也。以仁安人，以义正我。故仁之为言人也。义之为言我也。言名以别矣。仁之于人，义之于我者，不可不察也。"（《春秋繁露·仁义法第二十九》）"仁"是儒家成人思想的核心，它既设定了成人的基本原则，又提供了成人的方向。

第一节 "仁"即人学

一、"仁"为儒家核心理念

早在《吕氏春秋·不二》篇，就已用"贵仁"来凸显孔子学说的特质。此种观点既有文献所本，又具义理考量："仁"字没有出现于甲骨文及金文。孔子哲学中的"仁"不能说是孔子自创，但是经过孔子的发挥与提炼，"仁"字成为孔子及儒家哲学中的核心理念。《论语》言"仁"共105次，《论语》有五十八章是讲"仁"的，"仁"可谓是孔子思想的基石与主轴。

关于"仁"，据清代阮元考证："夏商之前无仁字。《虞书》'克明峻德'即与《孟子》仁字无异，故仁字不见于《尚书》虞夏商书、《诗》雅颂、《易》卦爻辞中"。[①] 在殷商的甲骨文和西周的金文中未见"仁"字，"仁"字最早见于《尚书·金滕》："予仁若考"，是指一种美德。在300篇《诗经》中，"仁"字有两处：一是《诗·郑风·叔于田》："洵美且仁"；二是《诗·齐风·卢令》："其人美且仁"；也是指一种人的美德。到了春秋时期，"仁"字在《国语》和《左传》中逐渐多了起来。据有人统计，在《国语》中，"仁"字有24处；在《左传》中"仁"字有33处。这些"仁"字的含义，一是多指人的德性。如《左传·庄公二十二年》云："弗纳于淫，仁也。"《左传·僖公三十三年》载臼季语："臣闻之，出门如宾，承事如祭，仁之则也。"《左传·定公四年》载楚郧辛语："诗曰：柔亦不茹，刚亦不吐，不侮矜寡，不畏强御，唯仁者能之。"

---

① （清）阮元：《揅经室集》，邓经元点校：中华书局1983年版，第199页。

"乘人之约,非仁也。"《左传·昭公十二年》载孔子语:"古也有志:克己复礼,仁也。信善哉!"《国语·周语下》云:"仁,所以行也""爱人能仁"。二是指治国理政之道。如《左传·隐公六年》云:"亲仁善邻,国之宝也。"《左传·襄公七年》载韩无忌对"仁"定义如下:"恤民为德,正直为正,正曲为直,参和为仁。"即认为言恤民,正己心,正人曲三者皆备即为治国之仁。《左传·昭公二十年》云:"度功而行,仁也。"《国语·周语》云:"仁,所以保民也,……不仁则民不王。"易见,这些"仁"的观念出现在孔子之前,但尚未成体系。

随着西周末年人本主义社会思潮的兴起与发展,以及对"人"的发现,孔子对"仁"予以反思,把"仁"提升到哲学高度加以系统论证与阐述,构成了以"仁"为核心的价值体系。在春秋战国时代,面对社会变革,社会乱象,所谓"礼崩乐坏"。他创新传承了西周文化,重新构建一套价值体系与社会秩序,并形成了以"仁"为核心的思想体系,具有超前思维,是一种"文化上早熟",应当成为人类思想永恒。关于"仁"的阐释,典型性说法出自《说文解字》,即:"仁,亲也。从人二。"段玉裁注云:"独则无偶,偶则相亲,故字从人二。亲者,至密也。"可见,"仁"是一个会意字,它的本意是指人与人之间的亲爱。许慎则作了三种解释:一是解释为"亲也,从人从二"。二是解释为"仁,从千心"。即它的古字是"志"。三是解释为"古文仁或从尸"。段玉裁在注《说文解字注》中,针对"亲"进行了说明,他称,汉代人之所以将"亲"解释成"相人偶",是因为"人偶"是显示人我之间的"亲密之词","独则无耦,耦则相亲"。倪良康等指出,孔子对"仁"的定义纷繁多变,"可以是主体的个性禀好,可以是行为处事的原则,可以是某个过程或结果,可以是某种方法或能力"[1]。从正面来说,孔子认为一个人具备仁德具有多方面的积极意义,从治国理政角度而言,这点尤为重要。"子张问仁于孔子。孔子曰:'能行五者于天下为仁矣。'"(《论语·阳货》)(五者指恭、宽、信、敏、惠之五德)在他看来:"恭则不侮,宽则得众,信则人任焉,敏则有功,惠则足以使人。"(《论语·阳货》)子路针对"桓公杀公子纠,召忽死之,管仲不死"的史实,提出管仲是否是仁德之人的疑问。孔子就此从宏观层面切入,称:"桓公九合诸侯,不以兵车,管仲之力也。如其仁,如其仁"(《论语·宪问》)。这里管仲对天下之人的爱,孔子予以高度肯定,并且把将百姓不受生灵涂炭之苦归功于管仲,这应是"仁者爱人"的最佳诠释,可以说,管仲之为仁者,超越了一般意义上的小我之仁,而实现了对天下的仁德覆盖。

---

① 倪梁康、张祥龙:《孔子如何说"仁"(笔谈)》,《现代哲学》2013 年第 2 期。

另外,"仁"这种观念在《礼记》(天无私覆地无私载)、《中庸》(万物并育)、《春秋繁露》(天位尊而施仁)中都得到了验证。"仁"有浅义、深义之分。张东荪说:"由浅而言即'仁者爱人',凡对人施爱皆可谓为仁。至于深义则成仁即为成'圣'。《论语》上子贡曰:'如有博施于民而能济众,何如?可谓仁乎?'子曰:'何事于仁?必也圣乎!'尧舜其犹病诸。足见由仁即可跻于圣,而此种圣的境界即尧舜亦尚未达到,高便可想见了。孔子又说'殷有三仁焉',这虽可以仁训'人',然而其上文云,'微子去之,箕子为之奴,比干谏而死'。都是宁杀身以成仁的,可见杀身成仁亦未尝不是'圣'的一种事业,所以把仁只训为作人之道未免只见其浅义一方面。"①就是说,根据孔子关于"仁"的叙述,有些仅是"作人之道",如"仁者爱人",但孔子不轻易许人以"仁"说明,"仁"仍有深层的意蕴,如"杀身成仁"。因此,孔子的"仁"之所以可分为浅义、深义,乃是孔子思想义理所表现出来的层次。还有,孔子多言"为仁之方",而未及"仁"之定义。张东荪认为,"克己复礼为仁"(《论语·颜渊》)和"己欲立而立人,己欲达而达人"(《论语·雍也》)讲的都不是"仁"的内涵,而是从事"仁"的方法或途径。即是说,从孔子叙述"仁"的文献看,并没有说出"仁"的内涵,而只是强调"为仁的方法"。

易见,"仁"的内涵,在不同历史时期的不同思想家那里有其不同的阐释。但是却有一个共同的本质的规定:崇尚仁道,追求博爱。具体为"爱身""亲亲""仁民""爱物",不仅有人类之爱,也有宇宙之爱,这是一个由己到人、由人及物的推展过程,是有远近和薄厚之分的。中国古代社会,对"仁"做出阐释的代表人物主要有孔子、孟子、董仲舒、韩愈、张载、二程、朱熹、王阳明和戴震等人,而把中国仁论与西学相结合,并从西学视角阐释,当推近现代康有为、谭嗣同等人。

二、"仁"即爱人之学

儒家认为"仁"对社会文明进步具有积极的意义,"如有王者,必世而后仁"(《论语·子路》)。也就是说,为君之人必须在一定的时间内实现"法度纪纲有成而化行也","渐民以仁,摩民以义,使之浃于肌肤,沦于骨髓,而礼乐可兴"(《论语集注·子路第十三》),才是真正的仁道天下。就普通人而言,要像《中庸·第二十章》所说:"仁者,人也,亲亲为大"。为何"亲亲"是行仁呢?因为"亲亲"之举实为遵礼之举。在儒家看来,如果一个人对父母亲人的"爱"都做不到,那么就很难做到爱人之仁。为此,"为仁者,爱亲

---

①　张东荪:《思想与社会》,辽宁教育出版社1998年版,第116页。

之谓仁。为国者,利国之谓仁"(《国语·晋语一》)。对此,《吕氏春秋·爱类篇》说:"仁也者,仁乎其类者也。"《淮南子·泰族训》也说:"所谓仁者,爱人也;所谓知者,知人也。爱人则无虐刑矣,知人则无敌政矣。"可见,孔子主张的"仁"为"爱人"之义已经为后世儒家所继承和认可。

从结构上看,"仁"是"人""二"字的合写。故《礼记·中庸》云:"仁者,人也。"注云:"人也读如相人偶之人,以人意相存问之言。"许慎对"仁"的诠释关注着"人",并以"人"为旨归——"仁学"即人学,即学"做人"之学。儒家经典中,仁、人二字常常假借互用,如"先祖匪人"(《诗经小雅·四月》)之"人"当作"仁"解,而《论语·雍也》之"仁"实际指的是"人"。其实,"仁"与"人"之间的关联在《论语》中尚有,对此,李泽厚认为:"也几乎为大多数孔子研究者所承认,孔子思想的主要规范是'仁而非礼',后者是因循,前者是创造。"①从形式层面看,对仁的追求离不开主体实践,求"仁"的过程同时也是"成人"的过程;更为实质的关联在于二者内涵的一致性,仁虽包罗万象、统摄诸德,但万变不离其"人文精神的宗旨"。仁学既非鬼神之学、亦非器物之学,其根基与肯綮始终在"人"。仁,既是人格提升的目标与努力的方向,也是理想人格的内容与显象(appearance),终究是属"人"的。儒家以"仁"为核心的价值体系,实质就是"开启真实生命之门"的"发扬人生之道"。即是思考"人之何以为人"的问题。

总之,孔子不但对"仁"作了最高的哲学阐释,且以"成人"方式奠定了人的意义。"成人"充分肯定人的自身价值,也注重人性探索,"世皆知中国思想,素重人性问题之论述"②;同时,又积极开显人的存在方式,注重人格培养,其实,"中国哲学中心部分之人生论,人生论之中心部分是人生理想论"③,当然,也更注重把人性的讨论与追求更完善的人格紧密地联系在一起,这是儒家人道观的特质,其皆源于孔子"仁即人"思想。

孔子以后,孟子从人性论高度,为"仁"寻找到了理论根据。从孔子的"性相近"到孟子的性本善之间,《中庸》主张"天命之谓性,率性之谓道,修道之谓教"。在此基础上,孟子提出性本善并把它作为"仁"的心性根据,肯定"仁"是由人的"不忍人之心"发展而来。孟子说:"仁义礼智非由外铄我也,我固有之也。"(《孟子·告子上》)孟子又说:"人皆有不忍人之心。……所以谓人皆有不忍人之心者,今人乍见孺子将入于井,皆有怵惕恻

---

① 李泽厚:《新版中国古代思想史说》,天津社会科学出版社 2008 年版,第 17 页。
② 转引自闫利春:《杨雄人性论研究》,武汉大学硕士学位论文,2009 年。
③ 转引自王剑锋:《自由·美·人生——庄子的"道"路》,《江西社会科学》1996 年第 5 期。

隐之心，非所以内交于孺子之父母也，非所以要誉于乡党朋友也，非恶其声而然也。……恻隐之心，仁之端也。"（《孟子·公孙丑上》）他还提出人的良知良能，"人之所不学而能者，其良能也；所不虑而知者，其良知也。孩提之童，无不知爱其亲者；及其长也，无不知敬其兄也。亲亲，仁也；敬长，义也；无他，达之天下也"（《孟子·尽心上》）。这是说，每个人天生地具有对人、对物的怜悯同情之心（或"不忍人之心"），而"仁"正是源于这种人的天生的"不忍人之心"，同时，这种天生的"不忍人之心"，只是仁的潜在形态，只有将它扩充起来，方可成为爱人之"仁"。

而在个体成长上，基于性善论而强调涵养本心，扩充"四端"，从而达德天下，使人成为品德高尚之人。孟子认为："君子所以异于人者，以其存心也。君子以仁存心，以礼存心。仁者爱人，有礼者敬人。爱人者人恒爱之，敬人者人恒敬之。"（《孟子·离娄下》）可见，具备仁人之心是处理好自我和他人关系的第一步，"仁，人之安宅也；义，人之正路也"（《孟子·离娄上》）。所谓"天下之本在国，国之本在家，家之本在身"（《孟子·离娄上》）。对此，孟子进一步提出："三代之得天下也以仁，其失天下也以不仁。国之所以废兴存亡者亦然。天子不仁，不保四海；诸侯不仁，不保社稷；卿大夫不仁，不保宗庙；士庶人不仁，不保四体"（《孟子·离娄上》）。反之，如果具备了尧舜一样的仁德，则可以"匹夫而有天下"。

孟子扩大了"仁"的对象和范围。在孔子那里，"仁"主要限于"爱人"。孟子也主张"仁者爱人"（《孟子·离娄下》），但他不限于"爱人"，又扩大到"爱物"。他以"仁"为核心，将仁辐射于人与人之间、人与社会生活之间的各个方面。他还进一步把"仁"分为由内向外的三个层次："君子之于物也，爱之而弗仁，于民也，仁之而弗亲。亲亲而仁民，仁民而爱物。"（《孟子·尽心上》）

董仲舒根据"仁大远，义大近"的原则，他主张"故仁者所以爱人类也，智者所以除其害也"（《春秋繁露·必仁且智》）。施仁爱于别人，也叫"外治"，"外治推恩以广施，宽制以容众"（《春秋繁露·仁义法》）。如果"居上不宽则伤厚，而民弗亲，弗亲则弗信"（《春秋繁露·仁义法》）。董仲舒还说："王者爱及四夷，霸者爱及诸侯，安者爱及封内，危者爱及旁侧，亡者爱及独身。"（《春秋繁露·仁义法》）根据施仁爱远近而产生的不同的结果，董仲舒既否定"爱及独身"，又否定"爱及旁侧"，因为这都是"危亡之道"。最后，董仲舒还就"仁"的内涵作了阐释，他说："何谓仁？仁者，憯怛爱人，谨翕（恭谨和易）不争，好恶敦伦。无伤恶之心，无隐忌之志，无嫉妒之气，无感愁之欲，无险陂之事，无辟违之行。故其心舒，其志平，其气和，其欲节，其事易,其行道。故能平易和理而无争也。如此者,谓之仁"(《春秋繁露·必仁且智》)。在这里,董仲舒对孔子、孟子的"仁者爱人"思想在不同方面予以发展。

朱熹从"小小底仁"和"大大底仁"两个维度阐释"仁",两者的内在本质和基本要求就是"爱人"。社会中,人彼此之间树立"仁爱"理念,相互关心、相互宽容、相互帮助、相互爱护,以"仁爱"之心、之行,尽己之心、之力,立人、达人,做到"老吾老,以及人之老;幼吾幼,以及人之幼",实现和谐有序社会。

孔子提出仁者爱人,"爱人"有两条重要原则:一是"己欲立而立人,己欲达而达人"。"子贡曰:'如有博施于民而能济众,何如? 可谓仁乎?'子曰:'何事于仁,必也圣乎! 尧舜其犹病诸! 夫仁者,己欲立而立人,己欲达而达人。能近取譬,可谓仁之方也已。'"(《论语·雍也》)即要求承认自己欲立欲达的事,也要尊重别人有立、有达的权利和愿望。这是从正面而言。二是"己所不欲,勿施于人"。"仲弓问仁。子曰:'出门如见大宾,使民如承大祭。己所不欲,勿施于人。在邦无怨,在家无怨。'"(《论语·颜渊》)即认为凡是自己不想做的事,也不要强加于别人身上。如此,才能"在邦无怨,在家无怨"。这是从反面而言。孔子讲的"爱人",并非是不讲原则、不分是非的"乡愿"之爱,而是"不如乡人之善者好之,其不善者恶之"。"唯仁者能好人,能恶人。"(《论语·里仁》)即认为欲爱善者就必憎恶者,如果只有爱而无恶,就不是真正的"仁"。"仁"是爱善者与憎恶者相统一的一种德性,也是一种智慧。

在儒家的思想中,爱人一直被置于国家政治运作的优先地位。《礼记·哀公问》引孔子之言说:"古之为政,爱人为大。不能爱人,不能有其身;不能有其身,不能安土;不能安土,不能乐天;不能乐天,不能成其身。"所谓"成身",孔颖达疏为:"言成身之道,不过误其事。但万事得中,不有过误,则诸行并善,是所以成身也。"①张载也说"乐天安土,所居而安,不累于物也"②。爱心周流浸润,天下之物皆吾度内,这是主体体验了"故天地之塞,吾共体;天地之帅,吾其性"(《正蒙》)的天下一体观。谭嗣同则提出"闭关绝市",推行"通学""通政""通教"和"通商",才是拯救中国的最大仁政。他以"通"讲"仁",赋予"仁"以现代社会的自由、平等、博爱思想内容。

---

① 孔颖达:《礼论正义·哀公问》,阮元校刻:《十三经注疏》(影印),中华书局1980年版,第1612页。
② 张载:《正蒙》,《张载集》,中华书局1978年版,第34页。

三、"仁"为天地之心

大儒董仲舒对于先秦儒家的"仁"说，作了继承与发展。在西汉，探讨秦王朝灭亡的缘由，几乎成为一代儒者探究的时代课题。董仲舒认为，秦王朝所以灭亡，是"以暗于人我之分而不省仁义之所在也"（《春秋繁露》）。唐代韩愈就仁也提出自己的观点，儒家基本原则是仁和义。它们体现在儒家的经典中，教人以仁义的精神做人，教人处理好自己与他人关系，同时，还体现在社会生产的日常生活中。这就是说，儒家这一核心观念贯穿于社会生活方方面面。

中国学者强调，所有文化价值若无"良知"或"仁心"，都可能被物欲所诱惑而下坠。方东美、贺麟、唐君毅、牟宗三都表达过类似的主张。如唐君毅说："仁心即为个人内在所具之一有普遍性而超越的涵盖其他个人，与家国天下，并情通万物的心。人人可在有一念之仁时，反躬体验，当下实证。……对此，仁心，我只能恭敬奉持，私占不得。即可视如客观之天心之显示。孔子只言'知我者其天乎'，默契此中天心人心之合一。董仲舒指出天心一名，宋明儒者以此而言天理良知本心。此皆是既超越而内在，既属个人，而又属于客观宇宙之实在。……西方所谓上帝，如不自如此之仁心透入，亦毕竟挂空无实。而有此仁心以通天人与人我，涵盖自然与他人及社会，则社会中各个人之自然权利，亦得依各个人相互之仁心之护持，而有最后保证矣。"[1]这就是说，"仁心"遍在，而且容纳一切，自然万物抑或人文万品，无不为"仁心"所浸染、所充实，广袤宇宙中"仁心"流行。又如贺麟说："仁为天地之心，仁为天地生生不已之生机，仁为自然万物的本性。仁为万物一体、生意一般的有机关系和神契境界。简言之，哲学上可以说是有仁的宇宙观，仁的本体论。离仁而言本体，离仁而言宇宙，非陷于死气沉沉的机械论，即流于漆黑一团的虚无论。"[2]有了"仁"这个本体，天地才有生生不已之生机，"仁"即万物一体、生意一般的有机关系和神契境界，所以"仁"是一种宇宙观，也是一种本体论。事实上，在中国哲学史上，有所谓"仁者浑然以万物为一体"，但理性的朱熹也表示过警惕和担忧，他批评说："彼谓物我为一者，可以见仁之无不爱矣，而非仁之所以为体之真也；彼谓心有知觉者，可以见仁之包乎智矣，而非仁之所以得名之实也。观孔子答子贡博施济众之问，与程子所谓觉不可以训仁者，则可见矣。子尚安得复以此而论仁

---

①　陆永胜：《"仁"之现代诠释的三个向度》，《华南师范大学学报》2018年第2期。

②　贺麟：《文化与人生》，商务印书馆1988年版，第10页。

哉？抑泛言同体者，使人含糊昏缓而无警切之功，其弊或至于认物为己者有之矣。专言知觉者，使人张皇迫躁而无沉潜之味，其弊或至于认欲为理者有之矣。一忘一助，二者盖胥失之。而知觉之云者，于圣门所示乐山能守之气象、尤不相似，子尚安得复以此而论仁哉？"①

四、"政"乃仁政

中国古代社会，如何治理社会，孔子提出了"为政以德"的治国理念。他说："为政以德，譬如北辰，居其所而众星拱之"，"道（导）之以政，齐之以刑，民免而无耻，道（导）之以德，齐之以礼，有耻且格"（《论语·为政》）。他认为"德治"优于"刑治"，且"德治"是治国的根本之道。

在孔子"德治"思想的基础上，孟子将"仁"下落到政治层面，提出了系统的"仁政"学说。孟子的仁政学说是以"不忍人之心"为其哲学基础。他说："人皆有不忍人之心。先王有不忍人之心，斯有不忍人之政矣。以不忍人之心，行不忍人之政，治天下可运之掌上。"（《孟子·公孙丑上》）"仁政"导源于"仁心"，"仁政"即是将"仁心"由近及远扩展到全体社会成员身上，这也就是孟子说的"老吾老，以及人之老；幼吾幼，以及人之幼"（《孟子·梁惠王上》）的"推恩"过程。在经济上，他推行井田制，使民有"恒产"，保证"仰足以事父母，俯足以畜妻子"（《孟子·梁惠王上》），要求"贤君必恭俭礼下，取于民有制"（《孟子·滕文公上》），"不违农时"（《孟子·梁惠王上》），"与民同乐"（《孟子·梁惠王下》）。在政治上，他主张"省刑罚"，"施仁政于民"（《孟子·梁惠王上》），提倡"王道"，反列"霸道"，以仁政争取民心。在吏治上，他主张"尚贤"，提倡"贤者在位，能者在职"（《孟子·公孙丑上》）。面对群雄割据的现实，秦国依据法家思想有吞并天下之势，孟子提倡王道仁政以治天下，始终认为仁政王道利于国家和民众生存福祉。所以在面对梁惠王时仍坚持他的主张："地方百里而可以王。王如施仁政于民，省刑罚，薄税敛，深耕易耨；壮者以暇日修其孝悌忠信，入以事其父兄，出以事其长上。可使制梃以挞秦楚之坚甲利兵矣。"（《孟子·梁惠王上》）

在中国古代社会中，王道与霸道是两种治理社会的思路。孟子曰："以力假仁者霸，霸必有大国；以德行仁者王，王不待大汤以七十里，文王以百里。"（《孟子·公孙丑上》）称霸者乃以强力服人非心服也；成王者乃以德服

---

① 朱熹：《朱文公文集》卷六十七《仁说》，《朱子全书》第23册，上海古籍出版社、安徽教育出版社2002年版，第3280—3281页。

人。王道政治的主要代表是儒家，其手段与目标，就是通过"德治""仁政"而"王天下"，如商汤、周文王之业。霸道政治的主要代表是法家，通过强力、征战，抑或假之于仁义而"成霸"，如齐桓公、晋文公之业。孟子的思想体系中民本、仁政、王道，三位一体，是中国儒家王道的典型代表。孟子虽到处宣传，然终无人接受，被视为"迂远而阔于事情"。这恰在战国争雄之际，亦势所必然。但它对后世儒家的政治思想学说，却产生了深远的影响。历代政治稳定的清明时代，从西汉"文景之治"，唐初"贞观之治"，到清初"康乾盛世"无不闪烁着孟子仁政思想的光辉。儒家的仁政思想在中国古代社会的治理实践中获得了极大的成功，它为调节和维持社会的安定提供了理论依据。中华民族的历久不衰，中国社会的稳定态势，以及中国文化的连绵延续，应该说，孔子、孟子这一"仁政"思想发挥着重要作用。

当然，关于"仁"也有学者提出，"仁"的思想注重亲情人伦，轻视自然知识，严重地阻碍了自然科学的形成和发展。我们认为，"仁"作为一种人文观念、思想具有超前性、超时空性，中国自然科学及技术落后（应是清代以来）与仁没有必然联系，相反，随着现代化日益推进，人们逐渐意识到仁的重要性。对此，有学者提出回到孔子时代去，即崇尚儒家，崇尚仁爱精神。

第二节 "义"观念

一、义者宜也

按许慎《说文解字》，"义"的本义为"己之威仪"。段玉裁注曰："义之本训谓礼容各得其宜。"《周礼·春官·肆师》曰："肆师之职，掌立国祀之礼，以佐大宗伯。""凡国之大事，治其礼仪，以佐宗伯。凡国之小事，治其礼仪而掌其事，如宗伯癣礼。"按《周礼》所言，春官宗伯是专管邦礼之官，肆师是他的辅佐。由肆师凡大事小事，都要"治其礼仪"的话来看，"义"的本义即为合于礼的容止，段玉裁的解释是十分正确的。《礼记·中庸》中就有"礼仪三百，威仪三千"的话，即凡是合于事宜的行为，能给人带来利益好处的适当之举都可以称之为"义"。《周易·乾卦·文言》曰："利者，义之和也。……利物足以合义。"《疏》曰："利者义之和者，言天能利益庶物，使物各得其宜而和同。利物足以和义者，言君子利益万物，使物各得其宜，足以和合于义，法天之利也。"故刘熙《释名》又曰："义，宜也，制裁事物使合宜也。"

关于义，荀子认为义是治国理政，安身立命之本，最为天下贵。对于治国理政来说:"夫义者,内节于人而外节于万物者也,上安于主而下调于民者也。内外上下节者,义之情也。然则凡为天下之要,义为本,而信次之。古者禹、汤本义务信而天下治;桀、纣弃义背信而天下乱。故为人上者必将慎礼义、务忠信,然后可。此君人者之大本也。"(《荀子·强国》)荀子就此曾说:"水火有气而无生,草木有生而无知,禽兽有知而无义,人有气、有生、有知,亦且有义。"(《荀子·王制》)在此他讲人是万物之灵,其本质在于有义,为什么要强调"义"呢?《中庸》称:"义者,宜也。"《礼记·表记》中也说:"义者,天下之制也。"也就是说,人生在世凡事要讲求正当、合宜,孔子所要求的君子标准之一就是人须有义。他所说的"君子义以为质,礼以行之,孙以出之,信以成之。君子哉"(《论语·卫灵公》)。就将义放在了非常重要的位置,一个人行为的合宜、正当是品性修养的标准。从另一角度看,荀子之所以强调"义"的重要性,是因为人有"义"而有"分",由有"分"再有"礼",循礼养义,持义守礼,礼义化人。所以他接着说:"少事长,贱事贵,不肖事贤,是天下之通义也。"(《荀子·仲尼》)由此他推论出:"亲亲、故故、庸庸、劳劳,仁之杀也;贵贵、尊尊、贤贤、老老、长长,义之伦也。行之得其节,礼之序也。仁、爱也,故亲;义、理也,故行;礼、节也,故成。仁有里,义有门;仁、非其理而处之,非仁也;义、非其门而由之,非义也。推恩而不理,不成仁;遂理而不敢,不成义;审节而不和,不成礼;和而不发,不成乐。故曰:仁义礼乐,其致一也。君子处仁以义,然后仁也;行义以礼,然后义也;制礼反本成末,然后礼也。三者皆通,然后道也。"(《荀子·大略》)

关于"义"主要有:一是义为仪。《说文解字》:"义者,己之威仪也。"包括礼仪和风貌两个方面。《尚书大传》:"尚考太室之义,唐为虞宾。"郑玄注曰:"义当为仪,仪,礼仪也。"又颜师古注《汉书·高帝纪》:"义,仪容也,读若仪。"故义本为肃穆的仪范。二是适宜、正当。《释名·释言语》:"义,宜也。裁制事物使合宜也。"陆德明《经典释文》:"义,宜也。"三是善、公正。《诗·大雅·文王》毛传:"义,善也。"《管子·水地》:"唯无不流,至平而止,义也。"《孟子·公孙丑上》:"其为气也,配义与道。"赵岐注曰:"义谓仁义,所以立德之本也。"四是有利、利益。《墨子·经说下》:"义,利也。"《左传·昭公三十一年》:"行则思义。"洪亮吉释之曰:"义即利也,古训义利通。"故孔子说:"君子义以为上。君子有勇而无义为乱,小人有勇无义为盗。"(《论语·阳货》)孟子更指出,"义,人之正路也"(《孟子·离娄上》),"大人者,言不必信,行不必果,惟义所在"(《孟子·离娄下》)。董仲舒提出要以义"取利"。董仲舒说:"天之生人也,使之生义与利。利以养其体,义以养其心;心不得义不能乐,体不得利不能安。义者心之养也,利者体之

养也。"(《春秋繁露·身之养重于义》)

儒家从家族血缘社会的人伦观念出发，从父子君臣关系的角度去认识"义"。如《论语·微子》曰："不仕无义。长幼之节不可废也，君臣之义如之何其废之？欲洁其身而乱大伦。君子之仕也，行其义也，道之不行已知之矣。"孟子讲："亲亲为仁，敬长为义。"(《孟子·尽心上》)法家管子亦说："义有七体。七体者何？曰：孝悌慈惠，以养亲戚；恭敬忠信，以事君上，中正比宜，以行礼节。"(《管子·五辅》)可见，法家在强调父子君臣之"义"上和儒家有相同之处。故韩非子亦云："义者，君臣上下之事，父子贵贱之差也。"(《韩非子·解老》)但韩非子在讲君臣父子之义上，他不像儒家那样由事父推广为事君，更看重事君之义，把"义"看成是人臣为君为国的高尚品质。他在《饰邪》中说："人臣有私心有公义。修身洁白而行公行正，居官无私，人臣之公义也。"在《难一》中又说："夫仁义者，忧天下之害，趋一国之患，不避卑辱，谓之仁义。"显然，他以忧国忧民为仁，以不辞卑辱，为国效力为"义"，他把"义"的观念张扬到了"忠君事国"的高度。

墨家不是从家族血缘和君臣名分方面，而是从"类"的角度来看"义"。墨子讲爱无差等，讲人要兼爱。他说："天下之人皆相爱，强不执弱，众不劫寡，富不贫侮，贵不傲贱，诈不欺愚，凡天下祸篡怨恨可使毋起者，以相爱生也。"(《墨子·兼爱中》)因此，在墨子看来，只有兼爱才是"义"之根本。由此引申，墨子的"义"有两端：一是"义"指不侵犯别人劳动果实或利益，小自桃李，大至国家。他说："今有一人，入人园圃，窃其桃李，众闻则非之，上为政者得则罚之。此何也？以亏人自利也。至攘人犬豕鸡豚者，其不义又甚入人园圃，窃桃李。……当此，天下之君子皆知而非之，谓之不义。今至大为不义攻国，则弗知非，从而誉之谓之义，此可谓知义与不义之乎？"(《墨子·非攻上》)可见，墨子反对任何侵犯别人利益的行为，把这些行为都看作"不义"。二是墨子的"义"要求人们从物质和精神方面帮助所有有困难的人。如墨子曾质问一个自称行义的叫"吴虑"的人说："子之所谓义者，亦有力以劳人，有财以分人乎？"(《墨子·鲁问》)他还说："为贤之道将奈何？曰：有力者疾以助人，有财者勉以分人，有道者劝以教人。"(《墨子·尚贤下》)

二、以"义"正我

荀子主张以义"导欲"，人都有七情六欲，荀子言："今人之性，生而有好利焉，顺是，故争夺生而辞让亡焉；生而有疾恶焉，顺是，故残贼生而忠信亡焉；生而有耳目之欲，有好声色焉，顺是，故淫乱生而礼义文理亡焉。然则从人之性,顺之人情,必出于争夺,合于犯分乱理而归于暴"(《荀子·性恶》),故对于人之"欲",不能顺之、任之,而必须以"义"引之。

大儒董仲舒提出要以"义""正我",所谓"以仁安人,以义正我"(《春秋繁露·仁义法》)是董仲舒关于"仁""义"关系的一个非常重要的命题。他说:"仁之法,在爱人,不在爱我;义之法在正我,不在正人。我不自正,虽能正人,弗与为义;人不被其爱,虽厚自爱,不予为仁。……故仁之为言人也,义之为言我也。"(《春秋繁露·仁义法》)这里,他强调"仁",也强调了"义",认为"义"是我们做人所应当遵循的基本原则。"义之法在正我","正"者,规约、限制、矫正之谓也。董仲舒还指出:"以仁治人,以义治我,躬自厚而薄责于外,此之谓也。且论己见之,而人不察曰:君子攻其恶,不攻人之恶,不攻人之恶,非仁之宽与? 自攻其恶,非义之全与? 此之谓仁造人,义造我,何以异乎?"(《春秋繁露·仁义法》)董仲舒明确指出,君子所治在于正己、治人,君子之德在于躬自厚而薄责于人。其所以能如此,就在于仁与义。以仁爱人、安人,以义正我、责己。仁之名,就是爱人。爱人之要是兴利除害,除害之要在明先,害未起而救之,则使天下无害,则是以仁厚远,而不危及万民,此为仁者爱人之法。义之名,就是正我。我不自正,岂能正人? 即使能正人,亦不为义。关于"义",儒家认为"义者无悔","义者"何能做到"无悔"? 关键就在于一个人在"以义正我"的过程中能够使自己真正地做到"问心无愧",因为"无愧"故能让自己"无所悔"。

关于"仁义之分",董仲舒指出:"仁者人也,义者我也。……仁造人,义造我也。以仁安人,以义正我"(《春秋繁露·仁义法》)。即认为仁是对施仁爱于别人而言,义是对严格要求自己而言,二者是有明确规定的。不可混淆,更不能颠倒。如果不察仁义之分,"乃反以仁自裕,而以义设人,诡其处而逆其理,鲜不乱矣"(《春秋繁露·仁义法》)。"仁义之分"思想的根本内容是:"仁之法在爱人,不在爱我;义之法在正我,不在正人;我不自正,虽能正人,弗予为义。人不被其爱,虽厚自爱,不予为仁。"(《春秋繁露·仁义法》)

关于仁义的区别,董仲舒认为:"是义与仁殊,仁谓往,义,谓来,仁大远,义大近;爱在人谓之仁,义在我谓之义。仁主人,义主我也。故曰仁者人也,义者我也,此之谓也。君子求仁义之别,以纪人我之间,然后辨乎内外之分,而著于顺逆之处也。是故内治反理以正身,据礼以劝福;外治推恩以广施,宽制以容众。……以此之谓治身之与治民,所先后者不同焉矣"(《春秋繁露·仁义法》)。仁与义殊,二者不同区别是仁为往、为远主人、爱人、治民,为外治推恩于百姓,宽制以容众;义为来、为近主我、正己、治身、为内治反理以正身，据祉以劝福。对己要严，对人要宽，躬自厚而薄责于人，即"君子攻其恶，不攻人之恶"，这就是造就人与造就我之异。所以说："自称其恶谓之情，称人之恶谓之贼；求诸己谓之厚，求诸人谓之薄；自责以备谓之明，责人以备谓之惑。"(《春秋繁露·仁义法》)这是正己、治身与爱人、治大的区别，即正己、治身严，爱人、治人宽，这种宽严关系，不可颠倒、错位。董仲舒还说："是故以自治之节治人，是居上不宽也；以治人之度自治，是为礼不敬也。为礼不敬则伤行，而民不尊；居上不宽则伤厚，而民弗亲。弗亲则弗信，弗尊则弗敬。二端之政诡于上而僻行之，则诽于下；仁义之处可无论乎？"(《春秋繁露·仁义法》)董仲舒论仁义，旨在正己、爱人、治我、治人，以此行政，则天下大治，民众受恩，这便是君子的仁义之法。

关于"义"，中国古代思想家的看法并不一致。道家崇尚返璞归真的自然主义，主张无为，对于面向社会的一切有为的行为举止都持否定态度。《老子》第十八章中说："大道废，有仁义；智慧出，有大伪；六亲不和，有孝慈；国家昏乱，有忠臣。"在他看来，"义"本身就是大道废弃的产物，它和仁、智、忠、孝一样，是不值得肯定或提倡的。庄子则从另一个角度说明"义"的荒谬性，他说，儒家讲仁义，强盗也讲仁义。在偷盗东西时，"入先，勇也；出后，义也"(《庄子·外篇·肤箧》)。所以，"义"在道家那里是被否定的。而恰说明"义"对于人，尤其是个体自我的约束作用。

三、义气干云

"义"字的本义既指人的礼仪容止，引而申之又可指一切合乎事宜的举止，"义"也可以泛指正当的道理意义，即"正义"，凡一切符合正义的思想、行为、情感、态度和符合正义的人或事，均可以称之为"义"。故有高尚道德情操的人可称为"义士"，做人的正道为"义方"，正义的军队为"义兵"，合乎正道的事情为"义务"，刚正之气为"义气"，正当的道理为"义理"，正当的道路为"义路"，出于正义的激情为"义愤"等，这都是"义"的引申与使用。

"义"是中国古代文学艺术中最重要的价值取向，尤其在叙事文学中更有显现，在这些叙事故事中，主人公或者无条件地帮助别人，救危扶困，振人不赡；或者路见不平，拔刀相助，维持正义，铲除邪恶；或者受人之托，知遇报恩。具体来讲，可以把这些以"义"为核心观念的叙事文学分为三个层次：一是救危扶困，振人不赡。《谈宾录》记狄仁杰为府法曹参军之时，同僚郑崇资奉旨当出使绝域，其时郑的老母正在生病，狄仁杰对他说："太夫人有危急之病，而公远使，岂可贻亲万里之泣乎！"于是上书请求自己代郑崇资而行。《云溪友议》记廖有方在唐元和年间游蜀,在宝鸡西旅馆中,偶遇一贫病而死的读书郎,廖既不知其姓名也不知其住址,但却把自己的鞍马典卖于人,买了棺材埋葬了他。后来廖有方于游蜀途中遇见了死者亲属,他们对廖再三感谢并赠他钱物,廖有方坚决不受。从以上这些故事中我们即可以看出,中国古代所崇尚的"义"的行为首先是这种济贫救弱而不求任何报偿,不讲任何条件的无私奉献。二是路见不平,拔刀相助。这种往往要求行"义"者有一种敢于和邪恶抗争、甚至为他人而不惜牺牲的献身精神,如《水浒传》中鲁智深拳打镇关西,正是这种见义勇为的精神,使鲁智深成为人们所喜爱的艺术形象。三是知恩报恩,赴汤蹈火。这里所说的"知恩报恩",主要指的是"士为知己者死"。如《史记·刺客列传》记战国时的聂政,家穷苦,以屠宰为业,养母艰难。严仲子和他相交,送他大量黄金,他虽然不肯接受,但是却对严仲子感激涕零。当严仲子被政敌侠累所迫时,他就前去刺杀侠累,以报知遇之恩,且毁容以死,不愿让世人知道自己的名字。

司马迁是一个特别推重"义"的人。他在《史记》的传记人物描写中,特别注意写人物"义"的行为,揭示他们"义"的品性。司马迁作《游侠列传》对当时众多的所谓"侠"皆不取,而只是写鲁朱家、楚田仲、洛阳剧孟和郭解诸人,就因为司马迁并不是简单的写"游侠"列传,而是肯定那些具有"义"的民间"仪侠"。《刺客列传》中的聂政、豫让、荆轲、田光等都如此,司马迁在描写他们时,不仅重他们行刺时的惊人之举,更注意揭示他们重"义"的内在精神。如写聂政对严仲子的感恩之语:"嗟呼! 政乃市井之人,鼓刀以屠,而严仲子乃诸侯之卿相也,不远千里,枉车骑而交臣。臣之所以待之,至浅鲜矣,未有大功可以称者,而政独安得嘿然而已乎! 且前日要政,政徒以老母;老母今以天年终,政将为知己者用。"(《史记·刺客列传·聂政》)正因为司马迁详尽描写了聂政的心理表白,致使聂政这一形象显得丰满高大,他是一个有着"士为知己者死"的高尚节操的"义士",而不是一个亡命大徒。故司马迁评论说:"此其义或成或不成,然其立意较然,不欺其志,名垂后世,岂妄也哉!"(《史记·刺客列传》)此外,如鲁仲连义不帝秦,功成不受赏,项羽作为失败的英雄因重节义,不愿意见江东父老自刎江边,这些形象都以其"义"的精神力量在历史上永远焕发着光彩。

在中国古代文学作品中,产生了一系列以写"义"为内容的叙事作品。从司马迁的《游侠列传》到明清小说《三侠五义》,这些作品中写得具体事件虽然各不相同,人物性格面貌各异,但是,它们都在歌颂英雄人物崇高的"义"的品性。其中尤以《水浒传》这部书,因其塑造了宋江为核心的一群江湖"义士"形象,并把"义"这种产生于中国农业社会互助互爱的德性提升到

"替天行道"的高度,从而使它具有了不朽的意义。如果把《水浒传》中关于宋江的描写和《史记·游侠列传》中关于鲁朱家的描述比较,就可发现这种"义"的精神在中国古代有着继承关系。鲁朱家因振危扶困,仗义疏财,所以当时人"自关以东莫不延颈愿交焉"。由《水游传》中对宋江的描写,可以看出对宋江这种"义士"的推崇备至,宋江的"义"是梁山好汉"义"的最高表现,最好典型。这些故事或史书记载义士对中国古代民众有极大的感染力,深深影响着中国人。另外在中国古代社会,民间所崇奉的一个重要神道是关帝,关帝,即三国时的关羽。关羽在道教中有着特殊的地位和意义,道教很早就将关羽视作神将,称"灵朗上将",又称"馘魔关帅"。其实,关羽之所以为人推崇,是其身上的"义",义气干云,这也折射出中国人的价值取向。

第三节　"孝"观念

一、孝悌也者其为仁之本欤

"身体发肤,受之父母,不敢毁伤,孝之始也。立身行道,扬名于后世,以显父母,孝之终也。夫孝,始于事亲,中于事君,终于立身。"(《孝经·开宗明义章》)简括出中国古代社会德性的主要方面,而"孝"是其根本。《论语·学而》有言:"君子务本,本立而道生。孝悌也者,其为仁之本与!"可以看出,孔子思想学说的核心是仁,而仁之本则在于孝。

孔子认为"孝"是通往德性完善的第一步。要提高个人的尊严和身份认同,具体做法不是疏远家庭,而是要培养我们自己对父母兄弟的真正情感。"孝"所要求的并不是对父母权威的无条件服从,而是承认和尊重我们的生命之源。在古希腊人看来,孝的目的是"人类的繁荣昌盛",而儒家则认为,孝是学会做人的必由之路。

中国古代社会《孝经》的基本倾向,注重父子之亲,长幼之别,反映了人类生存繁宿的实际需要。人类作为世代延续、生生不息的类群体,如果抛弃了血缘亲情,抛弃了长幼之序,它在自然界的适应能力将会大大削弱。对此,孔子用人性的关怀话语表达他的志向:"老者安之,朋友信之,少者怀之。"(《论语·公冶长》)孔子的弟子曾子说过:"士不可以不弘毅,任重而道远。仁以为己任,不亦重乎? 死而后已,不亦远乎?"(《论语·泰伯》)

今存《孝经》十八章其基本观点可具列于此:"孝"是行的根本。《孝经》开篇即言:"子曰:'先王有至德要道,以顺天下,民用和睦上下无怨。汝知之乎?'曾子避席曰:'参不敏,何足以知之?'子曰:'夫孝,德之本也,教之所由生也。'"

孔子极为重视"孝",孔子把"孝悌"视为"仁之本"。如:"宰我问:'三年之丧,期已久矣! 君子三年不为礼,礼必坏;三年不为乐,乐必崩。旧谷既没,新谷既升,钻燧改火,期可已矣。'子曰:'食夫稻,衣夫锦,于女安乎?'曰:'安!''女安则为之! 夫君子之居丧,食旨不甘,闻乐不乐,居处不安,故不为也。今女安,则为之!'宰我出。子曰:'予之不仁也! 子生三年,然后免于父母之怀。夫三年之丧,天下之通丧也,予也有三年之爱于其父母乎!'"(《论语·阳货》)宰我认为,父母故去,守孝三年,为期太久,守孝一年,也就行了。为此,孔子批评宰我是不仁不孝。

荀子也强调"孝",强调人的先祖意识。他说:"天地者,生之本也。先祖者,类之本也。"(《荀子·礼论》)又说:"无天地,恶生? 无先祖,恶出?"(《荀子·礼论》)这是说生命是天地给予的,而先祖是人类之本,此"类"是指人类。世间一切万物之有生命者,只有人类才能意识到先祖(包括父母)是自己生命的直接来源,而禽兽不记得父母祖先,这也是人禽之别。尽管生命可推源至天地,但每个人的生命又直接出自父母和先祖。这样一来,中国人便不把每个人直接系之于天地,而是某家的子孙,所以古人写自传如司马迁的《太史公自序》、班固《汉书·自纪》、王充《论衡·自纪》等都叙述自己的家世。

二、百行孝为先

《孝经·圣治章》曾子曰:"敢问圣人之德无以加于孝乎?"子曰:"天地之性,人为贵。人之行,莫大于孝。"《孝经·谏诤》一章曰:"昔者天子有争臣七人,虽无道,不失其天下;诸侯有争臣五人,虽无道,不失其国;大夫有争臣三人,虽无道,不失其家。士有争友,则身不离于令名;父有争子,则身不陷于不义。故当不义,则子不可以不争于父,臣不可以不争于君;故当不义,则争之;从父之令,又焉得为孝乎!"这里提出了一个高于"无违"的标准,这就是"义"。君父之令合于义行,则以顺从为是;若君父之令不合于义,则当以谏诤为是。这一主张,与曾子的思想倾向或相贴合。《大戴礼记》:"曾子曰:'忠者,其孝之本与?'又曰:'君子之孝也,以正致谏;士之孝也,以德从命;庶人之孝也,以力恶食。'"也就是说,要力行孝道,要符合"忠""正"之准则。

"孝"是天经地义。"昔者明王事父孝,故事天明;事母孝,故事地察;长幼顺,故上下治。天地明察,神明彰矣。"《孝经·感应》"孝悌之至,通于神明,光于四海,无所不通。"由于"孝"之于"为政"有如此之力量与作用,故历代为政者都特别推崇《孝经》。西汉文帝时始置《孝经》博士,宣帝之后又普及于县乡;东汉光武帝令虎贲士皆习《孝经》,以《孝经》试士,由诵《孝经》而选吏,举孝廉。时至两晋,对《孝经》更加推崇:"夫天经地义,圣人不加;原始要终,莫逾孝道。"①南朝梁武帝亲撰《孝经义疏》,唐玄宗两次为《孝经》作注,唐宋元明皆颁行《孝经》,尊崇无减;清代有顺治帝御注《孝经一卷》,雍正时又汇集《孝经集注》。《孝经》自身的流传过程,就充分表明了它对于中国古代社会之治理所具有的重大意义。

汉代重"孝"治天下,在社会上大力推行"孝"道。而汉代君王都能够践行此道。如开国皇帝刘邦"尊太公为太上皇",汉文帝在其母薄太后生病时也是时时在身边照料;窦太后喜好黄老之学,汉景帝更是"帝及太子诸窦不得不读《黄帝》《老子》,尊其术"(《史记·卷四十九·外戚世家第十九》);汉武帝则为其母在民间寻找女儿,且"奉钱千万,奴婢三百人"。汉代君王就是以这种榜样示范引领着社会成员奉行孝道。汉代君王以身作则推行孝道,还通过死后的"谥号"来体现,"谥号"是后人对死者生前行为的一种评价,汉代皇帝的"谥号"中普遍都带有"孝"字,如孝惠帝、孝文帝、孝景帝、孝武帝等,这在中国古代社会也是一种很独特的现象。

孝是维系家族团结的基本规范,孝是对上辈言,而对平辈言,又以悌作为团结的纽带,悌是孝的引申和补充。所以说:"孝弟也者,其为仁之本与!"(《论语·学而》)万行孝为先,悌的观念也是重要的价值取向。在族居中,为求宗族的团结必须强调孝悌的规范。宋朝名臣范仲淹,"而好施与,置义庄里中,以赡族人"。其义庄的遗址至今仍保留在苏州城外天平山下,来游览此地时,会肃然而起敬意。范仲淹在对儿子进行孝道教育时也表现得十分清楚。《小学外篇》载:"吾贫时,与汝母养吾亲,汝母躬执爨而吾亲甘旨,未尝充也,今得厚禄,欲以养亲,亲不在矣,汝母已早逝,吾所最恨者,忍令若曹享富贵之乐也。吴中宗族甚众,于吾固有亲疏,然以吾祖宗视之则均是子孙,固无亲疏也,苟祖宗之意无亲疏,则饥寒者吾安得不恤也。自祖宗来积德百余年,而始发于吾,得至大官,若独享富贵而不恤宗族,异日何以见祖宗于地下,今何颜入家庙乎? 故是恩例俸赐,常均族人,并置义田宅云。"范仲淹是名臣,更是贤臣,他的风标为世人敬仰,而在九世安居或宗族聚居时所维系的基本观念即重孝悌、重亲情、重族情也让人敬佩,并且是学习榜样。

---

① (唐)欧阳询编:《艺文类聚》,上海古籍出版社1965年版,第375页。

三、夫孝者天下之大经也

孔子及其弟子非常重视由修身所养成的美德,也是为政者不可或缺的,对德政的重视在许多青铜铭文中得到证实,重视德政既是对商朝灭亡的回应,也是在确认一种价值取向。德政的说法还基于这样的信仰,亦即人与其祖先是一脉相承的(对于王室来说,这种血脉相承的关系实际上扩展到贵族阶层的所有成员),这样一个人不只是他自己,他也代表着群体。而作为王者,也就是天子,不仅要对其祖先尽孝,还要对上天尽孝,也就是他们的言行都必须符合"孝"。在儒家的观念中,国是放大了的家,这种观念应是源自于周王朝的历史经验,即认为为政者应该像父母一样,对子民的幸福负有全部责任。

"孝"之为德,圣人无以复加。《大戴礼记》载曾子之言:"夫孝者,天下之大经也。夫孝,置之而塞于天地,衡之而衡于四海,施诸后世,而无朝夕。推而放诸东海而准,推而放诸西海而准,推而放诸南海而准,推而放诸北海而准。"《大戴礼记·曾子大孝》写道:"夫孝,天之经也,地之义也,民之行也。天地之经,而民是则之。则天之明,因地之利,以顺天下,是以其教不肃而成,其政不严而治。"

"孝"虽天经地义,然于不同等级之人却有不同之内涵。"爱敬尽于事亲,而德教加于百姓,刑于四海,盖天子之孝也。"(《孝经·天子章》)"在上不骄,高而不危;制节谨度,满而不溢;……富贵不离其身,然后能保其社稷,而和其民人。盖诸侯之孝也。"(《孝经·诸侯》)天子、诸侯之孝就在于稳妥地保住其固有的地位。卿大夫之孝则在于尊崇先王,"非先王之法服不敢服,非先王之法言不敢道,非先王之德行不敢行""然后能守其宗庙"(《孝经·卿大夫》)。"故以孝事君则忠,以敬事长则顺。忠顺不失,以事其上,然后能保其禄位,而守其祭祀,盖士之孝也。"(《孝经·士章》)事人之孝,则"用天之道,分地之利,谨身节用,以养父母"(《孝经·庶人章》)。自天子至庶人,各有其孝;其实质在于各守其位,各安其分。此种人与人之间的差异性取决于两个方面,一是因社会地位的不同而有贵贱、上下之别,二是由于血缘关系的不同而有尊卑、长幼、亲疏之分。其遵循原则就是"尊尊"与"亲亲",而如何使贵贱、上下、尊卑、长幼各安其位,遵守相应规范也是必需的。《礼记·曲礼上》对"凡为人子之礼"有许多烦琐的规定,冬天要给父母温被窝,夏天要给父母捐凉卧床,这叫"冬温而夏清",见了父辈,"不谓之进不敢进,不谓之退不敢退,不问不敢对",这叫"此孝子之行也",这种十分严格的规定,实则是"亲亲"原则的具体化。"隆礼贵义者其国治,简礼贱义者

其国乱。"(《荀子·议兵》)"礼之所兴,众之所治也;礼之所废,众之所乱也。"(《礼记·仲尼燕居》)

"孝"不仅对在世的祖辈、父辈尊敬、孝顺,还表现为对已故先祖的敬仰。中国古代社会还会对先祖祭祀,其实,祭祀先祖的主要目的就是推行"孝"道,所谓"祭者,所以追养继孝也","祀,所以昭孝息民"。故而《礼记·祭统》中也有:"夫祭之为物大矣,其兴物备矣。顺以备者也,其教之本与。是故,君子之教也,外则教之以尊其君长,内则教之以孝于其亲。是故明君在上,则诸臣服从;崇事宗庙社稷,则子孙顺孝。尽其道,端其义,而教生焉。是故君子之事君也,必身行之,所不安于上,则不以使下;所恶于下,则不以事上;非诸人,行诸诸己,非教之道也。是故君子之教也,必由其本,顺之至也,祭其是与! 故曰:祭者教之本也已。"

第五章　儒家成人中人的三重维度：
天人、人人、人与社会

第一节　人与天：敬畏"天"

天人之辩和古今之辩是中国古代哲学文化的两个主要论争。荀子有两句名言："善言古者必有节于今，善言天者必有征于人。"（《荀子·性恶》）"天"与"人"是中国古代社会一对重要的哲学范畴。汉代董仲舒答汉武帝策问中主要阐述的是"天人相与之际"（《汉书·董仲舒传》），司马迁撰写《史记》，欲以此"究天人之际"（《报任安书》）。何晏曾评价王弼道："若斯人者，可与言天人之际乎？"（何劭《王弼传》）北宋邵雍说："学不际天人，不足以谓之学。"[①]清代著名学者戴震指出："天人之道，经之大训萃焉。"[②]钱穆在晚年"澈悟"后，口述中国文化对人类未来的贡献，认为"天命"与"人生"和合为一是中国文化思想的总根源，也是将来世界文化（天下）之归处。

一、中国人文视野中的"天"

《淮南子》有一段话是这样描述"天"的："天地未形，冯冯翼翼，洞洞漏漏，故曰太昭。道始于虚廓，虚廓生宇宙，宇宙生气。气有涯垠，清阳者薄靡而为天，重浊者凝滞而为地。清妙之合专易，重浊之凝竭难，故天先成而地后定。"李申将其解释为："其一说天地是从一团浑沦中逐渐生成的。其二说生成的机制是轻清上升而重浊下降。"即认为上段引文是一种天地生成说，而且表现了"当时人们所可能具有的重力学观念"。三国时期的杨泉对"天"有这样的论述："夫天，元气也，皓然而已，无他物焉。"（《物理论》）张岱之做了这样的理解："这里的'元气'不单纯是哲学概念，而且是物理的概念了。"他又把天和地加以对照，进步论证说："夫地有形而天无体。譬如灰焉，烟在上，灰在下也"（《物理论》）。以烟和灰作譬喻，即从气体和固体两种不同的物质形态的形象化说法。就是说，杨泉的"烟在上，灰在下"的比

①　黄宗羲：《宋元学案》卷9《白源学案上·观物外篇》，中华书局1986年版，第382页。

②　戴震：《东原文集》卷八《原善上》，《戴震全书》第6册，黄山书社2010年版，第7页。

喻，以说明"天"无体、"地"有形，即表明杨泉已用气体和固体两种不同的物质形态对"天""地"进行了解释，即通过物质形态的转化来说明宇宙的形成和发展。

周桂钿认为"浑天说"是与现代天文学理论相近的学说，他说："浑天说用一层天和附天而行的日月五星来解释天文现象。西方托勒密地心说用九层天以及本轮、均轮等来解释天文现象。二者各有特色。托勒密地心说已为现代科学抛弃，而浑天说与现代的球面天文学相近，它的合理性仍保存在球面天文学中。因此，与其说浑天说差一步没进到地心说，不如说地心说差一步没进到浑天说。浑天说确实有更多的合理性。"周桂钿还基于天文学理论对朱熹思想中的"天"进行了解释和评论。朱熹关于"天"的论述很多，比如："天包乎地，地特天中之一物尔"（《朱子语类》卷一）。"天文有半边在上面，须有半边在下面。"（《朱子语类》卷二）"地却是有空阙处。天却四方上下都周匝，无空阙逼塞满皆是天。地之四向底下却靠著那天。天包地，其气无不通。"（《朱子语类》卷一）周桂钿分析说："他从高山上无霜露谈到道教所谓高处有刚风，再论《离骚》中所说的'九天'。他说：'《离骚》有九天之说，注家妄解，云有九天。据某观之，只是九重。盖天运行有许多重数。（以手画图晕，自内绕出至外，其数九）里面重数较软，至外面则渐硬。想到第九重，只成硬壳相似，那里转得又愈紧矣。'朱熹把最外面的一层天看作是'硬壳相似'的。这仍然是浑天家所说的天象鸡蛋壳。天壳和大地之间充满大气，象鸡蛋白那样。"因此，朱熹所说的"天"是有形质的。周桂钿说："大气如何托举这块沉重的大地呢？前人不见详述，而朱熹对此颇有新见。他说：'天运不息，昼夜辗转，故地确在中间。……蹼然不动。使天之运有一息停，则地须陷下。'天之气急速运转，托举着大地。"第二，朱熹对"九天"作出了新的解释。周桂钿说："朱熹认为九天是九重天，天象画轴那样，自内绕出，共九重，里层较软，往外，一重比一重硬，最外一重即第九重，象硬壳一样。最外层象硬壳的天虽然也是固体，却与大地不同朱熹认为阴阳之气在急速旋转运动中，磨出的渣滓汇集在中间结成个地，象一盆带杂质的水，水在旋转中，杂质就逐渐汇集于中央。这也许正是朱熹提出'地者，气之渣滓也'观点的经验基础。而天的最外层硬壳并不是气之渣滓结成的，而是最清的气结成的。"显然，朱熹关于"大气如何托举大地""九重天的结构"等的叙述虽然都限于经验。①

如章太炎说："古者以天为积气，彼未尝有气也，果有气以生物邪？是

① 参见周桂钿：《朱熹的宇宙论和天文观》，《福建论坛》1991 年第 5 期。

则日星与地球,皆受气于天,天气必蓐于万物。其浸远天者,气亦浸薄矣。今自地体咫尺以上,累高而气益微,以是知其未尝有天也。……恒星皆日,日皆有地,地皆有蒙气,自蒙气中视物,溟涬若氛云之薄积。"①这是从另一个角度对古代关于"天"的认识。在章太炎看来,"天"不过是聚积在一起的气体,而气体来自地球,地球从太阳产生,太阳是恒星,宇宙由无数恒星组成,人与万物也从恒星产生,因而无所谓"天"和"天帝"。他还从字形上进行分析:"惟天未尝有,故无之为字,从天拙之以指事。天萃于气,气生于地,地生于日。"②这样,章太炎就用天文学知识阐释了传统哲学中的"天"。

冯友兰认为,中国古代思想中的"天"有五种含义。他说:"在中国文字中,所谓天有五义:曰物质之天,即与地相对之天;曰主宰之天,即所谓皇天上帝,有人格的天、帝;曰运命之天,乃指人生中吾人所无奈何者,如孟子所谓'若夫成功则天也'之天是也;曰自然之天,乃指自然之运行,如《荀子·天论篇》所说之天是也;曰义理之天,乃谓宇宙之最高原理,如《中庸》所说'天命之谓性'之天是也。《诗》《书》《左传》《国语》中所谓之天,除指物质之天外,似皆指主宰之天。《论语》中孔子所说之天,亦皆主宰之天也。"③关于"天",冯友兰说:"'天'这个字底意义很分歧,一为'主宰'之意义,'主宰'之天与西方哲学史中之'上帝'相仿,传统的宗教所讲之'天'即此'主宰之天'。此'天'之来源很古,商朝以来就有这种主宰之'天',当时人称'最高的神'为'帝',也有叫'上帝'的。周朝人称为'天'。但主宰之'天',从商朝以来也经过一些变化。商朝所信的'帝'有绝对的权威,不受任何限制。到西周'天'之权威受了一些限制,西周人说:'皇天无亲,惟德是辅。'这说明这时的"天'已不能随便行事,而只帮助有德的人,是一正直的'天'。西周末,人们对'天'是否正直也发出了疑问,'诗经'很多地方说明了这一问题。春秋时人们提出了'天'底意志与人民底意志的关系问题,认为'天'底意志必须与人民底意志相符合。'天'底权威降低了。"④在这里,冯友兰罗列了商朝、周朝"天"概念使用的情况,指出商周时期将"天"视为"最高的神",称为"上帝",有绝对的权威,所以"天"有主宰意义;而实际上自西周始,"天"的权威已受到限制;到了春秋时期,"天"的权威进一步削弱,"天"的意志完全取决于人的意志。这种"天"的权威在西周以后慢慢被削弱的历史,反过来证明"天本有主宰义"。因此,中国古代哲学中的"天"具有主

①　章太炎:《章太炎全集》第3册,上海人民出版社1984年版,第17页。
②　章太炎:《章太炎全集》第3册,上海人民出版社1984年版,第17页。
③　冯友兰:《中国哲学史》,中华书局1961年版,第5页。
④　冯友兰:《中国哲学史》,中华书局1961年版,第5页。

宰义,这是古代思想文化本有之现象。

西方哲学背景下,"天"的含义或被错误地理解,或被否定。熊十力认为应根据"天"在不同语境中的情形加以理解。他说:"天字所目,各各别异,不可无辨。其一,古以穹高在上,苍然而不知其所极者,呼之为天,诗云'悠悠苍天'是也。初民于此天颇感神异,以为有大神赫然鉴观在上,所谓上帝是也。其二,古阴阳家以日月星辰之丽乎太空,亦名为天。《易乾卦》曰'天行健',即以天体运行之健,譬喻乾元生生之健德也。阴阳家虽亦以星球名天,而视为有神力斡运之,其与前所谓天者,颇相通。历史上以日月食等变,为天之警戒人君。天文家虽有就物理解释者而其说不盛行。其三,浑天之说,与前二天字之所指目均有不同。此天即以六合为一大环,无内无外,无封无畛,无始无终,无高无下,无古无今,而浑然一气流动充满于此大环中,即名之曰浑天。自无量数星球星云,以及莫破质点与声光热电等,乃至大地、土石山陵、江河洋海、草木鸟兽、圆颅方趾之伦皆随环中气化,倏生倏灭,倏灭倏生。实若虚,虚而实,无神而非不神,伟哉环中盖无德而称焉,其斯之谓浑天欤。浑天说出,始有哲学意义,自老、庄至于周、张皆受其影响。周子太极图之一,与张横渠所云'清虚一大之天',皆本于古之浑天说。其四,以自然为名。世俗以凡事之顺成者,谓之自然,此与学术无干可不论。今就自然词之见于学术界者而说。何谓自然? 以训诂言之,自者自己,然者如此;自己如此,曰自然。"①第一种含义谓"天"是深幽高远、无边无极的广袤空间。比如《诗经》中"悠悠苍天"的描述,而这种天因古人不明其实而感觉神秘,所以也被称为上帝。第二种含义是将日月星辰之寄托处称为"天"。这种含义主要来自古代阴阳家,比如阴阳家将日食、月食等变化归为天之警诫人君,这就是以日月星辰为"天"。第三种是"浑天",即宇宙万物,生灭有无,虚实内外,神往知来等都是"浑天"。比如,"以六合为一大环,无内无外,无封无畛,无始无终,无高无下,无古无今,而浑然一气流动充满于此大环中,即名之曰浑天"。第四种是自然之天,即自然而然,自己如此,这在许多文献中也有表现。② 易见,关于中国古代社会中的"天",有多种阐释,但中国古代哲人们多从人文视野中去赋予"天"以人文的色彩与意义。

中国哲学在人神关系上是怎样的态度呢? 徐复观基于对西周至春秋时期文献的分析,发现"肯定人不否定神,神服务于人"正是那个时代之哲学

① 《原儒》,《熊十力全集》第六卷,湖北教育出版社 2001 年版,第 557—558 页。

② 参见李承贵:《中国哲学的"自我诠释"》,《福建论坛》2009 年第 4 期。

所表现出来的人神关系特点。唐君毅认为,就儒家言,人尽心养性就是事天,事天即是执行宗教仪式,而事天是为了获得天恩以施于百姓,因而其内具宗教性。此外,无论是道家还是佛教,都具有天人贯通的特点,都具有通过人的德行以尽天道而实现善的特点,其宗教性虔诚、敬畏、大爱统统表现在人的道德修行与实践中。牟宗三对中国哲学中之人神关系有着清晰的认识和判断,他认为宗教可分为两种,一种是与人文世界绝缘的,比如基督教;另一种是与人文世界贯通的,比如儒教,而与人文世界贯通的学说即可称为"人文教"。儒家的特点就是下落可以成为日常生活的规则,上提可以成为超越普遍的精神实体,此精神实体即是有宗教意义的价值源头,它通过祭天、祭祖、祭圣等礼仪形式表现出来。因此,中国哲学属于典型的"人文教"。

我们与上天的内在有机联系是透过我们自己的个人经验建立起来的,这使我们意识到自己的力量,同时也意识到自己的不足,因为我们担当着重任,以微薄的人力去实现天道。人是自然的守护者,是宇宙的共同创造者(赞化者),人性的最深刻含义就在于证明这一点:"惟天下至诚,为能尽其性;能尽其性,则能尽人之性;能尽人之性,则能尽物之性;能尽物之性,则可以赞天地之化育;可以赞天地之化育,则可以与天地参矣"(《中庸·第二十二章》)。人能够参赞天地之化育,只有人能够与天地并称为三才,受上天之感召,守护自然和赞化宇宙,这也是人必须无条件承担的责任。

二、天人相通相感

中国古代社会倡导天人合一的思想,其思想源远流长,其主要核心观点即天人相通相感。而这一思想也是儒家最基本、最普遍和最一贯的思想。儒家的天人合一思想可以分为两类:"一是发端于孟子、大成于宋明理学(道学)的天人相通的思想;二是汉代董仲舒的天人相类的思想。天人相通的思想复可分为两派:一是以朱熹为代表的所谓人受命于天、与理为一的思想;二是以王阳明为代表的人心即天理的思想。"①天人合一这个词最早可见于董仲舒:"事应顺于名,名应顺于天,天人之际,合而为一。"(《春秋繁露·深察名号》)但天人合一的思想可以追溯到孟子。孟子说:"尽其心者,知其性也。知其性,则知天矣。存其心,养其性,所以事天也。"(《孟子·尽心上》)

其实,在《周易》那里已有端倪,《周易·文言传》说:"夫大人者,与天地

① 张世英:《天人之际》,人民出版社 1995 年版,第 14 页。

合其德，与日月合其明，与四时合其序，与鬼神合其吉凶。先天而天弗违，后天而奉天时。"这里关键在于"合"，合就是结合、会合、适合、应合。孔颖达注疏云："与天地合其德者，谓覆载也。与日月合其明者，谓照临也。与四时合其序者，若赏以春夏、刑以秋冬之类也。与鬼神合其吉凶者，若福善祸淫也。先天而天弗违者，若在天时之先行事，天乃在后不违，是天合大人也；后天而奉天时者，若在天时之后行事，能奉顺上天，是大人合天也。"天与人合，人与天应，由此形成儒家以天观人，以人观天的思维方式。《尚书·皋陶谟》说："天讨有罪，五刑五用哉！"可见，上天对人世的罪恶不会熟视无睹，他制定了五种刑罚用以惩罚五种有罪的人。《中庸》说："国家将兴，必有祯祥；国家将亡，必有妖孽。见乎蓍龟，动乎四体。"

在《易经》的作者看来，人的变化规律与宇宙的变化规律相同，因为宇宙是一个运动变化的整体，人是宇宙的一部分，或者可以说是一个小宇宙，所以用宇宙的变化规律、途径，来说明人的变化规律、途径，并推测人生之理，预卜人的吉凶福祸、生死寿夭。宇宙的变化是为了使人和万物生生不已，而人和万物的化生是宇宙变易的目的和成果，这就是"生生之谓易"的道理。所以说"知其变化之道者，其知神之所为乎"（《易传·系辞传上》）。"《易》有圣人、人之道四焉：以言者尚其辞，以动者尚其变，以制器者尚其象，以卜筮者尚其占。是以君子将有为也，将有行也。"（《易传·系辞传上》）

关于天人合一思想，董仲舒提出了天人相类说，"以类合之，天人一也"。又说："惟人独偶天地。人有三百六十节，偶天之数。形体骨肉，偶地之厚。上有耳目聪明，日月之象也。体有空窍理脉，川谷之象也。心有哀乐喜怒，神气之类。故小节三百六十六，副日数也。大节十二分，副月数也。内有五藏，副行数也。外有四肢，副时数也。乍视乍瞑，副昼夜也。乍柔乍刚，副冬夏也。乍哀乍乐，副阴阳也。"《春秋繁露》这段即说明中国人对自身与天地之关系的传统观念。人既然是天地的化生，天地的本性即是人的本性，天地的和谐即是人的和谐，天地的形体即是人的形体，天地的秩序即是人的秩序。"天尊地卑，乾坤定矣。卑高以陈，贵贱位矣。动静有常，刚柔断矣。方以类聚，物以群分，吉凶生矣。在天成象，在地成形，变化见矣。"（《周易·系辞上》）中国人把大自然的变化看成人事的象征。所以《易经·系辞上传》有"圣人设卦观象"之说，《说卦》中亦有"昔者圣人之作易也，将以顺性命之理。是以立天之道曰阴与阳，立地之道曰柔与刚，立人之道曰仁与义"的关于天地人三位一体的理论。

在董仲舒的思想体系中，天是最高的存在和最终的范畴，是人世间万事万物的本源。在《春秋繁露》中，董仲舒立足于天人关系这一基点，对"天"的性质、功能、地位和作用进行了全面而系统的论证，认为"天"作为一种宇宙本体意义上的存在，成为人们生活世界中一切存在的基础与依据；生活世界中的人一切都以"天"为依据，应当顺从"天"的运行及其体现的意志。赖炎元认为，董仲舒的天道运行和变化，主要是为了建立人道。董仲舒还指出："天、地、阴、阳、木、火、土、金、水、九，与人而十者，天之数毕也。故数者至十而止，书者以十为终，皆取之此。圣人何其贵者，起于天，至于人而毕。"（《春秋繁露·天地阴阳》）余治平认为，董学是兼蓄内外、圣王之精髓的，是真正的儒家。易见，董仲舒所说的"天"是包括天、地、阴、阳、火、金、木、水、土、人等在内的"十端"之天，也就是一个包含万物全体的存在，它既是百神之大君，王者之所最尊，又是万物之祖，万物非天不生的主宰。所谓的"人"是指人所具有的性情、血气和德行，它们皆由天出，即"人之形体，化天数而成；人之血气，化天志而仁；人之德行，化天理而义；人之好恶，化天之暖清；人之喜怒，化天之寒暑；人之受命，化天之四时"。既然人为天所出，那么人之性就要符合天之性，特别是为政者要遵循这种理路。为此董仲舒称："天高其位而下其施，藏其形而见其光；高其位，所以为尊也，下其施，所以为仁也，藏其形，所以为神，见其光，所以为明；故位尊而施仁，藏神而见光者，天之行也。故为人主者，法天之行。"（《春秋繁露·卷六·离合根第十八》）他通过天道的阴阳、五行来言性情、释人事，他具体地阐述了天人之际的关系结构。

天人不仅相通，而且天人相感，人副天数。中国古代社会倡导圣人以德配天，禀承天意，效法天道，设施政治，制定典章，管理国家，治理万民。不论是庆赏罚刑，还是典章制度等国家行政，都是圣人奉天法古效法天道。所以说："圣者则于众人之情，见乱之所从生，故其制人道而差上下也。……以此为度而调均之，是以财不匮而上下相安，故易治也。……故已有大者不得有小者，天数也。……故明圣者象天所为，为制度，使诸有大俸禄亦皆不得兼小利，与民争利业，乃天理也。"（《春秋繁露·度制》）观象于天，制制于人，崇天理民，乃"圣人之道"。

"天道之常，一阴一阳。阳者天之德也，阴者天之刑也。迹阴阳终岁之行，以观天之所亲，而任成天之功，犹谓之空，空者之实也。故清溧之于岁也，若酸威之于味也，仅有而已矣。圣人之治，亦从而然。……以类合之，天人一也。"（《春秋繁露·阴阳义》）"天之道，春暖以生，夏暑以养，秋清以杀，冬寒以藏。暖暑清寒，异气而同功，皆天之所以成岁也。圣人副天之所行以为政，故以庆副暖而当春，以赏副暑而当夏，以罚副清而当秋，以刑副寒

而当冬。庆赏罚刑，异事而同功，皆王者之所以成德也。庆赏罚刑与春夏秋冬，以类相应也，如合符。"(《春秋繁露·四时之副》)

关于"天人感应"，董仲舒说："以类合之，天人一也"(《春秋繁露·阴阳义》)。以为自然现象和人事会互相感应，因为它们都是天意的表现，自然界的灾变是上天对人的遣告，而人的善行也能感动天，招致种种祥瑞。这种天人感应论的说法，在儒学定于一尊后得到迅速发展。中国古人很早就建立了这种天人整体观，《国语·越语下》中说："人事必将与天地相参；然后乃可以成功"。董仲舒："天有和，有德，有平，有威，有相受之意，有为政之理，不可不审也。"(《春秋繁露·人副天数》)他还说："天亦有喜怒之气，哀乐之心，与人相副，以类合之，天人一也。"(《春秋繁露·阴阳义》)天与人意气相投，心性相近，所谓物与类聚，于是天人便可合而为一了。朱子继承董仲舒的"受命乎天"的思想，以为天人乃体之两分，天即人，人即天。朱子说："天只在我，更祷个什么？"①陆九渊则把天人合一发展为一种心物交融、心理同一的学说，他说："宇宙便是吾心，吾心即是宇宙"(《陆九渊集·卷三十六》)。他还认为："人皆有是心，心皆具是理，心即理也。"(《与李宰书》)"心，一心也；理，一理也。至当归一，精义无二。此心此理，实不容有二。"(《与曾宅之书》)

儒家的天人整体观虽有直觉意识，但这与现代物理学的某些重要观点十分应合。美国物理学家卡普拉称"宇宙的基本统一性"是"现代物理学的最重要的发现之一"，他说："事物和基本现象的组成部分是相互联系、相互依赖的；不能把它们理解为孤立的部分，而只能看成是统一整体的组成部分"②。物理学家玻尔是量子论的创始人，他的一些发现就像是儒家学说的一种物理上的展开："孤立的物质粒子只是一种抽象，它们的性质只有通过和其他系统的相互作用才能定义，才能进行观察。"③"世界表现为事件的复杂交织物，其中不同的连续或者相互交替，或者相互覆盖，或者组合在一起，而决定了整体的结构。"④他们的这些思想也被其他一些杰出的物理学家们一再表述过。奥罗宾多认为，物体"不是静止自然的背景上或环境时的孤立物体，而是不可分割的部分，甚至是以一种巧妙的方式表现了我们所见到的一切的统一性"。斯塔普和海森伯也有过相似的观点：一个基本粒子并不是独立存在、不可分解的实体。从本质上讲，它是一组向外扩展达到其他

① （宋）黎靖德编：《朱子语类》卷九十，岳麓书社1996年版，第2059页。
② ［美］卡普拉：《物理学之道》，朱润生译，四川人民出版社1984年版，第103页。
③ ［美］卡普拉：《物理学之道》，朱润生译，四川人民出版社1984年版，第108页。
④ ［美］卡普拉：《物理学之道》，朱润生译，四川人民出版社1984年版，第110页。

事物的关系。尽管儒家与现代物理学家们在观察对象和手段上不尽相同，尤其在手段上，一是借助复杂的现代物理学实验；二是凭借直觉方法，但在基本结论上却是大体相同的，这就为我们思考儒家思想提供了一个现代背景启示和参照。天人合一，人是自然的一部分，一个链接，假若天地万物的某环节发生了改变，那么人这一环节也必然会发生改变。比如太阳黑子的周期变化与人的优生优育就有一定程度的关系，李英荃等人对青年人的精原细胞(精子与卵子结合而成的细胞)期与人的健康状况进行调查，发现了一定的规律性；若精原细胞期处于太阳黑子的峰值期(又逢春夏季)，则基础代谢平均值显著增高，青年体质呈阳盛阴虚的倾向；若处于太阳黑子的极小期(又逢冬秋季)，则基础代谢平均值显著偏低，青年体质呈阳虚阴盛的倾向；若处于太阳黑子的中等量时，则代谢水平适中，体质阴阳平衡，健康比率最高。[①] 可见太阳的运动变化对人体的影响是存在的。

在人类文明的进程中，像尧舜那样的人类理性精神的代表总是一种理想。社会的战乱和邪恶现象也从未消除过。在道家看来，人生成于天地之间，应该永远保持在天人合一的静态之中，而决不应该人为地破坏这种和谐，不应该把自己摆放在和自然对立的位置。"人法地，地法天，天法道，道法自然。"(《道德经·道经第二十五章》)自然是无为的，人也应该无为。有为则恰恰是对这种境界的破坏。从个人自身方面讲，有为就会助长人的投机取巧之心，就会使人产生邪恶之念；从他人方面讲，有为就破坏了人与人之间的和谐，就损害了天人合一的理想状态。因此，人必须从主体意识方面确立自己的这种天人合一的本质，使自己在无为之中复归于自然。对此，基于当代人类遭遇的生态困境，汤一介认为"天人合一"至少有四种积极意义：一是不能把"人"和"天"看成对立物；二是不能把"天"和"人"的关系看成是一种外在关系；三是"天"和"人"之所以有着相即不离的内在关系在于"仁"；四是"天人合一"不仅包含着"人"应如何认识"天"，同样也包含"人"应该尊敬"天"。而现实中，尤其早期人类文明进程中，战争、瘟疫、灾荒接踵而来，人们生活在痛苦之中。这在儒家看来，是因为人在文明进化过程中失去了理智，破坏了天人合一的原初秩序的结果。"天尊地卑，乾坤定矣。卑高以陈，贵殿位矣。"(《易经·系辞上传》)

三、人与天：敬畏"天"

董仲舒强调要树立"天"的权威，是因为这适应了统一王朝现实政治统

---

① 《太阳黑子与优生》，《人口与优生》1996年第3期。

治的要求，"一般说来，打天下需要破坏被推翻政权的天的保护伞，打消天的权威，消除人们对天这把保护伞的恐惧，然而在建立政权后，就需要凭借天的权威来巩固、稳定社会秩序和思想，建立对天的敬畏"。正由于"天"的这种威慑和影响力，所以董仲舒认为要加强大一统国家的凝聚力，就要重新恢复对"天"的敬畏，"天者，百神之大君也"（《郊语》），"天者，万物之主也"（《春秋繁露》）。"道之大原出于天，天不变，道亦不变。"（《举贤良对策》）本天道办事，就阴阳协调，风雨及时；不本天道办事，就阴阳颠倒，天降灾异。这里，董仲舒承继了先秦时期的天人关系，人道源于天道主要是为当时政治寻找一种理论根据，今天看有牵强之处。其实，也可以是看作从人的角度来看天。

　　敬畏"天"，一是指自然界之"天"，自然规律，敬畏万物，二指人文之"天"；三指宗教之"天"。郭齐勇通过对儒学天命观的考察以研判其中的神与人的关系，他认为，孔子保留了对"天""天命"的信仰与敬畏，肯定了"天"的超越性、神秘性。孔子赞美《诗经·大雅·烝民》中的"天生烝民，有物有则；民之秉彝，好是懿德"。肯定天生育了众民，是人的源泉，认为人所秉执的常道是趋向美好的道德，即天赋予了人以善良的天性。

　　儒家的天或宇宙充满生香活意，大化流行，充满仁义理智，喜怒哀乐，正如方东美所说，这个宇宙是一个包罗万象的广大生机，是一个普遍弥漫着生命活力，是无一刻不在发育创造，无一处不在流贯通。与中国的"天"观不同，西方的"天"是一个物，一个客体，一种人的对象化的存在，它没有生命，冰冷而孤寂，处于被分析、被解剖的位置。西方的这种可以称之为"主客二分"的天人观，一方面它凸显了人在宇宙中的位置，另一方面它又导致了人对宇宙的凌驾。卡普拉认为西方目前的态度过分偏重于阳，偏重于理性、男性和进攻性，我们的整个文明能否生存下去，它最终取决于我们采纳东方神秘主义某些阴的态度的能力。孔子曾提出："君子有三畏：畏天命，畏大人，畏圣人之言。"（《论语·季氏》）"畏"之首的天命，就是从天道方面而言的；敬天畏命（或毋我）既可以是积极的形态，如"唯天为大，唯尧则之"（《论语·泰伯》），圣王效法天地，为人间创立典范，也蕴含消极的成分，如"天之将丧斯文也，后死者不得与于斯文也；天之未丧斯文也，匡人其如予何"（《论语·子罕》）。

　　退溪的《圣学十图》最初是为国君的教育而编撰的手册，它把儒学的基本概念浓缩为切要的且彼此联系的概要。退溪认为儒家的宗教情怀以深刻的敬意为核心，表现为对自我、对人类共同体、对自然和上天的深切"敬意"。通过"初学"，我们获得了有关礼仪的基础知识，用以引导我们的行为举止。我们学会以恰当的方式立、坐、语、行,这不仅是为了对我们周围的人表示敬意,也是为了培养起敬的意识,以便规范我们的日常生活。像这样为他人着想的普遍原则也扩及到自然界,因为人类的繁荣昌盛,无论在思想上还是在实践上,都不是以人类为中心的宇宙观所能负担的,我们应对大地的神圣性保持敬意。就终极的意义来说,我们当畏天命,敬天是我们自我修养的一个组成部分。

敬天祭祖是中华民族的悠久传统,自从禹以来,对始祖的祭祀就与对上天的崇拜结合了起来。到了商代甲骨文中出现了帝字。帝,作为上天的主宰者具有至上神的含义,同时他又是始祖神。对于最高统治者来说,事天与敬祖,已经合而为一。到了有人发明出天命的观念,地上的执政者便是"天子",当一天之元子。后商朝被周朝取代,周人便说这是天意。"改厥元子",将最高执政权给了周武王。这样,对天的自然崇拜和祖先崇拜便合而为一。时移世异,敬天祭祖的传统长期地保留了下来,并且渗透到政治和人的观念中,也渗透到了民间风俗中。就文献而言,敬天祭祖的一些规范主要保留在儒家的礼制中。同时,也由于佛道二教的参与,在敬事上帝和慎终追远祭祀先祖的形式上,做法上有了很大的改变。在儒家的经典中,对于祭祀的内容、形式及等级分别都有详尽的记载,在《周礼》中,此类职责,归春官大宗伯管辖:"大宗伯之职,掌建邦之天神人鬼地示之礼,以佐王建保邦国。以吉礼事邦国之鬼神示,以禋祀祀昊天上帝,以实柴祀日月星辰,以槱燎祀司中司命飌师雨师。以血祭祭社稷五祀五岳,以貍沈祭山林川泽,以疈辜祭四方百物。以肆献祼享先王,以馈食享先王,以祠春享先王,以禴夏享先王,以尝秋享先王,以烝冬享先王。"这里有对天、地、日、月、山、林、川、泽乃至四方百物的祭祀,又有对祖先(先王)的祭祀,大体上表现了古代中国人祭祀的范围。后代祭祀的内容,在细目上有很多添加,但除去佛道二教的仙佛,在大致的类别上,仍然可归于祖先及其他人鬼、天地自然之神两种。我们说的敬天,在神祇的意义上说,是包括着一切自然神祇的。

从礼制的内容看,古人认为天地君亲师为礼的三本。《荀子》和《大戴礼记》都提到这一点:"礼有三本:天地者,性之本也;先祖者,类之本也;君师者,治之本也。无天地焉生?无先祖焉出?无君师焉治?三者偏亡,无安之人。故礼,上事天,下事地,宗事先祖,而宠君师,是礼之三本也。"这三本,是对周礼祭法的一种概括,这也是中国文化的根本特征之一。作为人类生存孳息的自然环境幻化成的天地(神灵)居于最基本的地位,对血统上祖先的祭祀,体现着慎终追远的精神,与对天地的崇拜一起作为礼的根本。佛教传入后,并没有因佛教而改变,相反,倒是在佛教中渐渐充实了这种现实的精神。至于道教，是与它同源共生的，对它是容纳着的，所以从历史上看，这种以天地君亲师崇拜为特色的祭祀，表现了相当的独立性。唐代尊道教，盛佛教，但就祭祀内容说，上述三本的内容都是保留着的。所以，当外来文化进入中国与本土文化遭遇时，"天地君亲师"的祭祀便会成为抵御异质文化的壁障。尚未中国化的佛教曾遇到这一壁障，佛教自我做了调整并得到中国文化的认同。这一壁障是强有力的，因为它不是儒家经典上的抽象议论，而是弥漫于整个社会，十分具体而实际地体现在人们的习惯、风俗、行为之中。

　　显然，中国古代社会天人关系具有一定宗教意义，宗教是人类社会发展到一定历史阶段出现的一种文化现象。古代社会，人类探究宇宙的未知，但由于生产力的落后以及人类理论思维能力不足，同时还因为人类对长生的渴求，使得人们相信现实之还外存在着一种超自然的神秘力量或实体，人们对此产生了敬畏和崇拜心理，从而产生了一系列宗教仪式与信仰认知。《希伯来圣书》所谓："敬畏上帝是智慧之始"，道出了原始宗教的一面。而实质是："一切宗教都不过是支配着人们日常生活的外部力量在人们头脑中的幻想的反映。在这种反映中，人间的力量采取了超人间的力量的形式。"①它在不同的历史时期，也曾起过积极的作用。当代社会科技很发达，破解了许多人类之谜，但是自然之天、科学之天与人文世界之天是不同的，我们应该肯定人文世界中的"天"，并对这"天"有敬畏之心。

第二节　人与人：忠恕

　　一个人的成长和发展从来就不应该、也不可能孤军奋战，因为它伴随着大规模人际关系脉络的参与。更进一步来说儒家成人的过程是在家庭、社群，在亲人、熟人，更重要还在与陌生人的交往中自我认识、自我理解、自我塑造，并且将"忠恕"之道作为自我与他人关系的最高准则。

一、忠恕乃人际恒常之道

　　人与人的关系在中国古代社会多称为"人伦"。即对人与人之间基本的伦常关系，人伦一词，最早见于《孟子·滕文公上》中载，上古时候，人们"逸居而无教，则近于禽兽"，圣人"使契为司徒，教以人伦"。中国古代社会通常有"五伦"，即指"父子有亲，君臣有义，夫妇有别，长幼有叙，朋友有

---

①　恩格斯：《反杜林论》，人民出版社1970年版，第311页。

信"。"五伦"也可称为"五典",在《尚书·尧典》中,已有"慎徽五典"的说法,即要以五种美德教导自己的臣民。据《左传》解释,"五典"就是"父义、母慈、兄友、弟恭、子孝"。后来,孔子提出"君君、臣臣、父父、子子",增加了君臣关系。其实,在中国古代社会中人还有各种人际沟通,有熟人,也有陌生人。在中国古代社会中,"忠恕"为协调人际关系的最高原则。而"忠恕"概念在儒家之前早已有之。如"言忠必及意"(《国语·周语下》)、"恕而行之,德之则也,礼之经也"(《左传·隐公十一年》)等。虽然"忠恕之道"这个概念并非由儒家创始人孔子提出,而是经由曾子总结而出,但始终是儒家,尤其是孔子一以贯之的理念。"忠恕"出自《论语》:"子曰:'参乎!吾道一以贯之。'曾子曰:'唯。'子出,门人问曰:'何谓也?'曾子曰:'夫子之道,忠恕而已矣。'"(《论语·里仁》)

其实,无论"忠",还是"恕",之所以有效,是建立在"能近取譬"(《论语·雍也》)的原则之上的;而离我们最近的就是人人之际中的他者,正所谓"未能事人,焉能事鬼"(《论语·先进》)。刘宝楠则结合"立"与"达"进一步阐释忠恕与人人之际的关联:"己立、己达,忠也;立人达人,恕也。二者相因、无偏用之势。"①引文看似简洁,却至少包括两层意涵:首先,忠恕不可偏废。这表明主体的全部价值皆来源于他者,人是目的,既指自我、也指他人,二者不可偏废,且需相互交融。其次,忠恕之间是相辅相成的,所谓"忠",要求主体真诚忘我、切不可心存功利计较;而所谓"恕",又是须得推己及人,把精神所得推广到他人。"尽己谓之忠,推己谓之恕",从更广的意义上看,忠恕之道促使自我与他者之间,由"不对称性"走向"交互性"。

宋明时期,将"忠"与"恕"看作一体两面且统摄于人的"心"。陈淳认为:"忠恕只是一物,……盖存诸中者即忠,发出外来便是恕。……故发出忠的心,便是恕的事;做成恕的事,便是忠的心。"②这里,作为忠恕之道的内在基础的"心",是指被心所认知的主体化的实体,虽然其指向的是社会规范的主观方面,但却又并不是纯主观的、个体性的东西。另外,在"忠恕之道"中,"忠"和"恕"并非平行的,而是有明确的先后之分。早在曾子那里就有先"忠"后"恕"。这种看法深为后世认同,宋代哲人提出,"忠恕"紧密相连且二者的主次地位也是明确的,即在"忠恕"之中,忠是前提,恕是引申,没有以"尽己之心"为依托的忠,也便没有"推己及人"的"恕","恕"由"忠"出,同时也体现着"恕"。对此朱熹将"忠"与"恕"的关系摆到"理一分殊"

---

① (清)刘宝楠:《论语正义·卷五》,中华书局 1990 年版,第 486 页。
② (宋)陈淳:《北溪字义·卷上·忠恕》,中华书局 1983 年版,第 29 页。

的高度来进行理解，即"忠者，一理也；恕便是条贯，万殊皆自此出来，虽万殊，却只一理，所谓贯也"。朱熹的这种观点其实是有所援引的，即来自程伊川。但是，程伊川是以"体用"来阐释"忠"与"恕"。他说："以己及物，仁也；推己及物，恕也。忠恕一以贯之。忠者天理，恕者人道。忠者无妄，恕者所以行乎忠也。忠者体也，恕者用也，大本达道也。"并说："维天之命，於穆不已，忠也；乾道变化，各正性命，恕也。"①这是从"天理""人道"的高度来对"忠""恕"进行的界定。

王国维认为，"忠恕"的含义之一就是"足以一贯诸说的博爱"，他说："忠，尽吾心也；恕，推己以及人也。自普遍上观之，则为社会上之博爱，洵足以一贯诸说，以达于完全圆满之仁之理想。"为什么可做这样的理解呢？王国维认为以下文献可以为证据：子曰："参乎！吾道一以贯之"（《论语·里仁》）；曾子曰："夫子之道，忠恕而已矣"（《论语·里仁》）；子贡问曰："有一言而可以终身行之者乎？"子曰："其恕乎！己所不欲，勿施于人"（《论语·卫灵公》）；"赐也！女以予为多学而识之者与？"对曰："然，非与？"曰："非也，予一以贯之"（《论语·卫灵公》）；"夫仁者，己欲立而立人，己欲达而达人"（《论语·雍也》）。这些文献所说的："盖谓用此以包括其他一切之语言，使之一贯，使之普遍，而为必不可不行之道。"

在王国维看来，足以一贯诸说的"忠恕"，也是"必不可不行之道"。王国维分析说："忠恕究何故不可不行乎？则自孔子之天人合一观观之，则以在人之理性为先天的，即以人为有道德性之社交的动物。故：《论语》：'人之生也直。'（《雍也》）《序卦》：'有天地然后有万物，有万物然后有男女，有男女然后有夫妇，有夫妇然后有父子，有父子然后有君臣，有君臣然后有上下，有上下然后礼义有所错。'即谓人道乃自然顺人之道德的能性以生成者，即礼义之所由生。盖以人本为社交的动物。故曰：'仁者，人也，亲亲为大。'（《中庸》）故吾人不可不据己之性情以行仁。其故以道德本为自律的，仁又为人性之所本有，开发之即为人道故也。"②依王国维的解释，根据孔子思想观，人是有道德的社交动物，而"仁"（忠恕）又为人性所本有，因而人必然根据自己的性情以行"仁"，所以对人而言，"忠恕"是不可不行之道。

王国维指出，这个"不可不行之道"，又是"网罗差别而施之平等"的。他说："仁，差别的也：自亲而疏，自近而远；普遍的也：欲推己及人，则当以己心为标准。其途有二种：一，正面的：'夫仁者，己欲立而立人，己欲达而

---

①　王国维：《王国维哲学美学论文辑佚》，华东师范大学出版社 1993 年版，第 54 页。
②　王国维：《王国维哲学美学论文辑佚》，华东师范大学出版社 1993 年版，第 54 页。

达人.'（按,《雍也》）是为希望他人与己同一发达,故合于是者,仁也,善也。一,反面的:'己所不欲,勿施于人.'是为禁止之言,背此者,不仁也,恶也。故此忠恕说,为网罗君臣父子夫妇兄弟朋友贵贱亲疏等一切社会上国家上之差别,而施之以平等之诚与爱之道,即达普遍一贯之仁之道。"王国维还指出,"仁"是有差等的,因为主张自亲而疏;"仁"也是普遍的,因为主张推己及人。而"仁"的推行有两种方式,一种是积极的,希望人己共同发达;另一种是消极的,不能将己所不欲者推及于人。因此,"忠恕"虽似有差等义,但从根本意义上说,是等差社会而观之的普遍之"仁"。王国维说:"忠恕者,在达己达人,即以己与人共立于圆满为目的。故是非个人的,乃社会的。是实此说所以凌驾一切诸说,亦其意义之所以广泛也。"①

此外,必须予以区分的是"尽忠"不等于"愚忠",孔子即言"忠焉,能勿诲乎"(《论语·宪问》),真正意义上的"忠"是伴随着规劝、教育的,而非毫无反省的尽职尽责恕,侧重对他人采取宽容的态度,"己所不欲,勿施于人。在邦无怨,在家无怨"(《论语·颜渊》)、"叔齐不念旧恶、怨是用希"(《论语·公冶长》)。

"忠恕之道"为原则的中国传统社会关系构建,确实有利于维系社会和谐,但在阐释与执行中,也会出现偏差,在"忠恕之道"的统摄下,个人的自由会受他人牵连,尤其是在宋代哲人对这个概念进行了带有"天理"意味的理论阐释后,"忠恕之道"已经不仅仅是作为一种德性原则而存在,而是变成了一种德性义务,其或是一种不可推卸的责任。"忠恕之道"在程伊川那里被提到了"天理"的层面。虽然,在个体层面上,每个人对于"忠恕"所持有的自身倾向都是千差万别的,尤其是一旦"忠恕"这个概念的内在一体性因为种种社会原因而脱节,造成一种偏"忠"惑"恕"的状况时,这样,易造成对"忠恕"没有准确理解。其结果可能会出现明代吕坤所说的那种状况,即"好色者恕人之淫,好货者恕人之贪,好饮者恕人之醉,好安逸者恕人之惰慢"(《呻吟语》)。但是,应该看到个人价值的发挥同样离不开良好的社会环境与他人关系,在一个以"唯我论"的个体关系组成的社会中,要谈人的自我存在发展也是不可能的,因为这种社会往往充斥着"人不为己,天诛地灭"的蝇营狗苟,这样的现实很容易使人陷入"人对人是狼"的社会,正是在这个意义上说,"忠恕之道"应是处理人与人之间关系的永恒原则,且永远是。

---

①　王国维:《王国维哲学美学论文辑佚》,华东师范大学出版社 1993 年版,第 55 页。

二、忠恕之道实质为推己及人

忠恕之道，其本质内涵就是推己及人，它包含两种方式：从消极方面讲，就是"己所不欲，勿施于人"；从积极方面讲，就是"己欲立而立人，己欲达而达人"。前者是要求人们能够将心比心，对于不愿别人损害自己的思想和行为，自己也不应当以这种思想和行为去损害别人；后者是要求人们能够视人如己，由自己的心去理解、推知他人的心，去积极地利人、助人。不论是"所欲"还是"不欲"都是自己内心的感受，不论是"勿施于人"还是"立人""达人"，都是针对他人。所以，不论是从消极方面看，还是积极方面看，忠恕之道说到底就是一种推己及人的思维方式。

这种推己及人的忠恕之道，儒家又把它叫作"絜矩之道"（《大学》）。"絜"的本义是用绳子计量图形物体的粗细，意即衡量、度量、推度；"矩"即度量、制作方形的方尺，引申为法度、准则。所谓絜矩之道，就是以自己的感受来衡量、理解他人，并以此来要求自己。比如，儒家经典《大学》讲"所恶于上，毋以使下；所恶于下，毋以事上"。意思是，如果讨厌上级对待自己的做法，就不要以同样的做法来对待自己的下级；如果讨厌下级对待自己的做法，就不要以同样的做法来对待自己的上级。儒家的另一部经典《中庸》也提出了同样的思想，"所求于子，以事父"；"所求于臣，以事君，所求于弟，以事兄"；"所求于朋友，先施之"。总之，自己所希望得到的，也以同样的心情让别人得到，既要从自己想到他人，又要从他人来反思自己，即通过这种换位体验去多方面理解他人。

儒家在处理人己关系时贯彻了"推己及人"的运思方法和行为方针，提倡"己所不欲，勿施于人"，"己欲立而立人，己欲达而达人"。即是说，要把别人看作自己的同类。"推己及人"箴言，它要求人们不要把自己所否定的东西强加于人，施于他人的东西必须为自己所肯定。但是，这只是推己及人的前提，并非自己肯定的所有东西都能够施于他人，"若己所欲者，则其不能推与夫不可推、不当推者多矣"①。不能以个人的需要和利益作为待人处事的标准，利益和需要本身还有一个能不能、可不可、当不当即合理性的标准。

但问题是，欲念有善恶，且因人而异，某人所不想要的未必都是恶的，某人想要的又未必都是善的。如果不管欲念之善恶，一味地推己及人，就有可能不仅善的东西推不出去，反而把恶的东西推出去了。所以，明代学者吕坤

---

① 王夫之：《读四书大全说》，中华书局1974年版，第107页。

指出,推己及人关键要看"那推心者是甚念头"①,也就是要看那所推的欲念是善还是恶。如朱熹所言"且如自家不孝,也教天下人不消得事其亲;自家不忠,也教天下人不消得事其君"②之类,如吕坤所言"好色者恕人之淫,好货者恕人之贪,好饮者恕人之醉,好安逸者恕人之惰慢"③之类,都是把自己恶的欲念推及于人。在儒家看来,这种推己及人是"无原则的推己及人",并非真正的忠恕之道。也就是说,忠恕之道是推己及人,但并非所有推己及人的做法都是忠恕之道。必须承认的是,忠恕之道确实有滑入无原则的推己及人的危险。历代儒家对此也有着明确的意识,并努力对忠恕之道作了进一步的理论上的论证和限定。

在宋儒看来,产生"无原则的推己及人"这一危险的原因,主要是只看到"恕"字而没看到"忠"字,更不知道"大概忠恕只是一物"④,不可分割。朱熹说:"尽己之心为忠,推己及人为恕。"⑤从忠恕两者看,忠是恕的前提。如果没有"尽己之心"的忠,便没有"推己及人"的恕。恕由忠出,并体现了忠。"尽己之心"就是使自己心诚意正。心诚意正必定为善是以孟子的人性本善思想作为理论基础的。因为人的本性是善的,而本性即本心,所以只要真的做到"尽己之心",就必定会发出合乎道德的善的欲念与善的行为。后来二程把"忠"直接视为"天理"(《河南程氏遗书》卷十一)。"天理"当然无不善,于是在宋儒那里忠恕之道所推的就变成了"天理"而非人之所"欲"。这固然可以在理论上解决无原则的推己及人问题,但有可能导致限制人的自由。所以王阳明倡"致良知"之说,反对把天理外在化,而主张扩充人的本心,于是推己及人的忠恕之道就成了人的良知或良心的推演。它告诫人们在处理人际关系时要讲良心,凭良心办事,为人处事应时时反省自己,将心比心,主动积极地扩充自己的良心。而良知或良心从某种意义上讲又只不过是无不善之"天理"的内化,在实践上也容易陷入类似的困境。

其实,推己及人,将心比心就是体察到他人的情感、意愿和利益,将心比心,推己及人,实现互利共赢。互利共赢是中国人追求个人利益实现的基本逻辑。所谓"做人要厚道"指的就是发生利益冲突时,每个人应该主动设身处地为他人着想,自己暂时利益受损吃点亏也是值得的,肯吃亏、能够成人之美的人才是厚道人。相反,斤斤计较,对个人利益得失异常敏感的人便是

---

①　(明)吕坤:《呻吟语·人情》,江苏古籍出版社2002年版,第103页。

②　(宋)黎靖德:《朱子语类》,中华书局1986年版,第1327页。

③　(明)吕坤:《吕坤全集》,中华书局2008年版,第875页。

④　(宋)陈淳:《北溪字义·卷上·忠恕》,中华书局1983年版,第29页。

⑤　(宋)朱熹:《四书章句集注》,中华书局1983年版,第23页。

过于聪明了，少了一点做人应有的憨厚木讷，不懂得"吃小亏赚大便宜""风物长宜放眼量"的施报平衡法则。

显然，人们把"己所欲，施于人"奉为德性金律或黄金法则（goldenrule），"己所不欲，勿施于人"被称为德性银律。"己所不欲，勿施于人"以否定的方式，尽可能地避免"以己养鸟"的悲剧，"昔者海鸟止于鲁郊，鲁侯御而觞之于庙。奏《九韶》以为乐，具太牢以为膳。鸟乃眩视忧悲，不敢食一脔，不敢饮一杯，三日而死。此以己养养鸟也，非以鸟养养鸟也"（《庄子·外篇·至乐》）。许慎："忠，敬也。从心，中声。"（《说文解字》）现实生活中或因利益冲突，功利主义至上，或因猜忌或明哲保身，使得人与人之间关系疏远、隔膜，由此，忠恕之道尤显重要，是社会人际和谐恒常之道。

三、以情絜情即是推己及人

所谓"絜"，本义为用绳子计量圆形事物的粗细，后引申为衡量、度量、推度。以情絜情就是指在人际间相处时以人人共有的感性情欲作为行为的出发点和根本原则，以己之情推度他人之情，从自我角度理解他人所思所想和理解他人的需要。

戴震不同意把理与欲割裂、对立起来，而认为理存于欲，是欲本身合理性的规定。他说："理也者，情之不爽失也；未有情不得而理得者也。凡有所施于人，反躬而静思之；人以此施于我，能受之乎？凡有所责于人，反躬而静思之；人以此责于我，能尽之乎？以我絜之人，则理明。天理云者，言乎自然之分理也；自然之分理，以我之情絜人之情，而无不得其平是也。"（《孟子字义疏证》卷上）以情絜情就是将心比心，即在人际间相处时根据自己的需要设身处地地为他人着想，以满足他人和自己同样的需要。因此，推己及人不是以所谓良知去规定客体对象，也不是性中固有天理的自然呈露，而是絜矩于人己共有之情。他说："遂己之欲者，广之能遂人之欲；达己之情者，广之能达人之情。道德之盛，使人之欲无不遂，人之情无不达，斯已矣。"（《孟子字义疏证》卷下）这是对元典儒学推己及人思想的继承和发展。在戴震看来，自然情欲是人的固有属性，也是人性的本质规定之一，它是人的生命力的表现，因而成为人们行为最原初的内在动力。"人生而后有欲、有情、有知，三者血气心知之自然也。""有欲斯有为，有为斯有理，无欲无为又焉有理！"（《孟子字义疏证》卷下）理欲关系是现实存在和其准则之间的关系，戴震把它概括为"自然"和"必然"的关系："欲者，血气之自然由血气心知之自然，而审察之以知其必然，是之谓理义"。爱人即人与人之间相亲相爱，尊重人、关心人，视人如己。儒家认为，仁爱之心根源于血缘亲情，人一生下来就知道亲爱父母,稍大之后又知道尊敬自己的兄长,孝悌为仁之本,仁之实即孝敬父母。人的现实生活就是将心中固有的仁爱之心推衍出来,施及于他人,此即孟子所谓"老吾老以及人之老,幼吾幼以及人之幼"①。

第三节　人与社会:追求荣生

人生在"世"的根本特质是人生在"群",人人之际(吾非斯人之徒与而谁与),构成了人的存在方式。"(人)力不如牛,走不如马,而牛马为用,何也? 曰:人能群,彼不能群也。"(《荀子·王制》)人不仅是人与人之间关系中的人,人还是一定社会,如国家、民族、社团、政党中的人。其实,每一个人都存在和活动于具体的、基于特定历史的现实社会当中。社会是由一个个具体的人组成的,离开了人就没有社会,社会是人的存在形式。人是社会的人,离开了社会,人也无法生活。在面对人与社会关系时,中国古代思想家们提出了最高的价值导向,如孟子主张"杀身成仁""舍生取义";唐代诗人杜甫曾发出"安得广厦千万间,大庇天下寒士俱欢颜"的呼唤;宋代张载提出"为天地立心,为生民立命,为往圣继绝学,为万世开太平"的宏愿,表现出强烈的天下家国情怀,并以此肯定自我的有意义的人生价值,即为荣生。

一、重义轻利、尚公抑私

(一) 重义轻利

重义轻利,思想家们历来十分关注这一问题,自先秦开始就展开了热烈的讨论。墨家认为,义之所以是值得重视的问题,就因为它能给人带来利,"所谓贵良宝,可以利民也;而义可以利人,故曰:义,天下之良宝也"(《墨子·耕柱》)。义的价值以利为基础。他们的全部追求,可以概括为"兼相爱,交相利""兴天下之利,除天下之害"。管子学派也表达过类似的思想,提出"仓廪实则知礼义,衣食足则知荣辱"的著名命题。法家则进一步为利的合理性进行论证,以谋己之利为人的本性,明确反对"皆去求利之心,出相爱之道"(《韩非子·六反》),强调人人好利喜利,把功利论推向极端。道家老庄对义与利均持否定态度,提倡"绝仁弃义""绝巧弃利",逍遥于超越现实的大道之域,独与天地精神往来。在先秦诸子的义利之辨中,儒家表现出道义论倾向。孔子说"富与贵是人之所欲也","若得之有道,则执鞭之士亦可为之"(《论语·里仁》)。孟子也主张制民之产,满足其物质生活需要,

---

① 　参引唐凯麟:《论儒家的忠恕之道——兼对普遍伦理的历史反思》,《求索》2000 年第 2 期。

使百姓安居乐业,然后申之以孝悌之义。但是,他们认为,和利相比较,义具有更高的价值。因此,他们要求明确区分义与利的界限,所谓"君子喻于义,小人喻于利"。后来儒家更把义与利看作人与社会的核心,认为无论华夏夷狄、君子小人、是非善恶、功业德性等,都可以归结为义利关系。"天下之事,惟义利而已。"①"以要言之,天下之大防二,而其归一也。一者何也?义利之分也。"②在儒家价值体系构成中,义是最高的价值。

重义轻利成为一种儒家价值模式。"子罕言利。"(《论语·子罕》)但他并不完全否定利的价值,而强调"见利思义"(《论语·究问》),即在利益面前应当考虑是否应该获取,其标准就是这个利益是否符合道义,合则取,不合则舍,绝不能见利忘义。只要符合义,孔子并不反对利,求不求利,必须以义为标准。"义然后取,人不厌其取"(《论语·究问》),"不义而富且贵,于我如浮云"(《论语·述而》)。孔子重义轻利的倾向在孟子思想中进一步发展为贵义贱利的观点。《孟子·梁惠王上》载:"孟子见梁惠王。王曰:'叟!不远千里而来,亦将有以利吾国乎?'孟子对曰:'王何必曰利,亦有仁义而已矣。'"孟子到处宣扬仁义,要求人们以仁义为行为的标准,去掉为利之心,认为依此价值模式行事,就可以天下太平,实现仁政。"是君臣、父子、兄弟去利,怀仁义以相接也,然而不王者,未之有也,何必曰利?"(《孟子·告子下》)孔子以义利区分君子小人,孟子进而强调:"鸡鸣而起,孳孳为善者,舜之徒也;鸡鸣而起,孳孳为利者,跖之徒也。欲知舜与跖之分,无他,利与善之间也。"(《孟子·尽心上》)舜为圣人,蹠(即盗跖)为大盗,他们的区别即舜以义为最高价值,蹠以利为行为目的。故义利之分即善恶之别,已表现出把义与利对立起来的倾向。

西汉董仲舒提出了著名命题:"正其谊不谋其利,明其道不计其功。"(《汉书·董仲舒传》)这一命题典型地表现了道义至上的价值观。和孔孟一样,董仲舒也肯定义利皆为人所需:"天之生人也,使之生义与利。利以养其体,义以养其心;心不得义不能乐,体不得利不能安。义者,心之养也;利者,体之养也。"(《春秋繁露·身之养重于义》)这是义利两养的观点。但是,他认为,两者并不具有同等重要的意义。"义之养生人大于利。"(《春秋繁露·身之养重于义》)因此,在这种正义不谋利、明道不计功的价值模式中,利被视为无关轻重、不必追求的因素。不仅如此,董仲舒还以利为恶行的根源,认为利是妨害实现义的消极因素。"凡人之性,莫不善义。然而不

---

① (宋)程颢、程颐:《二程集一》,王孝鱼校,中华书局1981年版,第124页。
② (清)王夫之:《读通鉴论》卷十四,舒士彦点校,中华书局1975年版,第373页。

能义者,利败之也。"(《春秋繁露·玉英》)利只能养其身,无法实现本质的发展与完善,所以,义的价值大于利的价值,按取大舍小的原则,在价值追求过程中,义德是第一位的,而不必注重它的功利价值。

宋代以后,儒者们对重义轻利的传统价值模式作了进一步解释与发挥。首先,他们把义利关系问题视为首要问题。程颢说:"天下之事,惟义利而已。"①朱熹也指出:"义利之说,乃儒者第一义。"②表现出对义利之辨的高度重视。"利者,人情之所欲得,凡事只任私意,但取其便于己者为之,不复顾道理如何。"③利则是以一己的私利为行为的最高原则,不顾社会整体利益。程朱并非一般地否定利,利为人情之所欲,即有其合理性,是人的生命活动所必需。程颐说:"凡顺理无害处便是利,君子未尝不欲利。"④只有顺理之利,才具有积极的价值。若违背义,则所谓利不仅于人无益,反而有害。这就是说,人们所谋求的利,不能违背德性,在义与利二者不一致的情况下,舍利而取义。因此,他们反对"心存乎利"(《程氏经说》)、"以利为心"(《朱熹集注》),主张见利思义,对于任何可能的利益,都必须以义制利。"不论利害,惟看义当为与不当为。"⑤朱熹也特别强调:"'宜'字与'利'字不同,仔细看!"⑥因此,满足人的需要的客体的利与不利,面对利益该取不该取,存在着正当性标准,即所谓"宜",也就是义。

就在朱熹倡导严辨义利、以义制利之时,陈亮、叶适就表示了义利观上的不同见解。他们认为义与利是统一的。陈亮的观点为"功到成处,便是有德;事到济处,便是有理"⑦。陈亮认为朱熹的学说教人专事性命义理,脱离实事实功,"则亦终于百事不理而已"⑧。对于朱熹的指责,他回答说:"诸儒自处者曰义曰王,汉唐做得成者曰利曰霸,一头自如此说,一头自如彼做;说得虽甚好,做得亦不恶。如此却是义利双行,王霸并用。如亮之说,却是直上直下,只有一个头颅做得成耳"⑨。陈亮这里意在表明,坚持义与利是统一的。而且必须以功利来评价义的高低。叶适也说道:"仁人正谊不谋利,明道不计功,此语初看极好,细看全疏阔。古人以利与人,而不自居

---

① (宋)程颢、程颐:《二程集一》,中华书局1981年版,第124页。
② (宋)朱熹:《与延平李先生书》,《朱子全书》第21册,第1082页。
③ (宋)朱熹:《朱子语类》,黎靖德编,中华书局1986年版,第720页。
④ (宋)程颢、程颐:《二程集》,中华书局2004年版,第249页。
⑤ (宋)程颢、程颐:《二程集》,中华书局1981年版,第176页。
⑥ (宋)黎靖德:《朱子语类》,黄山书社2007年版,第470页。
⑦ (宋)陈傅良:《致陈同甫书》《陈亮集》下册,中华书局1974年版,第331页。
⑧ (宋)陈亮:《送吴允成运干序》,《陈亮集》(增订本),中华书局1987年版,第216页。
⑨ (宋)陈亮:《又甲辰秋书》载《陈亮集》卷二十八,第340页。

其功,故道义光明。后世儒者行仲舒之论,既无功利,则道义者乃无用之虚语耳。"①重义轻利偏离功利,抽空了它的价值内容,成为一种高妙无用的空谈。

明清之际的王夫之,明确肯定利的正当性,利中有义,并认为否定利益的价值,实际上即是对人的生命的否定。他说:"其(按,指五行)为人治之大者何?以厚生也,以利用也,以正德也。夫人一日而生于天地之间,则未有能离五者以为养者也,具五者而后其生也可厚;亦未有舍五者而能有为者也,具五者而后其用也可利。此较然为人之所必用,而抑为人之所独用矣。"②利用才能厚生,物质利益是人的生命存在不可或缺的条件。他还指出利益"为人之所独用",更是高度肯定了利的价值。清初颜元亦认为,义本身即包含利。他说:"其实,义中之利,君子所贵也。后儒乃云'正其谊不谋其利',过矣。宋人喜道之,以文其空疏无用之学。予尝矫其偏,改云:正其谊以谋其利,明其道而计其功。"③

实际上,义只是对利的合理性、正当性的价值肯定,是利所具有的"度",没有利,这个度也就失去了任何意义。义绝不仅仅克制一己之利,更要使他人之利得到合理满足,"人人之独得,即公也"。每个人利益的合理满足就是公义。"盖己所不欲,凡百皆不可施于人,……若己所欲者,则其不能推与夫不可推、不当推者多矣。"④欲望与利益并不必然具有合理性,其能不能、可不可、当不当的标准即是义。

（二）崇公抑私

《礼记·礼运》中有一段话:"描绘一幅大同世界的理想图景就是儒学公私思想的理想表达,在这个大同世界里,人各得其所且皆不为私,'不独亲其亲,不独子其子',这样那些矜寡孤独者就不会因为无子无后而无人奉养。"⑤

儒家的义利之辨本质上是公私之分。"义与利,只是个公与私也。"在此意义上,义与利都是对利益的规定,只不过义是指群体利益,利指个体利益。他们坚持个体利益必须无条件地服从群体利益,群体利益绝对高于个体利益。因而群体的利益才是人们行为的目的和价值标准、社会价值导向,而应当始终把社会整体利益放在第一位,并以社会整体利益制约个人利益。

---

① 叶适:《习学纪言序目》,中华书局1977年版,第324页。
② （清）王夫之:《尚书引义》卷四,中华书局1962年版,第97页。
③ （清）王夫之:《读四书大全说》,中华书局1974年版,第107页。
④ （清）王夫之:《尚书引义》卷五,中华书局1962年版,第38页。
⑤ （宋）黎靖德:《论语九·里仁篇下》,岳麓书社1996年版,第630页。

义利之辨的实质是公与私的关系。二程说:"义利云者,公与私之异也。"①
这就揭示了儒家所谓义与利的深刻本质内涵。他们认为,义指社会整体利
益,为天理之公;利则指个人的一己之利益,为人欲之私。朱熹说:"义者,
天理之所宜,凡事只看道理之所宜为,不顾己私。"②义即要求人们的行为不
以一己之私为目的,而从社会整体利益出发,维护社会整体利益。

王夫之对儒家价值观精华的高扬,认为儒家以义为公利,这个公通常指
国家的利益,而它又被人理解为君主的利益。在王夫之看来,君主的利益并
非天下之大公,不具有最高价值。所谓"公"相对于一定的社会群体而言,
群体有大小,公亦有广狭,义便非凝固不变的价值标准,而具有层次性。他
说:"有一人之正义,有一时之大义,有古今之通义。轻重之衡,公私之辨,
三者不可不察。以一人之义,视一时之大义而一人之义私矣;以一时之义,
视古今之通义而一时之义私矣;公者重,私者轻矣,权衡之所自定也。"③王
夫之指出,义为天理之公,即是社会整体利益。义之所以有价值,就在于它
为人所必需,符合并能满足人的根本利益。他说:"仁莫切于笃其类,义莫
大于扶其纪。笃其类者,必公天下而无疑;扶其纪者,必利天下而不吝。"④
所谓公天下即利天下。他又说:"要而论之,义之与利,其涂相反,而推之于
天理之公,则固合也。义者正以利所行者也。事得其宜,则推之天下而可
行,何不利之有哉?"⑤以区别言,义公利私;以联系言,二者并不存在绝对的
界限。如果人们把利益理解为人的正当需要的满足,那么义并非不利,而且
是天下最大的利。"盖义之本适于用者,虽乖渗忒行而性不易,则利固存
焉。"⑥这种利也不仅仅是公利、共同利益,也是现实的个人利益。

梁漱溟从文化的高度反思"公私"二元框架解释中国人行为逻辑的适
用性。他解释中国社会结构特点时提出了"伦理本位"的概念,伦理关系讲
求相与之情,"每一个人对于其四面八方的伦理关系,各负有其相当义务",
"四面八方与他有伦理关系的人,亦各对他负有义务","全社会之人,不期
而辗转互相连锁起来,无形中成为一种组织"。梁漱溟特别指出这种以伦
理组织起来的文化体不同于西方的团体组织,"它没有边界,不形成对抗",
直达于天下伦理本位社会所推崇的互以对方为重的观念。伦理本位所贵

---

① (清)王夫之:《读通鉴论》卷十四,舒士彦点校,中华书局1975年版,第400页。
② (清)王夫之:《尚书引义》卷五,中华书局1962年版,第138页。
③ (清)王夫之:《四书训义》上,《船山全书》第7册,岳麓书社1991年版,第382页。
④ (清)王夫之:《尚书引义》卷五,中华书局1962年版,第138页。
⑤ (清)王夫之:《四书训义》上,《船山全书》第7册,岳麓书社1991年版,第382页。
⑥ (清)王夫之:《尚书引义》卷五,中华书局1962年版,第138页。

者,一言以蔽之,曰:尊重对方。梁漱溟还进一步提出,中国人的"公"才是真公,因为它可以达致天下,也即"无私者廓然大公盖从其而予以言之也"。

这种价值层面上的"崇公抑私"深刻影响了中国人的公私行为逻辑。这说明,崇公抑私是一种社会倡导的价值观。但因教育与个人理解,在一些中国人身上并没有坚持,但并不能抹杀这种价值观。

二、舍生取义、杀身成仁

人生一世,不同于动物简单本能的种的延续,人可以通过觉悟,为家族、民族而生,甚至为人类、为普天下人幸福牺牲自我,也就是孟子所提"杀身成仁""舍生取义"的人社会价值取向。为仁为义的人生就是荣生,"生荣死哀"是儒家生命观的本质所在。孔子极其推崇生的光荣,认为生时要为国为民积德、立功与立言。"四十、五十而无闻焉,斯亦不足畏也已。"(《论语·子罕》)"年四十而见恶焉,其终也已。"他又说:"君子疾没世而名不称焉。"(《论语·卫灵公》)认为死后个人的名誉不得到人们的称颂,是不值得提倡的。在对生与死的问题上,孟子继承孔子"死生有命"的思想,认为人的生死是必然的,而在现世中的立志、修炼,正是为了顺其正命而逝。并区分出"正命"与"非命"两种,"莫非命也,顺受其正;是故知命者不立乎岩墙之下。尽其道而死者,正命也;桎梏死者,非正命也"(《孟子·尽心上》)。显然,孟子提倡正命而逝,同时又特别强调在生死抉择的关口,人要"尽其道",不能背"义"而苟且偷生。"生,亦我所欲也;义,亦我所欲也。二者不可得兼,舍生而取义者也。生亦我所欲,所欲有甚于生者,故不为苟得也;死亦我所恶,所恶有甚于死者,故患有所不辟也"(《孟子·告子上》)。孟子鼓励志士仁人为了正义的事业,为了人类的理想而献身。荀子对生与死采取顺然的态度,认为"生,人之始也;死,人之终也。终始俱善,人道毕矣"(《荀子·礼论》)。生死是个自然的过程,但人只有活得有意义,才能懂得死,死得其所。因此,他曾发出"大哉,死乎"(《荀子·大略》)的浩叹。在生死选择上,荀子也坚持了先儒的成仁取义的思想,指出"人之所欲,生甚矣;人之所恶,死甚矣。然而人有从生成死者,非不欲生而欲死也,不可以生而可以死也"(《荀子·正名》)。也就是说,生死之间存在着道义与价值取向的差异。司马迁也说:"人固有一死,或重于泰山,或轻于鸿毛。"至于何者为重,何者为轻。为此,中国历史上特别重视"人过留名"。李清照诗曰:"生当作人杰,死亦为鬼雄。"《菜根谭》中也写道:"宁守浑而黜聪明,留此正气还天地;宁谢纷华而甘淡泊,遗个清名在乾坤。"讲的都是一种荣生的人生态度。

在儒家看来,人的生命既包括肉体生命也包括精神生命(天命),精神生命的价值远远高于肉体生命的价值。肉体可以死亡，但是精神生命可以依赖精神文化的存在而"不朽"，即"太上有立德，其次有立功，其次有立言。虽久不废，此之谓三不朽"①。这里，儒家所提倡的"三不朽"观念一直影响着中国社会。魏文帝说："生有七尺之形，死唯一棺之土，唯立德杨名，可以不朽。"②明儒罗伦云："生而必死，圣贤无异于众人也。死而不亡，与天地并久，日月并明，其惟圣贤乎！"③圣贤有异于众人之处就在于他们生前能在道德、事功学问上有所建树，虽死，但精神犹然"与天地并久，日月并明"，这就是所谓的"不朽"。在有限的人生中将无限的"道"彰显出来，从而达到精神的永恒与不朽。所以，孔子教导人们说："志士仁人，无求生以害仁，有杀身以成仁。"（《论语·卫灵公》）面对"邦无道"的社会，孔子甚至提出"朝闻道，夕死可矣"（《论语·里仁》）。曾子在《论语·泰伯》中的一段话说得很动情："士不可以不弘毅，任重而道远。仁以为己任，不亦重乎？死而后已，不亦远乎？"徐干《中论》引荀爽言说得更清楚："古人有言，死而不朽。其身殁矣，其道犹存，故谓之不朽。夫形体固自朽弊消亡之物，寿与不寿不过数十岁；德义立与不立差数千岁，岂可同日言也？"

儒家以"立德"为核心的不朽观，哺育了世世代代中国志士仁人守道不屈的个性。在特殊的处境下，他们表现出"舍生取义""杀身成仁"的浩然正气。如文天祥那动人心弦的诗句——"人生自古谁无死，留取丹青照汗青"，为百代所传诵。他在狱中写的《正气歌》："是气所磅礴，凛然万古存，当其贯日月，生死安足论？地维赖以立，天柱赖以尊，三纲实系命，道义为之根。"在临刑前，文天祥在衣带上写道："孔曰成仁，孟曰取义，唯其尽义，所以至仁，读圣贤书所学何事，而今而后，庶几无愧。"

易见，中国传统文化重生且乐生，也更倡导，人生在世要活得有价值，所谓"达则兼济天下，穷则独善其身"。在民族、国家大义面前，"杀身成仁""舍身取义"。

三、追求类生命

荀子提出："天地者，生之本也；先祖者，类之本也。"又说："无天地，恶生？无先祖，恶出？"（《荀子·礼论》）这是说生命是天地给予的。汉代起，中国人特别重视"孝"。因为生命虽推源至天地，但每个人的生命又直接出

---

① 《十三经注疏》（影印本），中华书局 1980 年版，第 1979 页。
② 曹丕：《与王朗书》，《三国志》卷二《文帝经》，中华书局 1959 年版，第 88 页。
③ 转引自汤一介：《儒、通、释的生死观念》，《意林文汇》2017 年第 6 期。

自父母和先祖。这样一来,中国人便不把个人直接系之于天地,而是某家的子孙。所以古人写自传如司马迁的《太史公自序》、班固的《汉书·自纪》、王充《论衡·自纪》等都叙述自己的家世。这些自传中既有他们的"个人"或"自我",也更有把"自我"放在家世背景之中。这意味着,他们不是孤单的个人;他们之所以成为史学家、思想家是和"先祖之所出"分不开的。钱穆对此论述:"中国人既重历史,故重时间观,虽一文一物,必求其历久相传,一气贯注,如一生命之存在,乃无古今新旧之隔阂。即如三千年来一泰伯墓,在吾家乡村间,亦一气相承,一体相融。乡人只感其可敬,未觉其为远古之与我相隔也。即如客堂书斋中一幅古字画,亦可属数百年千年以上物,虽甚可贵,但与其他陈设亦一体相融,未觉其古今之相隔。即如《诗经》三百首,《论语》二十篇,使家中子弟诵之,亦可琅琅在口,默默在心,使吾心与三千年两千五百年前古人心融为一体。亦未见有古今彼我之相隔。故凡中国人心,苟受相当教育,具相当修养,则我心即史心,五千年中华民族之大生命,即融入吾此短暂狭窄之小生命中,而有何古今新旧之足辨。中国五千年历史文化之一气相承,亦即此之故。"①后来孟子所谓"老吾老而及人之老,幼吾幼而及人之幼"。儒家还提出了理想社会图景:"大道之行也,天下为公,……故人不独亲其亲,不独子其子,使老有所终,壮有所用,幼有所长,矜寡孤独废疾者,皆有所养;……是谓大同。"

钱穆还论述道:"性为个人小体生命所各别具有,道则人群大生命之共同趋向,由此以成其悠久广大之大生命。性之合于道者谓之德,德具于内,不待外求。食衣住行物质生活,皆须赖于外。苟求之外而忘其内,丧其德,有生活,无生命。生活不能日新又新,而生命能之。生活维持为手段,生命成长为目的。知为手段,行为目的。生命则是共同和合的。由共同和合的大生命中演化出小生命,非由分别的小生命中可凑合为大生命。大生命属天,属自然。人是小生命,乃有生活。"②

孔子关于"仁"的内涵的最本质界说,要算是对"樊迟问仁"的回答了。"樊迟问仁。子曰:'爱人。'"(《论语·颜渊》)"爱人"即是他说的"泛爱众"即要求爱社会上的一切人,而不只是爱社会中的某一部分人。"仁者爱人",就是要人人相亲相爱,所谓四海之内皆兄弟。"民胞物与"和"万物一体"的"爱物"思想。马克思曾在《1844 年经济学哲学手稿》中给人的本质

①　钱穆:《中国历史精神》,《中国史学发微》,生活·读书·新知三联书店 2009 年版,第106 页。

②　汤一介主编:《中国文化与中国哲学 1987》,生活·读书·新知三联书店 1998 年版,第27—28 页。

作了界定："一个种的全部特性、种的类特性就在于生命活动的性质,而人的类特性恰恰就是自由的有意识的活动。"①高清海在系统研究西方哲学尤其是吸取马克思主义的观点,提出的"类哲学"给人以重大启迪,在于它是把人作为人的存在、发展和完善的本有的理论,高清海从人的"双重生命"中深刻地把握了人之为人的内在规定性。所谓人的双重生命,就是指人的"种生命"和"类生命"的统一。前者指的是"被给予的自然生命",后者则是人的"自我创生的自为生命"。高清海认为:"生命的产生,是自然进化的一次重大飞跃;人的产生,则可以说是生命进化的一次重大飞跃。"②而作为这两次飞跃所产生的人的双重生命之间既具有必然的联系,又具有本质的差异。

当人进入自觉的"类"存在时,"人才开始称得上充分自觉了的获得自由的人"。③ 人一种是追求理性价值的永恒性的生命,是超越本能的生活。人不同于动物就在于"人不会仅仅以活着为满足,人还有更高的追求,人活着是为了实现人的'超生命'的本性。"④关于类生命理解:一是个人的存在、发展需要社会、他人关爱、帮助,所谓人人为我,我为人人。二是个体生命是有限,人生不过百年,人都是匆匆过客,不能说所有人都为他所生存的社会贡献正能量,但不能危害他人,甚至谋财害命。三是人是可以通过自我修养,可以顿悟、渐悟,以至觉解,人生意义在于善待生命、善待他人,乃至牺牲小我完成大我。四是人更多是普普通通凡人,过着平凡人的生活,只有少数人才能超越世俗追求更高意义生命即成贤成圣。五是人不管是自觉自愿还是无知无欲,没有觉解,每个人都应是类生命长河中的一滴水,无数水滴汇成滚滚长江东流水,形成巨大势能,并呵护着人类社会向更美好境界的发展。同时,类生命即人是族类中一员,会自觉自愿为族类而奋斗,付出可以不要回报,但不能成为他人利用的工具,这就需制度设置与保障。

---

① 《马克思恩格斯全集》第 42 卷,人民出版社 1995 年版,第 96 页。

② 高清海:《高清海哲学文存》第 1 卷,吉林人民出版社 1997 年版,第 5 页。

③ 高清海:《人就是"人"》,辽宁人民出版社 2001 年版,第 263 页。

④ 高清海:《人就是"人"》,辽宁人民出版社 2001 年版,第 15 页。

第六章　儒家成人中人的"免疫"机能：重生、重情、向上、向善

世间一切生命体都有着强烈的生命欲望与生存本能，磐石底下的小草，悬崖峭壁间的花草树木都表现出强烈的生的欲望，而人更是如此。特别是人自觉到的自我，更会有强烈的生的追求，表现出对生命的尊重与热爱，即重生。人类具有情，所谓"人非草木孰能无情"。人间有情、人间有爱，有爱就有责任。同时，每一个人都有积极向上的心态，也更有追求善良的基本诉求。现代社会学基于对婴儿的反复试验发现，人的生存欲望、帮助同类、同理心等是与生俱来的，是具有进化论的遗传性的，此即为自然——社会人性。而这些可称为自我的"免疫"系统。

第一节　天地之大德曰生

方东美说："余尝以'机体主义'一辞，解说中国哲学之主流及其精神特色，视为一切思想形态之核心。此思想形态，就其发挥为种种旁通统贯之整体、或表现为种种完整立体式之结构统一而言，恒深蕴乎中国各派第一流哲人之胸中，可谓千圣一脉，久远传承。"① 方东美强调要准确理解儒家思想。他还说："就我的观点看，《易》是儒家极重要的文献，《尚书》也是极重要的文献！《论语》在传记、行谊这一方面是一部很好的书，但是就思想这一方面的价值来看，它是要靠读通各经之后，才能真正了解《论语》中'言''行'后面那个根本道理与力量之所在。"② 牟宗三说："中国哲学以'生命'为中心。儒道两家是中国固有的。后来加上佛教也还是如此。"③ 易见，"生命生机"是中国传统哲学的特点。

一、自然之生到自知之生

人如其他动物或植物一样，有强烈的生的本能与欲望，人更表现出自知

① 方东美：《中国哲学精神及其发展》下册，黎明文化事业股份有限公司 2005 年版，第 135 页。

② 方东美：《方东美先生演讲集》，黎民文化事业股份有限公司 2006 年版，第 230 页。

③ 牟宗三：《中国哲学的物质》，上海古籍出版社 1997 年版，第 6 页。

自觉之生,即可以经过自身努力创设境遇以成为更好的人。

《易经》说:"天地之大德曰生。"宇宙中的万事万物都是由天地演化而生出来的,天地的根本规律就是使万事万物获得自己的发展,各"德"其所。天地产生了人,就是要让人发展自己。人若不以生来指导自己的行为和思想,就违背规律。"天生蒸民""天地之大德曰生",先哲们相信自然界一切事物中,都是以生为意,以生为心。所谓:"天何言哉,四时行焉,百物生焉,天何言哉!"(《论语·阳货》)程明道书窗前茂草覆盖了石阶,有人劝其锄去,他答道:"不可,欲常见造物生意"(《宋元学案·明道学案下》)。程伊川劝阻皇帝攀折柳枝,说:"方春发生,不可无故摧折。"(《宋元学案·明道学案下》)这都表现出哲人人类社会、大自然之生的感悟。

《易经》有:"六爻之动,三极之道也。"(《易·系辞上》)"三极"即"三才"——天、地、人。韩康伯注曰:"三极,三材也。兼三才之道,故能见吉凶成变化也。"(《十三经注疏·周易正义》)所谓"三才之道",就是"天道""地道""人道"。每一卦有六爻,代表天、地、人。由于"道"的变化而产生人和万物。因此,《易》中讲宇宙万物和人事的变化,常常讲"道"。如:乾道、坤道、天之道、地之道、人之道等。"乾道成男,坤道成女。"(《易·系辞上》)"乾道变化,各正性命。"(《乾卦·彖传》)人和万物的生命都是阴阳(乾坤)之道变化而来的。"性命"是由生而来,"天地感而万物化生"(《咸卦·彖传》)。"天地氤氲,万物化醇。男女构精,万物化生。"(《易·系辞下》)"夫乾,其静也专,其动也直,是以大生焉。夫坤,其静也翕,其动也辟,是以广生焉。"(《易·系辞上》)乾、坤——天、地,阳、阴,男、女,代表人和万物的始、生。所以说:"乾天也,故称父。坤地也,故称母。震一索而得男,故谓之长男。巽一索而得女,故谓之长女。坎再索而男故谓之中男。离再索而得女,故谓之中女。艮三索而得男,故谓之少男。兑三索而得女,故谓之少女。"(《易·说卦》)就是说,乾坤两卦所代表的天地是父母,其他六卦是乾坤生出的子女。人和万物就是由这个父母不断变化而生出来的,"生生之谓易",而整个宇宙就处在生生不息的生命洪流之中。人在这个宇宙中处于与天、地并列为三的崇高地位,即人和天、地并立共同组成宇宙,所以天、地、人为"三才""三极"。

《尚书·盘庚》应是最早的一篇社会政治心理学的杰作,盘庚为说服民众同意迁都,可谓是用心良苦。"往哉,生生!今予将试以汝迁,永建汝家。"可以看出说服者费尽苦心:只有迁都,全体才有生路。生存是最重要的,为了生存,古老而暂时惬意的传统习惯也有必要打破。

曾子说:"天道远,人道迩。"(《左传·昭公十八年》)这就是重人道。

孔子学生问孔子如何事鬼神,孔子回答"未能事人,焉能事鬼"。再问死,孔子又回答"未知生,焉知死"(《论语·先进》)。其中的道理都是一致的。孔子从不谈论怪异、勇力、违法、鬼神一类事情,"子不语怪、力、乱、神"。孔子之所以这样做,就是认为生就是要让人生存与发展,这要关注人道和现世。生作为天地运行的规律,运用到人的生活中,人要自强不息。"天行健,君子以自强不息。"(《周易·乾·象》)自强不息就是努力向上,永不停止,也是一种执着的精神。孔子一生中的许多活动不为当政者认可,有时像丧家之犬,被人追赶围困,受人讥笑嘲弄。他的一生可谓明知不可为而为之,这就是执着,只有执着,自强不息,这就是生的精神典范。

《吕氏春秋》的作者写道:"始生之者,天也,养成之者,人也,能养天之所生而勿撄之谓天子。天子之动也,以全天为故者也,此官之所自立也,立官者以全生也。"(《吕氏春秋·本生》)孟子所倡导的仁政也是以这种普遍的"生生"为根据的。仁政主要有两条:一是制民之产,五亩之宅,百亩之田,勿夺其时,"必使仰足以事父母,俯足以畜妻子,乐岁终身饱,凶年免于死亡","是使民养生丧死无憾也"(《孟子·梁惠王上》);二是反对战争,因为战争造成了最多的伤亡,"争地以战,杀人盈野,争城以战,杀人盈城,此所谓率土地而食人肉,罪不容于死,故善战者服上刑"(《孟子·离娄上》)。以上两条,大致相应于我们前面所说的"生生"的两个方面:一是奉养生命,满足生命的需求;二是保护生命,不使生命遭到无故的伤害。这一"生生"观是涵盖所有人的,它们是不以地位、身份为转移的,甚至越是地位卑贱,越是要先受到照顾。所谓:"老而无妻曰鳏,老而无夫曰寡,老而无子曰独,幼而无父曰孤。此四者,天下之穷民而无告者。文王发政施仁,必先斯四者。"(《孟子·梁惠王下》)中国的政治有率先救治"穷民而无告者"(《孟子·梁惠王下》)的传统。

宋明时期在把孔子的仁道解释为生道。朱熹以生解仁,以仁为生道,以仁为生理。朱熹说:"元者,天地生物之端倪也。元者生意,在亨则生意之长,在利则生意之遂,在贞则生意之成。若言仁,便是这意思。仁本生意,乃恻隐之心,苟伤者这生意,则恻隐之心便发。"(《朱子语类·易》)"人得天地生物之心以为心,心之德即仁。具体说来,心之德有四,曰仁义礼智,而仁无所不包,即生意无所不包。仁即生生之道,生生大德。"(《仁说》)

牟宗三认为"仁"内含着生命性。这种生命性可借助"觉"与"健"来理解。他说:"仁之为宇宙万物之本体,首先它不是物质的,而是精神的。……此种精神实体要通过两个观念来了解:一为觉,二为健。觉是从心上讲。觉先不必从觉悟说,而须是从心之本身之'恻隐之感'来说。它有道德的意义。从怵恻之感看，觉就是生命不僵化，不黏滞，就是麻木不仁的反面意义。故我们现在从生命之怵恻之感来解觉。所谓健，即'健行不息'之健，此亦是精神的。这不是自然生命或生物生命之冲动。《易经》上说：'天行健，君子以自强不息。'《诗经》上说：'维天之命，於穆不已。'《中庸》引此语而赞之曰：'此天之所以为天也。天之所以为天。'即天之本质、天之德。儒家的天非天文物理之天，他重天之德。从'苍苍者天'，见天之内容。这个天之内容，即天之德，也就是天道也。'惟天之命，於穆不已。'即天道运行到那里，就命令到那里。故天道运至此，就在此起作用，运至彼即在彼起作用。此'天行之命'是永远不停止的。纵使我们不觉得，它也在默默地运行。故曰'於穆不已'。'於穆'是深远的意思。"①在这里，通过对"觉"与"健"在儒家经典中意涵的解释，将"仁"的生命内涵更为活泼真实地呈现出来。"觉"是怵恻之感，也就是说生命不僵化，不黏滞不麻木；而"健"是"健行不息"。可见，牟宗三以"觉"与"健"两个概念将"仁"的生命特质完全、深刻地加以呈现。

方东美则认为，原始儒家思想可视为由天道、地道、人道贯通的有机整体。他说："所谓'天地之道，贞观者也'，'日月之道，贞明者也'（《系辞下》）。所谓'观'乃是'仰以观天文，俯以察地理'，甚至草、木、鸟、兽、虫、鱼各方面的现象都须通贯起来，有系统的加以了解，然后才能安排人在宇宙中的生命，认清他有何价值、意义和地位，如此才能谈人道。所谓人道，《中庸》在'唯天下至诚，为能尽其性，能尽其性，则能尽人之性，能尽人之性，则能尽物之性，能尽物之性，则可以赞天地之化育，可以赞天地之化育，则可以与天地参矣！'这段话说得很清楚。这段话是根据《周易》而来的。在《周易》中乾道自乾卦说起，是乾元；坤道自坤卦说起，是坤元，乾元坤元是所谓的宇宙符号。乾元是大生之德，代表一种创造的生命精神，贯注宇宙之一切；坤元是广生之德，代表地面上之生命冲动，孕育支持一切生命的活动。合而言之，就是一种广大悉备的生命精神。"②易见，这种宇宙万物一体的论说，正源自《周易》相关思想。《周易》中的"乾"是大生之德，这种德性代表创造的生命精神，贯注宇宙万物，"坤"是广生之德，这种德性代表生命冲动，孕育一切生命的活动。③

一个民族的核心精神是早已存在的，它是历史与现实的交合。民族的

①　牟宗三：《心体与性体》（中册），上海古籍出版社 1999 年版，第 88—89 页。
②　方东美：《原始儒家道家哲学》，黎民文化事业股份有限公司 2006 年版，第 63 页。
③　参引李承贵：《哲学特点的"自我认知范式"证成》，《华南师范大学学报》2016 年 10 月 25 日。

核心精神既体现在一个民族的规章制度、文化典籍中，也体现在家喻户晓的最常见、最常听的寓言故事里。夸父追日、精卫填海、愚公移山、大禹治水等，就体现着民族的核心精神。自强不息和奋斗不已，这正是对自然挑战的人应有的精神，它构成了中国传统文化的核心精神。中国人都知道人要生存，且不管任何困难，一代代繁衍生息。中国人基本上有这样的观念：每一个人，只要生下来了，就要让他活下去，就要给他吃，给他喝，而不管他来得多么不合时宜，也不管他是属于什么阶层、等级。我们从艰难地把日军遗弃的婴儿抚养成人的中国老大娘的身上就可以看到这样一种坚定而又朴素的信念："只要生下来了，就要让他活下去。"这种信念就是受到中华民族文化的濡染，而且体现着人类的普遍善性和基本良知。可以说，在中国历史上，确实存在把人视为水火不容的等级，甚至把人的生命视为你死我活的争斗，但不能因此漠视和扼杀人的普遍善性和人性，有许多思想家呼吁着把所有人的基本生命视作同一种生命且予以人文关怀，其根源就在人之在、人之生。

儒家强调对人的终极关怀在现世，在人的现实生活之中。中国人特别注重当下人生，重"生"，其实"生"概括了天地万物的最根本的规律，是天地运行的最根本的法则和功能。重生还表现在面对艰难困苦不低头，且笑而面对，即人还要快乐地生活着。"孔颜乐处"显然是人生修养的最高境界。孔子曾说："饭疏食饮水，曲肱而枕之，乐亦在其中矣。不义而富且贵，于我如浮云。"（《论语·述而》）又说："一箪食，一瓢饮，在陋巷，人不堪其忧，回也不改其乐。贤哉回也。"（《论语·雍也》）冯友兰指出，孔子的意思是说，一个人在贫穷的环境中也可以有快乐幸福的生活。他不是说，贫穷的本身就是一种幸福快乐。孔丘和颜回所乐的并不是贫穷的本身，他们只是在贫穷的环境中而仍"不改其乐"。

在自然人生这一维度上，中国人不仅珍惜生命，而且注重养生。根据人生不同阶段的生理特征，孔子在《季氏》篇内提出养生要诀："君子有三戒：少之时，血气未定，戒之在色；及其壮也，血气方刚，戒之在斗；及其老也，血气既衰，戒之在得"（《论语·季氏》）。告诫人们人生在不同的阶段，依据其生理特征保护好身体。而对饮食习惯也颇为考究："不时，不食。"（《论语·乡党》）《阴符经》中也说："食其时，百骸理。"另外，在饮食上，孔子还强调"肉虽多，不使胜食气"（《论语·乡党》）。《黄帝内经·素问》也有："五谷为养，五果为助，五畜为益，五菜为充。"

人是自然存在物，因为人作为有生命、有肉体组织的存在物生活在地球上，是自然界自然演化的、合乎规律的结果。作为自然存在物的人与其他生命有机体一样,为了保证自己肉体生命组织的存在,具有一些普遍的生理机能,即人需要从自然界摄取能量(如食物和水等),这便是生物普遍的自然本性。而肉体生命组织的存在总会消失,这个维持肉体生命组织存在的过程就是自然人生。自然之人生就是人生存的最自然的状态,是维持生命最基本的状态,是一种原生诉求,从时间上说,就是人从出生到死亡的这段过程。由此,人对人的自然性理解,即人从自然来,还应回归自然。人应当正确对待生死,生是自然之来,死也是自然之去。当生命走向终结时,顺其自然,当代社会可提倡"厚养薄葬",文明回归自然。

二、共生惜生

　　戴震、焦循等清儒强调适用于民众的普遍"生生"观,也认为"仁"就是生生之道,并且不是一人之生,而是众人之生。戴震说:"人之生也,莫病于无以遂其生,欲遂其生,亦遂人之生,仁也。欲遂其生,至于戕人之生而不顾者,不仁也。……'仁者,生生之德也';民之质矣,日用饮食,无非人道之所以生生者。一人遂其生,推之而与天下共遂其生,仁也。"(《孟子字义疏证》卷上)重要的不仅是自己要生、要活,有各种生存的欲望,而是由自己推知到天下所有的人都要生、要活,都有各种生存的欲望,而且还把生欲看做是一件合理而自然的事情,每一个人应对自我欲望有个限制,做到"不戕人之生"或"亦遂人之生",而这意味着所有人在基本生存方面都是平等的且都有自己的生存空间和权利。"生生"其实是一普遍的"生生",这是我们要指出的古人"生生"观念的一个特点,即生命不能够被任意剥夺,且任何人的生命都是一样的,都应得到保护和供养。荀子写道:"故虽为守门,欲不可去,性之具也。虽为天子,欲不可尽。"(《荀子·正名》)王阳明曾说:"大人者,以天地万物为一体者也,其视天下犹一家,中国犹一人焉;若夫间形骸而分尔我者,小人矣。大人之能以天地万物为一体也,非意之也,其心之仁本若是。其与天地万物而为一也,岂惟大人,虽小人之心亦莫不然,彼顾自小之耳。是故见孺子之入井而必有怵惕恻隐之心焉,是其仁之与孺子而为一体也;孺子犹同类者也,见鸟兽之哀鸣觳觫而必有不忍之心焉,是其仁之与鸟兽而为一体也;鸟兽犹有知觉者也,见草木之摧折而必有悯恤之心焉,是其仁之与草木而为一体也;草木犹有生意者也,见瓦石之毁坏而必有顾惜之心焉,是其仁之与瓦石而为一体也。是其一体之仁也,虽小人之心亦必有之,是乃根于天命之性而自然灵昭不昧者也,是故谓之明德。"(《大学问》)这即是人之生,不仅是人人共生,而且是人与万物共生。

　　在现实生活中,"生生"具体表现为珍惜生命,热爱生活。"天地之生也,则人以为贵。草木任生而不恤其死;禽兽患死而知之哀死,人之哀死而不必患死,哀以延天地之生,患以废天地之化。故哀与患,人禽之大别也。"(《周易外传》卷二)这里就哀死与患死作了比较:患死是禽兽的本质,是盲目的生存本能;哀死是人对生命的珍视,流露出人与人之间的温情。孔子说:"钓而不网,弋不射宿。"(《论语·述而》)即反对为政者对生命的肆意戕害。他对季康子说:"子为政,焉用杀? 子欲善而民善矣。"(《论语·颜渊》),孔子还批判那些用活人陪葬的做法。"始作俑者,其无后乎。"在孟子看来,为非正义的事失去生命没有必要倡导,"莫非命也,顺受其正,是故知命者不立乎岩墙之下。尽其道而死者,正命也;桎梏死者,非正命也"(《孟子·尽心上》)。

东汉末年频繁的战争、灾荒及瘟疫将人抛向死亡的深渊,着实改变了当时人的观念和处世方法。人生是短促的,犹如赶路的客人来去全无踪迹,社会也有悲观的看法,但有把著写文章留于后世,追求真正的长生。曹丕说:"生有七尺之形,死惟一棺之土。惟立德扬名,可以不朽其次莫如著篇籍。疫疾数起,士人彫落,余独何人,能全其寿? 故论撰所著《典论》诗赋,盖百余篇。"(《与王朗书》)曹丕还说:"盖文章,经国之大业,不朽之盛事。年寿有时而尽,荣乐止乎其身,二者必至之常期,未若文章之无穷。是以古之作者,寄身于翰墨,见意于篇籍,不假良史之辞,不托飞驰之势,而声名自传于后。故西伯幽而演易,周旦显而制礼,不以隐约而弗务,不以康乐而加思。夫然则古人贱尺璧而重寸阴,惧乎时之过已。"(《典论·论文》)这种重生、惜生且追求真正的长生态度感染一代又一代中国人,是宝贵的精神财富。

三、美好生活愿景

人生是自然之生,是自知之生,也是人之共生,同时人类憧憬着美好的人生,即有美好生活的愿景。习近平总书记指出,我们的人民热爱生活,期盼有更好的教育、更稳定的工作、更满意的收入、更可靠的生活保障、更高水平的医疗卫生服务、更舒适的居住条件、更优美的环境,期盼孩子们能成长得更好、工作得更好、生活得更好。① 中国共产党的十九大报告也强调:"我国稳定解决了十几亿人的温饱问题,总体上实现小康,不久将全面建成小康社会,人民美好生活需要日益广泛,不仅对物质文化生

---

① 中共中央文献研究室编:《习近平关于实现中华民族伟大复兴的中国梦论述摘编》,中央文献出版社 2013 年版,第 13 页。

活提出了更高要求,而且在民主、法治、公平、正义、安全、环境等方面的要求日益增长。"①这是几千年来中国人梦寐以求的事,然而,中国人民曾饱经忧患与灾难,在中国古代社会,生产力不发达,社会财富有限且存在不公平,而且,战争、瘟疫、洪水、蝗灾时常发生,给中国人民带来灾难和不幸,尤其近现代的内忧外患,让人刻骨铭心。但是中国人民从来都是自强不息的,更重要的是,中国人民从来都向往并追求美好幸福生活。中国以人民为中心,以人民对美好生活的向往为奋斗目标,这既顺应人性之需要,也是顺应历史发展。

关于"人的美好生活"兼有"个人"的美好生活和"人类"的美好生活两重含义。近现代大机器工业文明为人的全面发展提供了基础和可能,而社会主义制度则是实现人的全面发展的社会条件。在马克思主义经典作家那里,人的全面发展不是对某一个人的要求,而是对作为人类的所有人的要求,所以,它是对作为"类"的人的生活的一种期望,也就是作为"类"的人的美好生活。同时,康德曾提出最高的善——"至善"就是(理性)德性与(感性)幸福的统一,他说:"德性(作为配得幸福的资格)是一切只要在我们看来可能值得期望的东西的、因而也是我们一切谋求幸福的努力的至上条件,因而是至上的善……。"②德国现代伦理学家彼得·科斯洛夫斯基认为,追求幸福和德性分别构成了人的行为的最强大的动力和最美好的动力,并且衍生了帮助实现这两个动力的两种重要的学科亦即经济学和伦理学。他说:"经济学作为一门独立的科学,自其创立时起,就产生于人类强大的动力,即人类自身的利益。哲学伦理学想来探求的目标是人们所称的那种人的最好的动力:追求美好的东西、履行义务、实现美德。"③显然,这里物质和精神(感性幸福和理性德性)两个方面,应该是作为"类"的人的美好生活的最主要方面。其实,在作为"类"的人的美好生活应包含多方面:优美的环境、良好的教育、社会的和谐、法治的公正等。

这里,人作为"类"的存在对人来说是一种基础性的存在,否则,人就不是真正意义上的人。而当强调人"类"的同时,每一个人都应该是个性特色的"个人",他们也都应该按照自己的个性、特色来发展自己,从而使人类社

---

①　习近平:《决胜全面建成小康社会　夺取新时代中国特色社会主义伟大胜利——在中国共产党第十九次全国代表大会上的报告》,人民出版社 2017 年版,第 11 页。

②　[德]伊曼努尔·康德:《实践理性批判》,邓晓芒译,商务印书馆 2003 年版,第 131—152 页。

③　[德]彼得·科斯洛夫斯基:《伦理经济学原理》,孙瑜译,中国社会科学出版社 1997 年版,第 1 页。

会更加美好。假如人类仅仅停留于作为"类"的共同性上，那么，人类社会的美好程度便显得十分有限，且也会把人的世界简单化了。因此，我们既要从人作为社会人的"类"角度考虑，也要从个体的复杂性、多元性来理解"人的美好生活"，这样，才能使世界多姿多彩。

第二节　情　为　本

人世间充满着情：爱情、亲情、友情等。人因情而爱，人因情而爱而有责任心，但同时，人也会因情而恨。如何避免因情而恨，情应是纯真之情，情无私欲、贪欲可助纯情。情应是人世间最高本体，有家庭血缘之亲情，有基于两性基础的爱情，有因人人之间的大爱真情，更有家国情怀的民族之情（需要教育），情有着巨大力量。关于"情本体"，如从思想史角度看，儒家讲"道始于情"，讲"天地之大德曰生"，"把世界情感化了"①，这凸显中国古代社会与文化"重情"的特点，在此基础上，李泽厚先生提出"情本体"的命题。"所谓'情本体'也就是反对以心、性、天、理的同质化、标准化、抽象化的道德或理念或神为本体，而强调以现实的、人生的、多元的人的情感为根本、为依归、为最后。"②当然，后者是建立在前者基础之上的，"正是承续着儒家的根本精神"③，即儒家对"情感"的强调和推崇。

一、道　始　于　情

"道始于情"即孔子说"发乎情，止乎礼"（《论语》），《礼记·礼运》也说"故礼仪也者，人之大端也，……所以达天道、顺人情之大窦也"。郭店竹简《性自命出》中也提出："树（道）司（始）于青（情），青（情）生于眚（性），司（始）者近青（情），终者近义。"这句话指出人之"情"乃是人道建构礼乐教化的起点。

在郭店竹简中之"乐教"理念最值得注意的是，以"情"作为礼乐教化的根据：

"乐，豊（礼）之深泽也。凡圣（声），其出于情也信，狀（然）句（后）其内（入）拔人之心也铍（厚）。里（理）其青（情）而出内（入）之，肤（然）句（后）复以竽（教）。（教），所以生惠（德）于审（中）者也。豊（礼）复（作）于青

---

①　李泽厚：《李泽厚近年答问录》，天津社会科学院出版社2006年版，第47页。
②　李泽厚：《李泽厚近年答问录》，天津社会科学院出版社2006年版，第297页。
③　李泽厚：《李泽厚近年答问录》，天津社会科学院出版社2006年版，第298页。

（情）。豊（礼）因人之情而为之。豊（礼）生于情。"而理解郭店竹简乐教思想中"情"说的重要关键："衍（道）司（始）于青（情），青（情）生于眚（性）。司（始）者近青（情），终者近义。凡至乐必悲，哭亦悲，皆至其情也。青（情）出于眚（性）。"①

在这些论述中指出"情"是出自人性之本然，如"至乐必悲，哭亦悲，皆至其情也"，不论喜极而泣或悲而哭泣皆是人之真情而形诸于外的表现，故"情"乃本乎内在之真实人性而发，所谓"情生于性"。《性自命出》："道司（始）于青（情），青（情）生于眚（性）。司（始）者近青（情），终者近义。"

所谓"衍（道）司（始）于青（"情"）"。其实也就是人道建构礼乐教化。而下文又谓"司（始）者近青（情），终者近义"（《性自命出》），饶宗颐先生在《从郭店竹简谈古代乐教》一文以儒家乐教的理念为主，再参酌《五行》篇而论："君子之为善也，又（有）与司（始），又（有）与冬（终）也。君子之为惪（德）也，有与始，无与终也。金圣（声），而玉晨（振）之，又（有）惪（德）者也。金圣（声），善也；玉音，圣也。善，人道也；惪（德），而（天）道也。唯又（有）惪（德）者，肰（然）句（后）能金圣（声）而玉晨（振）之"。饶宗颐从"始""终"两字着眼，发现《五行》篇也有金声而玉振，始终条理之说，而这个说法亦见于《孟子·万章下》有"金声而玉振，始终条理"之文。饶先生从《五行》篇整理出"善为人道，德为天道。人道之善有与始，有与终；而天道之德则有与始而无与终，由有而反乎无"的线索。点示出唯"有德者"能体现"人道"通达"天道"的意义，如此一来，"司（始）者近青（情），终者近义"，将可阐释为"情"是人道的起点。而丁原植在《楚简儒家性情说研究》一书中则提出："简文称'始者近情'，是说人道的完成，在于人文制度的确立，必须以人义的价值为归趋。因此，唯有'深知人存之实情者'，能开启人道建构的肇始，唯有'深知人义之价值者'，能包容人道建制的完成。"即人情是人道（人文化成的礼乐制度）建构之起点。②《乐记》中，无论是强调乐的"感人深，移风易俗易"（《乐记·乐施篇》），还是肯定"唯乐不可以为伪"（《乐记·乐象篇》）；无论是谈"逆气成象而淫乐兴焉"（《乐记·乐象篇》），还是"世乱则礼匿而乐淫"（《乐记·乐言篇》），都是相信音乐以其情感力量能够对人心发生深刻的影响。

---

① 参见李天虹：《郭店竹简〈性自命出〉》，湖北教育出版社 2003 年版，第 179—194 页。
② 李美燕：《郭简乐教之"情"说在儒家道德哲学中的意义》，《人文论丛》2007 年 6 月 30 日。

二、人情共通性

孟子提出性本善并把它作为"仁"的根据，肯定"仁"是由人的"不忍人之心"发展而来。他认为："人皆有不忍人之心。先王有不忍人之心，斯有不忍人之政矣。以不忍人之心，行不忍人之政，治天下可运之掌上。所以谓人皆有不忍人之心者，今人乍见孺子将入于井，皆有怵惕恻隐之心——非所以内交于孺子之父母也，非所以要誉于乡党朋友也，非恶其声而然也。由是观之，无恻隐之心，非人也；无羞恶之心，有是四端而自谓不能者，自贼者也；谓其君不能者，贼其君者也。凡有四端于我者，知皆扩而充之矣，若火之始然，泉之始达。苟能充之，足以保四海；苟不充之，不足以事父母。"（《孟子·公孙丑上》）他还认为："人之所不学而能者，其良能也；所不虑而知者，其良知也。孩提之童，无不知爱其亲也；及其长也，无不知敬其兄也。亲亲，仁也；敬长，义也；无他，达之天下也。"（《孟子·尽心上》）这是说，每个人天生地具有对人、对物的怜悯同情之心（或"不忍人之心"），而"仁"也正是导源于这种人的天生的、固有的"不忍人之心"。

《孟子·公孙丑上》中说："人皆有不忍人之心。""恻隐之心，仁之端也。"这个不忍之心，恻隐之心都是一种同情心，是每一个人都有的，它本是主体生命力的主动外射，不由某个对象的刺激而引发的。假如外在对象的刺激不存在时，同情心也将不复存在。这样理解同情心是存在问题的，对此，法国哲学家罗兰·巴特说："就在我'真诚地'为对方的不幸而痛苦时，他/她也就抛弃了我；他/她并非因为我而痛苦，那就是说，我对他/她来讲无足轻重；他/她的痛苦造就出与我无关的对方，从这个意义上说，这个痛苦也就把我一笔勾销了。"[1]这难道不荒谬么？同情走向了同情的反面——麻木不仁。为什么这样，这里同情者有一个自我，有一颗私心。朱子便看到了这个症结，一方面他承继了孟子的"不忍之心"，认为"仁便是藏在恻隐之心里面"[2]；另一方面，他力主仁者须根除私心，他说："仁者洞然只是一个心，才有私意便间断了，如一碗清水，才入些泥，有清处，有浊处"[3]。王夫之也看到了个中真意，他说："仁之用在爱民，而其体在无私"[4]。由此可见，仁者也好，仁心也好，关键在无私，无私才能无我，无我才能情动于衷，发乎其外。

---

① ［法］罗兰·巴特：《恋絮语·一个解构主义的文本》，王耀进、武佩荣译，上海人民出版社1988年版，第57—58页。

② （宋）黎靖德编：《朱子语类三》卷七十四，岳麓书社1996年版，第2059页。

③ （宋）黎靖德：《朱子语类》，中华书局2004年版，第644页。

④ （清）王夫之：《读四书大全说·尽心下篇》，山东友谊书社1994年版，第1421页。

同情心是推己及人的结果。推己及人就是设身处地地理解他人的处境,将心比心,把自己的心和他人的心接通,抱着人同此心、情同此理的态度,喜他人之所喜,忧他人之所忧。扶弱济困、乐善好施、解人急难,都是富有同情心的表现;而幸灾乐祸、嫉贤妒能、见难不帮,甚至落井下石,则都是没有同情心的表现。同情心与良心一样,都是人自身发展的产物。正如孟子所说:"无恻隐之心,非人也。"(《孟子·公孙丑上》)人最初能体悟到与自己命运相关的只是血亲,同情也就仅仅局限于这一狭小的范围。随着社会化的进程、视野的开阔和彼此交往的增多使同情的范围从血亲扩大到他人,于是就有了孟子所说的"老吾老,以及人之老;幼吾幼,以及人之幼"(《孟子·梁惠王上》),以及古代君子"成人之美,不成人之恶"(《论语·颜渊》)的美德。可以说,同情心的扩展过程,正是人自身进化的过程,也是社会从蒙昧到开化、从野蛮到文明的过程。对一个人来说,有无同情心以及同情心的大小,也是衡量其文明程度的一个重要标志。

有学者提出同类意识,同类意识就是人认识到自己作为人这个群体中的一员而存在,认识到他人是我的同类。同类意识表现为对同类中其他个体的同情、关心和爱护,如乍见孺子将入于井时的怵惕恻隐之心。"受同类意识支配的人,就能以自己的好恶趋舍本能地推想他人的好恶趋舍;自己喜好的事物,也希望别人同有;自己厌恶的东西,也不希望加之于人。"①这是以同类具有相似性为前提的。"故凡同类者举相似也,何独至于人而疑之",也是以同类的相似性为前提的。同类意识不仅同情同类中的其他个体,而且会对与自己相关的不同类表示一种亲和与尊重,具有一种生命共同体的整体意识。人的意识是由近及远、由小到大的扩展和升华的过程,即"亲亲而仁民,仁民而爱物",也即《中庸》中的"唯一至诚,唯能尽其性,能尽其性,则能尽人之性,能尽人之性,则能尽物之性"。

人伦层面人情共通性,"人同此心,心同此理",一个"同"字便先验地设定了"推"的理据,但它又不仅仅是先验的,孟子提出人见孺子将入于井时人人皆有"恻隐怵惕之心",此心便是推己及人的基础。除了这种人性层面上的"同",人伦层面上的"同"就更为具体了。人人皆生于五伦关系之中,五伦关系又以家人关系最为基础,人或可无朋友,或可无兄弟,但必然有父母,于是"孝"便是人情之始,亦是学习人之为人的基础。以孝为例,一方面,孝要合乎不同年龄段的存在法则。如,赡养老人不同于抚育儿童,必须根据年长者的生理规律,做出适当调整。"五十始衰,六十非肉不饱,七十

---

① 杨清荣:《孟轲性善论:一个自律伦理学体系》,《江汉论坛》2001 年第 10 期。

非帛不暖，八十非人不暖，九十虽得人不暖矣。"(《礼记·内则》)，即反映出年长者特定的存在法则。另一方面，孝还要合乎礼仪规范。如何孝敬父母，如何与父母相处，包括父母去世后如何祭拜。对此，儒家都有一整套具体规定，正所谓"生，事之以礼；死，葬之以礼，祭之以礼"(《论语·为政》)。除了合"理"外，关键孝还需有"情"。仅仅遵照存在法则和礼仪规范是不够的，合理只停留在"养"的，更重孝还需要"敬"即发自内心真诚真心。"今之孝者，是谓能养。至于犬马，皆能有养；不敬，何以别乎。"(《论语·为政》)"敬"更多的落实在子女对父母的情感上，对此，孔子慨叹"色难"。孔子与宰我关于"三年之丧"的讨论，即是一典型案例：守丧三年，外表看来似乎只是机械的时间规定，但其根源在于内心情感——"居处不安"。"人而不仁，如礼何？人而不仁，如乐何？"(《论语·八佾》)

圣人与凡人共通之情。汉魏时代对圣、贤的看法是：颜不及孔，贤人未尝无情，他与众庶百姓纵情而不顺理的不同处是在于以情为理，何晏就在《论语集解》中对颜子"不迁怒"解释为："凡人任情，喜怒违理，颜回任道，怒不过分，迁者移也，怒当其理，不移易也"。在何晏看来，颜子也有"喜怒哀乐"之情，所不同的是怒不过分，怒当其理而已。所以，圣人如是纯乎王德天道而无情的话，那么贤人则是以情当理或以情从理而未尝无情。由贤人未尝无情入手而论及圣人，由此王弼认为："圣人茂于人者神明也，同于人者五情也，……五情同，故不能无哀乐以应物"。所以，圣人也与众庶百姓一样感物而动，感物而应。这样，圣人遇颜子而不能无乐，丧颜子而不能无哀。何晏的"圣人有情说"在别处也提到，如他在《论语释疑·泰伯》中说道："夫喜、惧、哀、乐，民之自然，应感而动，则发乎声歌"。圣人虽有五情而应物，但应物而无累于物，其如上述提到的"乐而不淫，哀而不伤"(《论语·八佾》)一样。所以，圣人的情动与众庶百姓的情动不一样，众庶百姓情动而发展到纵情，并以物累生，为情所役。然而，圣人比常人神明之处在于能知道人对物之情欲是无止境的，纵情至久必以物累其生，所以圣人是能以性制情，则虽感物而动，动不违理，情役于理，这即王弼说的"圣人茂于人者神明也"和"圣人之情，应物而不累于物也"(《周易注》)。而这"圣人茂于人者神明"，就是指"神明茂，故能体冲和以通无"。

也就是说圣人与常人一样有喜怒哀乐的情感，但圣人之情是深情。《世说新语·简傲篇》说："嵇康与吕安善，每一相思，千里命驾。"诸如这些魏晋人讲情感的记述在《世说新语》一书中不胜枚举。如"卫洗马初欲渡江，形神惨悴，语左右云：'见此芒芒，不觉百端交集。'苟未免有情，亦复谁能遣此"(《言语篇》)、"过江诸人，每至美日，辄相邀新亭，藉卉饮宴。周侯中坐而叹曰:'风景不殊,正自有山河之异!'皆相视流泪"(《言语篇》)、"王戎丧儿万子,山简往省之,王悲不自胜。简曰:'孩抱中物,何至于此?'王曰:'圣人忘情,最下不及情;情之所钟,正在我辈。'简服其言,更为之恸"(《伤逝篇》)、"桓子野每闻清歌,辄唤'奈何',谢公闻之,曰:'子野可谓一往有深情'"(《任诞篇》)、"王子猷、子敬俱病笃,而子敬先亡。子猷问左右:'何以都不闻消息?此已丧矣。'语时了不悲。便索舆来奔丧,都不哭。子敬素好琴,便径入坐灵床上,取子敬琴弹,弦既不调,掷地云:'子敬,子敬,人琴俱亡!因恸绝良久。月余亦卒'"(《伤逝篇》)。冯友兰曾在《论风流》一文中指出:"真正风流的人有深情。但因其亦有玄心,能超越自我,所以他虽有情而无我。所以其情都是对于宇宙人生的情感。不是为他自己叹老嗟卑。桓温说:'木犹如此,人何以堪'。(《世说新语·言语》)他是说:'人何以堪',不是说:'我何以堪!'假使他说'木犹如此,我何以堪'的话的意义风味就大减,而他也就不够风流"。①

圣人的神明处也就是:既有物欲、情欲,但又有物欲、情欲的遮盖物,不在某物上充分暴露出自己的情欲、物欲。王弼"圣人有情说"是开端,郭象又为之扩展,所以圣人形象并不全是高大上,"伪君子、假圣人"的称呼也随之出现。同时,圣人善于体会"本心"。据詹卓民记载:"某方侍坐,先生遂起,某亦起。先生曰:'还用安排否?'"②这是说,为官吏在审理案件时的是非之心,作弟子的人在见到师长时的礼让之心,都是用不着安排的,而是人所固有的,会自然表露的。"故仁义者,人之本心也。"③一切不假安排,"本心"会在所有日常生活中的事情中自形显露出来。内心体察到这种人格境界,也就是圣人了,所以,"圣人教人只是就日用处开端"④。陆九渊强调,如此成就理想人格的途径是天下人所共同遵守的永恒规律,谁也无法变更。从"常道""共由""道一而已"的话来看,陆九渊比朱熹前进了一步,他赋予圣人"不越人伦日用之常"以规律性、永恒性的意义。

文学艺术表情达意的共通性,即在传统"文以载道"的做法之外,还注重"文辞尽情",即文学(文章)用以表达人的情感和思绪。沈约在《宋书·谢灵运传论》中论及建安文学时说:"至于建安,曹氏基命,二祖、陈王,咸蓄盛藻,甫乃以情纬文,以文被质。"《文心雕龙·明诗篇》亦说:"暨建安之初,五言腾踊,文帝陈思,纵辔以骋节;王徐应刘,望路而争驱;并怜风月,狎池

---

① 《三松堂全集》第五卷,河南人民出版社1986年版,第352页。
② (宋)陆九渊:《语录下》,《陆九渊集》卷三十五,中华书局1980年版,第470页。
③ 《陆九渊集》卷三十六,钟哲点校,中华书局1980年版,第483页。
④ 《语录上》,《陆九渊集》卷三四,中华书局1980年版,第409页。

苑,述恩荣,叙酣宴,慷慨以任气,磊落以使才;造怀指事,不求纤密之巧,驱辞逐貌,唯取昭断之能;此其所同也。"在这文学解放的时代,其标志就在于畅情即"文辞尽情"。

"文辞尽情"在魏晋以前的《毛诗序·大序》中曾被提道:"诗者,志之所之也,在心为志,发言为诗。情动于中而形于言。"但"情"与"志"相比较,使魏晋以前的文学家更倾向于"志"(思想内容),即诗言志。然而,魏晋以降,文学家偏重对文学发展规律的探讨,并强调"为文学而文学"的意义,也凸显"文辞尽情"的重要。《文心雕龙·定势篇》说:"是以绘事图色,文辞尽情,色糅而犬马殊形,情交而雅俗异势。"因为曹丕"为文学而文学"的作用,以后文学都难以离开"情"。如《南齐书·文学传》说:"文章者,盖情性之风标,神明之律吕也。"同样,《文心雕龙·情采篇》也说:"文质附乎情性。"由此,使"情"在文学中的作用,远远超过"志"在文学中的作用。

"文辞尽情"强调文章要表达作者的情感,但这个情感却要经过净化或纯正的。与净化、纯正情感相反的是雕琢情感,对此,刘勰则作了总结。《文心雕龙·原道篇》说:"雕琢情性,组织辞令",刘勰在《序志》中还说道:"割情析采,笼圈条贯"。而这种"雕琢情性"和"割情析采"或"隐括情理"是同一个意思,说明有了情感还不行,要对情感作加工,使情感经过艺术加工后显现出来。对此《文心雕龙·熔裁篇》说:"是以草创鸿笔,先标三准;履端于始,则设情以位体;举正于中,则酌事以取类;归赊于终,则撮辞以举要。然后舒华布实,献替节文,绳墨以外,美材既斫,故能首尾圆合,条贯统序。"

《文心雕龙·情采篇》还对文质关系作了论述:"夫水性虚而沦漪结,木体实而花萼振,文附质也。虎豹无文,则鞟同犬羊,犀兕有皮,而色资丹漆,质待文也。"而文与质的关系是质决定文,而这个质就指"情性"。《情采篇》又说:"夫铅黛所以饰容,而盼倩生于淑姿,文采所以饰言,而辩丽本于情性。故情者、文之经,辞者、理之纬。经正而后纬成,理定而后辞畅。"文章既是人的情感的流露和表达,而文章一旦传世,就能起到陶冶人之情操的作用。《毛诗序》中就已讲道:"故正得失,动天地,感鬼神,莫近于诗。"《诗品序》那里也说:"气之动物,物之感人,故摇荡性情,形诸舞咏。照烛三才,晖丽万有,灵祇待之以致飨,幽微藉之以昭告,动天地,感鬼神,莫近于诗。"这样,魏晋时期的文章注重的是"滋味。"《颜氏家训·文章篇》就说:"至于陶冶性灵,从容讽谏,入其滋味。"《诗品序》在说及五言诗时也说:"五言居文词之要,是众作之有滋味者也。"这种强调文章的"滋味",其实,指文章作品要有真情实感。

"移情作用"是人情共通性一种表现。"移情作用"最初是由德国心理学家利普斯所创。"移情作用"理论,认为人内心所具有的同情来源于一种特殊的道德上的苦乐感,对这一理论进行系统构建的是休谟,而源头则可追溯到亚当·斯密和斯宾塞。现象学创始人胡塞尔开始使用"移情理论"概念之时,他的使用完全是基于现象学而非心理。胡塞尔讨论是基于主体与主体的层面上展开,这里的"主体",不仅仅是一种具有自由意志、理性能力和感性欲求的社会行为主体,而是一种能通过自身的"意向性"构建一个具有"明见性"的能为自己所直接直觉到的现象视域的主体。"移情理论"注重一种能力,即去把握另一个人的意识生活和心理状态。在形式上,体现为对"另一自我"的构建。基于此,它有时也被翻译为"同感"。这也就是当"我"在自身的意识中以"移情作用"构建"他人"的时候,"我"是将"他人"作为另一个"我"来构建的。或者说,"我"将出现在"我"意识中的"他人"看做是一个以他人的形式存在的自我,而不是一个现实意义上与"我"完全不同的另外的个体。这种"他人"如果用胡塞尔的话来表述就是"他我"。总之,胡塞尔比较倾向于将"移情作用"归类为一种以"准现前"为基础的"统觉"。这里的"准现前",大致相当于"记忆""假想""预期""愿望""过往经验"等类似的意识状态。而"统觉"在这里指的则是对前述那些意识状态带有综合性的唤醒和呈现。其实,"我"对他人的情绪的感知应该是"我"自己也曾有过类似的经验。因此,胡塞尔将"移情作用"视为"我"通过"他我"的方式来对"我"的自身"经验"进行的直接感知。也正是在这样的意义上,后来胡塞尔的弟子艾迪特·施泰因才会说,胡塞尔的"移情"约略地说很接近我们对自己原有情感的回忆。一般来说,我们能体会别人的感受,但是,我们所感受的那种体会不大可能像当事人所感受到的那么直接和真切。但胡塞尔从他的移情作用出发认为这是可能的,因为前面已经提到,进入"我"的世界之中的"他人"是在"他我"的意义上被"我"所理解的。作为胡塞尔的得意门生施泰因说得更明确:"'移情'中也有两个主体,一个是进行移情体验的主体,一个是被移情体验的主体。前者是我的'我',后者是他人的'我'。"正因为如此,"我"在这个过程中对他人的理解,其实也就是对另一个自己的理解,所获得的经验当然是"直接的",用胡塞尔自己的话说,这是一种以"第一人称"经历事件的经验。对此,现象学认为,真正处于"移情作用"之中的不是别人,而是我们前文已经提到的"他我"——另一种"我"。其实"移情作用"就是以情化情,将心比心,人同此心。

事实上,古今人类有共同共通之情,在人类长期历史的演变中,不同时代有其特殊问题,但也有共同困境、困惑尤其是人类进入文明社会,人类始终面临着天人、人人、人与社会、人与自然,也包括自我身心的各种关系,即人永远有着相同或相似的需求渴望及困惑。因此，人类一直被一些共同的难题所挑战，也累积了许多应付这些难题的共同经验。精神分析学是到20世纪才开始发展的一门新兴学科，其许多论点，是得之于古代的诗人和哲学家，他们也都具备古生物学和人类学的丰富知识。而著作者为了讨论原始民族与现代西方人心灵内涵的异同时，曾访问许多原始民族，并与他们在一起生活，恰好这些知识丰富了他们的心灵，也使古老的智慧和启示复活在现代人的心灵中。正如阿德勒所说，古代的预言家和哲学家，在我们的心灵世界里，与现代最有领悟力的作家一样，都是同时代的人。这里，大诗人谢灵运的两句诗做楔子："谁谓古今殊，异代可同调"。

三、情为爱为责任

爱寓示着一种美好的人与人之间的关系，它连结着、沟通着人与人的心灵。人世间许多纠结、困惑，可以用爱来化解。随着文明的发展，人对社会的依赖性就更加紧密，那些想离开人群的人，也许就更需对他人的依赖，更需要他人的关心与尊重。孔子说："四海之内皆兄弟也。"（《论语·颜渊》）天下一家，家国一体，于是人类的幸福与痛苦就成了我们每个人的幸福和痛苦。那么人与人之间应该保持一种什么样的关系呢？孔子的回答是："泛爱众。"也就是广泛地爱，即博爱。博爱这种品德与天地相印，与日月同辉。《吕氏春秋》讲："天无私覆也，地无私载也，日月无私烛也，四时无私行也。"爱就是对他人的友情与友善，人是无法对自己友情和友善的，他必须有一个可以施与的对象，英国哲学家休谟说："我们的爱或恨永远指向我们以外的某个存在者。当我们谈及自爱时，那不是就爱的本身而言。有了个对象，也就有了一种关系，爱就寓示着一种美好的人与人之间的关系，它连结着、沟通着人与人的思想和灵魂"①。人就是这么特殊："爱人者，人恒爱之；敬人者，人恒敬之。"（《孟子·离娄下》）"以贵凌物物不服，以威加人人不厌（心服）。"人类秉性如此，几千年来没有根本改变。印度奥修说："它（爱）是使人要与整体在一起的很深的驱动力。这种很深的驱动力融合我和你变成一个整体，爱就是因为我们与我们自身本源的分离，出自这种分离，要回归那个整体的渴望产生了，渴望与它融为一个整体。"②奥修深刻地道出了爱在个体与群体中的奥秘，每个人身上都有一种东西把自身与整体相分离，然而通过爱我们可以不断地返回那个整体。其实，在人类社会长河中，一个对人

① ［英］休谟：《人性论》，关文运译，商务印书馆1983年版，第365页。
② ［印］奥修：《生命、爱与欢笑》，陶稀译，生活·读书·新知三联书店1995年版，第56页。

类社会理解深湛的人,一个把自己的命运与人类的命运联系密切的人他往往是个大爱者,一个博爱者;反过来,他对人类爱之弥深,爱之愈广,他就愈能产生大智慧,大悲悯,以致他所发出的声音就是全体人类共同的声音。孔子、孟子、荀子、朱子等就是这样的人,虽然他们观点不尽相同,方法也各异,但他们都称得上人类的大爱者与大智者,他们都是博爱者。

当然,在中国古代社会,爱有等差,即爱有厚薄,有先后,有层次,有等级,并依血缘亲疏,往来多寡,地域远近而有不同的态度:对家庭,宗族次之;对宗族,乡党次之;对乡党,国家次之;对国家,异邦次之。对父母,妻子次之;对妻子,兄弟次之;对兄弟,朋友次之;对朋友,庶民次之。《中庸》第二十章里说:"仁者人也,亲亲为大。"人之所以孝顺父母,尊敬父母,最大限度地关爱父母,无条件地爱父母,是因为父母对子女的爱最无私、最深厚、最真情,由此,我们应当倡导人人相爱,心中有爱,心中就有情,有情有爱就会对他人、社会产生责任。

爱不仅是对人的爱,人更应该爱国,爱国就是自古至今人人都知道也应该知道的爱。爱国是千百年来固定下来的人们对自己祖国的一种最深厚的情感,这种情感不是一朝一夕就能培养起来的,它要经过历史的积淀和世代的传承才能在个人心中扎根。中国古代社会是一个家国同构的社会,即国家与家族深具同构性,家国一体,儒家重视自然的血缘亲情之爱,更重视家国观念。儒家认为,所有的爱都源于对父母双亲的爱,对其他人以及其他事物的爱都是由此生发开来的。对祖国的情感虽然不是人的一种自然情感,却是缘于人的自然情感的。因为这片土地是自己的亲人以及自己的祖祖辈辈繁衍、生长和生活的地方,所以我们把它称之为"祖国",这个"祖"字里包含着丰富的情感。儒家重视祭祀祖先,主要是为了表达对祖先的纪念并满足自己的宗族情感。于是,由对父母双亲的爱通过纵向的血缘亲情的关系推向对已经故去的祖先的爱。同时,这种爱又通过横向的社会交往关系推向对与自己共同生活在这片土地上的其他人的爱。那些远离祖国的人更能真切地体会到对祖国的那份爱。有一些海外的游子,总要随身带上一把故乡的泥土,因为这把泥土可以寄托游子对故土的深切眷恋之情。

第三节　向　　上

一、知耻近乎勇

羞耻之心是人类社会独有的文化现象,所谓羞耻心,就是做了不符合规则、规范的事后所产生的羞愧、内疚和悔恨的心理。人一旦没有了羞耻心，人可能会肆意妄为，所谓："不廉，则无所不取；不耻，则无所不为"。羞耻心也是人类文明发展到一定阶段的产物，是人类区别于动物的重要标志之一。中国自古以来就重"礼义廉耻"。孟子说过"无恻隐之心，非人也"（《孟子·公孙丑上》），还说过"无羞恶之心，非人也"（《孟子·公孙丑上》）和"人不可以无耻"（《孟子·尽心上》）。荀子也说过："人不知羞耻，乃不能成人。"孔子说："知耻近乎勇。"（《礼记·中庸》）古希腊哲学家德谟克里特也说过："对可耻的行为的追悔，是对生命的拯救。"美国作家马克·吐温也说过："人类是唯一会脸红的动物或是唯一该脸红的动物。""尊严""耻辱"可看作个体的心理感受，其具有人际传递效应，民间常说"跟着丢人""沾光"等，说明了这一点。

孔子明确提出了羞耻的观念："道之以政，齐之以刑，民免而无耻；道之以德，齐之以礼，有耻且格。"（《论语·为政》）而孟子则从德性修养论提出了知耻的重要性："人不可无耻。无耻之耻，无耻矣。"（《孟子·尽心上》）即人不可没有羞耻心，不知羞耻，那就不可能成为有德性的人，甚至连为人的资格都没有了，"无羞恶之心，非人也"（《孟子·公孙丑上》）。在儒家那里，荀子第一个对荣辱作了理论分析，他不仅把荣辱对举，而且把荣辱与义利、君子小人一一联系起来作考察。"先义后利者荣，先利后义者辱。"（《荀子·荣辱》）荣辱之分，在于"先义"还是"先利"，也就是说，行为主体之所以获得"荣"的名声，在于"义"而不在于"利"。"今之人，化师法，积文学，道礼义者为君子；纵性情，安恣睢，而违礼义者小人。"（《荀子·性恶》）"为君子，则常安荣矣，为小人，则常危辱矣。"（《荀子·儒效》）"荣者常通，辱者常穷，通者常制人，穷者常制于人：是荣辱之大分也。"（《荀子·荣辱》）从社会评价而言，荣誉归君子，耻辱属小人，泾渭分明。荀子的荣辱观强调君子常荣、小人常辱乃是战国末期不同阶层的评价。他说："故君子可以有势辱，而不可以有义辱；小人可以有势荣，而不可以有义荣。有势辱而无害为尧，有势荣无害为桀。义荣势荣，唯君子然后兼有之，义辱势辱，唯小人然后兼有之，是荣辱之分也。圣王以为法，士大夫以为道，官人以为守，百姓以成俗，万世不能易也。"（《荀子·正论》）"义荣"是指"德"而言，"志意修，德行厚，知虑明，是荣之由中出者是也，夫是之谓义荣"（《荀子·正论》），"势荣"由"位"而来，"爵列尊，贡禄厚，形势胜，上为天子诸侯，下为卿相士大夫，是荣之从外至者也，夫是之谓势荣"（《荀子·正论》）。荀子没有否定"势荣"，并以为"义荣"与"势荣"是可以统一的，但他所推崇的是"由中出者"的"德行"，突出的是"荣"的道义性质，而不是它的功利性质。作为功利性质的"势荣"是"从外至者"的"爵禄",在荀子看来,身虽贫贱而无爵禄,但只要有德行上的"义荣",仍不失为尧、君子。反之虽有"势荣",而无"义荣",即使是君主,也不失为桀、小人。关于荣辱,陆象山也提出:"君子义以为质,得义为重,失义为轻;由义为荣,背义为辱。轻重荣辱,惟义与否,科甲名位,何加损于我,岂足言哉。然世俗之所谓荣辱轻重者,则异于是"。① 所谓"世俗",即指"小人"之见而言。

在日常生活中,我们不妨扪心自问:当我们做了错事的时候,尤其没有被人发觉情况下的错事,每当夜深人静的时候,想想一天的所作所为,是否有愧对别人之处,如果有,自己的脸上感到发烫,自己内心感到十分不安,这就是羞耻心。同时,我们常说的脸皮厚,就是说没有羞耻心。俗话说:"人活脸,树活皮,没皮没脸难活人。"

二、内 省 不 疚

人不仅有羞耻之心,人可以自我省察,即自我反省或自我反思,也叫内省。《中庸》说:"君子内省不疚,无恶于志。"孔子也说:"内省不疚,夫何忧何惧?"(《论语·颜渊》)这个内省包含着对自我的检视与自我反思,是对己身的"恶""过""忮"的否弃与匡正。《大学》说:"其本乱、而末治者,否矣。"这个"本"就是修身,这个"末"就是齐家、治国、平天下。所以儒家讲"正本清源",讲"改过不吝",就是自我来一个洁净的身心。"恶不废则善不兴,自然之道也。""夫恶犹疾也,攻之则益悛,不攻则日甚。"(《中论·虚道》)儒家的内省也有一个自我,这个自我是通过"反求诸己"达到的。孟子说:"爱人不亲,反其仁;治人不治,反其智;礼人不答,反其敬。行有不得者,皆反求诸己,其身正而天下归之。"(《孟子·离娄上》)即对自我行为还没有达到预期的效果都得反躬自责。

孔子讲"见不贤而内省",曾子讲"吾日三省吾身",荀子讲"君子博学而日参省乎己"。孔子的内省,是以别人的缺点来警戒自己;曾子的内省,是以自己的缺点来警戒自己;荀子的内省,是在自己的缺点还没有暴露时就警戒自己,总之,儒家都注重自我反思,对待可能出现缺点或在苗头、或在意念,个体自我能主动调节。同时,对于已发生的,即改过,孔子:"过则勿惮改"(《论语·子罕》)。他还说:"过而不改,是谓过矣。"(《论语·卫灵公》)有过必改,有错必纠,内省就是对自我不足与过错的态度。

这里,反思是与人这个主体相关的,古希腊哲学家普罗塔戈拉说人是万

---

① 《陆九渊集》卷十三《与郭邦逸》,钟哲点校,中华书局 2014 年版,第 171 页。

物的尺度,这个主体人就是衡量世界的准绳和根据。笛卡尔说的"我思""我怀疑",也是价值判断的主体,一切知识在没有经过"我思"以前,或者说没有经过自我意识的评价以前,都是值得怀疑的。笛卡尔曾提出过以知识作为真理的标准原则:"凡是我认识得清楚、分明的东西都是真的。"[1]"只要我记得我是把它清楚、分明地理解了,就不能给我提出任何相反的理由使我再去怀疑它,这样我对这个事物就有了一种真实、可靠的知识。"[2]显然,笛卡尔认为它是人之为人的本质,我之所以存在是因为我在思维。他还说:"除了我是一个在思维的东西之外,我又看不出有什么别的东西必然属于我的本性或属于我的本质,所以我确实有把握断言我的本质就在于我是一个在思维的东西。"[3]即"我思故我在"。笛卡尔开创了一个时代,即人的觉醒和独立的时代,或者说人是能思考且对自我不足处会自我调节。

同时,儒家的自我是设定不完满或不完善的自我,自我调节标准在圣人那里,在尧、舜那里,在君子那里,自我就是要不断地缩小他与"完人"的距离。圣人以及圣人所达到的境界,是内省的标准,也是自我激励的内在源泉。笛卡尔也认为,自我是不完满的,他说:"当我对我自己进行反省的时候,我不仅认识到我是一个不完满、不完全、依存于别人的东西,这个东西不停地倾向、希望比我更好、更伟大的东西而且我同时也认识到我所依存的那个别人……他就是上帝"。[4]人是不完满的,只有上帝才完满。笛卡尔的反思对象大致有两类:一类是旧有的知识,即已成形的观念形态的东西;一类是人的认识活动本身。儒家的内省也有两类:一类是思想观念(包括学习方法)问题,一类是人的行为举止问题,这两个问题密切相关,并且是儒家内省的焦点。荀子说:"以修身自强,则名配尧禹。"(《荀子·修身》)"见善,修然必以自存也;见不善,愀然必以自省也。"(《荀子·修身》)内省是自我挖掘的经验性存在,这样中西哲人就出现了两种不同的人生思考:一个是反思所要解决的是个体求真的问题,另一个内省所要解决的则是个体自我求善的问题。

中国古代思想家们也注重自我反省,反省就是自我内省,所谓君子修身应当"三省吾身""常思己过",故"圣人责己处多,责人处少"[5]。也就是要像圣人一般多责己,少责人,也就是"行有不得,反求诸己"(《孟子·离娄

①　[法]笛卡尔:《第一哲学沉思集》,商务印书馆1986年版,第69页。
②　[法]笛卡尔:《第一哲学沉思集》,商务印书馆1986年版,第74页。
③　[法]笛卡尔:《第一哲学沉思集》,商务印书馆1986年版,第82页。
④　[法]笛卡尔:《第一哲学沉思集》,商务印书馆1986年版,第53页。
⑤　(宋)朱熹:《近思录》,中华书局2011年版,第101页。

上》)。《近思录》中主张人要常责己、律己是非常必要的,但不可"然亦不当长留在心胸为悔"。也就是说责己改过即可,切不可有过而长久徒懊恼,这样就会心累人疲以致于成人进道。并认为责己的最高境界是"责己者,当知天下国家无皆非之理。故学至于不尤人,学之至也"①。明代杨继盛说:"或独坐时,或夜深时,念头一起,则自思曰:'这是好念还是恶念? 若是好念,便扩充起来,必见之行;若是恶念,便禁止勿思。'"②如果能经常这样深刻地反省,并反省自我之过、之错,向好的榜样看齐,积极向上,增添正能量。一个文化化的人具有自我内省与反省的素养,正的方面即见贤思齐,负的方面即自我检查、自我纠正,不然,则会受到自我良心的责备。

三、自我心理平衡

人的自我心理是可以平衡的,平衡既是状态,也是自我调节,主要表现在我与他、我与社会、理与欲、理想与现实等多重关系上。其实,每个人都有较强的自我认知、自我调控能力,即自我平衡的能力,个体往往会根据自我心目中的为人处事之准则,用理智消解不良情绪,找出现实自我、社会自我与理想自我的差距并以此为动力,从而完善自我,实现理想自我。与平衡相对的,即失衡,人一旦失衡,其言行举止就会出现问题,个体自我与社会环境出现不协和的关系,从而有可能导致个体的价值观、情绪以及性格方面出现较大变化,与一定的社会规范、价值标准不相符,不能正确进行自我认知与自我评价,其情绪及行为可能会失控,可能出现违背常理,乃至违规违法的现象。因此,社会、学校及家庭应该关注着主体的人,保护好人的心理的平衡机制,保护好人的自我的"免疫"机能。

第四节　向　　善

一、人 性 本 善

孔子首先提出了性与习的问题,"性相近,习相远也"(《论语·阳货》),但语焉不详,却引起后世儒者的广泛反响。孟子讲性善说,认为人的天性中有善端,通过学习、修养、尽心知性,存心养性,人就可以达到圣人的境界。荀子认为孟子不知性,他提出性恶说。荀子认为通过后天的学习,化

---

① 朱高正:《近思录通解》,华东师范大学出版社 2010 年版,第 150 页。
② (明)杨继盛:《杨忠愍公文遗笔》,商务印书馆 1939 年版,第 2 页。

性起伪,人就可以"积善成德",成为理想人。他强调"积善"是通过学习而养成的,认为性成于习,或者说人是环境或教育的产物。《易传》提出"继善成性"。

追求良善是人的终极目的,而善在其中处于核心地位,在善之中便已经包含了权利。正如约翰·怀特所说的那样,这两个看似对立的方面并不必然矛盾,人的本性中就包含着对这两个目的的最终调和。应该说,我们首先坚持善,才能有对权利的诉求,否则人类就可能会生活在"霍布斯丛林"中。古今圣贤与愚夫愚妇的本心都是至善无恶的,因此,心之发动所产生的意念和行为也是善的,所谓"人人皆可为尧舜"。人之所以产生恶,是因为其后天在与外界接触的过程中蒙蔽了本心,因此,人要保持善、善性,人要做的就是进行致良知。朱熹在《大学章句序》中提出类似观点,即上天降生民众,且他们身上都有与生俱来的善良本性,但并不是所有人都能觉察到自我善良本性并去完善,这主要由于他们气质差异而出现结果。为此,上天会安排些特别有智慧的人做民众的君主或者导师来教化他们,以保持他们的善良本性。传说伏羲、神农、黄帝、尧、舜等就是上天任命的君主,并让他们的臣子,如司徒之职、曲乐之官等,来做民众的导师,其任务即教化百姓。而他们采用什么途径来教化民众?朱熹认为:"而其所以为教,则又皆本之人君躬行心得之余,不待求之民生日用彝伦之外。"(《大学章句序》)这就是,他们用于教化民众的学问,乃是他们"躬行"的"心得"。朱熹还认为,君主们在践行天意中有了心得,并把这些心得记录下来,传授下去,其实,这就是儒学的基本内容。陆象山也重视对民众教化,并认为教化的关键就在于"正人心",发明"本心"。

王阳明认为普通民众的本心都是良善无恶的,只是由于当时社会环境和不良习俗的沾染而致使其本心蒙蔽而导致恶的出现。因此,要想恢复良好的秩序,关键在于恢复民众的至善本心。其措施就是通过践行孝亲敬长、和睦乡邻、扶危济困等儒家的原则规范来摒除自身的私欲、杂念,恢复本心的良善。

王夫之认为,世间任何事物都是"日新之化"[1],人性也不能例外。他一方面批评"一受其成形而无可损益"的人性论,另一方面又强调人性"未成可成,已成可革"[2]。他提出的"性日生而日成"的人性学说,将人性理解为一个发展过程,这是他对"继善成性"命题诠释和发挥的出发点,他说:"甚

① 王夫之:《船山全书》第 12 册,岳麓书社 2011 年版,第 434 页。
② 王夫之:《船山全书》第 2 册,岳麓书社 1988 年版,第 301 页。

哉！继之为功于天人乎！天以此显其成能，人以此绍其生理者也。性则因乎成矣，成则因乎继矣。不成未有性，不继不能成。天人相绍之际，存乎天者莫妙乎继"。①

人天生就有恻隐之心，所谓人之初性本善，这是人之为人的最基本底线，其表现就是对自我的关爱，对他人的关爱，对生命的尊重与敬畏。具体到道德领域，有学者提出"底线"概念。即是一种解决"人起码是什么样态因而绝对不能做什么"这一问题的否定性规范，是"要作为一个社会的合格成员，一个人所必须承担的义务"，主要表现为一些"己所不欲，勿施于人"的基本禁令，而不是一种解决"人应该是怎样的、应该朝什么状态发展"的肯定性规范。最基本底线是确保每一个人都能过一个值得且是生命所必需的最低条件，这些最为基本的规范、观念并要求每一个成员遵守，这对人类的生存极为重要。如不可杀人、不可偷盗、不可欺诈等基本观念，蕴含着对于人类个体生命价值的深刻体认，守护着人类共同珍视的最为基本和根本的价值——人的生命及其尊严。

苏格拉底把善看成现实的东西，通过主观性和人的能动性才能实现的一种东西。与此同时，他还指出，不能过于相信人的善良，还要依靠理性的自律及依靠法治的约束等，否则就像他在《理想国》中说的："即使是一名年轻英明的统治者，权力也能把他变成暴君"②。由于苏格拉底深深热爱着他的祖国，所以他总是充满理想，希望雅典能够成为善与德性的城邦，这与儒家所期待的大同治世理想没有根本的区别，这也是伟大先哲共同的追求和向往。

二、明心向善是天性

孟子说："养心莫善于寡欲。"（《孟子·尽心下》）养心也就是存心。一旦面临现实人们的善良本心就容易被欺骗和蒙蔽。这是因为人心总有欲望，人的欲望太多了，自然就会患得患失。"养性"的目的与"存心"一样，是要保有那善良的本心本性，但做法与克制欲望的"存心"不全相同，它是从正面来引导人心中所具有的仁义礼智之类的善良本性。

孟子认为人性本善，如果为恶，那不是他本性的过错，而是由于本性的缺失："孟子道性善，言必称尧、舜"（《孟子·滕文公上》）。"乃若其情，则可以为善矣，乃所谓善也。若夫为不善，非才之罪也。"（《孟子·告子上》）

---

① 王夫之:《周易外传》,中华书局 1977 年版,第 182 页。
② 负杰:《有限政府论:思想渊源与现实诉求》,《政治学研究》2005 年第 1 期。

行为不善不足本质（才）的不好，而是因为他丢掉了这好的本质。孟子认为人之所以为恶，有很多原因，如放失良心、环境的影响、利欲的影响以及心之官不思等。孟子还用山路被堵塞来比喻人的善心被堵塞而不明。"山径之蹊间，介然用之而成路；为间不用，则茅塞之矣，今茅塞子之心矣。"（《孟子·尽心下》）孟子把人们丢掉了的善性称为"放心"，认为人们求学的目的就是找回这放失的心："学问之道无他，求其放心而已矣"（《孟子·告子上》）。假若放失，就要赶快找回来，以维持本性的纯善无恶状态。

任何社会的导向都是要教人向善。要教人向善，必须人有内在的向善根据，外有教人向善的必要。董仲舒认为本性指的就是"天质之朴"，人的本性中有向善的根据，而人这种内在的向善根据通过教化为善，这就像把谷变成米之类的过程。他说："故性比于禾，善比于米。米出禾中，而禾未可全为米也；善出性中，而性未可全为善也。善与米，人之所继天而成于外，非在天所为之内也。"（《春秋繁露·深察名号》）也就是说，在人本性中具备了向善的可能，但本性自身不全是善。这就要主体自我为善去恶。明代《了凡四训》有："与人为善、爱敬存心、成人之美、劝人为善、救人危急、兴建大利、舍财作福、护持正法、敬重尊长、爱惜物命十条。"值得借鉴，这就是我们要善待自己、善待生活、善待生命，还要有善心、善行。何为善？最重要一点就是有仁爱之心，从内心里尊重他人、关爱他人，把人当人看，而不是物，更不是欺骗与玩弄的对象，尤其是对他人的生命尊重，他人尊严的维护。

在西方思想史中，至善的思想一直都占据着重要的位置。从柏拉图、亚里士多德、康德到麦金泰尔，虽然每位思想家关于"至善"的论述不尽相同，但至善论的思想理路被传承了下来。自苏格拉底将哲学探究的眼光从天上转向人间起，在人世生活中追求善就成为人生的最高境界，人的一切行为都为达到至善的目的。苏格拉底认为，没有一个聪明人会相信有人自愿犯罪，或自愿作恶，或实施任何邪恶的行为。他们非常明白，一切恶行都是不自愿地犯下的。那么，又该如何解释人的"恶"呢？为此，他指出这是由于对"善"的无知导致的，如果一个人知道"善"的益处，他是不可能作恶的，换言之，人的智性被蒙蔽的时候，作恶其实是无知的"恶"，不是有意的恶。由于"趋善避恶"是人的本性，让自己变得智慧起来，而让自己变得智慧起来的方法就是学习，即"认识你自己"。

在儒家看来，每个人都有一颗本来善良的心，这使得行善得以可能。我们平时所说"丧尽天良"，所谓天良就是天生的良心。每个人都有良心，做坏事则是由于良心被蒙蔽造成的，是没有按照自己的良心去做。如果做了坏事之后，心中有不安，表示这个人"良心未泯"；如果做了坏事之后，没有什么不安,那他的良心就已经被深深地尘封了。但只要有人能够将他良心上的这层灰尘抹掉,他的良心还会显现。

　　每个人都有一颗本来善良的心,如果按照这善良之心去做,人就会有善行。王阳明就是这样认为的,他说:"尔那一点良知,是尔自家底准则。尔意念着处,他是便知是、非便知非,更瞒他一些不得。尔只不要欺他,实实落落依着他做去,善便存、恶便去,他这里何等稳当快乐"(《传习录·卷下·陈九川录》)。这是从理想的意义来讲的,落实到现实生活中情形很复杂,很多时候顺着良知而行,说起来容易做起来难,因为现实生活中会有许多情形会阻碍人们去追求善良。另外,还有些情形可能会欺骗蒙蔽自己的良知,对此,王阳明强调"不欺骗自己的良知"。由此,虽然每个人都有良心、良知,都有善心,但它们往往容易被欺骗和蒙蔽,所以每个人都应该把自己的那点良知和善心加以保护,以便由良知和善心引出善行来。

　　何谓"良知"呢? 王阳明说:"心者,身之主也。而心之虚灵明觉,即所谓本然之良知也。"(《王阳明全集·语录二·答顾东桥书》)又说:"良知者,心之本体,即前所谓恒照者也。"(《传习录·卷中·答陆原静书》)这里王阳明将"良知"作为心之本体(朱熹称之为"天理"),他说"良知是天理之昭明灵觉处,故良知即是天理"(《传习录·卷下·答欧阳崇一》),而"良知"即"天命之性,粹然至善"。即认为一切善或德性都来源于这个良知,"盖良知只是一个天理自然明觉发见处,只是一个真诚恻怛,便是他本体。故致此良知之真诚恻怛,以事亲便是孝;致此良知之真诚恻怛以从兄,便是悌;致此良知之真诚恻怛,以事君便是忠,只是一个良知"(《传习录·卷中·答聂文蔚书二》)。这就是说,人有光明的良知就可以行孝、悌之善,昭明的良知是一切善的根源。罗汝芳将王阳明的良知本体表述为通俗易懂的"赤子之心",即人初生时的本然状态,他认为人的至善本性是与生俱来的,人之所以会有恶行,是因为人在与外界的接触中被"那世习粗暴之气染坏了"。因此人要去恶行善,就应消除外界不良习气对本心的遮蔽,恢复纯然至善的"赤子之心"。

　　由此,可以看出良心本心具有以下特点:一是良心本心是一种纯粹善良的心,而不是认知之心。二是良心本心是先天的,人人所固有并且内在于人。良心本心是人所固有的良知良能的显现,是人所固有的。"仁义礼智,非由外铄我也,我固有之也。"(《孟子·告子上》)何为良知良心? 即为最基本、最起码的坚守底线,是为人之道,通俗讲,不伤人、不害人,如在自己能力范围尽可能予他人以帮助。良知可用一句话概括,即心中有人(有自我、有他人)、有物(大自然)。中国古代社会所倡导的仁、义、礼、智、信(其内容因时代而有不同），就是良知，某种程度上，就是天理，一则这是思想家们对人类社会发展的深刻总结，是人类智慧的结晶；二则也是先哲们对自然天道规律的探究并应用于人类社会的人道。

三、圣人凡人同性

钱穆在谈及儒家思想传统特征时说："圣人只是一个共通范畴，一个共通典型，只是理想中的普通人格在特殊人格之实践与表现。圣人人格即是最富共通性的人格。……理想上最高人格，即是最普通的人格。圣人只是人人皆可企及的一个最普通的人。"如北宋李觏就从圣人与众的"形"与"性情"相同去论述两者的平等："形同则性同，性同则情同。圣人之形与众同，而性情岂有异哉？"①

颜元秉承儒家"人皆可以为尧舜""涂之人可以为禹"的传统思想，认为凡人同圣人一样具有善质，只要努力去习行实践，凡人也可由凡入圣。他认为圣人同凡人一样，不是生而即知、生而即能的，而是在后天社会生活中成就圣性的，他说："圣人亦人也，其口鼻耳目与人同，惟能立志用功则与人异耳。故圣人是肯做工夫的庸人，庸人是不肯做工夫的圣人"。② 强调了圣人凡人共同生活于现实社会，是在现实生活中成就圣性的"人"。颜元还认为自然生命承载着善性而非恶性，人的形体是成圣的"材质"，凡人也有成圣的可能，其关键在于是否"立志用功"。

圣人与众人之性同，圣人可积学而至。荀子在说明圣人的神性时，亦肯定圣人的人性恶，认为圣人是可以积学而至的。他说："积土而为山，积水而为海，旦幕积谓之岁，至高谓之天，至下谓之地，宇中六指谓之极，涂之人百姓，积善而全尽谓之圣人。彼求之而后得，为之而后成，积之而后高，尽之而后圣。故圣人也者，人之所积也。"（《荀子·儒效》）"不礼之生，为贤人以下至底民也，非为成圣也，然而亦所以成圣也，不学不成。"（《荀子·大略》）

荀子认为，凡是人之性都是恶的，圣人与众人的本性都一样，之所以有圣人与众人之不同，就在于能否"化性起伪"，能者为圣人，否者为众人。所以说："凡人之性者，尧、舜之与桀、跖，其性一也；君子之与小人，其性一也。……凡所贵尧、舜、君子者，能化性，能起伪，伪起而生礼义；然则圣人之于礼义积伪也。""涂之人可以为禹。……凡禹之所以为禹者，以其为仁义

---

① （宋）李觏：《李觏集》，中华书局1981年版，第234页。
② 颜元：《颜元集》，中华书局1987年版，第628页。

法正也。"(《荀子·性恶》)人人都可以为尧、舜,涂之人都可以为禹,但是人人都能否成为尧、舜、禹一样的圣人,就看他肯不肯积致。人人都有成为圣人的可能性,要把可能性变为现实性,要看他自己可不可为了,不是他人勉强使之然的。"曰:'圣可积而致,然而皆可积,何也?'曰:'可以而不可使也。故小人可以为君子而不肯为君子,君子可以为小人而不肯为小人。小人君子者,未尝不可以相为也;然而不相为者,可以而不可使也。故涂之人可以为禹,则然;涂之人能为禹,未必然也。'"(《荀子·性恶》)荀子旨在教人积而致圣,学以成圣。从"性一"的观点自然会引出人人皆可成为尧禹那样圣人的结论,他说:"人一今使涂之人者,以其可以知之理,可以能之具,本夫仁义法正之可知可能之质,可能之具,然则其可以为禹,明矣。今使涂之人,伏术为学,专心一志,思索孰察,加日县久,积善而不息,则通于神明,参于天地矣。故,圣人者,人之所积而致矣"(《荀子·性恶》)。按照荀子的见解,人性是恶的,但只要"化性起伪","积善而不息",那么"涂之人皆可为禹"。显然,这段话还有一层意思,即指普通人的智力与理性同"圣人"差不多。也就是说如果普通人也具有懂得"仁义法正"的智力与理性,那么他们也可以成为大禹。荀子的立足点除"性一"以外,还有一个立足点,就是人的材性智力是相等的。"材性知能,君子、小人一也。"(《荀子·荣辱》)从人人在"知能"也即智力平等的角度,去论证"涂之人"与"圣人"的平等,这在儒家传统中具有鲜明特点。

儒家重视人禽之辨。犬马虽对其父母"皆能有养",但缺乏"敬"这么一个人类特有的意识,毕竟还是禽兽之类。孟子以为,麒麟之类的走兽,凤凰之类的飞鸟,都同属禽兽这一类;"圣人"与"民"亦为同一类,属人这一类。禽兽以食色为本性,而人的本性在于先天具有仁义礼智的善端。有了仁义礼智这样的意识,人的社会生活就是有序的,而不像动物那样是无秩序的。"人之有道也,饱食暖衣,逸居而无教,则近于禽兽。圣人有忧之,使契为司徒,教以人伦;父子有亲,君臣有义,夫妇有别,长幼有序,朋友有信。"(《孟子·滕文公上》)"人伦"为禽兽所无,因为禽兽和人不属同一类。"民"和"圣人"具有共同的属性,都可以归入"人"这一类。因而,"民"和"圣人"之间不存在无法逾越的鸿沟,"民"只要以尧之言行表率并身体力行践履之,"人皆可以为尧舜"是不成问题的。"圣人与我同类者也"(《孟子·告子上》),柳宗元说:"圣亦人"①。皮日休说:"或曰:'子之道,有以迈千人;子

---

①　张载:《张载集》,中华书局 1978 年版,第 189 页。

之貌，固不足加于众。噫！何哉？'曰：'亦何异哉？伊、皋亦人耳！孔、颜亦人耳！'"①都是承袭孟子的类同原则去理解"圣人"与"民"的平等的。宋代的杨亿在其所撰《家训》中提出："童稚之学，不止记诵，养其良知良能，当以先入之言为主。日记故事，不拘古今，必先以孝弟、忠信、礼仪、廉耻等事，如黄香扇枕，陆绩怀桔，叔敖阴德，子路负米之类。只是俗说便晓此道理，久久成熟，德性若自然矣。"南宋陈淳也认为："人自婴孩，圣人之质已具，皆可以为尧舜。如其禁之以豫，而养之以正，无交俚谈邪语，日专以格言至论麓联于前，使盈耳充腹，久焉安习自与中情融贯，若固有之。则所主定而发不差，何患圣途之不可适乎？"

易见，凡人与圣人同性，即人的本性是善的，人的不善多与自我觉解、修为以及个体所生存际遇相关，同时，现实生活的人很难做到纯而又纯，人总会有这样或那样的缺点、不足，"人非圣贤孰能无过"。但是人最大的特点是人人都有向善的心，并且自我个体有向善的意愿与能力，但是这也需要社会、他人的关心关爱，更需要社会、他人的肯定与鼓励。

---

① （唐）皮日休：《皮子文薮》，上海古籍出版社 2017 年版，第 114 页。

第七章 儒家成人的社会依托：
制度、取向、生活

第一节 社会制度与成人

在人类历史发展的进程中，社会制度的每一次大变革，都标志着社会发生"质"的变化，人性及人的主体性也相应得以解放。当一种根本性制度发展到一定程度，人的主体性受到束缚，新的价值观念产生就会成为必然，并形成新的社会动力，促使社会制度变革，从而推动社会进步。针对中国古代社会，韦政通认为先秦人文思想虽然丰富且美好，但缺乏相应的制度建设以落实这些人文思想或理念，这就揭示出中国传统人文思想存在的严重缺陷。如先秦时期孔子"仁"的核心思想就没有相应固化的制度去保障、落实，而中国古代社会，秦汉以后"三纲五常"有着制度保障，并深深影响着中国人。而近现代，随着辛亥革命、民主主义革命、社会主义革命，社会制度几经变迁，尤其是改革开放以来，更加科学化、人性化制度的建立，使得人的生存、生活、发展达到了相当高的境界。

一、制度使文化成为人的"第二自然"

马林诺夫斯基认为，经由制度的安排，文化需求代替本能需求，文化活动代替本能活动：制度创造性地将人的活动的各要素结合为一个整体。从此人的世界就转变为制度的世界，因为人只能在制度的安排下生存。制度的环境代替了自然的环境，文化成为人的第二自然。人是文化化的人，"人性的由来就是在于接受文化的模塑"①，此后人的一切活动都被先天地置身于文化的"模塑"之下。而人类社会发展到一定阶段，社会更以制度形式存在，社会上有各种制度，如法律、道德、规则、规章等。任何个体的人从一出生就以其所处的文化，以及文化中的一切制度作为其存在的基础，所以制度是人的先天环境。同时，被制度所模塑的人使其欲望得以调控，且有条件的释放，这种有条件的释放也构成了对人的文化压力，被压制的欲望进一步转

---

① ［英］马林诺夫斯基：《文化论》，费孝通译，华夏出版社2001年版，第106—107页。

换成文化的创造力,创新制度以满足这些不得实现的欲望。而制度还对人的需求的满足从来都是"有条件的满足",这些条件就是文化或者制度的规范。另外,制度提供了人的行为模式。"文化深深地改变人类的先天赋予,在这种作用中,它不但赐福人类,并且与人许多义务。要求个人为公共而放弃大部分自由。"①人处于以自身的紧张关系之中,便不能不感到焦虑、迷茫和困惑。因此人一直在制度中寻求着突破、超越和解脱。健康的文化便要提供相应的制度,以满足人的这部分需求,构成文化内部的平衡机制,使人的紧张得以释放。还有,制度在其价值上的导向性,引领着人的价值取向、奋斗目标及自我实现的路径。如中国古代社会长达千年的科举制度,对于古代的中国人影响至深。同时,"制度规则或规范则是由其成员所接受或被强加的后天习得技能、习惯、法律规范和伦理指令。"制度规范既是人的活动守则,也是传统的遗留,是人活动的智慧结晶。人先天地置身于制度之中,也就置身于制度规范之中,制度的规范是人从出生就要面对和学习的文化结晶。制度规范可以是也可以不是成文的规范,但却总是体现在人的现实活动中,并通过人的活动来实现。这就要求制度要顾及人的所有行为,要成为人的活动本身,也成为人的存在形式,这样使文化成为人真正的"第二自然"。

"制度"一词是在19世纪由英国学者斯宾塞引入社会学研究领域,并在1862年《第一原理》一书中首次对制度问题作了较系统的社会学意义的研究。关于制度,有学者从人学的角度,把制度界定为:"人们为了满足自身生存发展的需要而自觉建构的各种规范体系,如经济制度、政治制度、文化制度等。以制度为维度研究人,最根本的目的就是寻找一种制度,能够最有益于人的生存与发展,最有利于社会正义"②。还有学者把制度理解为:"人们在一定历史条件下的社会活动中结成的各种社会关系的抽象化、体系化,是社会运行的规则,是激励和限制人们行为的规范体系。"③

制度是人类实践活动的结果,是在人们的交往活动和社会关系中形成的。交往是个人获得现实存在和发展的现实条件,而"社会关系的含义在这里是指许多个人的共同的活动",许多个体人的活动要实现自我目标,一定会与他人交往、合作,而交往、合作均需在一定秩序中才能顺利实现。同时,由于人们的利益差别、技能差异、价值冲突等原因,就必须通过一定的规

---

① [英]马林诺夫斯基:《文化论》,费孝通译,华夏出版社2001年版,第109页。
② 裴笑冰:《制度层面人学研究初探》,《青海社会科学》2003年第2期。
③ 徐斌:《制度变革与人性发展》,《北京师范大学学报》2005年第6期。

则和方法把群体之间的冲突和矛盾限定在一定的秩序和范围之内,这就需要以制度进行规范,约束人的言行,协调人与人之间的关系,把人的交往活动导入符合社会发展实际的轨道。正如马克思所说:"社会——不管其形式如何——是什么呢? 是人们交互活动的产物。"①"在生产、交换和消费发展的一定阶段上,就会有相应的社会制度、相应的家庭、等级或阶级组织。"②可见,从交往和社会关系中产生的社会制度,是具有规则或限制性功能的,引导着人们的价值观念,规定着人们的活动范围。因此,制度确定了人们活动选择的范围,同时也限定了人们活动选择的范围。人们在社会规定的界限内活动,社会就许可、鼓励和支持;否则,就斥责和制裁。

社会制度有三个主要特征:一是普遍性。经济、政治、文化及教育、宗教等人类社会的主要制度,普遍地存在于一切民族、每个国家和社会之中。二是相对稳定性。社会制度是随着社会发展以及时空条件的不同而变化的,但它又是相对稳定的社会价值观念和规范体系,一经确立就会在相当长时期内激励和制约人们的行为。三是系统性。历史上的任何一种社会制度都不是单一存在的,除国家经济、政治、文化制度之外,还有其他制度,如宗教制度、教育制度、婚姻制度等,这些与其他不同层次的制度相融构成了一套行之有效的制度体系。而如果从社会制度体系角度看,主要有:一是观念理念,这是制度的理论基础,是某种制度产生及施行的思想根据。二是规则规范,包括成文的和不成文的规范,这是制度的基本内容。三是政府机构,这是保证和监督社会制度实施的组织实体。

二、人道源于天道

孟子引用《诗经》的话说:"天生蒸民,有物有则。民之秉彝,好是懿德。"意思是上天生育众民。万事万物都有法则,人们秉持这一法则。《易传·彖传上》也讲:"大哉乾元、万资始,乃统天。云行雨施,品物流形。大明终始,六位时成,时乘六龙以御天。乾道变化,各正性命,保合太和,乃利贞。首出庶物,万国咸宁。"《易传·彖传上》还讲:"至哉坤元,万物资生,乃顺承天。坤厚载物,德合无疆。含弘光大,品物咸亨。牝马地类,行地无疆,柔顺利贞。君子攸行,先迷失道,后顺得常。西南得朋,乃与类行;东北丧朋,乃终有庆。安贞之吉,应地无疆。"上述对"乾""坤"概念的两段解释说明,中国古人非常尊重天地自然的固有运行规律,而人类社会的活动应当符

---

① 《马克思恩格斯文集》第10卷,人民出版社2009年版,第42页。
② 《马克思恩格斯选集》第4卷,人民出版社1995年版,第532页。

合这种规律变化，各安其位，各守其责，方可各得其所。"保合太和""柔顺利贞"等顺天应人之道是人应该秉持的基本态度。《易传》导入阴阳的观念而加以发展，一阴一阳的变化，和《中庸》中鱼跃鸢飞，渊停岳峙的意味，并不相同。当人们看到鱼跃鸢飞、渊停岳峙，而感到这是天道的流行时，这是对于自然现象所作的价值的肯定；在这种肯定中，固然人的精神可以与自然发生相通相感的感情，乃至于心灵的启发；但人并不由此而受到自然现象的规定。阴阳的变化，是物质性的变化，我们应承认这种变化的规律性、法则性；同时，可以在规律性、法则性中，启发人的行为上的规律性、法则性。

自尧、舜至周公时代，各部落主要围绕黄河中、下游灌溉区进行农业生产活动，由于人口繁殖并不迅速，生产力相当低下，为了获取更多的生产资料和生活必需品，促使人们必须掌握和遵循自然规律，以求"顺天之义"，而为了获得更快、更好的发展，保护自己的部落免遭其他部落的兼并和伤害。从黄帝开始，人们已经认识到顺天理、化万物的智者对部落发展的重要性，黄帝面对当时诸侯相互侵伐的乱局，司马迁说他"顺天地之纪，幽冥之占，死生之说，存亡之难。时播百谷草木，淳化鸟兽虫蛾，旁罗日月星辰，水波土石金玉，劳勤心力耳目"[1]。由是而振神农氏一族，经颛顼而传至帝喾、高辛。尧作为智慧有为的首领，"富而不骄，贵而不舒"，"乃命羲和，钦若昊天，历象日月星辰，敬授民时。分命羲仲，居郁夷，曰旸谷，……岁三百六十六日，以闰月正四时。信饬百官，众功皆兴"[2]。由此可以发现无论是黄帝"顺天地之纪"，还是尧命令羲和、羲仲二人定历法，辨四季，都说明古时人们已经通过观察天体运行和物候变化，对自然环境及规律认知，以达到趋利避害。同时，对规律认知和把握基础上的趋利避害行为，也使人们明白，只有把人纳入自然的轨道，以合乎自然规律的方式生产生活才是有意义的，也才能得到上天的眷顾而保持个体和部落的持续发展，即人道源于天道。

牟宗三对"神"的理解，尽管他有西方哲学背景，但基本上是在儒家哲学系统中展开的。他说："《易传》讲'穷神知化'（《系辞下》），这个'神'照儒家、照《易传》的立场当该从哪个观点来了解呢？'神也者，妙万物而为言者也。'（《说卦》）儒家《易传》讲'神'，它是个形而上的。它之所以为形而上的，是靠什么观念来定住呢？是通过'诚'。《中庸》《易传》都讲诚，诚是一种德性，是属于道德的。因此它这个'神'是形而上的，它不是属于 material，属于形而下的。所以你如果把《易传》的'神'从气上来讲，那就是不

① 司马迁：《史记五帝本纪第一》，浙江古籍出版社 2000 年版，第 1 页。
② 司马迁：《史记·五帝本纪》，中华书局 1959 年版，第 16—17 页。

对。可是,如果你把它讲成是个人格神(Personal God),那也不对,因为中国人没有这个观念。《易传》讲的这个神就是通过主体而呈现的,穷神你才能知化,化就是宇宙的生化,这就成了宇宙论。但是这个宇宙论并不是空头讲的宇宙论,你要穷神才能知化,从神这个地方讲天道、讲乾道,就是讲创生之道。所以儒家发展到了《中庸》《易传》,它一定是'宇宙秩序即是道德秩序'(Cosmic order is moral order),它这两个一定是合一的,这两者是不能分开的。如果照我们前面所说的那两种态度来看,这两者是合不在一起的,因此,'宇宙秩序即是道德秩序'这句话他们就不能讲。因为这两者是合一的,所以《易传》也不能离开道德意识来了解,尽管它讲'大哉乾元,万物资始',好像形上学的意味很重,其实它背后的底子还是 moral。"①

中国古代社会,人类崇尚天道、崇尚宇宙秩序并以此建构人间之道、人间秩序,也就是"宇宙秩序即是道德秩序"。

三、中国古代社会制度与成人

中国古代社会,儒家之所以能发挥这样巨大而持久的影响,显然与儒家价值的普遍建制化有密切的关系。诸如,上自朝廷礼乐、国家典章制度,中至学校与一般社会礼俗,下及家庭和个人的行为规范。陈寅恪指出:"夫政治社会一切公私行动莫不与法典相关,而法典为儒家学说具体之实现。故二千年来华夏民族所受儒家学说之影响最深最巨者,实在制度法律公私生活之方面。"②即所谓"建制化"或陈寅恪所谓"法典化"。儒家建制在传统时代具有合理性,然而,自辛亥革命以来这个建制开始全面地解体了。

中国古代社会崇尚礼民,并重以礼治国。在先秦儒家中谈礼最多,把礼的地位抬得最高的是荀子。荀子在《性恶》《礼论》等篇中,多次肯定"古者圣王""圣人""先王"为礼制。朱熹说:"愚谓政者,为治之具;刑者,辅治之法。德礼则所以出治之本,而德又为礼之本也。"(《论语集注·为政章》)"礼"即广义的礼,为道德原则与各种规范,"礼"为体现等级制度和政治原则的礼制。两者相较,"德又为礼之本",这是儒家的一贯主张。荀子以礼为主、礼法统一的思想,对后世社会产生了深邃而持久的影响。礼治的思想可以追溯到周公。孔子强调礼在治理国家中的重要作用,所谓"为国以礼"(《论语·先进》),"道之以德,齐之以礼,有耻且格"(《论语·为政》),表明孔子是儒家中奠定礼治为治国策略的第一位思想家。荀子不仅有《礼论》

---

① 牟宗三:《中国哲学十九讲》,上海古籍出版社 2005 年版,第 65 页。
② 陈寅恪:《审查报告三》,《中国哲学史》下册,华东师范大学出版社 2000 年版,第 440 页。

专篇之作,而且对礼的起源、地位、作用及其与法的关系等问题,都有详尽而深入的探讨。"礼者,法之大分"(《荀子·劝学》),已将法纳入礼之中。以礼入法,是荀子所大力倡导的,这一思想为秦汉以后王朝正统法律思想的形成和法制建设打下了理论基础。恩格斯在论及逻辑与历史相一致的原则时说:"历史从哪里开始,思想进程也应当从哪里开始,而思想进程的进一步发展不过是历史过程在抽象的、理论上前后一贯的形式上的反映,这种反映是经过修正的,然而是按照现实的历史过程本身的规律修正的,这时,每一个要素可以在它完全成熟而具有典范形式的发展点上加以考察。"①在荀子看来,由于人性本恶的缘故,造成了人们欲求多而物质生活资料少的矛盾,礼的制定就是确定各人所应分得物质生活资料的度量分界,使大家都能有所节制,以免物穷于欲,而能分别地满足人们的欲望。荀子对此予以肯定:"天地以合,日月以明,四时以序,星辰以行,江河以流,万物以昌,好恶以节,喜怒以当,以为下则顺,以为上则明,万变不乱,贰之则丧也。礼岂不至矣哉! 立隆以为极,而天下莫之能损益也。"(《荀子·礼论》)礼不仅主宰了天地、日月、四时、星辰,使它们能按规律运行,按顺序运转,而且主宰着万物的生长,制约着人类社会与人们的行为。此一"万变不乱"的礼是主天地、生万物、使人类社会秩序得以稳固的最高准则,没有任何东西可以损害它。恩格斯在《论权威》一文中,以资本主义工业生产活动的组织工作和协调行为为例,认为"把权威原则说成是绝对坏的东西,而把自治原则说成是绝对好的东西,这是荒谬的"②。可见,以服从为条件的权威原则,是有其客观现实基础的。在荀子看来,"至哉"而又"不能损益"的礼,是支配一切的基本原则,它也应当指导人的立法活动。"礼者,法之大分,类之纲纪也"(《荀子·劝学》),"礼以定伦"(《荀子·致士》)。可见礼虽是法制的纲纪,又是规定人们之间伦理关系的准则,礼是法权关系和伦理关系的总纲。

在中国传统哲学中,"礼"既是一个概念,也是一种制度。冯友兰认为,"礼"具有丰富深厚的人文主义内涵,他说:"儒家对于不死之问题之注意,可于其对于婚礼之理论见之。儒家对于婚姻之意见,完全注意于其生物学的功用。《礼记》云:昏礼者,将合二姓之好,上以事宗庙,而下以继后世也。故君子重之(《昏义》)"③。就是说,儒家对于死的态度可以由婚礼去考察,儒家之所以重视婚礼,在于传宗接代、在于生命的延续。冯友兰说:"结婚

---

①　《马克思恩格斯全集》第13卷,人民出版社1962年版,第532—533页。

②　《马克思恩格斯全集》第3卷,人民出版社2009年版,第337页。

③　冯友兰:《三松堂全集》第11卷,河南人民出版社2000年版,第163页。

生子,造'新吾'以代'故吾',以使人得生物学的不死。本来男女会合,其真正目的,即在于生殖。至于由此而发生之爱情与快感,乃系一种附带的心理情形,自生物学的眼光视之,实无关重要,故儒家亦不重视之。儒家论夫妇之关系时,但言夫妇有别,从未言夫妇有爱也。凡人皆有死,而人多畏死。于是种种迷信生焉。许多宗教,皆以灵魂不死相号召。儒家,至少一部分的儒家,既不主灵魂不死,乃特注重于使人得生物学的不死,及理想的不死之道。旧社会中,人及暮年,既为子娶妻生子,以为自己生命已有寄托,即安然以俟死,更不计死后灵魂之有无,此实儒家思想所养成之精神也。"①

冯友兰认为儒家之所以重视婚礼,在于传宗接代,在于生命的延续,因此儒家特别注重使人获得生物学的不死及理想的不死之道,可见儒家思想是极人文主义的。郭沫若认为由于融入了"仁"的内容,因而孔子的"礼"不再仅仅是限制人的规范形式,而转换成"人而不仁如礼何! 人而不仁如乐何"(《论语·八佾》)。将仁道的新精神灌注在旧形式里面去了,同时,"礼"也下落到普通百姓层面,孔子的"礼"之人文意义由是而显,而与"礼"相近的"理"之人文内涵也得到了显发。唐君毅认为,孔子之重"礼"是要特别发展人之积极的辞让之心,而"礼"之辞让,首为让权利,而最高者为让德,让德就是将自己的功德让予我自己以外的人,因此,"礼"教人尊人卑己,先人后己,从而彰显出"礼"之"让"的精神内涵。对此,王国维指出,大凡人有情欲与私利,而人若控制不好情欲与私利,则必导致对人性命的伤害,因而必须对情欲与私利加以引导和控制,而"理"就是执行此任务。也就是说,"理"的人文意义由其对"利欲"的引导与控制表现出来。易见,中国古代社会重礼、重礼仪、重礼制,对中国古代社会发展与古老文明传承起到了重要作用,其一个着力点即在于利于成人。

中国古代社会法律体系的一个重要特征就是礼入法中,大量道德规范被直接赋予法的性质,加以强制推行。元代柳员在《唐律疏义序》中说:"呜呼! 法家之律,犹儒者之经,五经载道以行万世,十二律垂法以正人心,道不可废,法岂能独废哉!"在柳员看来,"儒者之经"是法律存在的前提,法之所以垂沿世代起到"正人心"的规范功用,是因为"五经载道以行万世"之故。如果说,经学态度在司法活动中体现为经义决狱、原心定罪的话,那么,其在立法原则中就表现为以礼入法与一准乎礼。显然,这是中国古代社会法律制度的一个特点。

先秦以前以分封制为主,分封制经过夏、商两朝的发展,在周朝走向了

---

① 冯友兰:《中国哲学史》上册,中华书局 1983 年版,第 429—432 页。

完备,与宗亲法制和礼治等重要内容紧密结合在一起。周天子将土地分给亲属或功臣,所封之地称为"诸侯国""封国"或"藩国"等,统治封地的君主被称为"诸侯""藩王"等。在分封制的体系中,通过层层分封,形成了天子、诸侯、卿大夫和士各级宗族贵族组成的金字塔式的等级制统治机构。各个等级之间既是大小宗的"亲亲"关系,也是上下级的"尊尊"关系。秦以后的汉代、西晋和明也短暂存在过分封制,但不是国家制度的主体。秦帝国建立后,确立了一家一姓高度的中央集权制,此后,两千多年一直延续此种制度,直到辛亥革命推翻清王朝而建立一种新的制度。此种制度高度集权,有存在的合理性,也维护了中国古代社会的统一与发展。但是,它的最大弊端是一家一姓王朝,所谓"普天之下,莫非王土……"。

　　近代有识之士学习西方的政治制度,如王韬、郑观应等人认为英国、日本这样的"君民共主之国"有先进性一面,即突出平等性,而中国的君主专制制度存在等级差异,且认为这是致使中国落后的原因。对此,王韬提出:"苟得君主于上,而民主于下,则上下之交固,君民之分亲矣。内可以无乱,外可以无侮,而国本有若苞桑磐石焉。由此而扩充之,富强之效亦无不基于此矣"。① 陈独秀指出:"吾人宁取共和民政之乱,而不取王者仁政之治。盖以共和民政为自动的自治的政制,导吾人于主人地位,于能力伸展之途,由乱而治者也。……倘明此义,一切旧货古董,自然由脑中搬出,让自由新思想以空间之位置,时间之生命也。"②维新代表人物康有为提出"全局全变"的思路。这包括改革八股取士,设立新的大学教育制度等在内作全面改革,尽管维新改革最终以失败告终,但确实是一种大胆探索,而辛亥革命胜利彻底结束了几千年帝王专制制度。另外,关于科举制度,清政府于 1905 年以后下诏废除科举,同年,设立学部,代之建立起一套完整的新式教育体系,科举制度的废除使得原有的儒学传播体系崩溃。这加速了儒学的解体步伐,最终使儒家失去了基本的信仰群体。对此,余英时在《现代儒学的困境》中指出:"传统的儒学诚然不能和传统的制度划等号,但前者确托身于后者。19 世纪中叶以来,传统的制度开始崩溃,比较敏感的人不免把制度运作的失灵归咎于儒学。"③在全面社会解体的过程中,政治制度是最早崩坏的一角,紧接着便是一切社会制度的全面动摇。谭嗣同的"冲决罗网"已开"五四"的先河。从戊戌变法到"五四"不过二十年,但这二十年间中国传统制

---

① 王韬:《重民》,《弢园文录外编》,上海书店出版社 2002 年版,第 151 页。
② 陈独秀:《陈独秀书信集》,新华出版社 1987 年版,第 84 页。
③ 转引自韩毅勇:《民国时期蔡尚思孔学批判思想之演化》,《辽宁教育行政学院学报》2009 年第 11 期。

度的全面瓦解已表面化,从家族婚姻、乡里、学校各种制度到风俗习惯,其中已没有任何一部分是可以站得住的了。社会制度的变革,导致人的生存意义、生活方式、评价尺度及自我实现渠道都发生了变化。

在中国古代社会,"三纲五常"既是观念,更是社会制度。历史上,"三纲"的观念见于儒家文献是比较晚的,大约是在孟子首次提出"伦"之德的百年以后。在朝廷的力推下,汉代儒士强化儒家伦理政治意识形态,并进行了系统化的努力,从而使"三纲"成为教育的重要内容。"三纲"的观念最早见于《韩非子》:"臣事君,子事父,妻事夫,三者顺则天下治,三者逆则天下乱。"显然,汉代的思想家像法家一样,把"三纲"当作象征性的治理机制以达到社会稳定的目的。"三纲"立足于主从关系,强调社会等级是维持社会秩序的神圣原则,它关心的不是处于这些对应关系中的个人幸福,而是更多地关注对人的行为严格约束以期社会稳定。纲常论在中国古代社会存在的缘由主要有三点:一是一家一户的小农经济。二是相对封闭的社会,信息传播不畅、交通不便。三是以血缘为纽带的家庭、宗族聚族而居成为十分普遍的形式,中国古代的村落基本上都是同姓、同宗的家庭聚集在一起形成的。在中国古代社会文化结构中,祖宗之法是不容怀疑的,且在中国古代社会尤其是早期起着重要作用,这是因为家国同构的结合体,实行大家庭、家族社会管理。由此,构建出"三纲模式"。而近现代社会随着一家一姓的君主专制的消失,大家庭、大家族的解体,以及城市化进程加速推进,同时,随着教育普及化,男女均有受教育权利。由此,"三纲"制度设计已成为历史。然而,也应该看到中国古代社会地域辽阔,各地生产生活相对封闭,不需要当代社会的高度紧密联系,社会也能正常运行。另外,社会中君与臣、父与子、夫与妻,突出主导中心,尤其是男性及女性氏宗族的强烈认同符合社会运行规则。应当说"三纲"是中国古代社会一种社会制度,一种运行模式,是一种历史事实,对于中国古代社会长久发展,对于中国古代社会每一个阶段人的成长都起着不可低估的作用。另外,"三纲五常"中"五常"观念具有恒定性,尽管中国古代社会不同朝代的思想家会因时因事而赋予阐释,但是其基本内涵是超时空的,依然为今天乃至以后人类社会共有的精神财富,是"天理"。

第二节　社会价值取向

社会价值取向和导向可以依附一定的社会制度,也可以游离于制度之外,可以超时空存在,但也有自身载体,如思想家倡导,发挥贤人圣人的典范作用及用文学艺术感染人。

一、人间正道

（一）正道直行

在《小雅·十月之交》这首诗中,诗人担忧国家的前途命运,对那些胡作非为的佞臣恨之入骨,但是,诗人在这种情况下并不想同他们同流合污,仍坚持个人的独立操守,"四方有羡,我独居忧,民莫不逸,我独不敢休。天命不彻,我不敢效我友自逸"(《小雅·十月之交》)。在《大雅·烝民》这首诗中,诗人歌仲山甫"既明且哲,以保其身","柔亦不茹,刚亦不吐,不侮矜寡,不畏强御"(《诗经·大雅·荡之什》)。对此,朱熹注释说:"明谓明于理。哲,谓察于事。保身,盖顺理以守身,非趋利避害,而偷以全躯之谓也。"(《集传》)"不茹柔,故不侮矜寡,不吐刚,故不畏强御,以此观之,则仲山甫之柔嘉,非软美之谓,而其保身未尝枉道以徇人可知矣。"(《大雅·烝民》)仲山甫为了周室的事业兢兢业业,事奉周王,但他并非枉道曲行之人。他的明哲保身不是不问事理,趋利避害。他在国家大的事理之上甚明,不侮矜寡、不畏强敌且勇于坚持自己的事业理想和道德操守,是个有独立人格的人,因此才会受到诗人如此的称誉。和仲山甫一样,屈原之所以被后世文人所称道,一方面由于他热爱楚国,另一方面也是由于他坚持正义,坚持理想的独立人格。屈原为了事君而"竭忠尽智",其前提并不是阿谀奉承,而是"正道直行"。他在《离骚》中多次批评那些小人"固时俗之工巧兮,偭规矩而改错;背绳墨以追曲兮,竞周容以为度"。而他自己即使被人打击排斥,至死也决不改变个人操守:"宁溘死以流亡兮,余不忍为此态也"。"屈心而抑志兮,忍尤而攘诟。伏清白以死直兮,固前圣之所厚。"在《九章》当中,《橘颂》简直就是屈原人格的象征:"嗟尔幼志,有以异兮,独立不迁,岂不可喜兮。深固难徙,廓其无求兮。苏世独立,横而不流兮。闭心自慎,终不失过兮,秉德无私,参天地兮。"

从先秦时起,中国人在追求群体价值实现之时一直没有忘记个体人格的实现。《诗经》《楚辞》中的人格表现是如此,先秦儒家,尤其是孔孟的论述也是如此。"杀身成仁"是孔子的名言,除此之外,孔子还说:"巧言、令色、足恭,左丘明耻之,丘亦耻之"(《论语·公冶长》)。而孟子也主张"居天下之广居,立天下之正位,行天下之大道;得志,与民由之;不得志,独行其道。富贵不能淫,贫贱不能移,威武不能屈,此之谓大丈夫"(《孟子·滕文公下》)。可见,无论在孔子还是在孟子那里,儒家的这种群体精神里都包含着对个体人格的肯定。真正的大丈夫既要有为国为民的群体意识,又要有坚守人间正道的精神。

　　中国后世文人对个体自由独立人格的追求之所以成为传统，一方面是自觉或不自觉地受屈原、庄子思想的影响，另一方面也说明作为自然人的个体独立本质在中国文化传统中一直具有重要意义，作为一种民族精神的积淀，它一直潜藏于我们民族心灵的深处。每当宗法制度对人的个体造成压抑，扭曲了人的自然本性的时候，总有一些文人士大夫发出强烈的呼喊自由独立人格的声音。阮籍虽然没有像庄子那样彻底和现实决裂，内心中仍然深深眷恋着魏晋王朝，但是在司马氏强权的压制下，他的确从内心中倾慕庄子。他写《达庄论》《大人先生传》，那个"养性延寿、与自然齐光"的大人先生的确是他的人格理想，他不愿意委屈下人，对那些奴颜婢膝而又冠冕堂皇的奴性儒生表示最大的蔑视。"洪生资制度，被服正有常，尊卑设次序，事物齐纪纲，容饰整颜色，磬折执圭璋。堂上置玄酒，室中盛稻粱。外厉贞素谈，户内灭芬芳。放口从衷出，复说道义方，委曲周旋仪，姿态愁我肠。"（阮籍《怀咏》）和阮籍相比，陶渊明对于自由独立人生理想的追求更具有典型意义，他宁愿辞官也不肯为五斗米折腰，表现出他尊重自我个体人格的铮铮铁骨。而李白更是个追求个体自我人格的象征。他以庄子《逍遥游》中的大鹏自喻，有"天子呼来不上船"的豪放。他有一身的傲骨，从不向任何人低头。他说："安能摧眉折腰事权贵，使我不得开心颜。"（《梦游天姥吟留别》）他还说："君不能狸膏金距学斗鸡，坐令鼻息吹虹霓。"（《答王十二寒夜独酌有怀》）正因为如此，他生在盛唐时期，却命途多舛，"一生傲岸苦不谐，恩疏媒劳志多乖"（《答王十二寒夜独酌有怀》）。正因为在李白身上集中表现了中国古代文人的独立自由精神，才使他成为中国后代最为人敬仰的伟大诗人的主要原因之一。和阮籍、陶渊明、李白相比，苏东坡试图把独立自由人格的追求当作治世理想，在不能兼济天下时退而独善其身，在历史上留下独有的人格魅力。对此，司马迁在《史记·屈原列传》中称屈原："其志洁，其行廉。"说他是"濯淖污泥之中，蝉蜕于浊秽，以浮游尘埃之外，不获世之滋垢，皭然泥而不滓者也"。唯其如此，屈原才成为中国古代人格美的象征，成为历代知识分子人格修炼的楷模。显然，自由独立的人格已经化为中国优秀文人的内在品格。他们从来不满足于现状，对各种不合理的现象总是提出批评，在对现实不满以及面对不合理现象时，总会彰显正道。在原则与正道面前，坚守自我节操与底线。所谓"三军可夺帅也，匹夫不可夺志也"（《论语·子罕》），"志士仁人，无求生以害仁，有杀身以成仁"（《论语·卫灵公》）。

　　易见，中国古代文人士子的这种独立人格，从仲山甫至屈原以降形成一种优良传统。为了真理而毫不让步，至死不悔，甚至敢于在皇帝面前据理力争，这是中国文人士子的一种硬骨头。中国古代有句名言叫作"文死谏，武死战"。武将死于战场是英雄,文人死于谏诤是被人赞扬。唐代文人魏征就是榜样,韩愈因为谏迎佛骨,触怒宪宗,贬官潮州,但他并不后悔,仍表示为了让"圣明除弊"而不惜"衰骨残年",这就是韩愈的谏诤品格。

(二) 良知即天理

"良知"概念源于孟子,他称:"人之所不学而能者,其良能也。所不虑而知者,其良知也"(《孟子·尽心上》)。由此可知,良知是一种与生俱来的秉性。王守仁接续此种观点讲:"是非之心,不虑而知,不学而能,所谓良知也。"(《传习录》)即他认为良知作为一种天然具有的"是非之心""只是一个天理""无间于圣愚",人人只有"致良知",才能做到"公是非,同好恶,视人犹己,视国犹家,而以天地万物为一体"(《传习录·答聂文蔚书》)。古代圣王就是因为做到了这一点,才成就了治世伟业。在他眼中,"良知之学不明,天下之人用其私智以相比轧,是以人各有心,而偏琐僻陋之见,狡伪阴邪之术,至于不可胜说"(《传习录·答聂文蔚书》)。社会充满沽名钓誉之徒,行阴谋苟且之事,嫉妒贤能、恣纵情欲等不符合儒家道义的行为屡禁不绝。作为有责任感的士大夫,每念及此便"戚然痛心"。为此他大力提倡"致良知"之法,"扶持匡翼,共明良知之学于天下,使天下之人皆知自致其良知,以相安相养,去其自私自利之蔽,一洗谗妒胜忿之习,以济于大同"(《传习录·答聂文蔚书》)。

洛克曾说过,良心自由是每个人的自然权利,"真正的宗教的全部生命和动力,只在于内在心灵里的确信"[①],"悟性的本质就在于,它不可能因外力的原因而被迫去信仰任何东西"[②]。因此,固然每个人都有责任去规劝、勉励和说服谬误者,并通过说理引导他领悟真理,但不可强制。换句话说,个体不是按照道德良知自觉自愿地遵循和追求道德至善和价值理想,而是出于生存的恐惧,被迫成为至少在表面上的顺从者,去换取生存的条件。这不是真正的良知。

何为良知良心,即为最基本、最起码的坚守底线,是为人之道,通俗讲,不伤人、不害人,如在自己能力范围内尽可能予以帮助。良知可用一句话概括,即心中装有人,有物(大自然)。中国古代社会所倡导的仁、义、礼、智、信,就是良知,某种程度上就是天理,一则这是思想家们对人类社会发展的深刻总结;二则也是先哲们对自然天道规律探究并应用人类社会的人道。良知即天理,良知即人间正道。

---

① [英]约翰·洛克:《论宗教宽容——致友人的一封信》,吴云贵译,商务印书馆1998年版,第6页。

② [英]约翰·洛克:《论宗教宽容——致友人的一封信》,吴云贵译,商务印书馆1998年版,第5—6页。

　　（三）历史上文献及文学作品中的人物价值取向

　　《史记·大史公自序》中司马迁对孔子修《春秋》的目的作了阐释：上大夫壶遂曰：“昔孔子何为而作《春秋》哉？”大史公曰：“余闻董生曰：‘周道衰废，孔子为鲁司寇，请诸侯害之，大夫整之，孔子知言之不用，道之不行也，是非二百四十二年之中，以为天下仪表，贬天子，退诸侯，讨大夫，以达王事而已矣。’子曰：‘我欲载之空言，不如见之行事之深切著明也。’（《春秋》），上明三王之道，下辨人事之纪，别嫌疑，明是非，定犹豫，善善恶恶，贤贤贱不肖，存亡国继绝世，补敝起废，王道之大者也。”（《史记·太史公自序》）在司马迁看来，孔子修春秋主要是记载历史，更重要的是通过历史来劝惩人事。这是中国的史学观，这对中国文学尤其是小说创作产生了影响。班固在《汉书·艺文志》中说：“小说家者流，盖出于稗官，街谈巷语，道听途说者之所造也。孔子曰：‘虽小道，必有可观者焉，致远恐泥，是以君子弗为也。’然亦弗灭也。闾里小知者之所及，亦使缀而不忘，或如一言可采，此亦刍荛狂夫之议也。”班固的这段话恰恰与司马迁的话相类似。修子论《三国演义》创作是“好事者以俗近语，隐括成编，欲天下之人，入耳而通其事，因事而司其义，因义而兴乎感，不待精研覃思，知正统必当扶，窃位必当，忠孝节义必当师，奸贪谀佞必当去，是是非非，了然于心目之，下神风益教广且大焉”。静恬主人的《金石缘序》则开卷明言：“小说何为而作也？目以劝善也，以惩恶也。”从这些论述中，我们可以看出中国叙事文学和史学传统的渊源关系，也可以看出中国小说这种文学体裁的价值取向即直面人生。其存在着几种取向。

　　倡忠抑奸是中国文学中官僚形象表现的最主要形态。在这里，忠不仅仅表现为对皇帝个人的忠诚，更重要的是做官者要勤政安民、公正无私，使天下臻于治平、人民生活康泰，要有积极进取的精神。与之相反，奸也不仅仅表现为对皇帝的不忠，更重要的是私心用事、谄君固位、以败乱国政，或窃位荷禄、庸碌无为。周公式的辅弼大臣可称楷模。“文武吉甫，万邦为宪。”（《诗经·小雅·六月》）这句赞美尹吉甫的话，也作为中国古代社会人们对官的期望语。清人松年承认画史上人品不高而画艺高者大有人在，其说如下：“历代工书画者，宋之蔡京、秦桧、明之严嵩，爵位尊崇，书法文学皆臻高品，何以后人吐弃之，湮没不传？实因其大节已亏，其余技更一钱不值矣。”（《颐园论画》）这种说法承认人品与画品并无必然联系。秦桧的书法，是岳飞所不可比其肩的，但传世者却是岳而非秦。相传，宋四大书法家苏（轼）、黄（庭坚）、米（芾）、蔡（本是蔡京），只因蔡京为奸臣贼子，便易以为蔡襄。

　　扬清抑昏也是主要题材。不重在官僚的政治素质，而在于他们理民断狱的才干和能力。“官者，管也”，在中国古代社会中，官员既然是社会秩序的管理者,自然就应该担负起治平狱讼、秉公执法的责任,对社会上那数不清的奇讼冤狱、地方恶霸仗势欺人等案件做出最公正的判决,为穷苦百姓伸张正义和冤屈,真正成为他们得以信赖的"父母官"。从这一点来讲,官员的清与昏乃是普通百姓最为关心的问题。包公与海瑞这样的典范,在百姓的心目中更重要的还是他们的清官这一角色。

褒廉抑贪的主题。在中国古代社会中,官员的贪污之所以成为人们深恶痛绝的现象,是因为贪官污吏不仅残害百姓而且腐蚀人的心灵,贪是官僚枉法的基础。对此,杨树虹认为:"在中国封建社会中,无论任何官职都可以变为贪污的特权,就连芝麻大的小官也可以干蝇营狗苟的勾当,贪污的渠道也是多方面的,有合法的明抢、有非法的'智弃'。中国历代人民极端贫困,与其说是封建王朝正规租课税太重,勿宁说是由各级官僚额外的苛索过多。他们横行地方、敲诈勒索、无孔不入的敛财恶行,比比皆是,司空见惯。那些掌握官卖、官营、官货等经济权力的官僚,更是贪赃枉法、大饱私囊。贪污遍及各部门,就连军队的军需都认为是发财致富的肥缺。地方官或掌握财权的官僚利用职权发横财,京官或掌管别项职权的官僚则通过前者也发横财,这是因为前者想要保持官职或希望升迁,不能不贿通后者。后者为要求得到后者,又不能不包庇前者,上下勾结、沆瀣一气,中国的官僚阶层就是一个庞大的贪污集团。"①正因为如此,和贪官相反的"廉吏"才成为人民的理想,而对贪官污吏的批判,才成为中国古代文学中最常见的内容之一。

崇仁抑暴也是主题。官吏的仁与暴,仍然是群众感受最深切的问题。更何况,官吏作为一个执法和行政长官,他本身也必然要在执政和执法中表现出自己对待子民的仁或暴的态度,因此,官吏的仁与暴,仍然是古代文学官员题材表现中的一个重要方面。中国古代社会中,民间故事把大小官僚的愚昧无知、贪婪无耻等性格描写得淋漓尽致,特别是县官,在民间故事中往往被写得迂腐不堪,是傻瓜,是小丑,他们以欺压百姓为能事,最终却往往成为被人们嘲弄的笑料。在民间口头语中,描写官的钻营与凶恶是"谋官为鼠,得官如虎"。写官的贪赃枉法是"官人见钱,如蝇子见血""三年清知府,十万血花银"。写官衙的不公平是"天下衙门朝南开,有理无钱莫进来"。写官的形象是"好人不做官,做官都一般"。但是,在中国最广大的民间阶层,人们仍然把自己的希望寄托在好官的身上。例如《后汉书》卷九十六《陈蕃传》记零陵桂阳山贼为害,公卿议遣将讨之。陈蕃上疏驳斥这种做法说:"昔高祖创业,万邦息肩,抚养百姓,同之赤子。今二郡之

①　杨树虹:《对中国官僚问题的再认识》,《前沿》2011 年第 23 期。

民,亦陛下赤子也。宜严敕三府,隐核牧守令长,其有在政失和、侵暴百姓者,即便举奏。更选清贤奉公之人,能班宣法令,情在爱惠者,可不劳王师,而群贼弭息矣。"(《后汉书·陈蕃传》)这是理想化的解决方法,其要义就是由清官廉吏消除朝廷与人民之间的矛盾,并使他们重新成为一个合规合矩的群体。

总而言之,正是中国人对自身文化本质的认识态度,决定了中国文学艺术的表现方式是以人为中心的特征,尤其以中国文学为例,其是真正的人的文学而不是神的文学。关键是中国古代文学艺术,尤其文学中的诗词歌赋、小说及民间艺术是中国古代民众常有的娱乐欣赏载体,其中的价值观,尤其是人间正道价值观对人的影响最是广泛、深远。

二、大道之行天下为公

"公"字在这里,是跟"平"相关联的,一则是讲公平正直,一则是讲平分。在中国古代社会,由于现实中存在的不平等,在制度设计上也有缺陷,而这种缺陷可以对天道的公平设想来弥补。天地的无私成为古代思想家们的向往,《管子·形势解》说:"天公平而无私,故美恶莫不覆;地公平而无私,故小大莫不载。无弃之言,公平而无私,故贤不肖莫不用。故无弃之言者,参伍于天地之无私也"。这里,天不私爱美而嫌弃恶,地不私爱大而嫌弃小,天地不偏不倚,对万物都能够普遍地覆载。《礼记·孔子闲居》载孔子之"三无私","天无私覆,地无私载,日月无私照,奉斯三者以劳天下,此之谓'三无私'。"彰显了儒家公平观念,以"无私"反衬"公平"。"天下为公"是中国古代思想家们对美好社会的一种愿景,《礼记·礼运》就有"大道之行也,天下为公,选贤与能,讲信修睦。故人不独亲其亲,不独子其子;使老有所终,壮有所用,幼有所长,鳏寡、孤独、废疾者皆有所养;男有分,女有归。货,恶其弃于地也,不必藏于己。力,恶其不出于身也,不必为己。是故谋闭而不兴,盗窃乱贼而不作。故外户而不闭,是谓大同"。儒家的"天下为公"主张,不是在生产资料所有制方面实现"大公",而是通过塑造至高至上的"天"来加以实现其理想:"臣闻爵禄、土地,天之有也。《书》云:'天命有德,五服五章哉!'王者代天爵人,尤宜慎之"(《资治通鉴》)。

墨子就"天下为公"作了创造性阐释。针对儒家注重于亲情,墨子曾批评有言,"今天下之士君子,知小而不知大"(《墨子·天志》),"而囿于一家一国,或之于天也,忽然不知以相儆戒"(《墨子·天志》)。墨子着眼于"天"和"天下",以"天下人"平等、进步、富强为目的,必须寻求和遵循对应于广泛社会的原理和规则。"天下非一人之天下也,天下(人)之天下也。"

（《吕氏春秋·贵公》）墨子认为，（天下）人伦社会，"莫若法天。天之行广而无私，其施厚而不德，其明久而不衰，故圣王法之"（《墨子·法仪》）。墨子将"天"描绘为能兼容万事万物的系统，无偏无私，并具有神秘的力量即天下万物具备和各得其所。其中，每个人都为"天"之所有的，而"天"对于天下所有人（物）都提供了衣食。自然而然，天下人组织成了一个个的家庭、乡里和国家。而国家（包括百姓、士人、三公、天子）虽有大小和强弱，但都是天下的国家；人虽分为不同姓氏、家庭和长幼、贵贱，但都是天下的臣民，它们都是平等的。这都反映了上天的意志——天下为公。

　　儒家"天下为公"的观念也有一个产生、发展直至成熟的过程。根据文献记载，夏桀道："时日曷丧，予及汝皆亡"（《尚书·汤誓》）。而殷纣王则更甚于此，当祖尹提醒他说："非先王不相我后人，惟王淫戏用自绝，故天弃我，不有康食"（《尚书·商书·西伯戡黎》）。殷纣王则说："我生不有命在天？"（《尚书·商书·西伯戡黎》）在这个时候还没有"公"的观念。时至西周，周人在总结前朝兴衰经验与尊重民力的前提下，提出了"以德配天"的观念。武王伐纣的誓言说："今商王受，惟妇言是用，昏弃厥肆祀弗答，昏弃厥遗王父母弟不迪。……今予发惟恭行天之罚。"（《尚书·牧誓》）董仲舒说："天者，百神之大君也。"（《春秋繁露·郊祭》）他还把天比作人的"曾祖父"，但董仲舒的"天"同时也是至大至公的体现者。如他说："天覆育万物，既化而生之，有养而成之，事功无已，终而复始，凡举归之以奉人。"（《春秋繁露·王道通三》）"是故王者惟天之施，施其时而成之，法其命而循之诸人，法其数而以起事，治其道而以出法，治其志而归之于仁。"（《春秋繁露·王道通三》）董仲舒还说："故号为天子者，宜视天如父，事天以孝道也。"（《春秋繁露·深察名号》）天子应像儿子孝顺父母一样孝敬天。儿子不孝，父母可责可罚，天子不孝，天也可责可罚。这自然可以得出："天子不能奉天之命，则废而称公。"（《春秋繁露·顺命》）可见，董仲舒试图构建一个具有绝对权威的"天"的观念，以期对君权的约束，从而维护儒家一直强调的"天下为公"思想。后世儒家坚持这种观点，明末黄宗羲说："古者以天下为主，君为客；凡君之所毕世而经营者，为天下也"（《明夷待访录·原君》）。

　　关于"公"，程明道认为："公则一，私则万殊，至当归一。……人心不同如面，只是私心"①。朱子说："人只有一个公私，天下只有一个邪

---

①　（宋）程颢、程颐：《二程集》，中华书局1981年版，第144页。

正。"①他还说:"凡一事便有两端,是底即天理之公,非底乃人欲之私。"②等等。他还提出:"天下之大公。"即百姓民族的根本利益,而不是君王的利益。"一姓之兴亡,私也,而生民之生死,公也。"③"以天下论者,必循天下之公,天下非一姓之私也。"④他反对以君主一家一姓的利益为最高的价值标准,认为民族的利益、天下百姓的利益高于君王的利益,"不以一人疑天下,不以天下私一人"⑤。百姓民族的利益才是最高之义,具有最高的价值。

近代以来,思想家们设想社会是以生产资料公有制为基础,没有剥削,没有贵贱的;而革命先驱孙中山则提出了具体方案:土地国有、大企业国营,主张国家举办教育、文化、医疗保健等公共福利事业,供公民享用,更重要的是他一生为之"天下为公"不懈奋斗。

人类早期社会按族类的共同规律而生,在财产拥有上没有差异,每一个体都生存着、生活着。随着人类社会的发展,人类社会出现不平等,尤其是财富拥有方面。由此,"均贫富"成了世代人类奋斗的目标。对此,荀子提出有分、有差,若没有分,没有差,社会很难有足够前进动力,这是清楚的。其实,在人类历史发展进程中总是存在着所谓"效率与公平"的问题。如何解决这个问题,最根本还是靠制度,要靠制度精巧设计好。

人为自己立法、立德、立神,其实都是一种文化现象,都是人对自我的言行的约束,由个体归向集体,这如同磁场效应。中国古代社会的人有人禽之别、人神之别,强调合体的属性,强调的是角色意识,强调的是人的利他性。人既追求现实、现世幸福,但是人更有为公为民的价值取向,当然,这需要社会环境的激发与创设。

三、公忠精神

在春秋战国之际,一些思想家和政治家是倾向"公忠"的。孔子曾说:"君使臣以礼,臣事君以忠。"(《论语·八佾》)在孔子看来,礼是国家大治的最高准则,君以"礼"治国,臣下才能尽心竭力地忠于他。显然,孔子的这种"忠君"思想应属于忠于家国社稷的"公忠"范畴。同样,孟子也很少讲"忠君"的问题,他甚至说过"君之视臣如土芥,则臣视君如寇仇"(《孟子·

---

① (宋)黎靖德编:《朱子语类》,《学七》,中华书局1986年版,第228页。
② (宋)朱熹:《朱子全书》第十四册,上海古籍出版社2002年版,第390页。
③ 王夫之:《读通鉴论》卷十七,《船山全书》第10册,岳麓书社1966年版,第669页。
④ 王夫之:《读通鉴论》,中华书局1975年版,第950页。
⑤ 王夫之:《黄书》,《船山全书》第12册,岳麓书社1988年版,第519页。

离娄下》）的话,当齐宣王问他像汤放桀、武王伐纣这样"臣弑其君"的举动是否可以的时候,他说:"贼仁者谓之贼,贼义者谓之残,残贼之人,谓之一夫。闻诛一夫纣矣,未闻弑君也"（《孟子·梁惠王下》）。这些话语,显然和晏婴、师旷的论述一样。之所以如此,是因为孟子的理想是恢复古时候的仁政王朝,他没有狭隘的忠君观念,而是一个"士志于道"者,为此他可以去批评君王,甚至要"为王者之师"。他的"忠",可以看作中国古代思想家"公忠"的典型。

这种"公忠"的精神,在《诗经》中,早已经有了很好的体现,尤其是《大雅》中《民劳》《板》《荡》《抑》《桑柔》五篇怨刺诗,可作为其中的代表。据《毛诗序》所云,这五篇诗都是讽刺厉王之诗:"《民劳》,召穆公刺厉王也"。"《板》,凡伯刺厉王也。"（《诗经·大雅·板》）"《荡》,召穆公伤周室大坏也。厉王无道,天下荡荡,无纲纪文章,故作是诗也。"（《诗经·大雅·荡》）"《抑》,卫武公刺厉王,亦以自警也。"（《诗经·大雅·抑》）"《桑柔》,芮伯刺厉王也。"在历史上,周厉王是个无道之君。《国语》中曾记载厉王无道,最后被国人（国都之人,以士为主）驱逐的故事。这五篇诗都出于上层贵族人物之手,他们对厉王的无道进行讽谏,这五篇诗之所以在讽谏厉王时使用了这样激烈的言辞,主要来源于诗人的这种"公忠"精神,来自这些贵族人物对国家的忧患意识。因此,他们在周厉王面前没有奴相,没有诚惶诚恐,而是以一个老臣甚或长者的身份来进行劝谏。如《抑》诗中卫武公直称厉王为"小子",说他不知好坏,要耳提面命地训导他。"於乎小子,未知臧否。匪手携之,言示之事。匪面命之,言提其耳。"（《诗经·大雅·抑》）《板》的主人公凡伯批评厉王亦自称:"老夫灌灌,小子蹻蹻。"（《诗经·大雅·板》）《诗经·大雅》中的怨刺诗具有典范的意义,和其中的这种"公忠"精神是直接相关的。《毛诗序》曰:"雅者,正也,言王政之所由废兴也。政有大小,故有《小雅》焉,有《大雅》焉。"《史记司马相如传赞》曰:"《大雅》言王公大人而德逮黎庶,《小雅》讥小己之得失,其流及上。所以言虽外殊,其合德一也。"这里所说的"王政废兴""德逮察底""其流及上"云云,都指出了大小雅抒情诗超越个人利益而具有群体主义情感的"公忠"精神。

在中国古代文学中,继承并发扬了大小雅"公忠"精神的最伟大人物是屈原,而屈原的"忠"不是忠于楚王个人,他所忠于的是楚国和他的人民。其《离骚》《九章》所反复吟唱的主题,就是他所念念不忘的楚国。黑格尔在评论古罗马公民的道德时说:"罗马人已经有了城邦和法律制度,在作为公共目标的国家面前,私人的人格是应被否定的。把个人抽象化为只是一个罗马公民,在私人的坚强的主体性方面,只想到罗马国家、祖国,以及祖国的崇高和强大——罗马道德的严肃和高尚就在于此。"①假如我们把黑格尔所说的罗马道德看作一种高尚的精神,那么,屈原所追求的"公忠"可视为一种更为崇高的精神。而当时,一些新兴的封建主也已经抛弃了"公忠"意识。而屈原在这种情况下仍然一如既往地把自己的命运和宗族国家的兴亡衰盛连在一起,并自觉地把它作为自己行动的指南,并为此上天入地,甚至于为此而死也毫无悔意。这种精神,在中国历史上堪称典范。正因为如此,屈原的这种"公忠"精神才被后世敬仰。对此,司马迁甚至这样赞誉他说:"推此志也,虽与日月争光可也。"(《史记·屈原列传》)

　　自中国原始宗族社会就形成的这种"公忠"精神,一直贯注于几千年的历史,它积淀为中国古代爱国志士仁人的品格,为国献身,为国尽力。黄宗羲在《明夷待访录》中说:"盖天下之治乱,不在一姓之兴亡,而在万民之忧乐。"并认为自己"为天下非为君也;为万民,非为一姓也。吾以天下万民起见,非其道,即君以形声强我,未之敢从也"。其实,这也是古代仁人志士践行的家国情怀。"苟利社稷,死生以之"②"国尔志家,公尔忘私,利不苟就,害不苟去,唯义所在"③"大丈夫当有忧国之心"④"天下兴亡,匹夫有责""保天下者,匹夫之贱,与有责焉耳矣"⑤"苟利国家生死以,岂因祸福避趋之""不以一心之戚而忘天下之忧"⑥"以国事为己事,以国权为己权,以国耻为己耻,以国荣为己荣"⑦。这些观念激励与领引一代代志士尤其是为官者不断为国家民族而奋斗。所谓"博施于民而能济众""国而忘家,公而忘私"等,其所强调的就是个人要将自己的追求与国家需要融为一体,在必要时,为了国家和民族的利益要敢于杀身成仁,舍生取义,义无反顾地承担起"平治天下""泽加于民"的社会责任。这种奉献国家和民族的价值取向被无数中华儿女内化为个人的自觉行为,所谓"天下兴亡,匹夫有责""为官一任,造福一方",所谓"位卑未敢忘忧国""家事国事天下事,事事关心"等,无不深刻地体现着个人对国家和民族利益的强烈关注和自觉维护。

---

①　[德]黑格尔:《美学》第 1 卷,朱光潜译,商务印书馆 1979 年版,第 237 页。

②　《左传·昭公四年》。

③　贾谊:《新书校注》,中华书局 2000 年版,第 82 页。

④　(明)陈继儒:《安得长者言》,中华书局 1985 年版,第 2 页。

⑤　顾炎武:《日知录》,上海古籍出版社 2013 年版,第 756—757 页。

⑥　范仲淹:《范文正公集》上执政书卷九,上海古籍出版社 1987 年版,第 633 页。

⑦　梁启超:《饮冰室合集》,中华书局 1989 年版,第 73 页。

第三节 现 世 生 活

一、儒家入世精神

中文里的"儒家"并不相当于英文的 Confucianism。儒家的字面含义是"学者之家"，它意味着一个系谱、一个学派或是一个学术传统。儒家传统以一种生活方式出现，它对社会有持续影响，它为一种人生信念，它也是一种政治的意识形态。儒家的显著特征就是坚信平常的人类世界具有深刻的精神意义，"世俗的"显示为"神圣的"。

儒家精神取向的一个显著特征，便是承认当下世界的意义和内在合理性。世界之"所是"远未达其"所当是"，这个观念使儒家能够以批评的态度关注着现实世界。即儒家并不逃离这个世界，而是密切关注并参与当时的经济、政治和社会事务，并和"世俗"秩序中的"俗务"搏斗。真正的儒者，就像孔子，会去做他们实际上知道自己做不到的事。

孔子自认是一个禀受天命传递大道的人，是一个学而不厌的学生，诲人不倦的老师。《论语》中的对话清楚地表明，尽管有人劝他脱离人间世的思想，不仅是真正可能的，而且是持久的诱惑，但是孔子仍然选择了与人为伍："长沮、桀溺耦而耕，孔子过之，使子路问津焉。长沮曰：'夫执舆者为谁？'子路曰：'为孔丘。'曰：'是鲁孔丘与？'曰：'是也。'曰：'是知津矣！'问于桀溺。桀溺曰：'子为谁？'曰：'为仲由。'曰：'是鲁孔丘之徒与？'对曰：'然。'曰：'滔滔者天下皆是也，而谁以易之？且而与其从辟人之士也，岂若从辟世之士哉？'耰而不辍。子路行以告。夫子怃然曰：'鸟兽不可与同群，吾非斯人之徒与而谁与？天下有道，丘不与易也。'"这段对话生动地描述了两种截然不同的人生态度。隐士长沮和桀溺选择放弃他们的社会责任，"完全逃开这个世界"。孔子似乎接受了他们对那一时代的客观条件的评断："滔滔者天下皆是也"，孔子自己对形势的判断是："凤鸟不至，河不出图。"然而，在如何面对时代失序的题上，他个人的决定却与许多人全然不同。道家致力于开发他们自己的一片"净土"，以此获得个人精神的平静以及与自然的合一。同时，他们带着嘲讽的超然态度来看待像孔子那样的人，虽然竭尽全力企图校正这个世界的错误，但往往劳而无功。而他们自己则像托马斯·摩尔，以乌托邦的眼光看待俗世，认定政治已经不可挽救地败坏了。进一步，在道家那里，在乱世中个人保全生命是唯一出路。孔子知道从哪儿可以渡河，他的说法在深层意义上暗示着，那"滔滔者天下皆是"的河水太危险,不可能渡得过去。桀溺对子路提出的反问,"岂若从避世之士",确实像是邀请,但最好把它理解为一个警告。事实上,桀溺的问题是有预兆的,因为子路后来在一场政治斗争中失去了生命。

孔子本人曾经表示"欲居九夷",又曾经以开玩笑的口吻说,如果大道不能流行,他将"乘桴浮于海"。其实孔子醉心于音乐,对自然有着细腻的感悟,也喜欢俭朴的生活。然而对于孔子来说,正是因为时代的状况是混乱而无秩序的,需要有人关注社会、投身到社会改革中,而不是逃离。面对现实,他感伤且有着深深的悲怆:"天下有道,丘不与易也"。关键是他以极大热情关注现实,并挺身而出承担改造世界的责任以"回归大道"。孔子与楚狂的一次短暂相遇就是很典型的例子:"楚狂接舆歌而过。孔子曰:'凤兮,凤兮,何德之衰? 往者不可谏,来者犹可追。已而,已而! 今之从政者殆而!'孔子下,欲与之言。趋而辟之,不得与之言。"(《论语·微子》)楚狂清楚地看到孔子自我承担使命所具有的危险性,其他人也同样清楚地看到其不可为的情势:"子路宿于石门。晨门曰:'奚自?'子路曰:'自孔氏。'曰:'是知其不可而为之者与?'"(《论语·宪问》)换句话说,"知道时代不可为,却仍将尽力而为",这表现出以孔子为代表的儒家担当,以及强烈的入世精神。

事实上,在长达数十年的时间里,孔子积极地投身于社会、政治,试图依靠国君把他的仁道付诸实践。通过实践,孔子坚信这个世界充满意义,并坚信大道终将通行于他那个时代的社会和政治之中。孔子立足现实,他对人类共同体怀有赤诚之心。孔子周游列国长达十三年之久,作为智者和教育家他声名远播四方。孔子可说是那个时代的"木铎",传播上天的声音以警醒世人。确实,孔子被认为是时代的良心,知道自己即使不能成功,也从不言弃。

儒家"终极关怀"不是在彼岸世界,而是关注着现实的人间,孔子提出:"敬鬼神而远之,可谓知矣"(《论语·雍也》)。"子不语:怪、力、乱、神。"(《论语·述而》)孔子也倡导天命、祖先、圣贤等崇拜心理,这不同于向往来世的宗教趋向,也不同于观察自然的科学道路,而是着眼于日常生活的经验世界。这一方向,体现了儒家文化的特点,也体现了中国传统文化的特点。美国心理学家墨菲与柯瓦奇认为,古希腊哲学中的终极关怀与希伯来的宗教精神有天然的吻合之处,整个教父哲学都是淀泊在柏拉图二元论港湾里的心理学。古希腊哲学在城邦制度被罗马摧残以后并没有消亡,而是渗透到民间,与希伯来的犹太教相结合,终于孕育出基督教神学。如恩格斯所说的,基督教是"基督教已经从普遍化了的东方神学,特别是犹太神学和庸俗

化了的希腊哲学,特别是斯多亚派哲学的混合中悄悄的产生了"①。这种
"终极关怀"的宗教上接古希腊哲学,下启中世纪的宗教文化,并一直延伸
到近现代,形成了弥漫整个西方文化的宗教气氛。教父哲学的代表人物奥
古斯丁以为,上帝是永恒的、创造的、全善的、圆满的,而人则由于原罪之故,
是天生的罪人。他反复强调,人只有得到上帝的恩惠才能得到拯救。对人
来说,唯有人灵魂的忏悔达到与上帝同一的最高境界,人才是圆满的、全善
的。18 世纪英国的托马斯·卡莱尔说:"无论从何种意义上讲,一个人的宗
教都是他生活中至关重要的事情,这种看法完全正确。一个人是如此,由众
多的人所组成的民族也是如此。"②像西方文化那样对人的"终极关怀"的
宗教精神是不存在的。

　　由此,东西方文化及东西方哲学表现出差异,这就是中国人重当下,表
现出强烈的入世精神。

二、百姓日用即道

　　中国古代社会传统文化从产生、传播到稳定,需要以现实中的"人"为
承载体,"文化,或者不用专门的字眼——传统,它不外在或独立于由共同
生存的个人所组成的社会。文化价值不是从天而降地对历史进程发生影响
的,它是一种基于人的观察而产生的抽象。"因此,认识"人"的作用,对于理
解文化及传统文化是一个关键:中国传统文化之所以得以传承延续,是由于
生活在其中的人们的世代传承。也许有人没有读过《论语》,但他知道"不
耻下问""三人行,必有我师""温故而知新""和为贵""四海之内皆兄弟"
"温良恭谦让""生死有命,富贵在天""食不语,寝不言""君子坦荡荡"等,
这些箴言警句不是他从书本上得来的,而是与他人交往言谈中,或者是从他
人的生活方式和生活习惯中得来的。中国古代社会的民间也有很多人没读
过"四书五经",但其中为人处世的价值观念、原则、规范却已融合在许多寻
常百姓的生活方式和生活习惯上。

　　在中国几千年的历史发展中,家庭及文化传承的最主要形式有两种:一
种是对儿童的养育方式;一种就是教育方式。家庭中的隔代养育起着非常
重要的作用,由祖父母或外祖父母看管的小孩,孩子的价值观念、认知能力、
个性特征及伦理道德等,都在这种养育方式中形成和内化。中国古代社会

　　①　[德]恩格斯:《路德维希·费尔巴哈和德国古典哲学的终结》,见《马克思、恩格斯论无神
论宗教和教会》,华文出版社 1991 年版,第 462 页。
　　②　托马斯·卡莱尔:《论英雄和英雄崇拜》,张志民、段忠桥译,中国国际广播出版社 1988 年
版,第 2 页。

中,长者、老者作为一种文化的传播者,他可以将上一代的习俗、礼仪、禁忌等各种做人之道通过言传身教传给下一代,中国人家喻户晓的"荆轲刺秦王""桃园三结义""岳母刺字"等故事及其背后价值的导向,均可通过长辈尤其是老年人,一代代传下来。

宋明理学是中国后期封建社会的哲学指导思想。从王阳明心学分化出来的王学左派则是从人的文化哲学上对宋明理学的叛逆,从程朱理学的"性即理"变为陆王心学的"心即理",物极必反,从"心即理"轻轻一转,即变成"百姓日用即道"和"吃饭穿衣即道",这样,宋明理学和陆王心学对人的本质的看法,由注重的社会属性转到注重人的自然生物本性方面来。"吃饭穿衣即道"是对宋明理学的修正,使这一主题更加明朗,其既具有哲学上对人的个性与本能的本质的恢复的反思,也有其现实的社会物质基础即来自明代中叶以来手工业经济的发展和商品经济的繁荣,由此,"吃饭穿衣即道"更加凸显儒家重现世生活的主旨。后世王夫之、顾炎武、黄宗羲等哲人,尤其戴震从新的角度,即从人的生理欲求角度来解释这个"理"字,他说:"理者,存乎欲者也"。

中国哲学中儒释道强调人的修养功夫,他们有一个共同特征,就是道不离人,求道修德并不需要远离红尘、隐居深山,在日常生活中也可以修道。"修行"二字虽然是佛教的名词,但佛教修行并不一定必须要到寺庙里出家。禅宗认为,禅境存在于日常的生活实践之中,一山一水、一草一木之中都有佛性,因此,不应该离开日常担水砍柴而去思索佛性,可以即事修行,悟禅道就在我们的日常生活当中。也就是说,修行可以不出家,生活中的砍柴担水、喝茶吃饭,无不蕴藏无限的禅机。也就是在家也可以修行:"若欲修行,在家亦得,不由在寺。"(《六祖坛经》)儒家更强调为道就体现在人伦事物中,道不离人,主张在积极入世中进行德性修养,倡导大隐,而不是小隐。"小隐隐于野,中隐隐于市,大隐隐于朝。"(《反招隐诗》)解甲归于山林之中,过着与世无争的隐居生活,这只是小隐。而身处喧闹的市井中,却可以对他人与嘈杂视而不见,保持心境的宁静,这是中隐。最可贵的是,在朝为官,身处钩心斗角的权力和欲望的旋涡之中,却能不同流合污,不随波逐流,保持清净的心境,过着悠然自得的生活,这才是归隐的最高境界,才是真正的隐士,才是"大隐"。显然,人是社会中的人,文化中的人,更是充满着七情六欲的自然人,对生命热爱,对美好生活热爱是儒家的思想主旨。

第八章　儒家成人润涵的生态系统：教化

第一节　社会中有组织规导人

一、官方政府力推

（一）君王表率

中国古代是政治权力支配下的社会，政府担当教化重任，主导思想的规划、施教人员的选拔、教化典型的塑造等，主要都是由政府经办或认可的，甚至皇帝本人也要亲身行教。君王和官吏作为古代社会阶层，在社会当中居于核心地位，其具体事功与言行关乎着教化在社会中的影响，具有强大的感召力。中国古代社会常常将政治成败维系于君王的个人德性之上，君王作为一国之主，应当为民表率，所以儒家历来重视君王的榜样示范作用。孔子曰："上好礼，则民莫敢不敬。上好义，则民莫敢不服。上好信，则民莫敢不用情。夫如是，则四方之民襁负其子则至矣！"（《论语·子路》）孔子也倡导执政者："其身正，不令而行，其身不正，虽令不从。"（《论语·子路》）"政者，正也。"（《论语·颜渊》）"苟正其身矣，于从政乎何有？不能正其身，如正人何？"（《论语·子路》）孔子还说："为政以德，譬如北辰，居其所而众星拱之。"（《论语·为政》）

在儒家看来，只有具备一定条件，才能担当起教化天下的职责。尧、舜、禹、周公等上古先贤就是教化主体的榜样。朱熹在《大学章句序》中说："盖自天降生民，则既莫不与之以仁义礼智之性矣，然其气质之禀或不能齐，是以不能皆有以知其性之所有而全之也。"故"一有聪明睿智能尽其性者出于其间，则天必命之以为亿兆之君师，使之治而教之，以复其性"。高尚品格，既可以"光被四表，格于上下"（《尚书·虞书·尧典》），也能够使"百姓昭明，协和万邦，黎民与变时雍"（《尚书·虞书·尧典》）。所以，在司马迁眼中，尧帝"生而神灵……顺天之义，知民之急。仁而威，惠而信，修身而天下服……日月所照，风雨所至，莫不从服"（《史记·五帝本纪》）。所谓"天不生仲尼，万古如长夜"（《朱子语类》）即是对孔子开创教化思想、践行教化的赞誉。朱熹将这一系列编为尧、舜、禹、汤、文、武、周公、孔子、孟子，朱熹还将伏羲、神农、黄帝、皋陶、伊尹、傅说、周公、召公补充入列,并且将同时代的邵雍、周敦颐、张载、二程兄弟编列为新的传道之人。他们的共同特点均以德才兼备著称,从而获得了历史和民众的认可,该谱系中的每一位既是儒家思想发展史上的榜样人物,也是具有开拓创新之功的思想巨擘。可称为"亿兆之君师"。

董仲舒也认为,教化是上行下效的过程,他说:"尔(你)好谊(义),则民向仁而俗善;尔好利,则民好邪而俗败"(《董仲舒传》)。即为政者成为民众效仿的对象,"或仁或鄙",都是由为政者自上而下陶冶的结果。所谓"朝廷之本在君主,君主之本在宸衷","故人君者,正心以正朝廷,正朝廷以正百官,正百官以正万民,正万民以正四方(四裔)"(《汉书艺文志》)。即对民众要进行教化,不能放任自由,否则这将影响政治稳固,不利于社会和谐发展。董仲舒同样认为欲使教化取得实效,君王的身教十分重要,"先王显德以示民,民乐而歌之以为诗,说而化之以为俗。故不令而自行,不禁而自止,从上之意,不待使之,若自然矣"(《春秋繁露》)。同时,董仲舒认为能否化民成俗,关键在于君王德性对民众的影响和感化。为此,董仲舒仿孔子"上好礼,则民莫敢不敬;上好义,则民莫敢不服;上好信,则民莫敢不用情"(《论语·子路》)的句式,讲道:"尔好谊,则民好仁而俗善;尔好利,则民好邪而俗败。由是观之,天子大夫者,下民之所视效,远方之所四面而内望也。近者视而放之,远者望而效之,岂可以居贤人之位而为庶人行哉!……故尧、舜行德则民仁寿,桀、纣行暴则民鄙夭。未上之化下,下之从上,犹泥之在钧,唯甄者之所为,犹金之在熔,唯冶者之所铸。'绥之斯俫,动之斯和',此之谓也"(《天人三策》)。可见,君王施予教化与否,直接关系着民众的未来,而要达到"上之化下,下之从上"的理想状态,关键在于为政者尤其是君王能否以身作则。汉朝初期,政治分工尚不完善,君王通过自己至高的权威地位,身体力行引导民众向上向善,从而培育良好的社会风气。而各级官吏在日常行政中,也注重教化的施行,他们既是官吏又是师儒,如汉代采取皇帝诏书与官府文告的方式,宣扬相关价值观念或培养良好社会风气,对社会民众向上向善起到了引领的作用。

(二) 官吏力推

各级官吏作为君王的代表,自然应当肩负起教导宣化民众的责任。地方官吏是万民的师表,有教化万民的义务,如果能担当教化重任,必将取得良好的效果,而民众也会齐心向善,也会诚心接受教化。事实上,中国古代社会,在地方上都设有负责教化的官吏,肩负着对民众的教化以维护正常的社会秩序,以德性陶冶民众。在汉代,有许多官吏出身儒家,在儒家教化传统的影响下,着力推行儒家价值观念,为官一方的儒生官员在掌握地方政权的同时,更注重教化的实施。同时,他们大多主张德政与德教的结合,他们为政一方,在处理收税征赋等日常事务时,注重教民导民以移风易俗,"绝恶于未萌""不务治民事而务治民心"成为儒生理想的行政方式。儒生政治理想的实现是以推行教化为前提和基础的,"坚信道德和政治密不可分、统治者的修身和对人民的统治密切相关,使人们很难将政治理解为独立于个人伦理之外的控制机制,……政治上的领袖资格在本质上表现为道德上的说服力,王朝的改革力量主要建立在帝王官吏的伦理品质上"①。

汉代官吏积极推行社会教育,劝善惩恶,崇化励贤,促成良好的社会风俗。汉武帝时倪宽任左内史,领京畿诸县,广推教化,据《汉书》卷五十八本传:"宽既治民,劝农桑,缓刑罚,理狱讼,卑体下士,务在于得人心。择用仁厚士,推情与下,不求名声,吏民大信爱之"。倪宽就是太学的博士弟子,据本传载:"治《尚书》,事欧阳生。以郡国选诣博士,受业孔安国,贫无资用,尝为弟子都养。……以射策为掌故,功次,补廷尉文学卒史"。而西汉著名的循吏韩延寿,他是郡文学出身,深受儒学的熏陶,在颍川、东郡任太守时,以移风俗、兴礼乐为治民先务。《汉书》卷七十六本传:他"教以礼让","为吏民行丧嫁娶礼,百姓尊用其教","表孝弟有行","修治学官"。《后汉书》卷四十三《何敞传》载,何敞任汝南太守,"分遣儒术大吏案行属县,显孝悌有义行者"。《后汉书》卷二十五《刘宽传》载他历任三个郡守,"每行县止息亭传,辄引学官祭酒及处士诸生执经对讲,见父老慰以农里之言,少年勉以孝悌之训。人感德兴行,日有所化"。

设官教民也是我国古代政教合一的一种教化方式,在地方设置专事教化的各级官吏,如西周时,设有"乡大夫""乡师""乡老",以掌一乡的政教、教育、监察等事宜。战国时魏国有三老,秦也置乡三老。汉代增置县三老,东汉以后又有郡三老,均为司掌教化的专职人员。宋以后理学家出任地方官,更是经常发表"谕俗"一类的宣传教化的文告以及劝善性的讲话。民间许多礼仪如"开学礼"等也是在地方官员的率领下进行的。《管子·度地》中也提到"三老、里有司、伍长者,所以为率也"。应该说官吏自身的模范作用是潜移默化的。汉代执政者对"三老"极为重视,早在高祖时,就在基层乡里设置"乡三老"掌管教化,"三老"教导百姓服从政府,将各项国家政策直接贯彻到各级乡里,"三老掌教化,凡有孝子顺孙,贞女义妇,让财救患,及学士为民法式者,皆扁表其门,以兴善行"(《后汉书·百官志》)。从选拔

---

① 杜维明:《道·学·政》,三联书店 2013 年版,第 7 页。

"三老"的条件来看,需"年五十以上,有修行,能率众为善"。借助"三老"等地方传统力量以求得社会秩序的稳定,是汉代基层官吏推行教化的一个措施。费正清在谈到汉代的政府与社会时说:"政府实为居于半隔绝状态各乡村之上的一个相当小但是高度集权的机构,而朝廷与乡村的中介则是城镇,由地方长官与当地豪门地主、三老一类打交道以进行统治。"①对此,黄今言也认为:"汉代地方上的三老、父老,虽非严格意义上的乡村官吏,然而,由于他们的身份特殊,却堪称首先精神的示范人物,因而享有较高的地位和声望。其突出的一个表现,就有他们可以参政与议政。"②"地方上三老、父老不仅议政,而且'掌教化',并直接参与乡里的各种事务活动,成为国家控制农村社会秩序的重要力量,诸多史实说明他们起有不可或缺的作用。"③

在清代,官员同时充当教师角色,作为地方学政、教官一类的教育官员,较好地履行好皇帝交代的教化职责,其中,学政主要负责地方的科举考试,且对地方官学进行督促。如康熙十九年赴任广西督学的王如辰,为了努力减轻吴三桂叛乱带给广西的教育损失,恢复乡试,同时,也恢复了瘫痪的官学教育,修葺府学,"以明伦广教为拨乱反正之第一义",以此保证教化作为清朝维护地方秩序的至高地位,以免再出现因教化不明、人心不正而导致的叛乱祸患。另外,清代有些官员还通过著书立说、编书兴学等实际行动来彰明教化。如安徽繁昌县知县梁延年为了让民众更好理解"上谕十六条"的含义,不但用浅显、生活化的语言加以解释和发挥,而且以配图插画的形式编成《圣谕像解》一书,在社会教化方面产生很好效果。

二、学校的成体系教化

(一) 正式学校教育与教化

夏朝时,已产生了学校教育,其形式有庠、序、校三种。学校具有军事教育的性质,设在都城,政教合一。商朝设右学为大学,左学为小学,而作乐于瞽宗,右学又称辟雍,是中国最早的大学。周朝的教育是我国古代社会教育的典型,据史书记载,西周已建立了两大系统的学校:国学和乡学,国学设在天子、诸侯所在的都城;乡学设在都城以外的乡遂。国学又分为小学和大学,小学设在王宫内,王子和贵族子第八岁入学,学习数数、辨别方位、写字

---

① [美]费正清:《中国:传统与变迁》,张沛、张源、顾思兼译,世界知识出版社2002年版,第55页。

② 黄今言:《汉代三老、父老的地位与作用》,《江西师范大学学报》2007年第5期。

③ 黄今言:《汉代三老、父老的地位与作用》,《江西师范大学学报》2007年第5期。

和礼仪。大学设在都城近郊，有辟雍（天子所设的大学）和泮宫（诸侯所设的大学）之分。西周时期还按地方行政区域分级设立乡学，"家有塾，党有庠，术有序"，在乡遂实施德性修养。

古代学校观念主管教化的，是属于司徒之官的系统；所以孟子也说："人之有道也；饱食、暖衣、逸居而无教，则近于禽兽。圣人有忧之，使契为司徒，教以人伦"（《孟子·滕文公上》），这是一个系统。《礼记·明堂位》所谓"米廪，有虞氏之庠也；序，夏后氏之序也。瞽宗，殷学也；泮宫，周学也"，凡这类说法，以及《周礼》大司乐所主管的成均，其中皆含有教化的意义，有的还凸显一些节目，如养老、习射、祭祀时所须之乐、舞等类。自孔子以平民施教化于社会，尔后诸子百家，多重私人办学，儒者则特以《诗》《书》《礼》《乐》为教，这是新兴的民间讲学的系统。自孟子起，渐将司徒系统下所主管的"明人伦"，大司乐系统下所主管的特别教育节目，及由孔子所开始的民间讲学的三个系统，糅合而为一，以构成古代的教育制度，出现了一般之所谓学校性质的观念。

儒家以学校为载体的教化活动有着非常悠久的传统。早在上古三代之时，就已经有了较为成型的教育体系。但是主要局限于贵族范围内，只有贵族子弟才拥有受教育权，对他们的教化意在培养社会的范型，以此作为广大民众的学习榜样，实现社会的和谐有序。《孟子·滕文公上》记载，"夏曰校，殷曰序，周曰庠，学则三代共之。"校、序、庠分别是用来做什么的呢？孟子言："设为庠序学校以教之。庠者，养也；校者，教也；序者，射也。""皆所以明人伦也。"（《孟子·滕文公上》）朱熹为此上接孟子"人伦明于上，小人亲于下"（《孟子·滕文公上》）的观点，将庠、序、校的功能解释为对父子有亲、君臣有义、夫妇有别、长幼有序、朋友有信等人之大伦的清晰把握和认知。

董仲舒特别重视学校教育，建议国家层面设立太学，地方层面组建庠序等教育机构来达到此目的。教化之本在学校，他说："故养士之大者，莫大于太学；太学者，贤士之所关，教化之本源也"（《汉书·董仲舒传》）。学校是教化的重要途径，他还说："立大学以教于国，设庠序以化于邑，渐民以仁，摩民以谊，节民以礼，故其刑罚甚轻而禁不犯者，教化行而习俗美"（《汉书·董仲舒传》）。随着学校教育在西汉社会的逐步发展完善，其在教化方面也发挥着越来越重要的作用，而整个汉代社会浓重的教化氛围，也为学校教育的进一步发展提供了环境。汉代地方官学的主要作用就体现在增进地方教化方面，毛礼锐指出："汉代地方官学没有正规的课程设置，有的学官只有在一年的某些时节召集一些知识分子讲经，也有些知识青年常常自动地、个别地到学官那里去问业。地方官学对中央官学并没有从事属关系，师资也较差。所以,奠定了基础。……它的主要任务在于奖进礼乐,推广教化,不是像我们今天所理解的那种进行经常性教学的学校。"①吕思勉指出:"古代学校本讲教化,非重学业,汉人犹有此见解。故武帝兴学之诏以崇乡里之化为言。"②"汉代学校教育作为整个教化的一个有机组成部分,对学校教育自身的发展也有重要影响,避免学校教育走贵族化道路,而逐渐形成办学途径多样化的特点。"汉代学校教育重视教化,当时的统治者也将学校育贤才作为教化的本源,汉武帝在招收博士弟子的诏书中,将目的归于"崇乡党之化,以厉贤才焉"。重视人的培养,使人成为人。到东汉,由五经博士发展到十四经博士,太学生人数也不断增加,最多时达到三万多人。由于朝廷对经学教育的重视,仅靠官学难以适应社会需求,于是各级政府大力提倡私人办学。

学校作为历代统治者重要的教化之所,是宣扬和灌输国家学说的主要途径。明朝初年,明太祖广建学校于天下,尤其重视基层学校的建制,层层推进学校教化体系向民间社会的渗透。明太祖早在至正十八年征浙东、下金华时就曾令属下开郡学、行教化,治国以学校为先、教化以学校为本是明太祖的一贯主张。明初的学校教育自官方到民间是一个庞大的系统,主要是中央官学体系以国子监的设立为核心,这是明代的最高学府,也是"风化之源",是明代官方培育政治人才的重要机构。同时,明太祖诏令全国各府、州、县设立学校,并延伸至乡、社等基层单位,建立起一个纵横交错、组织有序的完备教化网络。此外,针对底层社会的民间子弟,洪武八年正月,明太祖"命天下立社学"。

如果说汉学系经学影响了中国早期封建社会政治人才的培养,而宋学系经学对于中国后期封建社会政治人才的培养就更具有决定作用。宋元以降,科举制度几乎独占了人才选择的途径,朱熹撰写的四书注释和宋学经学派的五经注解成为官方法定的科举考试标准和学校教材。要进入官僚系统,就必须精通四书,而朱熹等理学家的注解又被规定为理解四书的最正确的解说。程朱理学之所以能盛行于宋、明,既有统治者的积极主张之主观原因,也因其"有宣扬的凭借之所,足以养成风气"。

(二) 蒙学教育与教化

在中国古代社会,蒙学始终发挥着对人的教育与教化作用。所谓蒙即指幼稚、暗昧。《易经·蒙卦》曰:"蒙者,蒙也,物之稚也!"就蒙学,广义上,泛指古代启蒙教育;狭义上,即指童蒙读本。蒙学中有许多感人故事,有圣

---

① 毛礼锐、邵鹤亭、瞿菊农:《中国古代教育史》,人民教育出版社1979年版,第189页。
② 吕思勉:《秦汉史》,上海古籍出版社1983年版,第721页。

人贤人，如大禹治水、夷齐义不食粟等，也有一些平凡人如孔融让梨、黄香枕席等。还有《日记故事》收集古代美德美俗之事，以及《二十四孝》许多感人故事，而这些都传播着为人以善、积极向上的儒家价值取向，对中国古代孩童产生了深广影响。在中国古代社会，人们将未举行冠礼、处于幼稚蒙昧阶段的孩童称为"童蒙"，其来源于《周易序卦传》中"蒙者，蒙也，物之稚也"的说法。因此对这一阶段的孩童进行的教育也就被称之为童蒙教育。早在《礼记》的《曲礼》和《少仪》中就记载了许多规范孩童行为的礼仪规范。早期的童蒙教育主要注重对儿童识字能力的培养，如汉代史游的《急就篇》、周兴嗣编写的《千字文》和唐代的《龟园册府》等蒙学教材，其编写的主要目的是教授儿童识字和日常的生活常识。

我国历来重视孩童的启蒙教育，尤其注重教材建设，蒙学教材也早已有之。西周宣王时期，史官即编纂有《史籍篇》，《汉书艺文志》称其为"周时史官教学童书也"。王国维肯定了段玉裁对其"四言成文，如后世《仓颉》《爰历》之体"的评价，认为它实为"字书之祖"。汉魏六朝时期的《千字文》则持续影响到唐代。宋代蒙学教材在《千字文》的基础上，又增加了《三字经》《百家姓》《杂字》等蕴涵儒家教化义理的识字类读本。

（三）书院教育与教化

书院是我国古代特有的教育组织形式。它萌芽于唐末五代，"前代庠序之教不修，士病无所于学，往往相与择胜地，立精舍，以为群居讲习之所"。兴盛于宋、明，明代王圻《续文献通考》记载："宋自白鹿、石鼓、应天、岳麓四书院后，日增月益。书院之建，所在有之。"且其"田土之锡，教养之规，往往过于州县学"（《文献通考》）。书院普及于清代。书院在中国历史上延续了千年之久，为我国古代教育的发展和学术的繁荣作出了重要的贡献。书院既是教育组织，又是与教育密切结合的学术研究机构，在教育史上占有重要地位，也起过重大的作用。书院作为中国古代社会特殊的文化载体，最初为唐代宫廷藏书之所，进而演变为文人士大夫阐发学术思想、传道授业的特殊教育场所。在书院中大师以"人师"自律，弟子则以"正其谊不谋其利"要求自我，这对于人的教化起着深远的影响。一般来说，书院是古代读书人存经、读经、教经、讨论经典、校经、印经、祭拜圣贤的地方。书院均以教授儒学经典、护持儒学道统为职志。

三、家族家谱家训细化

（一）宗族家族与教化

何为宗族？"宗者，尊也。为先祖主者，宗人之所尊也。"（《白虎通义·

宗族》)意思是说,在一个血缘群体中,必有一个被尊崇者受到其他成员的尊崇,这就是宗。在中国古代社会为什么在一个血缘群体中要有被尊崇者和尊崇者呢?《白虎通义》说:"古者所以必有宗,何也?所以长和睦也。大宗能率小宗,小宗能率群弟,通其有无,所以纪理族人者也。"汉代社会还普遍存在着血缘关系集团,即所谓宗族们是汉代国家的支柱。倘若他们不支持中央政权,并且互相争斗,致力于壮大自己的势力,国家就分崩离析。所以《白虎通义》对宗族的重视,显然超出对分散的个体家庭的重视,而当时国家的政治——宗教制度,不过是宗族中各种制度、规范的放大和延伸。宗族中,由始祖嫡传的后代为大宗,大宗足"百世之所宗"。与大宗相对的是小宗,小宗又分四个等级。族是聚的意思。"族者,凑也,聚也。"(《白虎通义·宗族》)同宗的人应该聚居一处,所以称宗族。"上奏高祖,下至玄孙,一家有吉,百家聚之,合而为亲,生相亲爱,死相哀痛,有会聚之道,故谓之族。"(《白虎通义·宗族》)所谓"九族",《白虎通义》认为是"父族四,母族三,妻族二"。

东汉时期的许慎在《说文解字》中说:"父矩也,家长率教者。"宋代王应麟在《三字经》中则说:"子不教,父之过。"清代李雍熙在《孝行庸言》中亦说:"天下有贤父兄,何患无贤子弟哉!"这说明,作为家长的"父",自古以来就是以教育子女为己任的。清代孙奇逢说:"端蒙养,是家庭第一关系事",在中国家庭不仅是生产和生活的单位,而且还是实施教育的单位。据说有记载的家庭教育产生于黄帝时期:"黄帝作君臣上下之义,父子兄弟之礼,夫妇匹配之合。"(《商君书画策》)显然,要使君臣父子夫妇各知其位,各守其礼,家庭教育起着重要作用。《周礼·冬官》道:"知者创物,巧者述之,守之世,谓之工。"郑玄解释说:"父子世以相教。"即说明从有人类以来,生产者的劳动技能的获得,生产经验的传留,也和家人口口相传相关。同时,在古人看来,贤能的子孙是家族的无价之宝,是一个家族最吉祥的象征,为了突现这些目的,中国古代家庭特别重视人的德性、品性、习惯养成教育。

古人特别注重家谱编撰,其内容大到皇恩封诰、为国立功、高中科举、晋官,小到在"仁、义、礼、智、信、忠、孝"等某一方面有突出表现者,皆作为家族荣誉加以记述,而这些多以诰轴、文苑、宦迹、笃行、孝友、忠义、节义、寿母、节孝等名目在家谱中出现,这是一个家族重要的精神源泉并加以传承。聚族而居的同族拥有共同的祖先、血缘,对于遥不可及的先祖,将画像置于家谱卷首,配上像赞,以歌颂祖宗恩泽、智慧;祠堂正厅供奉画像、牌位,按期举行祭拜,祈求先祖恩泽后世;对先祖坟茔进行永久性保护。这些反映了族众对祖先的崇敬。

（二）家训中教化

家训、家诫是家庭教化的一种方式方法。家训、家诫是指以儒家思想为宗,以"历代先贤大儒语录教导""名人模范事迹、美德懿行"及"帝、后训谕皇室、宫闱的诏浩"等为主要内容的一系列读物,常常以家书、诗词篇言、碑铭等简明训示为载体。是儒家士人围绕教子立身、睦亲治家、处世之道等多个方面展开的品性教化活动与方式。

《颜氏家训》是中国古代一部较有代表的家训,其为南北朝时人颜之推所撰。《颜氏家训》一书为颜之推晚年写成,二十篇,古作两卷。该书内容广博,体例完备。晁公武评论此书"述立身治家之法,辨正时俗之谬",是中国古代最早的家训。颜之推本人是北朝杰出的文学家,所以《颜氏家训》又"兼论字画音训,并考正典故,品第文艺"(《四库全书总目》)。古人为《颜氏家训》作注疏校勘整理者甚多,可知最早的是北宋沈拱,其撰有《考证》一卷,清人朱拭、卢文昭、赵曦明、郝彭行都曾为该书作注释,成绩显著。王利器撰《颜氏家训集解》对前人的成果收罗完备,附有己见,应是研究《颜氏家训》的最好版本。《颜氏家训》从教育子孙后人如何立身处世出发,其广记南北风俗人情,涉及教育、宗教、语言文字、伦理关系等方面。也正因为其内容的广博、体例的完备,《颜氏家训》一书成为后世家训的楷模。《颜氏家训》在唐代时,"即有别本流传"。同时书中的《归心》篇尊崇佛教,故该书又为佛教徒广泛征引,因此,在历史上影响深远,同时,在社会教化中发挥了重要作用。

第二节　民间风俗习惯涵化人

儒家典籍《礼记·学记》曰:"化民成俗,其必由学乎。"即中国古代社会治理国家,都要注重教育,不仅是知识教育,更重要是人的教育,特别是风俗习惯浸润而使每个社会成员成为社会所期望的合格的民众。《白虎通义·三教》也有:"教者,所以追补败政,靡弊溷浊,谓之治也。民有质朴,不教不成。"为此,历代执政者力倡风俗教化,使民心淳厚。所谓民俗,即"风习性群体心愿的综合反映和表现,是民族群体共同文化共同心理素质的集中体现"。在中国古代社会,民间婚丧嫁娶、节日庆典固有相同相近的习惯而形成民俗事象,其蕴含着儒家基本价值取向,对于人性含蕴、人情润养和人文教化起着潜移默化作用,而节日、庆典等作为民俗集中体现则更能使人受到教化。

一、乡约民规与成人

有学者言：“乡约萌芽于周朝的读法，形成于宋代的《吕氏乡约》，在明朝开始得到官府的提倡，在清代得到普及。”①作为一种综合性制度，乡约教化自宋朝吕氏兄弟开端，其间经过元、明、清三代的发展渐趋成熟，由一个旨在维护一地一乡社会治安的归约性文本及实践活动发展成为融涵社会治安、文明教化、地方管理为一体的综合性制度体系。乡约应源于晚唐五代时期的敦煌“私社”，私社“社条”相关规定侧重于私社成员之间的相互监督和训诲，它是保持礼教延续的主要教化方式之一。到了宋代，私社进一步扩大规模，发展成以某个乡或数个乡为地域的乡社组织，乡社的功能和任务主要是防御和抵抗外族的入侵。至宋代神宗时期，王安石为了加强国家对乡村的控制，实现“保甲法”的目的，开始限制乡社活动和武装。乡约起着教化作用。乡约的雏形来源于《周礼》中的“读法之典”，如明代王樵认为：“保甲乡约，实古司徒之教法也。……州长各掌其州之教，治政令之法。正月之吉，各属其州之民而读法，以考其德行道艺而劝之，以纠其过恶而戒之”（《周礼·地官司徒第二·乡师》）。中国首部乡约出自宋代吕大均、吕大防、吕大忠、吕大临四兄弟，他们师从张载和程颐，对于儒家义理推崇备至，加之受唐末以来民间社会组织发展的影响，蓝田吕氏兄弟为将儒家教化思想付诸实践，以此弥补社会转变过程中国家权力在乡村的缺失，站在为国分忧的立场，号召乡绅自觉组织和治理乡村，以实现太平盛世的政治抱负，《吕氏乡约》由此诞生。其出发点在于“凡同约者，德业相劝，过失相规，礼俗相交，患难相恤，有善则书于籍，有过若违约者亦书之，三犯而行罚，不悛者绝之”（《吕氏乡约》）。《吕氏乡约》的目的主要在于防范盗贼，保证乡村社会的秩序稳定。乡约有助于移风易俗和民众教化，使得地方社会风气好转。张载为此称赞吕大钧说：“秦俗之化，亦先自和叔有力焉。”②明代的冯从吾也认为推行《乡约》，使“关中风俗为之一变”。这种效果从后来朱熹增损《吕氏乡约》，并由政府将其引入大学讲堂，编行刊布为小学课本等得到了证明。乡约教化是在家庭、家族教化基础上，对人进行德性教化和礼制规约的时空延续，也是在价值观念、规范教育领域连接个人、家庭与国家之间的一个重要桥梁。“乡约是由士绅自主发起，以一定的地缘和血缘为纽带，

---

① 赵爽英：《明清关中宗族组织的形成与发展——韩城解氏的家族命运》，《唐都学刊》2017年第33卷第1期。

② （宋）程颢、程颐：《二程集》，中华书局2004年版，第115页。

以社会教化为主要目的而共同设立的一种民间基层组织形式及生活规则。"①

中国古代社会，乡间注重发挥"三老"作用，将社会教化渗透进生产生活的各个方面。"三老"一词古已有之，大意就是指乡间德高望重者，他们因为具备更丰富的生活经历以及学识而受人推崇。汉高祖二年，朝廷"举民年五十以上，有修行，能率众为善，置以为三老，乡一人，择乡三老一人为县三老"②，董仲舒利用这一制度，强调"三老"在民间社会的教化职责，对于孝子贤孙，品行具优者匾表其门，以兴善行，以期实现"教化已明，习俗已成，子孙循之，行五六百岁尚未败也"③的理想局面。

二、乡礼民俗与成人

民俗是人的生活行为习惯，却又支配着人们的日常生活。中国素称礼仪之邦，每个中国人从一降生于世，便受到种种人生礼俗的包围、诱导和支配。中国的文化，正是通过这种礼俗，得以在一代代人中绵绵不绝地传承。人们要生产、要交往，以及每个人实现自我人生价值，展现自我，总是离不开最平常的日常生活，所以中国人的文化素质及其性格特征，很大程度上是在生活礼俗中体现和固定着的。

中国的人生礼俗，从迎接新生命的降临到生命结束，可以说每一步都有相当丰富、相当严格的规范。这些规范，早已内化在人们的生活经历中，几乎与生活难以分割。中国古代社会，儒家将人生大礼概括为冠、婚、丧、祭四大项，合称四礼。每一项都有切实的规定。尽管到了民间，未必在细节上都与儒家礼仪契合无间，儒家的礼仪也不是全无变化，但在大节日上是不会相差太远的。其后冠礼不行，祭礼散入岁时风俗，民间独重婚、丧二礼。四礼的规范，在佛教传入、道教产生前，从理论解释到纲目的制订，几乎是儒学的一统天下。佛教传入，道教形成，在祭礼和丧礼上加入了自己的影响，但祭丧二礼的敬天报祖以及实施孝道的精神并没有改变。冠婚二礼，则是佛、道两教很难左右，最多是用仙佛的佑护给它们增添一点吉祥的气氛而已。

易见，中国古代人一生所经历的礼俗，无不看到儒、道、释三家主要是儒家有形的干预和无形的支配，儒家的价值观念通过人生礼俗灌输进社会最基层的群体中去。

---

① 翟秀娟：《宋代乡约制度研究》，山东师范大学硕士学位论文，2012年。
② （汉）班固：《汉书·高帝纪上》，中华书局1962年版，第33页。
③ 班固：《汉书》，中华书局1973年版，第2495页。

《象传》将"渐"与"居贤德、善俗"联系起来。唐孔颖达对此解释说："君子求贤德使居位，化风俗使清善，皆须文德谦正，渐次进之，若以率暴威刑，物不从矣。"宋代程颐发挥得更为透彻："《象》曰：'山上有木，渐，君子以居贤德善俗。'《传》曰：'山上有木，其高有因，渐之义也'。""君子观渐之象，以居贤善之德，化美于风俗。人之进于贤德，必有其渐，不习而后能安，非可陵节而遽至也。在己且然，教化之于人，不以渐，其能入乎？移风易俗，非一朝一夕所能成，故善俗必以渐也。"

儒家"化民成俗"最成功之处除了这种潜移默化的、长期进行的教育之外，儒家作为正风俗的教育，有在政令推行时随时制宜且晓喻百姓的一套方式。这类内容，在做过地方官的儒臣所撰文书中常常可以见到。清代汤斌在吴地"正风俗"时，也写了不少这样的告谕并收入了他的文集，后人又将之辑为《治吴告谕》作为《训俗遗规》的一部分。南宋的真德秀，在历任地方官时，他每到一地在处置刑政之余，注意劝学、劝农、劝孝、劝俗并整顿吏风，后人将此辑为《谕俗文》一卷，并视为为官者注重教化的楷模。他在《潭州谕同官咨目》中说："盖闻为政之本，风化是先。潭之为俗，素以淳古称。比者经其田里，见其民朴且厚，犹有近古气象，则知昔人所类一称，良不为过。今欲因其本俗，迪之于善，已为之谕告，俾兴孝悌之行而厚宗族邻里之恩，不幸有过，许之自新，而毋狃于故习。若夫推此意而达之民，则令佐之责也。"此文为整顿吏风而写，但也显现出他治理潭州时的整个指导思想，即"欲因其本俗，迪之于善"。具体讲，他在潭州《谕俗文》中讲了三点：一是劝孝悌；二是劝和协亲族，赒济里间；三是劝导官民一体。即要民众"非法之事勿妄作；无理之讼勿妄为"。在《福州谕俗文》中也提出希望："自今以往，家家礼义，人人忠孝，变七闽之俗，为邹鲁之乡。"但在福州时正当"民穷盗起"时，所以针对其"恶俗"，重在劝谕民众"宜知爱身寡过，务本著业，毋喜斗，毋健讼"，"宜思自保父母之身，勿犯有司之法"。这些"教化"，是依托行政权力而推行的"正风俗"，且产生了明显效果。

中国古代的乡饮酒礼也蕴含教化理念。追溯乡饮酒礼之始为周代，最初它只是聚会的一种方式，后来儒家将尊贤敬老的思想融入其中，使其成为教化乡人们的礼仪形式，使人们在宴饮欢聚之时被潜移默化地影响和教导。可从《周礼》中寻其思想源头，《周礼》中将礼分为吉礼、凶礼、军礼、宾礼、嘉礼五种，其中，嘉礼包括饮食、婚冠、宾射、宴飨、贺庆之礼等，乡饮酒礼便属嘉礼之一种。周代有一种"乡饮酒礼"，在《周礼》《仪礼》《礼记》中都有记载。就是每年年末，社会基层单位(乡、党等)主官、长老及社会知名人士济济一堂，定尊卑，序年齿，宣读法令，表彰好事，教育坏人的一种礼仪。《大戴礼记·礼察》篇说："乡饮酒之礼废，则长幼之序失而争斗之狱繁矣。"这就是说，乡饮酒礼起着维护秩序作用。另外，乡里舆论和礼俗对基层民众也具有教化功能，历朝历代都重视其作用。"人们能够选择他们所要走的路，但是他们的这些选择并不是在社会真空中做出的。所有的生活选择都取决于社会的和文化的机会以及历史的制约因素。"①董仲舒重视通过礼教活动在基层乡里形成尊老敬老之风。"一个地区的饮食、服饰、婚丧、祭祀等都具有一定的礼数，这些礼数就成为这个地区进行此项活动的标准，所以具有一定的社会性。"②乡里之间通过左右相教和老少相传，使晚辈后生在耳濡目染之中，学到日常生活所需的礼仪及社会规范。

总而言之，儒家是重视"正风俗""移风易俗"最为积极的力量，实际上也是支配中国民俗最深入、最持久的力量。在这方面，它将礼、乐、刑、政、教诸种手段综合运用。但主要的是礼和教，前者为正风俗的标准和规范，后者则是使这些规范、标准深入民心的主要手段。

三、民间的祭祀信仰

与儒家不同，佛道二教则是预设了具有超自然力量的神灵，通过承负说、三世因果论等运行机制来保证"德福一致"原则的顺利运行，并借此来培养民众对"善"的美好情感的追求。佛教通过佛祖、观音菩萨等神灵无处不在的监督和其公正无私的赏善罚恶的至上权威来培养民众敬畏神灵。随着道教的兴起和佛教的传入，中国传统的德福一致的信条开始跟道教的神佑鬼惩、阴骘劝善信仰及佛教的因果报应思想相结合，在佛、道二教不断民间化的发展过程中，逐渐被普通民众所信奉的。

佛教传入中国，其宣扬的转世轮回和地狱受苦的思想极大地丰富了中国原有的"善有善报，恶有恶报"的观念。佛教在劝善思想中，除了践行儒家价值规范外，他们也坚持自己独有的修行方式，如吃斋念佛、深信教典等。佛教入中国，第一个打动中国人的观念是因果报应。袁宏的《后汉记》说佛教"有经数十万，以虚无为宗，包罗精粗，无所不统，善为宏阔胜大之言，所求在一体之内，而所明在视听之外，世俗之人以为虚诞，然归于玄微深远，难得而测。故王公大人，观死生报应之际，莫不瞿然自失"。报应的观念在中国并不是没有一点根子。但佛教的因果业报、六道轮回一类的系统理论，特

---

① ［美］G.H.埃尔德：《大萧条的孩子们》，田禾、马春华译，译林出版社2002年版，第383—449页。
② 董树利、张玲玲：《论西汉乡里教化的途径》，《衡水师专学报》2004年第6卷第4期。

别地能够抓住民众。那些王公贵人平时作下恶业不知多少,一听果报不由心虚,"矍然自失",于是作出种种的佞佛举动,希图用搜刮来的钱财贿赂佛、菩萨,洗去罪孽,免遭惩罚。一般的老百姓也是通过因果报应之说接受佛教的一些观念,比如,唐朝吴道子善画《地狱变相》,据《唐朝名画录》,他在长安景云寺所画的《地狱变相》,竟使"京都屠沽渔罟之辈,见之而惧罪改业者,往往有之"。地狱变相之所以产生那么大的力量,因其中反映着果报和地狱的观念,所以佛教的一些教化深入民间,死生果报是一契机。

北魏僧人昙靖所作的《提谓波利经》,将佛教中的"五戒"同中国传统的"五行"思想相比附。对此,《提谓波利经》还借鉴汉代盛行的天人感应学说,通过阴阳五行学说将佛教中对佛教徒的"五戒"比附儒家的"五常"思想,从而将佛教徒的修行与世俗社会中普通民众的行为规范融合在一起,强调在世俗生活中践行孝亲、敬长、忠君,就等于是在修行佛教的戒律。如果遵守就可"得佛",如果违犯则"死入地狱"。并认为在民众日常生活中做出不行孝道、为臣不忠、不行布施等违背纲常的恶行,不仅死后会入地狱受苦,而且来世也会遭到前世的恶报。如果前世孝亲敬长、广行布施、行善积德,不仅可以升天成佛,而且来世还可享受善报。

而在道教,则有天神鉴察下民的观念,即所谓阴骘。"阴"的观念来自《书经》中的《洪范》:"惟天阴骘下民,相协厥居。"孔颖达解释其义为,"此上天不言而默定下民,佑助诸令其安居,使有常生之资"。所以阴骘即是冥冥中注定的意思。而道教发展这一观念,则主要从天地神灵记人功过,以功过行赏罚的角度予以发挥。汉末五斗米道三张所持行教化的基本观念,就是"道设生以赏善,设死以威恶";使"王者尊道,吏民企效,不畏法律,乃畏天神,不敢为非恶"。这种神道设教的宣传,使民众服从其教化,而佛教和道教以寺、观为中心化导民众。所以,在五代以前,儒家并不重视道家中的一些辅助教化的内容。到了宋代,道教劝善书《太上感应篇》及后续《阴骘文》《功过格》《关帝觉世真经》等劝善文的问世,在民间造成很大的影响,对于中国古代的民风民俗产生了广泛的影响。

中国古代社会除了对天的敬畏,也有对鬼神的敬畏,还有对佛、道两教神灵的敬畏。在中国古人的观念中,德与福是有因果联系的,其中"德"是因,"福"是果。个人如果守德规,就会获得"五福"。因此,《尚书》中有"天道福善祸淫"和"惟上帝不常,作善降之百祥,作不善降之百殃"等大量关于上天赏善罚恶的论说。《礼记》认为,认真祭祀鬼神,必获福佑:"贤者之祭也,必受其福"(《礼记·祭统》)。但《礼记》又认为,这种福不是世俗所说的福,"福者,备也。备者,百顺之名也,无所不顺者,谓之备"(《礼记·祭统》）。所谓顺，就是"内尽于己"，"外顺于道"，忠臣事君，孝子事亲。古人在天人感应的作用下，认为自己行为的善恶直接决定了其最终结果的得失，而"得"对于个人而言就是"福"。《尚书洪范》中将"福"分为五个方面："一曰寿，二曰富，三曰康宁，四曰攸好德，五曰考终命。"这其中，"寿"和"考终命"是从人的寿命而言，指其能够尽享天年，获得长寿。《坤文言》也有："积善之家，必有余庆；积不善之家，必有余殃。"（《爻传·坤》）显然，在古人看来，这种积善、积恶正是上天、神的旨意。

显然，道教通过设置无处不在的诸神对普通民众的日常行为进行监督，并依据其行为动机的善恶来决定给予其祸福的回报。佛教则从三世轮回、六道轮回等因果报应的律则出发，劝诫人们只有行善才能避免祸患的发生。佛、道二教在培养普通民众对其所设立诸神信奉心理的同时，也强化了普通民众对德福一致信条的认可，进而也激发了普通民众在现实生活中主动行善的积极动力。

清代黄佐制定和实施的《泰泉乡礼》中就涉及乡社祭祀的民间信仰活动，其内容"首举乡礼纲领，以立教、明伦、敬身为主。次则冠婚以下四礼，皆略为条教。……次举五事，曰乡约、乡校、社仓、乡社、保甲"。可以看出，《泰泉乡礼》是一种将教化与基层管理相结合的民间基层组织体系。黄佐还将明代民间流行的乡社祭祀活动引入其乡礼之中，希望凭借民众对鬼神的敬畏心理来对其教化发挥奖惩作用。黄佐从民众对社神和五谷神的信仰和乡里聚会活动以乡社为中心的生活风俗出发，将劝善惩恶的教化与乡社祭祀的活动相结合，主张开展"有求则祷""有疑则誓""有过则罚""有患则禳""有庆则会"的事神活动。其中，"有事则告"是指："凡立乡约、延教读、编保甲、建社仓，皆告于社。社祝抗声告曰：某年月日，约正某等为某事敢告于神：惟神聪明正直，好善恶恶，凡食此土之谷者，孰不昭鉴！尚冀默相，以底成功，使善者受福，恶者受殃，无作神羞"（《泰泉乡礼》卷五）。可见，黄佐是将乡里民众生活中所有重大事务都通过社祭活动告之于社神，其目的是借由民众对神灵赏善罚恶的敬畏心理来培养民众对社会规范服从，即遵守就会有善报，违背则会受到惩罚。如果乡约内有人违犯条例，也会被带到乡社，接受约正、社祝等人的告诫："社祝唱'跪'，约正以下皆跪。社祝抗声告曰：'某人有某过，犯而不改，罚赎汝罪，入谷若干于社仓。尚冀汝自今改于其德，神降之休。'犯者对曰：'某不肖，少失教以辱先人，以为族党羞，神将降殃，昭受大戮。今闻过，愿修身改之。'……既罚赎，后五日不改，约众告于神，逐之出社，除名于籍"（《泰泉乡礼》卷五）。犯约者被告诫自己因所犯之过不仅要受到神灵的惩罚，而且还会使家族蒙羞，因此只有接受处罚才能免过。中国古代社会祭祀祭拜重虔诚，心无杂念，一心一意，虔诚的祭祀使人能够见其所见："祭然后能见不见。见不见之见者，然后知天命鬼神"，知道了天命鬼神，就会知道祭祀的意义；知道祭祀的意义，就会重视祭祀。不过，圣人君子虽然祭祀虔诚，却又不能仅仅依赖鬼神："故圣人于鬼神也，畏之而不敢欺也，信之而不独任，事之而不专恃。"（《春秋繁露·祭义》）

　　中国历史上出现的儒、佛、道三教思想文化的交流互动，并最终各安其位、各得其所的历史证明了儒家教化在这一过程中的积极作用。牟钟鉴指出："儒、佛、道三教之教，非宗教之教，乃教化之称，当然也包括宗教之教化。其主要起因于中国古人重视化民成俗，习惯于从社会教育功能的角度去认识和评价儒、佛、道三家学说。"①历史上儒、佛、道三教皆将辅助王道、化民成俗的社会教化功能放在了首位，在这种意义上，三家教化就在各自理论基础上获得了对话交流的前提。这个前提就是儒、佛、道三家之教均以"人"的发展和完善为核心与旨归。主张积善成德、德福一致。也体现出了"容许异质思想文化存在和发展"的多元性特点，形成了"以人文化为特征的儒家和以返璞归真为特征的道家、以慈悲解脱为特征的佛教等三家都有自己合法存在和发展的空间"，当儒、佛、道三教在互动过程中都将目的指向"人"的发展和完善的时候，劝人以善，善有善报，且德福一致。

第三节　中国古代文学艺术润化人

　　马克思曾经说过，艺术创造和欣赏的主要目的不是别的，就是人类通过艺术品来"能动地、现实地复现自己，从而在他创造的世界中直观自身"②。因此，认识人的民族文化特征，认识中国文学艺术中的人，也就是认识民族文化和文学传统。

　　儒家强调文艺同社会政治伦理道德的关系，重视它的社会教育作用和认识作用，强调以道制欲，以礼节情；而道家则把文艺看成一种超功利的个人自我体验。应该说，中国人是从自然群体性和自然个体性两个方面分别去探求人的文化本质，而实际上，中国人并未把自我个体体验与群体的理性分割，在更多的情况下，这二者是统一在一起的。

---

　　①　牟钟鉴：《儒、佛、道三教的结构与互补》，《南京大学学报》2003 年第 6 期。
　　②　《马克思恩格斯全集》第 46 卷，人民出版社 1979 年版，第 96 页。

一、中国古代文学"文以明道"

"中国文学的发生起源虽然远早于儒学的形成，但就现存文学遗产来看，从它的思想内容到艺术形式，从它所表现的价值观念到它所达成的审美境界，从历代作家的创作追求到古今读者的鉴赏判断，从它的自我估价到它在文化体系中的实际地位，无不深受儒家学说的制约和控驭。"①因此，在中国文化里，文学和儒学密不可分，儒家思想对历代文学家的社会心理、审美心理、创作心理都有深刻的影响。梁肃还指出："文章之道，与政通矣。世教之污崇，人风之薄厚，与立言、立事者邪正臧否、皆在焉。"（《全唐文·秘书监包府君集序》）柳冕也说："文章本于教化，形于治乱，系于国风。"（《与徐给事论文书》）唐代韩愈和柳宗元提出"文以明道"和"文以载道"，从而凸显了文学，尤其中国古代文学传承着儒家思想并发挥着对人的教化作用。

（一）诗言志美与成人

中国诗歌的这个特点，与儒学的影响也有极大的关系。儒家重诗乐，儒家经典之一的《尚书》，第一次提出了"诗言志"的文学命题。孔子非常重视"诗"的作用，他说："诗三百，一言以蔽之，曰：'思无邪'"（《论语·为政》）。即他认为《诗》的思想内容是纯正的，并总结出"不学诗，无以言"这样一个道理。孔子还强调"诗"的社会功能及作用，指出："诗，可以兴，可以观，可以群，可以怨。迩之事父，远之事君；多识于鸟兽草木之名"。

把诗歌与教化结合起来，这就是先秦由孔子发轫的诗教说。到了汉代，《诗》这部古老的诗歌总集被汉儒加以改造，他们从时代政治的角度对先秦的诗教说作了进一步的发挥。《诗大序》是一本考释《诗》，把先秦儒学的诗教说进行了全面的归纳，说："诗者，志之所之也。在心为志，发言为诗。情动于中而形于言，言之不足故嗟叹之，嗟叹之不足故永歌之，永歌之不足，不知手之舞之，足之蹈之也。情发于声，声成于文谓之音。治世之音安以乐，其政和；乱世之音怨以怒，其政乖；亡国之音哀以思，其民困。故正得失，动天地，感鬼神，莫近于诗。先王以是经夫妇，成孝敬，厚人伦，美教化，移风俗"（《毛诗序·大序》）。易见，诗凸显了教化功能，也表述了儒学支配下的传统文学观。

唐代以复兴儒学为己任的韩愈也这样说他自己："非三代、两汉之书不敢观，非圣人之志不敢存"②，"行之乎仁义之途，游之乎《诗》《书》之源，无

①　董艇斌：《儒学与文学》，《文史知识》1988 年第 6 期。

②　（唐）韩愈：《答李翊书》，上海古籍出版社 1997 年版，第 177 页。

迷其途,无绝其源,终吾身而已矣"①。这说明儒家思想早已在士子们(包括文学家们)的头脑中深深地扎下了根,并且已经转化为他们的一种"集体无意识"的自觉行动。其具体表现为:共同遵循"诗言志"的创作原则。古代诗歌中,言志咏怀的作品占了压倒性优势,许多传诵千古的诗篇,如屈原的感情强烈的楚辞,建安七子极具"风骨"的五言诗,陈子昂、李白的感遇抒怀诗,杜甫、白居易、陆游、辛弃疾、文天祥、龚自珍等人忧国忧民的诗篇,还有司马迁、韩愈、苏轼等的文章,深得儒家思想之精髓并对社会民众起着精神引领和感召作用。

历代文学家们关心时事政治,关心现实,关注着人,注重作品的讽谏作用和教育意义,写出了不少揭露时弊,暴露社会黑暗,批判、讽刺统治者无道,哀叹民生多艰的作品。

中国唐宋时期的诗歌,虽然因为各个阶段社会政治思想的不同而呈现出抒情形式上的变化,但儒家关注现实的精神却是一以贯之的。唐宋时期是中国诗歌的黄金时代,而诗歌总是与儒家诗学观密切相关,《诗大序》界定了中国的诗歌功能:"正得失,动天地,感鬼神,莫近于诗。先王以是经夫妇,成孝敬,厚人伦,美教化,移风俗。"这一观念对中国诗歌产生了深远的影响。而就唐代诗歌来看,注重救时劝俗,有为而作。陈子昂倡导"兴寄""风雅",其《感遇诗》三十八首贯穿着浓厚的忠义之气。杜甫"千古是非存史笔,百年忠义寄江花",他的诗歌全面反映了唐王朝由盛而衰的历史。可见,中国的诗词歌赋等文学作品,具有强烈的价值导向,对人起着潜移默化作用。

(二) 戏曲中的教化与成人

18世纪法国的启蒙思想家伏尔泰对中国传统文化的巨大精神力量也颇为重视,他曾仿照元曲《赵氏孤儿》编写了诗剧《中国孤儿》,他在这个诗剧的前言中写道:"这是一个巨大的证明,它体现了理性与才智对盲目和野蛮的力量具有自然的优越性"②。而从民间有一副普通的楹联上也可以看出它的端倪:"曲是曲也,曲尽人情,曲愈妙。戏其戏乎,戏推物理,越戏真。"这副楹联,可以说,它的确道出了我国戏曲艺人的演剧观。演戏不仅仅是娱乐,而是要使观者悟出天地万物之间的运动规律,悟出做人的道理。明末清初戏剧家李渔说:"古人作文一篇,定有一篇之主脑。主脑非他,即作者立言之本意也。"③明末清初的思想家王船山认为,作品"以立意为主,

① (唐)韩愈:《答李翊书》,上海古籍出版社1997年版,第177页。

② 《伏尔泰全集》(Dewres Completes de Voltaire),巴黎出版社1965年版,第680页。

③ (清)李渔:《闲情偶寄·立主脑》,王凯瑞整理,北方联合出版传媒集团股份有限公司2009年版,第14页。

意犹帅也"。我国传统戏曲十分重视"高台教化"的作用,大量剧目的主题是表现人伦、孝悌及仁义礼信;颂扬的是真善美、博大胸怀;歌颂的是浩然正气、忧国忧民、忠贞不贰、公而忘私、见义勇为等高风亮节;赞成的是爱国主义、民族气节,即使一些以爱情为题材的生活小戏,也注重引导人明辨是非、陶冶性情。李渔说:"世道迁移,人心非旧,当日有当日之情态,今日有今日之情态。"①所以,他主张戏曲表演要使观众"虽观旧剧,如阅新篇"。从"道"包容的人生观和世界观的含义来说,李渔所说的"世道"和"人心",就是观众的社会价值,他所说的"情态"就是舞台上人物形象的艺术表现。纵观中国古代戏剧发展史,可以毫不夸张地说,举凡兴亡变乱、悲欢离合、婚丧嫁娶、风花雪月、世态人情、风俗习尚等。即表现社会生活的各个方面,在中国古代戏剧中全都有所表现,足以显示古代戏曲思想蕴涵的缤纷繁富。特别是儒家所提倡和宣扬的忠孝节义早已成为中国古代社会最基本的价值观念与基本规范,更是古代戏曲的主旨。

（三）古代杂剧小说中的教化与成人

古代小说有一个特点,叫作"文备众体",也就是说,中国古代的各种文体如诗、词、歌、赋、戏曲等,都为小说家所借鉴或运用,这就造成了小说文体的丰富性。就内容言,在古代小说中,有帝王将相的政治历史,也有普通百姓的悲欢离合,其间反映了民俗信仰、日常生活、人物性格、感情交流,诸如此类,可以说内容丰富。中国古代小说始于汉魏南北朝时代,当时以志怪和杂录小说为主。隋唐时又叫"说话",并出现了市人小说和传奇小说。至宋代小说得以广泛流行,出现了由民间艺人和文人记录或编写的说话底本——话本小说。明万历以后,小说又从刊印话本发展到大量创作的拟话本(模拟话本形式的短篇小说)。拟话本小说在继承话本小说优点的基础上,更注重了对人物表现(言行)和心理的细致刻画和描写,使小说的创作达到了巅峰。中国古代小说,作为一种文学样式,在南宋时期就甚木完成了,当时广泛流行的是记述短篇小说。而在宋以前,我国的小说就有了源远流长的历史了。

宋以前丰富的人民生活和民间文艺,主要是通过两种方式形成小说的:一是靠职业艺人的体验收集和口头加工创造,并简要地记录下来;二是经文人收集并进行文字的加工创造。这两者在内容上不断地相互影响、结合,在形式上也相互借鉴补充,使中国的小说始终以反映现实生活为主流,并成为

---

① (清)李渔:《闲情偶寄·变旧成新》,王凯瑞整理,北方联合出版传媒集团股份有限公司2009年版,第98页。

大众精神生活中的重要组成部分。小说作者以生动的语言、形象的说教传达忠信义理、孝悌伦常,增强育人时效,且为民众所容易接受。在这方面,许多如蒲松龄那样的知识分子及乡野儒士,因为他们常与民众打交道,更能了解社会,了解大众所思、所想、所求。这些人以《聊斋志异》为主创作了各种艺术变体,如改编为戏剧、俚曲、评书、话小说等艺术形式,而其中总是渗透着"正心""立身""劝善""重信""释怨"等立身处世的原则,对民众教化起着重要作用,因为"相对于统治阶层自上而下的道德教化,那些贴近广大民众的人士给他们带来的潜移默化的影响,有助于广大的下层民众形成一种'集体无意识',那就是对不守道德所之后果的恐惧,以及由此而形成的道德自觉"。易见,古代小说是成人的重要载体。

二、书法绘画等艺术中的教化

(一)书法中的"翼卫教经"

中国传统书法艺术是中华民族的文化瑰宝,充分体现了审美思维及其精神特征,是最具有民族特色的传统艺术之一。书法作为中国传统文化最独特的一种艺术形式和文化象征,深刻地反映着中国人特有的文化心理、文化结构和精神追求。中国古代艺术是中国精神的美的再现,同时,也深受儒家文化的影响。

以"象"表"意"是中国书法最独特的美学思维,而这一思维的哲学渊源是中国古老的哲学《周易》。《周易·系辞上》有"立象以尽意"之论。书法艺术线条,被赋予了表达人的复杂微妙的思想、情绪、情感乃至精神境界的独特功用。儒家认为"仁"的本质是"天地生生之德",是普遍的生命宇宙关怀。书法家不是在单纯地写字,而是在表现生命的意义,而欣赏者也是在感受着生命的美妙。

明代项穆的《书法雅言》便是一部深入阐述带有浓厚的儒家色彩的书法观念等方面的成系统的重要著作。其"大旨以晋人为宗,而排苏轼、米芾书,虽持论稍为过高,而终身一艺,研求至深,综观全编,论旨一贯,条理井然,独抒心得,无剽袭苟且之弊,行文大体拟孙过庭《书谱》,气息亦颇纯厚,在明季著书中,实为仅见"[①]。

儒家的艺术功能观,率皆以"厚人伦、美教化"为根本,把"人伦""教化"作为艺术价值的评判标准。儒家书法观也不例外,项穆说:"故书之为功,同流天地,翼卫教经者也"(《书法雅言·书统》)。"正书法,所以正人

心也;正人心,所以闲圣道也。"(《书统雅言·书统》)"法书仙手,致中极和,可以发天地之玄微,宣道义之蕴奥,继往圣之绝学,开后觉之良心。"(《书法雅言·神化》)项穆认为,书法的最重要功能是"翼卫教经",即是承载传播儒家诸"经"的一种载体。也就是通过"正书法"可以"正人心",而"正人心"又是"闲圣道"的前提。这里的"闲"为"熟习"之意。既然书法有如此功用,那么,精于此道的"法书仙手",达到"致中极和"的境界,则自然可以"发天地之玄微,宣道义之蕴奥,继往圣之绝学,开后觉之良心"了。

(二) 传统绘画的教化与成人

唐代张彦远在他的《历代名画记》卷一《叙画之源流》中道:"夫画者,成教化,助人伦,穷神变,测幽微,与六籍同功,四时并运,发于天然,非由述作。以忠以孝,尽在于云台;有烈有勋,皆登于麟阁。见善足以戒恶,见恶足以思贤,留乎形容,式昭盛德之事,具其成败,以传既往之踪。……图画者,有国之鸿宝,理乱之纪纲。"而吴道子的《地狱变相图》可以使观者"腋汗毛耸,不寒而栗,因之迁善远罪者众矣"。李公麟的《西园雅集图》,写的都是高人雅士,这些都不能改变"成人伦、助教化"的初衷。明代宋濂也在一篇《画原》中说:"古之善绘者,或画诗,或图孝经,或貌尔雅,或像论语暨春秋,或着易象皆附经而行,犹未失其初也。"可见绘画之事乃是依附儒家而用来"成教化,助人伦,穷神变,测幽微"的。这大概就是绘画初期的主要职责了。应该说涉及人物作品的绘画,都会受到儒家教化和劝诲的影响。

张彦远还在《历代名画记》中梳理绘画的源流及其绘画的教化功能时记载道:"周官教国子以六书,其三曰象形,则画之意也。是故知书画异名而同体也。洎乎有虞作绘,绘画明焉,既就彰施,仍深比象,于是礼乐大阐,教化由兴。故能揖让而天下治,焕乎而词章备。……故鼎钟刻,则识魑魅而知神奸;旂章明,则昭轨度而备国制;清庙肃而鳟彝陈,广论度而疆理辨。以忠以考,尽在于云台;有烈有勋,皆登于麟阁。见善足以戒恶,见恶足以思贤。留乎形容,式昭盛德之事,具其成败,以传既往之踪。记传所以叙其事,不能载其容;赋颂有以咏其美,不能备其象;图画之制,所以兼之也。"张彦远说,从有虞就开始作绘画,彰施五彩。有助于礼乐大阐,兴成教化。

魏晋之时,曹植《画赞序》云:"观画者见三皇五帝,莫不仰戴;见三季暴主,莫不悲惋;见篡臣贼嗣,莫不切齿;见高节妙士,莫不忘食;见忠节死难,莫不抗首;见放臣斥子,莫不叹息;……是知存乎鉴戒者,图画也"。南齐谢赫《古画品录》称:"图绘者,莫不明劝戒,著升沉,千载寂寥,披图可鉴。"南朝姚最《续画品》说:"夫丹青之妙极,未易言尽。虽质沿古意,而文变今情。立万象于胸怀,传千祀于毫翰。故九楼之上,备表仙灵;四门之墉,广图贤圣。云阁兴拜伏之感，掖庭致聘远之别。”

　　另外，在中国古代社会，某种程度上说，建筑已不再有着单一的居住或使用的物质功能，而在许多方面更是表现出礼制的秩序、价值观念的精神。如果可以把中国古代建筑作为一门学科的话，应该称为“社会建筑学”。作为中国传统文化的重要组成部分，儒学对中国古典建筑观念的形成和发展起了深远的影响，儒学的许多理念在中国古典建筑中得到印证和发挥。另外，传统建筑也的确在整体布局与群体组合、形态与结构特征、空间序列与功能使用、装饰细部与器具陈设等方面呈现出儒家的种种特征。正如高介华所言：“对于中国古代建筑文化的影响，儒家的思想、学说是属根本，且又具体而微。它的影响，从秦都咸阳这个特例一直贯穿延伸到封建社会末期。”[①]

　　（三）移风易俗莫善于乐

　　音乐是发自心灵的天籁之声，表达人们情感的声音艺术。中国素有礼乐之邦之称，上古尧舜时代就有著名的《韶》乐。为了巩固西周的统治，周公制礼作乐，这是儒家音乐的源头。儒家音乐一开始就强化了政治功能和伦理功能，与儒家礼教紧密地结合在一起。乐从于礼，不同的等级使用的乐不同，否则就视为违礼。《乐记》是由西汉初期儒家纂辑而成的一部音乐理论著作，是儒家古代音乐文化思想的完善和总结。《乐记》认为，音乐具有医治心灵的特殊效能，可以使人返回善的本性，达到圣人教化的目的。

　　儒家音乐追求美与善、仁与乐的统一，强调音乐的中正平和、温柔敦厚，道教音乐追求恬淡清静，佛教音乐则追求空灵寂静，形成不同的音乐风格。不过，道佛音乐常互相融合。如国乐《古刹幽境》，乐曲起始由拨弦乐器模仿三声古刹钟鸣，浑厚、深沉的晨钟在雾气氤氲的山林间缓缓传来。接着悠扬而深远的洞箫声徐徐响起，娓娓诉说寺院的古朴灵秀，不时伴随着淙淙的流水，沁人心脾，让人远离喧嚣尘世。

　　孔子在世时就说：“移风易俗，莫善于乐。”后儒沿袭孔子的思想，对乐化民风俗的作用多有发挥。儒者为什么强调乐对风俗的作用呢？因为在他们看来乐可以善人心，可以改变人的性情。班固认为：“夫民有血气心知之性，而无哀乐喜怒之常，应感起物而动，然后心术形焉。是故志微、噍杀之音作，而民思忧；啴谐、慢易、繁文、简节之音作而民康乐，粗厉猛起奋末广贲之音而民刚毅；廉直正诚之音作，而民肃敬；宽裕和顺之音作，而民慈爱；流辟邪散之音作，而民淫乱。先王耻其乱也，故制雅颂之声，本之情性，稽之度

　　①　高介华：《孔子与中国建筑文化》，《中华建筑》1992年第4期。

数,制之礼仪,合生气之和,导五常之行,使之阳而不散,阴而不集,刚气不怒,柔气不慑,四畅交于中,而发作于外,皆安其位而不相夺,足以感动人之善心,不使邪气得接焉,是先王立乐之方也。"(《礼记·乐记》)

　　周代有采风之制,记录和报告各方民歌、民谣以观民风。但儒者的理想不是到此为止,而是想在此基础上颁定统一的乐、诗等,被之管弦,以教化百姓。那积极的一面就是正雅颂,消极的一面就是放郑声。即是依据先王之法度的正音时时校正,并推行开来,而对于据说是放逸纵乐没有节制的音乐包括其歌词,则禁止它的流行,由此,民众受到的便全是王道之化,人心从善,风俗自然淳美。

　　依照儒家学者看来,民众的喜怒哀乐本来不是永恒的,而是应感而动。不同的音乐会引起民众不同的情感。而先王制作的雅颂之声即正音,是以人的性情为依据的,也符合礼仪的节文,所以足以感动人民的善心,杜绝邪气的侵袭之途,自然是十分稳妥的。认为音乐有正人心、变性情的重要功能,因而"移风易俗,莫善于乐"似乎就是顺理成章的了。对此,实际上在班固以前,《乐记》已作了极度的论述。《乐记》认为:"人生而静,天之性也;感于物而动,性之欲也。物至知知,然后好恶形焉。好恶无节于内,知诱于外,不能反躬,天理灭矣。夫物之感人无穷,而人之好恶无节,则是物至而人化物也。人化物也者,灭天理而穷人欲者也。于是有悖逆诈伪之心,有淫泆作乱之事,是故强者胁弱,众者暴寡,知者诈愚,勇者苦怯,疾病不养,老幼孤独不得其所,此大乱之道也。是故先王之制礼乐,人为之节,衰麻哭泣,所以节丧纪也。钟鼓干戚,所以和安乐也,昏姻冠笄,所以别男女也。射乡食飨所以正交接也。礼节民心,乐和民声,政以行之,刑以防之礼乐刑政,四达而升不悖,则王道备矣。"

第九章 儒家成人的个体自我调控:修为

《中庸》说,自天子以至庶人,壹是皆以修身为本。儒家历来十分重视德性修为。孔子提出"学""思""行"相结合,孟子在性善论的基础上提出了修身养性的学说,要求人们"存心""尽心""求放心",以便存性尽性,其方法是"养气""寡欲""反求诸己"。《中庸》提出了道德修养所应达到的境界:"致广大而尽精微,极高明而道中庸",并提出了"自诚明""自明诚"和"慎独"的途径和方法。

第一节 自 我 修 为

一、自天子以至庶人壹是皆以修身为本

儒家注重以儒家圣人之教培养、熏陶学生,以"仁者"情怀为政天下,德被四方,以求大同。孔子说:"为政以德,譬如北辰,居其所而众星拱之。"(《论语·为政》)在这里,官德的榜样性被儒家所重视,而德的表现就是仁民爱物。儒家秉持"民为贵,社稷次之,君为轻"(《孟子·尽心下》)的理念,要求行仁政不能徒有仁言,且须"仁声入人",入人之深方可人和,人和而不依赖于山川之险、兵革之利。且能得到多助,之所以多助,实为以德感人而天下固。所以,儒家要求国君、人臣等治国理政当从修身做起。孟子为此说:"天下之本在国,国之本在家,家之本在身"(《孟子·离娄上》),原因就在于"身修而后家齐,家齐而后国治,国治而后天下平"(《礼记·大学》),"自天子以至于庶人,壹是以修身为本"(《礼记·大学》)。

在荀子看来,孟子人性本善的最大缺点就是取消礼法作为维护社会稳定的必要性。荀子强调人性本恶,并据此提出以"心"(人类理性)的认知功能作为基础。荀子也相信所有人都能够通过修养使自我达到完善,而关于这一切如何实现,按照荀子的设想,儒家的"学"是个社会化的过程,古代的圣王明君、典籍文献、传统惯例、师长、国家的法规以及官吏等,都是转变人性的重要资源,并认为有文化的人是在群体生活中充分社会化的人,他们成功地把自己的本能欲望升华为对公众利益的追求。

儒家的自我是一个开放的、动态的和转化的过程。而自我转化即是自我修养的结果,亦意味着自我实现的过程。儒家传统的自我观念注重与外部世界的联系,所以儒家的自我转化并不采取只探索人的内在精神的形式。相反的,在儒家看来,真正的自我转化注重从积累的符号传统(即文化)涉及对社会的同理共鸣。儒家的一个显著特征是,把群体视为人追求自我实现的一个不可或缺的部分,这包括儒家主张以家庭作为我们精神依托的出发点。其根据源于一个坚定的信念:我们具有群体性、社会性的特质。同时,作为人际关系的中心,我们自身不断地与各色人等交往,唯有通过不断的人际互动,我们才逐渐明白,自我是一个转化的过程。

自我修为即修己,是为了自我个体言行的社会化、规范化,也是制度的自我内化,主要是自我个体言行符合社会的标准,其最终目标是为整个群体共生共存。动物世界也存在着共同规律,是一种本能,是族内传承。人类社会也存在着族内传承,但随着文化出现,尤其以语言、文字以及制度风俗的出现,使得人类自我修为内化成为可能与自觉。

这里还是要回到个体的自我修为,修为即修人的德性,这是人的野性向文明性迈进。自我的约束、压抑是为群体为共生共存。同时,人的修为,主要是修习心性、秉性、识性(生存常识),这里既有杰出圣人、伟人对于大自然、对于人生的先觉、先悟,并用语言写下来,有许多是人类社会至高无上的珍宝,其写出常人所思、所感(常人未能用语言表达出,能感悟到),每个人只要去修养(主要通过阅读、学习)积累,是能够读懂圣人、伟人,读懂人类社会共同拥有的人间之道、人间大道。

二、人能修为

何为修为? 克己就是一种修为。王国维认为,孔子的"克己说"是一种"合乎情、入乎理"的学说,所以具有伦理实践价值,但这种"伦理实践之价值"之所以不像犬儒学派那样"无情"(极端克己),就是因为贯彻了"中庸"之道,从而不是建立在对人情的扼杀基础上的冷冰冰的条文,而是注意规则与性情的协调。不难发现,王国维的理解不仅显发了"克己"的价值,而且对"克己"中的理性与情感元素进行了分析与肯定。熊十力认为"克"就是"胜",而非斩尽杀绝,而"己"就是"意欲习气",则意味着"克己"是变化气质、改过迁善。由此推进,"克己"在于"立本心",在于尽显人的内在善力,即为"本心"。在徐复观看来,人与天地万物本为体("仁"),但由于自然生命("己")而被隔断,即因为"己"而不能"仁",因而需要"克己",即突破自然生命限制。因此,个体如要实现生命的提升,就必须通过净化或克服自然生命,即"克己"来完成。如何实现修为、克己,"学"很重要,而"思"也是重要的一方面。

"学"应是自我修为的路径之一。如《论语》开篇即讲"学":"子曰:学而时习之,不亦说乎?"孔子在此为何强调"学而时习之"呢? 原因就在于"学"是一种长期的活动。学在古代不仅是知识的范畴,而且是德性修养的范畴。孔子说:"吾尝终日不食,终夜不寝,以思,无益,不如学也。"(《论语·卫灵公》)"我非生而知之者,好古,敏以求之者也。"(《论语·述而》)关于学习的重要性,孔子曾对子路说过:"好仁不好学,其蔽也愚;好知不好学,其蔽也荡;好信不好学,其蔽也贼;好直不好学,其弊也绞;好勇不好学,其蔽也乱;好刚不好学,其蔽也狂。"(《论语·阳货》)孔子所讲的学,是指一种非常广泛的学习,包括对自我的认识,对他人和社会的认识,以及对为人处世的认识,其中最重要的就是关于礼的学习,他强调:"不学礼,无以立"(《论语·季氏》)。

荀子也十分重视"学"。他在《劝学》中开篇指出:"青,取之于蓝而青于蓝;冰,水为之而寒于水。木直中绳,輮以为轮,其曲中规,虽有槁暴不复挺者,輮使之然也。故木受强则直,金就砺则利,君子博学而日参省乎己,则知明而行无过矣。故不登高山,不知天之高也;不临深溪,不知地之厚也;不闻先王之遗言,不知学问之大也。""吾尝终日而思矣,不如须臾之所学也,吾尝跂而望矣,不如登高之博见也。"(《荀子·劝学》)荀子认为,学习是不可以完结的,人只有通过不停地学习,才有可能改变自己的本性。人之所以能学,荀子认为关键在于人"心有征知",即人心具有选择、认识、思虑的能力。他说:"心有征知。征知,则缘耳而知声可也,缘目而知形可也,然而征知必将待天官之当簿其类然后可也。"(《荀子·正名》)荀子将人的感觉器官称为"天官",它们的主宰则是心,称为"天君"。荀子认为,将心的认知能力扩展开来,人就能够化恶为善。但是,由于受到耳目等感官的蒙蔽,人并不能够始终保持正确的认识,要做到这一点,人就必须达到"大清明"的境界,即"虚一而静"。"人何以知道? 曰:心。心何以知? 曰:虚一而静。心未尝不减也,然而有所谓虚。心未尝不满也,然而有所谓一。心未尝不动也,然而有所谓静。人生而有知,……虚一而静,谓之清明。"(《荀子·解蔽》)这里的"虚",是指已有的知识不能妨碍人的认识;"一"是指思想专一;"静"是指心灵宁静。"虚一而静"也即虚心、专心和静心。人做到"虚一而静",就达到了"大清明"境界,从而就可以去认识"道"。

孔子认为:"不怨天,不尤人,下学而上达。知我者其天乎。"(《论语·宪问》)此语虽重在"下学"二字,但并不局限于工夫之中;不埋怨上天、不怪罪他人，而最后一语"知我者其天乎"，更有以"人事"了悟"天命"、以"人道"体证"天道"的磊落胸襟。"下学，学人事。上达，达天命。我既学人事，人事有否有泰，故不尤人。上达天命，天命有穷有通，故我不怨天也。"（《论语·述而》）孔门之"学"，一向为后儒所重视，更有研究者认为"学"与"仁""礼"共同构成了君子最重要的三种品质。王阳明曰："后儒教人，才涉精微，便谓上达，未当学，且说下学（引者省）如木之栽培灌溉，是下学也；至於日夜之所息，条达畅茂，乃是上达，人安能预其力哉？故凡可用功，可告语者，皆下学，上达只在下学里，凡圣人所说，虽极精微，俱是下学。学者只从下学里用功，自然上达去，不必别寻个上达的工夫。"（《传习录·卷一》）倘若对未学之人或刚刚入门不久的学生，终日讲授上达，只能是谈空说妙，非但无益，反而有害；然而，学者只从下学里有功，是否就可以"自然"上达去。

孔子还区分了两种学习目的：一是为己之学；二是为人之学。这一看法似乎还影响到墨家，《新序》中记载了齐王与墨子的一段对话，齐王问墨子曰："古之学者为己，今之学者为人，何如？对曰：'古之学者，得一善言，以附其身；今之学者，得一善言，务以悦人。'"（《太平御览·新序》）墨子所论可说与孔子之意大体相合，荀子则进一步用"身心之学"与"口耳之学"来区分"为己"与"为人"的不同："君子之学也，入乎耳，箸乎心，布乎四体，形乎动静。端而言，蝡而动，一可以为法则。小人之学也，入乎耳，出乎口；口耳之间则四寸，易足以美七尺之躯哉"（《荀子·劝学》）。

而"学"和"习"也是联系的。如果"学"与"习"失去其中的任何一方，都是不成立的。另一方面体现为"学"的价值性。"学"作为人之立人的基本前提，是进贤向圣的起点，孔子说他"十有五而志于学，三十而立，四十而不惑，五十而知天命，六十而耳顺，七十而从心所欲，不逾矩"（《论语·为政》）。这个显示他不断成长的历程，之所以最终达到了"从心所欲""不逾矩"的境界，其中的基础和前提在于，一切皆以"学"为人生成长和进步的积累。朱熹就此引用程颐的观点称："孔子生而知之也，言亦由学而至，所以勉进后人也。"①

中国古代贤哲还主张学思结合。所谓"学而不思则罔，思而不学则殆"，"三人行，必有我师焉"，即经过个体自我思考、有选择地学，当然更要注意方法。孔子指出："好仁不好学，其蔽也愚；好知不好学，其蔽也荡；好信不好学，其蔽也贼；好直不好学，其蔽也绞；好勇不好学，其蔽也乱；好刚不好学，其蔽也狂。"（《论语·阳货》）此论重在强调方法。"尚思"的意思也

---

① （宋）朱熹：《论语集注·为政第二》，《四部要籍注疏丛刊·论语》，第498页。

有两层：一是独立思考；二是善于思考。诗云："自西自东，自南自北，无思不服。"（《诗经·大雅·文王有声》）既说明思想的重要性，也说明思考的重要性。孔子对此有他独到的认识，他提出："有弗思，思之弗得，弗措也"（《中庸·第二十章》）。并认为："君子有九思：视思明，听思聪，色思温，貌思恭，言思忠，事思敬，疑思问，忿思难，见得思义。"（《论语·季氏》）从中我们可以看出，孔子的思考不是胡思乱想，而是有逻辑的思考。他将成功的秘诀归结为五个要素："博学之，审问之，慎思之，明辨之，笃行之。"（《中庸》）"思"是关键。关于"思"与"学"的关系，孔子认为："学而不思则罔，思而不学则殆"（《论语·为政》）。因此，他曾说："吾尝终日不食，终夜不寝，以思，无益，不如学也"（《论语·卫灵公》）。对于季文子三思而后行。"子闻之，曰：'再，斯可矣。'"（《论语·公冶长》）认为"思"要有一个合理的度，要以"学"为基础。否则，同样会陷入"罔"。

"心之官则思"，"思"显然也与"念"不同。蕺山很清楚地分辨"思"与"念"的不同："念有起灭，思无起灭也。"而且"常醒而不昧者，思也，心之官也。……因感而动，念也"。换言之，"思"是一种本心有主（尝醒）而灵明（不昧）的能力，故"思即是良知之柄"。在这个意义下，"思"是《孟子》之文脉。"思"本身具有丰富且独特的实践意涵。蕺山把"思"视为工夫的起点，故云："学始于思，达于不思而得"。又说："夫学所以治念也。与思以权，而不干以浮气，则化念归思矣。"尤有进者，由"心之官则思"到"不思而得，从容中道，圣人也"（《中庸》第二十章），更是工夫的极致，故蕺山又道："化念归思，化思归虚，学之至也"。然而，若心之官不思，则"思"也可能沉沦"物化"，立即下转为念。蕺山说得好："心之官则思，一息不思，则官失其职，故人心无思而无乎不思，绝无所为思虑未起之时。惟物感相乘，而心为之动，则思为物化，一点精明之气不能自主，遂为憧憧往来之思矣。如官犯赃乃霸职也。"

蕺山反对伊川所云"凡言心者，皆指已发而言"，而且也认为《与苏季明论中和》中的"既思即是已发"之语未当。他指出，若"心指已发"，则犯了"以念为心"的谬误，若"既思即是已发"，则将错解"心之官则思"（《孟子·告子上》）的意涵。他认为："人之所以为人，心之所以为心也。"而且"惟人心之妙，亦无所不至，而不可以图像求"。况且"心中有意，意中有知，知中有物，物有身与家国天下，是心之无尽藏处"。故"盈天地间心也"（《明儒学案》）。由此可见，"心"在蕺山思想中具有正面积极性的意蕴，即"心意知物是一路，不知此外何以又容一念字？"显然地，在义理层级上，"心"优于"念"，"心"与"念"是异质异层的概念，同时"念"也是一个消极性的概念，所谓"今心为念,盖心之余气也。余气也者,动气也。动而远乎天,故念起念灭,为厥心病"(《明儒学案》)。如是,"念有起灭"而心本无起灭也。这显示蕺山所理解的"念"是为外物所感的余气,它本身既背于理又离乎心,是工夫论中被克治的对象,属于感性层、欲望的范围。所以蕺山主张"圣人化念归心"。

三、求 放 心

人的修为,即人自我找回并修炼善良的本心,即求放心。"求放心"是孟子学说中的重要命题,贺麟的答案是"意志自由"。他说:"意志之所以不自由,其主要原因,即由于心放在外,心为物役。换言之,心为外物的奴隶。求放心就是消极地使意志不为奴隶的功夫。大概心放在外,一方面好像是神不守舍,我们自己的心飞越在外边;而另一方面实是外间的东西,或别人的思想意见钻进我们自己的心里,霸占住我们的脑筋,使我们不能自己做主,意志不自由。因此我们的思想言行,不能代表我们的真我,而乃是传达别人的意志思想的工具。但因为我们具有人的外形,具有一副假人格,而我们精神受外物支配,传达别人的思想意的行为,又须我们自己负道德的责任,所以人生最大的不幸,精神最大的痛苦,实莫过于意志的不自由。"①按照贺麟的理解,人之意志不自由的原因是:心为物所役,成为物的奴隶。而心为物所役有两方面的表现:一是神不守舍,心由身飞出;二是被外界的东西或别人的思想意见霸占了脑筋。那么,如何"求放心"就成为防止邪恶观念侵袭的前提,就是使人重获自由的前提,就是使人成为他自己的前提。可是,怎样"求放心"呢? 贺麟说:"所以欲求放心,知的方面,必须随时提醒自己超经验的真我,行使自己的先天的知识范畴,以组织感官的材料而形成真知识;行的方面,必须本着自己与人格俱来的意志自由的本性,于复杂的意念与欲望中抉择其能发展自性,实现真我者而行。换言之,自己每得一知识,不是被动的接收外界的刺激,而乃是自己精心组织而成,自己每一个动作,不是受外物之引诱,徇情欲的倾向而被动,乃是经过自己决定签字而出发认为足以代表真我的。自己为自己的知识之组织者,自己为自己的行为的主动者,就是求放心。"②

佛教认为,每个人都有成佛的可能,至于现实能不能成,关键在于个人

---

① 李承贵:《人文认知范式的形成及其检讨——以作为中国传统哲学研究方法为中心》,《天津社会科学》2013 年第 6 期。
② 李承贵:《人文认知范式的形成及其检讨——以作为中国传统哲学研究方法为中心》,《天津社会科学》2013 年第 6 期。

自身的修为到不到家。六祖惠能说:"自性悟,众生是佛。"人人都有本性(自性),本性就是佛性,人人都先天具有成佛的慧根。但是现实能不能成佛,就看自己本性是不是被外物或欲望蒙蔽了。因此,修行就是要保持自己的内心不被尘世污染,在于内求而不是外求。我国宋代大文豪苏东坡,对养生和禅法都很有研究。据说有一天,他问佛印禅师:"一般人手里拿着念珠是在念观音菩萨,但观音菩萨手里拿着念珠又是念谁呢?"禅师回答说:"也是念观音菩萨。"苏东坡又问:"为什么?"禅师说:"求人不如求己。"这故事有着深刻的道理,说明成佛在于个人自身的修养和努力程度。佛教又说"念觉即是佛"。心中起善念就是光明,起恶念就是黑暗,成佛在于自己内心,成魔也在于自己内心。成佛应是成人的另一个角度阐释,也就是说无论成人或成佛,都不能掉失自我善心,如失去,要找回。

第二节　修为即修心、养心、息心

一、以理导欲:修心

自我调控的重要途径是如何处理理欲,也即人欲问题,在对待人欲问题上,古代思想家提出许多观点,如孟子的"寡欲"说,荀子的"导欲"说,老、庄的"无欲"说,及《列子·杨朱篇》的"纵欲"说。

针对当时贫富差距日益扩大而出现的问题,董仲舒认为:"大富则骄,大贫则忧,忧则为盗,骄则为暴,此众人之情也。圣者则于众人之情,见乱之所从生,故其制人道而差上下也,使富者足以示贵而不至于骄,贫者足以养生而不至于忧,以此为度而调均之,是以财不匮而上下相安,故易治也。今世弃其度制,而各从其欲,欲无所穷,而俗得自恣,其势无极,大人病不足于上,而小民羸瘠于下,则富者愈贪利而不肯为义,贫者日犯禁而不可得止,是世之所以难治也"(《春秋繁露》)。在这里,董仲舒强调对"富者"和"贫者"都要防欲,从而达到"富者足以示贵而不至于骄,贫者足以养生而不至于忧"的均衡状态,这样有利于社会治理。所以,他说:"利者,盗之本也,妄者,乱之始也,夫受乱之始,动盗之本,而欲民之静,不可得也。故君子非礼而不言,非礼而不动;好色而无礼则流,饮食而无礼则争,流争则乱。夫礼,体情而防乱者也,民之情不能制其欲,使之度礼,目视正色,耳听正声,口食正味,身行正道,非夺之情也,所以安其情也"(《春秋繁露》)。在这里,董仲舒同样强调抑制民众欲望。

儒家修为主要在于通过节欲养心、克己、改过迁善等手段或途径来实现，在此种种手段之中，节欲为重要一环。《近思录》中的修身思想同时注重"克己"的功夫，如："治怒为难，治惧亦难。克己可以治怒，明理可以治惧""人能克己，则心广体胖，仰不愧，俯不怍，其乐可知。有息则馁矣"。《近思录》中对于克己的论述，朱子对其评价即："说则欲进，而有险在前，进去不得，故有止节之义"。也就是说："方而能止者，则为能禁其欲不得肆者，因有所防，则不敢放其肆，谓节之也。""以刚中正为节，如惩忿窒欲、损过抑有余是也。不正之节，如啬节于用、懦节于行是也。"就是说，节制有正和不正之分，若为惩忿窒欲、损过抑余，则为刚中正之节，学者当所勉也。如果节之用致其吝啬、揉懦，则为不正之节，学者当慎戒之。《晋》之上九："晋其角，维用伐邑，厉吉，无咎，贞吝。"《传》曰："人之自治，刚极则守道愈固，进极则迁善愈速。如上九者，以之自治，则虽伤于厉，而吉且无咎也。严厉非安和之道，而于自治则有功也。"

周敦颐说："孟子曰：'养心莫善于寡欲。'……予谓养心不止于寡焉而存耳，盖寡焉以至于无。无则诚立明通。诚立，贤也，明通，圣也。"（《养心亭说》）魏了翁作出解释说："圣贤之论言寡欲矣，未尝言无欲也。所谓欲仁、欲善、欲立、欲达，莫非使人即欲以求诸道。至于富贵所欲也，有不可处；己所不欲也，有不可施，则又使人即其不欲以求诸非道。岁积月累，必至于从心所欲而自不逾矩，然后为至。曾子得之，明六欲之目，孟子传之，开六欲之利。今曰：'自寡欲以至无欲，不其戾乎？'曰：'性不能无感，性之欲也，知诱物化，则为私欲，故圣人虽使人即欲以求道，而于康子，于冉求，于申枨，何尝以其欲为可乎？'胡仁仲之言曰：'天理人欲，同行异情，以此求之，则养心之说备矣。'"[1]魏了翁的解释相当含糊。他没能揭示为什么偏离孟子"寡欲"思想而主张"无欲"，也没能厘清理学的"无欲"、孟子的"寡欲"及老庄的"无欲"有何异同。

程颐对于天理和人欲的观点，在《近思录》中主张寡欲节欲以顺天理。"顺理则裕，从欲惟危。造次克念，战兢是持。习与成性，圣贤同归。"意思即是顺应天理而为，则必得安裕；如若违乎天理而为，欲则易纵，纵欲则危矣。君子修身若能谨记此念，自持天理，久之而习与成性，便能复天理，回归人之自然本性，以至于成贤成圣。"《复》之初九曰：'不远复，无祗悔，元吉'。"因此需要"损浮末而就本实，损人欲以复天理"。其次，程颐主张应当灭人欲——无欲。《易传》曰："夫人心正意诚，乃能极中正之道，而充实光

---

① （清）黄宗羲：《宋元学案·鹤山学案》，全祖望补修，陈金生、梁运华点校，中华书局1986年版，第2661页。

辉。若心有所比,以义之不可而决之,虽行于外,不失其中正之义,可以无咎,然于中道未得为光大也。盖人心一有所欲,则离道矣。夫子于此示人之意深矣。"此中不难看出,虽然程颐承认人欲的存在,但认为人应当无欲,因为"人心一有所欲,则离道矣",复礼将无从谈起。

陈献章曾经这样来作人、禽之分:"人具七尺之躯,除了此心此理,便无可贵,浑是一包脓血,裹一大块骨头,饥能食,渴能饮,能着衣服,能行淫欲,贫贱而思富贵,富贵而贪权势,忿而争,忧而悲,穷则滥,乐则淫,凡百所为,一信血气,老死而后已,则命之曰禽兽可也。"①人要提升自己的人格,就必须尊尚理义,理义不仅是利他的,同时也是可以自娱的,"理义之悦我心,犹刍豢之悦我口"(《孟子·告子上》)。为了理义,人应该节制感性欲求。

张载对待人欲的观点主要集中在节欲和寡欲两个方面。首先,提倡人欲应当适可而止,不偏不倚。"湛一,气之本;攻取,气之欲。……知德者属厌而已,不以嗜欲累其心,不以小害大,末丧本焉尔。"意是知德之人对于人欲无贪,只求适度而已,不会由于嗜欲无度而劳累其纯一的心性,不以肉体之欲之小体而害心性纯一之大体,不以过度的欲求而丧失纯真的心性。其次,张载还主张人要寡欲。"'仁之难成久矣!人人失其所好。'盖人人有利欲之心,与学正相背驰。故学者要寡欲。"

中国古代社会传统直追玄理的传统,使艺术家修养不能不趋于虚奥。它不是以科学知识培养艺术家对于"物"的结构的把握,而是以玄理陶养艺术家的主观"悟性"。而"悟",从"吾"、从"心",吾心即悟。能察一知百,见表知里,知此识彼,便是有"悟性"。悟性或称识性。"人生而静,天之性也,感于物而动,性之欲也。物至知知,然后好恶形焉。"(《礼记·乐记·乐本篇》)在儒家看来,人"感物而动"的人之本性欲望,同时也是"情动于中"的人类喜怒哀乐情感的自然抒发,儒家肯定人这种活动产生的合理性。但是,儒家又认为,"夫物之感人无穷,而人之好恶无节,则是物至而人化物也。人化物也者,灭天理而穷人欲者也"(《乐记·乐本篇》)。人的欲望是天性为外物激发而产生的,是不可避免的,但如果任其发展下去,这种没有节制的个人欲望就会毁灭人的群体文化本质。因此,儒家提倡要用人的群体文化本质原则来规范个体欲望和情感。"是故先王之制礼乐也,非以极口腹耳目之欲也,将以教平民好恶而反人道之正也。"(《乐记·乐本篇》)"以道制欲,以礼节情""美善相乐""兴雅乐、反郑声""济同欲""与民同乐""乐而不荒"等提法,都是趋于这一终极目的的。儒家承认文艺具有审美的功能,

---

① 陈献章:《陈献章文集》,中华书局1987年版,第61页。

孔子曰:"礼云礼云,玉帛云乎哉! 乐云乐云,钟鼓云乎哉"(《论语·阳货》)。《礼记·乐记》亦云:"乐者,非谓黄钟大吕弦歌干扬也,乐之末节也,故童者舞之。"也就是说,在儒家看来,文艺的本质并不仅仅在于它的审美愉悦性,那只是它的表面形式,是"末节",只可以称之为"音"而不能称之为"乐",即不能称之为艺术。真正的艺术是"德音",即有助于人的欲望节制,有助于教化民众。刘勰也说:"情者,是非之主,而利害之根。有是必有非,能利亦能害;是非利害存于衷,而彼此还相疑故无情以接物,在遇而恒通;有情以接人,触应而成碍。由此观之,则情之所处,物之所疑也。"①情欲为是非之主,利害之根接人之害,如果任其发展,将是"欲炽则身亡"。因此,刘勰主张"将收情欲,先敛五关"。因为"五关"是"情欲之路,嗜好之府也"。为了"全性之道",不使"嗜欲攻心,正性颠倒",就要收敛情欲,防止其流荡而害于本体。刘勰认为耳、目、口、鼻、身体之欲,"此五者。所以养生,亦以害生。……然亦以之死,亦以之生,或为贤智,或为庸愚,由于处之异也"②。人的生与死之差,贤智与庸愚之异都与能否收敛情欲有密切关系,使欲而适中,不放逸流荡,便可贤智、健康。

　　刘勰还说:"人有牛马放逸不归,必知收之;情欲放逸而不知收之不亦惑乎?"③人要收敛情欲,就要在情欲微萌之时收敛,此时容易收敛住;如果情欲泛滥则收敛不住。所以说:"将收情欲,必在危微。情欲之萌,如木之将蘖,火之始荧,手可掣而断,露可滴而灭。及其炽也,虽穷力运斤,竭池灌水,而不能禁,其势盛也。嗜欲之萌,耳目可关,而心意可钥;至于炽也,虽襞情卷欲而不能收,其性败也。如能塞先于未形,禁欲于危微,虽求悔吝,其可得乎?"④刘勰虽然没有明确标出性善情恶,但是却把情说成是违性伤性的"大害",李翱依据《中庸》的人性思想,在韩愈性三品论的基础上,融入了禅宗的佛性论,提出了性善情恶论。他说:"人之所以为圣人者,性也;人之所以惑其性者,情也。喜、怒、哀、惧、爱、恶、欲七者,皆情之所为也,情既昏,性斯匿矣,非性之过也;七性摘环而交来,故活性不能充也。水之浑也,其流不清,火之烟也,其光不明,非水火清明之过,沙不浑,流斯清矣,烟不都,光斯明矣,情不作,性斯矣。"⑤可人之所以为圣人,在他们先天所具有的本性,不为后天的情欲所浸染。李翱以此说明情是性之累害,情是人超凡成圣的障

①　(北齐)刘昼:《刘子》卷一,《去情第三》,袁孝政注,中华书局1985年版,第3页。
②　(北齐)刘昼:《刘子》卷一,《防欲第二》,袁孝政注,中华书局1985年版,第2页。
③　(北齐)刘昼:《刘子》卷一,《防欲第二》,袁孝政注,中华书局1985年版,第2页。
④　(北齐)刘昼:《刘子》卷一,《防欲第二》,袁孝政注,中华书局1985年版,第2页。
⑤　(唐)李翱:《李文公集》卷二,《四部丛刊集部》,第1页。

碍,李翱提出了性善情恶论。他说:"性无不善","情本邪也,妄也"。① 性和情是相对应的,性为善,情为恶。性为什么是善,情为什么是恶呢？李翱的解释是:"性来自天,故为善;情是性所动之物欲,故为恶。""性者,天之命也,圣人得之而不惑者也;情者,性之动也,百姓溺之而不能知其本者也。"②圣人与众人的性,就其天之命来说,没有差别,都是善的。差别是圣人得于天性而不以情欲惑其天性,在情欲面前寂然不动,静守其性,故能保其善性。而常人在情欲面前不能固守天性,为情欲所诱而惑其天性,迷恋情欲而忘记性之本天之命;所以溺于情。人要保其性,就要去其情,只有去其情,才能复其性。李翱认为,人只要排除情欲,不为情欲所昏蔽,使心性处于寂然不动的状态,就会达到广大清明的至诚境界,达到了这种境界,就可以"尽人之性""尽物之性","通天下之故","赞天地之化育",而"与天地参"了。所以说:"圣人性之心,寂然不动,广大清明,照乎天,历地,感而遂通天下之故,行止语默无不处于极也。"③只要不动心,使心不为情所引诱、蔽障,永远保持清明的境界,就可以恢复善性。这种复性的境界便是"诚"或"至诚"。在这种境界中,情不动亦欲不发,因而恢复了善的本性。达到了这种境界,就是"范围天地之化而不过,曲成万物而不遗"的圣天、神。

欲望是推动人们进步的动力,但是一旦过了,就是贪得无厌,于己于人都是不利的。可以说,许多矛盾和痛苦的根源在于欲望过多。正因为此,儒释道三家都强调控制欲望,修养身心。当然,节制欲望、淡泊名利和努力上进并不矛盾。诸葛亮在《诫子书》中有一句名言:"非淡泊无以明志,非宁静无以致远。"这句话既是诸葛亮对他儿子的要求,也是他一生的总结,更是超越时空的警言。有一位高僧和一位老道,互比道行高低。相约各自入定以后,彼此追寻对方的心究竟隐藏在何处。和尚无论把心安放在花心中、树梢上、山之巅、水之涯,都被道士的心于刹那之间找到。和尚突然悟到,因为自己的心有所执着,故被找到,于是便想:"我现在自己也不知道心在何处。"和尚进入无我之乡、忘我之境,结果道士的心就追寻不到他的心了。超然忘我,放下得失之心,不苦苦执着于自己的得与失、喜与悲,便不会陷入欲求的痛苦之中。

二、娱情养性:养心

孔子非常重视主体的艺术修养在"成人之道"中的作用。"为成人"不

---

① (唐)李翱:《李文公集》,上海古籍出版社1993年版,第10页。
② (唐)李翱:《李文公集》,上海古籍出版社1993年版,第6页。
③ (唐)李翱:《复性书上》,《中国哲学史资料简编》,中华书局1963年版,第551页。

仅需知识、道德和多方面的技能与修养，还需"文之以礼乐""伤身以礼乐"。对此，《礼记·经解》说："广博易良，乐教也"。儒家特别重艺术中的音乐，在于音乐与人之德行密切相关。故儒家言乐，不只视为纯粹的艺术，而常与礼合言，称之为"礼乐"。孔子说："兴于诗，立于礼，成于乐。"（《论语·泰伯》）诗、礼与乐固然并重，而其成就则在乐。乐处于"成"的地位，可见孔子对乐教的重视。《史记·孔子世家》记载着孔子学琴的故事，孔子学鼓琴于师襄，十日不进。师襄曰："可以矣。"孔子曰："丘已习其曲矣，未得其数也。"有问曰："已习其数，可以益矣。"孔子曰："丘未得其志也。"有问曰："已习其志，可以益矣。"孔子曰，"正未得其人也。"有问曰："有所穆然深思焉，有所怡然高望远志焉。"曰："丘得其人，然而暴。几然问长，眼如望羊，心如王四国，非为王其谁能为此也。"孔子对于乐的要求，是由"习其曲"—"习其数"—"得其志"—"得其人"这么一个行进的过程。他在个人的心性修养上非常注意音乐方面审美情趣的发展，故《论语·述而》有这样的记录："子在齐闻邵，三月不知肉味，曰：'不图为乐之至于斯也。'"诗在当时与乐是分不开的，因而孔子的诗教就是他的乐教。乐教成为孔门以及儒家文化中助推成人一大传统。

对于乐教，荀子有详细阐释，荀子一生游学，杂取兼收，身怀多种艺技。在乐这一方面，他特别精通。关于礼乐的论述主要有《礼论》《天论》《劝学》《儒效》《正名》等篇。其中他的《乐论》一篇，论及了音乐的起源、本质、教化作用从而集中反映了他的音乐教化思想。在儒家思想史上，荀子明确以礼乐区别了二者的性质，强调二者相互作用与相互联系。就"乐"的本质而言，荀子认为："乐者，乐也。君子乐得其道，小人乐得其欲。以道制欲，则乐而不乱；以欲忘道，则惑而不乐。故乐者，所以道乐也，金石丝竹，所以道德也。乐行而民乡方矣。"（《荀子·乐论》）"穷本极变，乐之情也"，说明"乐"的实质是探求人的本性及变化。"故听其雅、颂之声，而志意得广焉；执其干戚，习其俯仰屈伸，而容貌得庄焉；行其缀兆，要其节奏，而行列得正焉，进退得齐焉。故乐者，出所以征诛也，入所以揖让也。征诛揖让，其义一也。出所以征诛，则莫不听从；入所以揖让，则莫不从服。故乐者，天下之大齐也，中和之纪也，人情之所必不免也。"（《荀子·乐论》）即是说，"乐"是天下齐一的工具，是中正平和的纲纪，是人们情感所必不可少的。对人起着娱情养性作用。"君子以钟鼓道志，以琴瑟乐心。动以干戚，饰以羽族，人以箫管。故其清明象天，其广大象地，其俯仰周旋有似于四时。故乐行而志清，礼修而行成，耳目聪明，血气和平，移风易俗，天下皆宁，美善相乐。"（《荀子·乐论》）荀子更认为："乐之中和也"（《荀子·劝说》）也就是《乐经》阐释的中和之音。"乐中平则民和而不流,乐肃庄则民齐而不乱。"(《荀子·乐论》)音乐中正平和,百姓即和睦且不会放纵,音乐严肃庄重,百姓就能整齐而不陷于纷乱。荀子还将孔子的"中庸之道""和为贵"的思想运用到音乐理论中,提出"乐合同"的论断,因此认为"乐者,圣王之所乐也,而可以善民心,其感人深,其移风易俗"。"乐"具有心灵沟通的功能,且使不同的人在乐的共同欣赏中达到思想的交流,达到"合"的作用。荀子提出:"故乐在宗庙之中,君臣上下同听之,则莫不和敬;闺门之内,父子兄弟同听之,则莫不和亲;乡里族长之中,长幼同听之,则莫不和顺。"(《荀子·乐论》)这种"调和"体现了"乐"在弱化差别、调和矛盾,通过创造一种和谐气氛,让人心平气和、相亲相善。可以看出,音乐既可以再现宇宙、天地、自然的运动规律,表现出天之道,也可以运用一定的节奏、声音、形象表现人的情志,展现"人之道","人之道"和"天之道"在乐中得以贯通,因而乐具有了感动人之善心的功能。

庄子曾提出"喜怒哀乐不入于胸次"(《庄子》),意思是说,感情的流露经过过滤,净化了,过滤情感的便是智慧。智如同过滤器,情感经过这器物"净化"。沈宗骞也从艺术角度论述内在性情的涵养与笔墨气韵间的关系,他说:"笔墨之道本乎性情,凡所以涵养性情者存之,所以残贼性情者则去之,自然俗日离而雅日几也。夫刻欲求存未必长存,力欲求去未必尽去,彼纷纷于内,逐逐于外者,亦思从事于兹,以几大雅,其可得乎? 故欲求雅者,先于平日平其争竞躁戾之气,息其机巧便利之风,揣摩古人之能恬淡冲和,潇洒流利者,实由摆脱一切纷争驰逐,希荣慕势。弃时世之共好,穷理趣之独腴,勿忘勿助,优柔渐渍,将不求存而自存,不求去而自去矣。"①

为了节情,道家提出"心斋"(《庄子·人间世》)、"养心"(《庄子·在宥》)之说。孔子主张节制,感情的表现应"乐而不淫,哀而不伤","怨而不怒",极端的宣泄,非"执中"之道。以理性制抑调节情感,孔子明白,情感只存在雅、俗之分,所以,"美"必须以"善"为核心,否则,"人而不仁如乐何?"(《论语·小佾》)仁善之心是知乐、用乐的内在前提。礼是秩序的规范,乐(其他艺术亦然)则从心灵上陶养人,使之"成人"。《论语·宪问》中说:"子路问成人,子曰:'若臧武仲之知,公绰之不欲,卞庄子之勇,冉求之艺,文之以礼乐,亦可以为成人矣。'"由此,孔子才"恶紫之夺朱""恶郑声之乱雅乐",才以季氏八佾舞于庭为不可容忍的僭礼行为。所以,艺术有抒情畅怀的享受一面,也有节制情感的一面。"温柔敦厚"不仅成了衡度人的价值

---

① (清)沈宗骞:《芥舟学画编》,山东画报出版社 2013 年版,第 63 页。

标准，也成了衡量艺术品风格的尺度。郭熙娴于此道，并无家学渊源，纯由"天性"得来。这"天性"，即游方之外的潇洒性格，这正是艺术家所持之秉性。对此，郭熙说："世人止知吾落笔作画，却不知画非易事。庄子说画史解衣盘礴，此真得画家之法。人须养得胸中宽快，意思悦适，如所谓易直子谅，油然之心生，则人之啼笑情状，物之尖斜偃侧，自然布列于心中，不觉见之于笔下。……不然，则志意已抑郁沉滞，局在一曲，如何得写貌物情，摅发人思哉！……余因暇日，阅晋唐古今诗什，其中佳句，有道尽人腹中之事，有装出目前之景。然不因静居燕坐，明窗净几，一炷炉香，万虑消沉，则佳句好意亦看不出，幽情美趣亦想不成。"①这一段话，不仅道出了郭熙的思想之所从来，更写出了一个艺术家如何"养神"以使精神融通于外界。"解衣盘礴"出自《庄子》，而"易直子谅"则本于《乐记》。《乐记》："致乐以治心，则易直子谅之心，油然生矣。"《正义》："易谓和易，直谓正直，子谓子爱，谅谓诚信。"郭熙兼蓄并包儒、道学理，显而易见。而"暇日"的生活情趣，士人学子的清闲气象，读晋唐诗，静居燕坐，窗明几净，香绕虑沉。这可谓"治心"之道，而"治心"正是通往人心纯净之路径。此时，"境界已熟，心手已应，方始纵横中度，左右逢源"②。宋代欧阳修也予以肯定："苏子美尝言，明窗净几，笔砚纸墨，皆极精良，亦自是人生一乐。然能得此乐者甚稀，其不为外物移其好者，又特稀也。"③中国哲学及其艺术性足以使人的胸襟潇洒，精神超迈，美化人的心灵。

郭熙在论吴道子的绘画艺术时认为，是"得之于心，故无不妙"所谓"得心"，即"心能不牵于外物，则其守全，万物森然出于一境"。所以他说："欲得妙于笔，当得妙于心。"④心妙之诀，在于"不牵于外物"。"守全""存真"，方能使受污染的心灵"全真"，如此也才能与未受污染的自然融一，心与物的距离对抗消解了，使净化的心灵与净化的自然贴近，使彼我之间和谐无间，而净化的对象，便是那蝇营狗苟的世俗心态。他以学字"消日"，谓"于静坐中，自是一乐事"，士大夫将字、画技巧的训练与心灵的修养融为一体，心灵的澄澈正由这不经意而又全神贯注的清雅生活涵泳出来。总之，中国艺术（画学）是治心、养性之学，是向内以净化人心的。宋人将书法、绘画等艺术称为"玩墨""墨戏"，这是全身心的投入，是极严肃的艺术态度，是严格意义上的艺术观念的觉醒。汉代儒生注《诗》，动辄"助人伦，成教化"，以

---

① （宋）郭熙：《林泉高致·画意》，中华书局 2010 年版，第 81 页。
② （宋）郭熙：《林泉高致·画意》，中华书局 2010 年版，第 81 页。
③ 《欧阳修全集》第 5 册，李毅安点校，中华书局 2001 年版，第 1977 页。
④ 《道珠师画墨竹序》，《黄庭坚全集》第 1 册，四川大学出版社 2001 年版，第 416 页。

《诗》为教化手段，没有一丝"玩"的意绪，乃至到了唐代，张彦远在《历代名画记》中说："图画者，有国之鸿宝，理乱之纪纲"。裴孝源在《贞观公私画史》中也说："其于忠臣孝子，贤愚美恶，莫不图之屋壁，以训将来。或想功烈于千年，聆英威于百代，乃心存懿迹，默匠仪形。"郭熙也说："然则自帝王名公巨儒相袭而画者，皆有所述作也。如今成都周公礼殿，有西晋益州刺史张牧画三皇、五帝、三代至汉以来，君臣贤圣人物烂然满殿，令人识万世礼乐。"（《林泉高致·画题》）广义地说，中国画学（其他艺术门类亦然）是现代之所谓的"美育"，即以"美"的精神陶养国民情操的理论。蔡元培的美育思想，尤重视美术对于人的陶养作用。1918 年 4 月，北京大学画法研究会成立，蔡元培为该会写了《北京大学画法研究会旨趣书》，他提请"会员注意者，画有雅俗之别，所谓雅者，谓志趣高尚，胸襟潇洒"。1920 年，在《美术的起源》一文中，蔡元培指出："美术与社会的关系，是无论何等时代，都是显著的。从柏拉图提出美育主义后，多少教育家都认为美术是改进社会的工具"①。1921 年，《美术与科学的关系》发表，蔡元培指出，此二者不可偏废，在"知识以外兼养感情，就是治科学以外，兼治美术。有了美术的兴趣，不但觉得人生很有意义，很有价值，就是治科学的时候，也一定添了勇敢活泼的精神"②。于人心的陶养有大功效的中国画熏染人的画论精神，到了这位大师手里，顿时光彩夺目，传统画学精神的生命力被开掘并释放出来了。蔡元培的杰出贡献是，他将古典画学的"治心""养性"之说，提到陶冶国民情操的美育高度。

三、息　心

"息心"即排除杂念，是澄心滤志，使心灵平衡。现代科学研究证实，人体疾病，在相当的程度上是源于心理性原因的，神经系统平衡的失调，诱发出生理机制的紊乱。中国古代官场的士大夫，心追山水之乐，所借助的，便是绘画，"不下堂筵，坐穷泉壑，猿声鸟啼，依约在耳，山光水色，滉漾夺目，此岂不快人意，实获我心哉"③。净化人心，也利于社会发展，未有人心狂躁而社会能安宁的。对此，徐复观说："艺术对人生、社会的意义，并不在于完全顺着人，生社会现实上的要求；而有时是在于表面上好像是逆着这种要求，但实际则是将人的精神、社会的倾向，通过艺术的逆地反映，而得到某种

---

① 高平叔：《蔡元培美育论集》，湖南教育出版社 1987 年版，第 80 页。
② 高平叔：《蔡元培全集》第 4 卷，中华书局 1984 年版，第 327—328 页。
③ （宋）郭熙：《林泉高致·山水训》，中华书局 2010 年版，第 11 页。

意味的净化、修养,以保持人生社会发展中的均衡,维持生命的活力、社会的活力于不坠。山水画在今日更有其重要意义的原因,正在于此。顺着现实跑,与现实争长短的艺术,对人生、社会的作用而言,正是'以水济水'、'以火济火',使紧张的生活更紧张,使混乱的社会更混乱,简直完全失掉了艺术所以成立的意义。"①其实,徐复观说出了中国文艺批评之积弊。清人王昱说:"学画所以养性情,且可涤烦襟,破孤闷,释躁心,迎静气。昔人谓山水家多寿,盖烟云供养,眼前无非生机,古来各家享大耋者居多,良有以也。"②清人方薰云也说:"云霞汤(同荡,涤除之意——引者注)胸襟,花竹怡性惰。物本无心,何与人事? 其所以相感者,必大有妙理。画家一丘一壑、一草一花,使望者息心,览者动色,乃为极构。"③《真西山文集》卷二十八有一段真德秀与萧守中论乐、诗的记载,可谓深得庄学神髓:"夫山川之秀杰者,其钟于人必异,固子襟韵不凡,益以信玉笋(山名,在江西境内)之为奇观也必矣。……予闻伯阳氏之为道也,损之又损,以至于无为。故学之者,亦必堕肢体,黜聪明,离形去智,然后同于大道。今子戒于言而归之默,善矣! 顾未能忘琴与诗焉。""子默然而笑曰:'有是哉! 然琴以养吾之心,而吾本无心,虽终日弹,而日未尝弹,可也;诗以畅吾之情,而吾本无情,虽终日吟,而日未尝吟,可也。琴未尝弹,与无琴同,诗未尝吟与无诗同。曾何累之有哉?'予曰:'子之言,达矣!'"萧守中隐于玉笋,得山川之养泳而"襟韵不凡"。大自然不是被动地只作人类生息之所,它是一个生命的活体,是可以作用于人的,如同人一样,山川崖穴亦有精神风韵,都是以玄学论事。全段话的命脉,只在于一"累"字。此所谓"累",即一切世俗的网陷。世俗的追逐足以使人自然之性淡化,使天性泯灭,故去"累"而达到"无累"的境界,使心灵空净明澈,使艺术得以成为艺术的机要。中国古代社会人不是征服自然——以自然为"敌"。所谓"空",是指涤荡社会的俗尘,在心灵上去作一番"排空"功夫,排空而归于"空"。这个层面"空"了,那个层面便充实;这充实的,便是自然精神。精神的"物化",使心灵免于尘俗的戕残与污染。这不是"人"向"物"的跌落,而是精神从污向净的提升。《庄子·达生》有一段寓言:纪渻子为王养斗鸡。"十日而问:'鸡已乎?'曰:'未也,方虚骄而恃气。'十日又问,曰:'未也,犹应向景。'十日又问,曰:'未也,犹疾视雨盛气。'十日又问,曰:'几矣,鸡虽有鸣者,已无变矣,望之似木鸡矣,其德全

---

① 李维武编:《徐复观文集》(四),湖北人民出版社 2002 年版,第 280 页。

② (清)王昱:《东庄论画》,《美书丛书》初集第二辑,第 58 页。

③ 潘运告:《清人论画》,湖南美术出版社 2005 年版,第 162 页。

矣。异鸡无敢应者,反走矣。'"

如何修为,中国古代哲学"静"的范畴值得关注。儒家认为,要反躬自省,将自己融入"静"。老子认为,人之所以会贪得无厌,这是因为人失去了本性的结果。要想天下大治,身心健康,首先要恢复人失去的本性。老子认为人的本性是"朴",只有"视素保朴,少私寡欲"才能治理好邦国,求得天下大治。"少私寡欲",并非要人去"绝欲",而是教人要少欲。因此,老子提出了"致虚极,守静笃"的修持方法,让自己的心灵处在一个极其虚无的境地,踏踏实实地守住内心的宁静。清静才是天下的正道,人做到了致虚守静,就能去了盲动、乱动和浮躁,不刻意起念头,顺其自然,直到虚怀若谷,心境澄明。庄子认为,圣人之心正是通过虚静,才达到了明镜一样洞察秋毫的境地,照彻宇宙。他主张"坐忘",坐就是不动,忘就是不起念头。也就是通过心静无欲,忘记外界一切事物,甚至忘记自身形体的存在,消除了人与物之间的界限,与天地浑然一体,达到人与"道"冥合的得道境界。

周敦颐也强调"主静"其"静",不是动静的静,而是无欲,"无欲故静"。荀子说,心认识事物时,如果要排除外界干扰,准确认识事物,就要"虚一而静"。"虚一而静",指虚心、专一而冷静地观察事物,就能得到正确的认识。荀子的"静"也是指排除其他的心理反应和情绪反应,没有过多的欲望。周敦颐之后,不少理学家都讲把"静"视作修为方法。尽管朱熹很少说"静",但他说"敬","敬"其实也是指心至诚而静。程颐则把"静"引向"静坐"的修持方法。心学家认为静坐是悟学和修身的重要方式。陆九渊的门人就专门打坐,通过较长时间的静坐而达到心静无欲,获得直悟。

曾国藩也把"静坐"当作修身的主要方法。他说:"每日不拘何时,静坐片刻。"(《修身十三条》)他每天都要静坐半小时,达到心中无任何杂念。他甚至在遗嘱中向家人提出:"内而专静纯一,外而整齐严肃。"(《曾国藩诚子书》)佛教是禁欲的,无欲无求才能四大皆空。佛教认为,包括人在内的宇宙中的一切,都是"缘起"的产物,缘聚则生,缘散则灭,因此,所有的一切也都是变化无常的。人如果对这些变化无常的事物执着就会堕入无尽的生死轮回之中,毫无快乐可言,只有痛苦。要免除世间之苦,就不要对世上的一切有任何欲望要求。"禅、定、慧"三学概括了佛教教义和修行方法。禅即静,静虑;定指心力集中;慧指无漏的智慧,即涅槃境界。"禅"和"定"是获得"慧"的手段和修持方法。通过禅定,使心不着"相",无任何欲求,达到四大皆空的境界。修禅定并不一定要静坐,可以是行、坐、立、卧等姿势,但一定要达到心静。端正姿态,放松身体的肌肉,放松头脑的神经是基本的要求。关键在于不要起念头,把所有的思想通通放下。如果心中老是担心自己不能静,反而会造成紧张。放松以至无欲,这是悟禅的前提。

中国古代社会重人的养神,养神是养生的重要方法,其原则是"静",因为精神安静稳定才能正常运行,脏腑机能才会协调平衡,免疫力才能增强,不易致病。《黄帝内经》说:"静则神藏,躁则消亡。"《淮南子·原道训》说:"夫精神气志者,静而日充者以壮,躁而日耗者以老。"陶弘景说:"静者寿,躁者夭。"(《养性延命录》)这里要注意两种情况,不要过于激烈,如狂喜、盛怒、骤惊、大恐;同时,人也不要沉于冥思苦想、积忧久悲等。人要保持精神愉快、心情舒畅! 孙思邈说:"安神宜悦乐。"刘默在《证治百问》中也这样写道:"人之性情最喜畅快,形神最宜焕发,如此则有长寿之情,不唯却病,可以永年。"宋代陈直总结出一套愉情办法,称为"十乐":"述齐斋十乐云:读义理书,学法贴字。澄心静坐,益友清谈。小酌半醺,浇花种竹。听琴玩鹤,焚香煎茶。登城观山,寓意弈棋。"另外,人要欲望适度,否则,便会因其难以实现而焦躁不安、精神耗散。"汲汲而欲,神则烦;切切所思,神则败。"(《彭祖摄生养性论》)所以,人应寡欲,"欲寡精神爽,思多气血衰"。可见,欲望适度、知足常乐是养神的基本方法。孙思邈则将其归纳为"十二少":"故善摄生者,常少思少念,少欲少事,少语少笑,少愁少乐,少喜少怒,少好少恶,行此十二少,养生之都契也。"(《千金要方·道林养性》)

第三节　自我修为境界

儒家强调以自我修养为中心,但并不排除外在的努力,这即是使家庭、社群、国家和天下成为个体自我修养的必要环境。自我"体现"在一个不断扩大的人际网络,处于一个动态的过程之中,由此,个体自我经过自我修为以及社会的助推使个体自我更好地融入社会,与他人也会更好沟通,并呈现出独有境界。

一、诚　与　敬

"诚"在儒家那里,是一个重要的概念,是哲学范畴,其本义指信实无欺或真实无妄的心理状态。孟子最早提出这一概念,指履行道德规范之中恳切笃实的心理状态。孟子以为,要取得父母的高兴,首先要自己诚心诚意,"诚者,天之道也"(《孟子·离娄上》)。"明乎善"的关键在于"反身"即自我反省是否有真心实意为善的念头。如有此念头,就是"反身而诚";如无此念头,就是"反身不诚"。孟子的"思诚自反"逻辑思路为:先赋予天以"诚"这样的德性,然后又以为人应"思诚"去与"天道"取得一致,达到"人道”与“天道”的合一。

　　孟子是重视“思”的，“反身而诚”也就是“思诚”，但这所谓的“思”，不是以“诚”为客观对象而思之，也不是分析地、肢解地去思考，而是自我明觉之“思”，这样的“思”，本身就具有体验的性质。至诚是“诚”的最高境界，人能至诚则可以参与宇宙大化的转化或创造。《中庸》中所说的，“诚者物之始终，不诚无物”中的“诚”，既是事物的显现，也是事物存在的本源。《中庸》还说：“诚则形，形则著，著则明，明则动，动则变，变则化，唯天下至诚为能化。”在这里事物的存在突出显现运动、变通、转化都是通过“诚”来促成或体现的。《中庸》中的这种“诚”的思想对后世的儒者产生了深远的影响。周敦颐所作的《通书》则是对《中庸》“诚”的思想继承。在他看来，“诚”是“万物资始”的宇宙本体，也是人“纯粹至善”的先天本体。“人极”即“诚”，“立人极”即“立诚”。他说：“诚者，圣人之本。”(《通书·诚上第一》)“圣，诚而已矣。”(《通书·诚下第二》)首先他把人放在天地之间，然后把“诚”放在圣或圣人之中，“万物生生而变化无穷焉，惟人也得其秀而最灵”(《太极图说》)。《中庸》中有“唯天下至诚，为能尽其性”，从而最终达到“赞天地化育”，与天地相参的境界。如果说，孔子提出仁者之乐的思想，那么，孟子则进一步将乐与仁、诚统一起来，提出“反身而诚，乐莫大焉”(《孟子·尽心上》)。

　　关于“诚”，南宋朱熹解释为“真实无妄”，但它并非现象的既在，而是本质的呈露。所以说：“惟天下至诚，为能尽其性；能尽其性，则能尽人之性；能尽人之性，则能尽物之性；能尽物之性，则可以赞天地之化育；可以赞天地之化育，则可以与天地参矣。”(《中庸》)天人合一，并不需要取消自我的存在、否定天人之间的差异，而是充分发挥、实现自己的本性。达到这一境界就是圣人。《中庸》里关于“诚”的论述主要在下面几段话中：“诚者自成也，而道自道也。诚者，物之终始，不诚无物。是故君子诚之为贵。诚者，非自成己而已也，所以成物也。成己，仁也。成物，知也。性之德也，合内外之道也。故时措之宜也。”(《中庸·二十五章》)“诚者，天之道也，诚之者，人之道也。诚者，不勉而中不思而得；从容中道，圣人也。”(《中庸·二十章》)“唯天下至诚，方能经纶为天下之大经，立天下之大本，知天地之化育。夫焉有所倚？肫肫其仁！渊渊其渊，浩浩其天！苟不固聪明圣知达天德者，其孰能知之？”(《中庸·三十二章》)《中庸》以后，唐朝李翱说：“是故诚者，圣人之性也，寂然不动，广大清明，照乎天地，感而遂通天下之故，行止语默，无不处于极也。复其性者，贤人，循之而不已者，不已则能归其源矣”[①]。在

---

　　①　(唐)李翱：《李翱集》卷二《复性书上》，甘肃人民出版社1992年版，第6—7页。

《中庸》中，有"至诚尽性""至诚如神""至诚无息"三个命题，这三个命题对于理解"诚"至关重要，李石岑正是由此三个命题展开对"诚"的解释。关于"至诚尽性"，李石岑解释说："它（《中庸》）认为人的本性是'诚'，万物的本性亦是'诚'，推而至于宇宙全体，亦无往而非'诚'。所谓'至诚'，乃尽力表现所本有的'诚'，如果尽力表现所本有的'诚'，便没有不能推动其他事物之理。所以孟子说：'至诚而不动者，未之有也。'表现所本有的'诚'，是谓'尽性'。……表现自己所本有的'诚'，也能表现其他事物所本有的'诚'，因为'诚'是一体的。所以能尽己之性，亦能尽人之性，亦能尽物之性。"①

"诚"的层次就是尽性的层次；人在多大程度上舒放自己，也就在多大程度上实现了尽性：小人是"寡信"，君子是"克诚"，圣人是"至诚"。汉代刘歆说："至诚则金石为开。"陈善的《扪虱新话》中就记载过至诚则"灵"的故事：释迦在世时，有个和尚资质愚鲁，没有会通事物的灵性，释迦让他诵读"苕帚"二字，他便早晚不住地念叨；但每次念"苕"就忘了"帚"，或者念"帚"便忘了"苕"，总不能顺畅地念出这两个字来。然而他并不气馁，总是自责愚笨，并专心致志在这两个字上，念诵不已。有一天，他突然朗声念出了"苕帚"二字，从此思维豁然贯通获得了灵性，成了一个高人。

"诚"，在君子儒者那里也作"信"。孔子说："人而无信，不知其可也。"现代人讲"诚"，往往说诚实、诚意、诚心、诚挚，但这些语词只叙述了"诚"的倾向性和情感性，远远没有涵括儒者对"诚"的基本立场和态度。那不仅仅是无欺、无虚、无隐，即真、实、显，还包括完成、实现或完善的意思。

据《庸庵笔记》载：曾国藩有个不成文的规定，每天早晨一定要召集幕僚一起用餐。李鸿章刚入幕府，对曾国藩的规定还没有完全摸透；有一天，因为疏懒没有去用餐。于是片刻间，便有差弁巡捕接二连三地来催促，而且转告说："一定要等到幕僚到齐之后才能开饭。"李鸿章听罢便慌慌忙忙地披衣前往。席间，曾国藩没有说一句话。吃完饭，曾国藩危言正色道："少荃！既入我幕，我有言相告，此处所尚，惟一'诚'字。"李鸿章为之悚然。对李鸿章的疲沓作风，曾国藩既不指责他"不忠"，也不说他"无礼"，甚至也不谈他违反"营规"，而是以"诚"相告，可见"诚"在曾国藩心目中占据何等重要的位置。他在给贺长龄的信中写道："窃以为天地之所以不息，国之所以立，贤人之德业之所以可大可久，皆诚为之也。"他还认为自己一生毛病，百孔杂出，关键就在于不诚实；在"八本"中他给自己定下了一条做人的原则：

---

① 李承贵：《理解"诚"的三个维度》，《中共宁波市委党校学报》2017 年第 5 期。

"立身以不妄语为本"。

由此,无论是《中庸》中的"诚",还是周敦颐的"诚",或者曾国藩的"诚",都是宇宙大化流行的本性,人处其间,就应弘扬光大这一本性,这既是天之大道,也是人之大道。从理论上来说,"诚"是人本性的绝对性,是人不可须臾离之的天性。

儒家还重一个"敬"。"敬"表现为敬人,尊敬别人也就是尊敬自己,《说苑·敬慎》云:"敬人者,非敬人也,自敬也;贵人者,非贵人也,自贵也"。对人"敬",就是恭敬礼貌;对事"敬",就是严肃认真。孔子讲:"出门如见大宾",讲"居敬而行简",子夏讲"望之俨然",都是说的"敬"字。宋代理学家讲"居敬",朱熹就说:"学者工夫,唯在居敬穷理二事"。曾国藩曾总结道:"敬之一字,孔门持以教人,春秋士大夫亦常言之,至程朱则千言万语不离此旨。"可见"敬"是儒家做人的基本态度。那么,如何才能算得上"敬"呢?早年曾国藩与朋友交往时,他的好友吴竹如告诉他,舍"敬"字别无下手之处,总以严肃为要。晚年的曾国藩说:"内而专静纯一,外而整齐严肃,敬之工夫也;出门如见大宾,使民如承大祭,敬之气象也;修己以安百姓,笃恭而平天下,敬之效验也。程子谓上下一于恭敬,则天地自位,万物自育,气无不和,四灵毕至,聪明睿智,皆由此出。"

儒家认为,通过践行外在的儒家规范,不仅能使人养成良好的生活习惯,而且还能培养内在"敬"的情感。朱熹认为:"敬之一字,圣学之所以成始而成终者也。如尧、舜,也终始是一个敬。"(《大学或问》)所谓"敬",朱熹指出:"敬非是块然兀坐,耳无所闻、目无所见、心无所思,则后谓之敬。只是有所畏谨,不敢放纵。如此则身心收敛,如有所畏。"(《朱子语类》卷十二)在此,"敬"是指个人能够自觉摒除外界干扰,收敛身心而专注于某种信念与信条。同时,这也是个体所达到的精神境界。孔子认为礼不仅是那些玉帛祭品和礼仪形式,更重要的是虔敬的心情和态度。在《礼记》中,充分论述了虔敬和真诚的重要作用。《礼记》有"毋不敬",把"敬"作为行礼的基本要求。《礼记·祭义》:"先王尽孝,生则敬养,死则敬享",把"敬"作为尽孝的基本态度。《礼记·祭统》也认为:"四时尝之祭,乃足治国之本;尝之义大矣,治国之本也。"君主必须用虔敬的态度对待"尝"之类的大祭。"其德盛者其志厚,其志厚者其义章,其义章者其祭也敬。祭敬,则竟内之子孙莫敢不敬矣。"(《礼记·祭统》)而对那些祭祀不敬者提出严肃批评,认为他们不配为民之父母。"祭而不敬,何以为民父母矣!"同时,虔敬的态度来源于内心的真诚。《礼记·祭统》:"是故贤者之祭也,致其诚信,与其忠敬。"为了准备祭品,天子诸侯要亲耕,王后要亲蚕,以亲身致其诚信。"诚信

之谓尽，尽之谓敬。敬尽然后可以事神明，此祭之道也。"（《礼记·祭统》）

恭敬即谨慎、虔诚，无论对待人生、他人和社会，都必须严肃认真，谨小慎微。对己而言，正心须有诚意；对人而言，事父母须孝敬、事君须忠敬、与朋友交须诚敬。总之，行于己须恭，事于人须敬。因此，孔子把恭敬作为"君子之道"的重要内容："子谓子产，有君子之道四焉：其行己也恭，其事上也敬，其养民也惠，其使民也义。"（《论语·公冶长》）礼让即谦逊。无论恭与敬，必须以礼为标准，若不依于礼，则恭将变得自卑，敬将化为畏葸，只有立于礼、依于礼，才能恭敬而不失自尊。孔子说："君子矜而不争"（《论语·卫灵公》），都必须以立于礼来解释。南怀瑾认为："人的'意识'在头脑中活动就会促使神经细胞的变化，表现在面貌、气色、神情之间，那是逃不掉自己内心影响外形的规律的。因此，只有'诚意'最为重要。《大学》中'诚于中形于外'说的也就是这个意思。"[1]

儒家也重"怕"。《诗经》有："战战兢兢，如临深渊，如履薄冰。"这已深入到儒者的灵魂深处，化作了儒者的生活方式，它不是偶然的姿态。儒家的哲学也是一种"怕"的哲学，那就是对自己的内敛，对他人的有所不敢。他"怕"在哪里？儒者并不是什么事都"怕"，也不是什么人都"怕"。孔子也有三"怕"：天命、大人和圣人之言。孔子的"怕"实际上是一种敬畏，他担心自己会轻慢和玷污这一理想境界，所以，在孔子的心目中，人生的理想和道德的高度是神圣而崇高的，不可轻侮也不可辜负的。海德格尔曾说到"怕"，其多偏重"畏"。"畏"在海德格尔那里，是个关于天的存在体验的概念。从词义上看，"畏"和"怕"是相近的，从存在论来看，"怕"与"畏"也相联系。海德格尔说："这两个现象多半总是不分的，而且是怕的东西被算成畏，而有畏的性质的东西则被称为怕。"[2]但在他那里"怕"的对象总是具体的、确定的，而"畏"的对象则是抽象的、不确定的。总之，"畏"是海德格尔对人的日常生存状态的说明，作为人，他必然要沉湎于世态物情，必然要在世界和他人之中展开自己的人生。海德格尔说："日常的熟悉自行垮台了。此在个别化了，但却是作为在世的存在个别化的。在之中进入了非在家之存在论样式。"[3]

易见，"怕"是对人与事的战战兢兢，"敬"是对人与事的恭恭谨谨；

① 南怀瑾：《大学微言》，世界知识出版社1998年版，第26页。
② ［德］海德格尔：《存在与时间》，陈嘉映、王庆节译，生活·读书·新知三联书店1987年版，第224页。
③ ［德］海德格尔：《存在与时间》，陈嘉映、王庆节译，生活·读书·新知三联书店1987年版，第228页。

"怕"是从反面来说事,"敬"则是从正面来论道。

二、慎　独

先说"慎"字,刘宝楠的《论语正义》曰:"《尔雅释诂》:'慎,诚也。'《说文》:'慎,谨也。''诚'、'谨'义同。"《尔雅释诂》曰:"神,慎也。"杨倞注曰:"神之,不敢慢也。"郝懿行《尔雅义疏》则引杨倞注曰:"不敢慢即慎矣。"《玉篇心部》曰:"慎,思也。"俞樾《群经平议》曰:"慎、真,古通用。"《方言》卷一则曰:"慎,思也,秦晋或曰慎,凡思之貌亦曰慎。"《说文通训定声坤部》曰:"慎,假借为顺。"《墨子天志中》曰:"天之意不可不慎也。"杨倞注曰:"慎读为顺。"孙诒让闲诂:"慎与顺同,上下文屡云顺天意。"总之,"慎"的基本义是谨慎、真诚。而"独"字,《说文》曰:"独,犬相得而鬪也,羊为群,犬为独也。"段玉裁注曰:"犬好斗,好斗则独而不群。""独"在字面上可理解为空间上的独处。《广雅释诂》曰:"特,独也。"《正字·通犬部》曰:"独,猨类,似猿而稍大。猨性群,独性特。"《庄子齐物论》曰:"曩子行,今子止;曩子坐,今子起。何其无特操与?"这是魍魉责问影子为什么没有自己独立的操守。成中英疏曰:"特,独也。"《礼记礼器》曰:"天子无介,祭天特牲。"《尔雅释水》曰:"大夫方舟,士特舟。"特舟就是独舟。《礼记礼器》曰:"圭璋,特。"《陈游集说》曰:"玉之贵者,不以他物俪之,故谓之特,言独用之也。"《辞源》把慎独解释为"在独处时能谨慎不苟",《辞海》给慎独所下的定义是:"在独处无人注意时,自己的行为也要谨慎不苟"。

在儒家看来,要想达到至高无上的境界,慎独是必经之路。徐复观说:"先秦儒家的人性论在孟、荀已个别发展成熟,这些成果在《大学》得到一个富有深度的综合,称得上是先秦儒家人性论的完成。'慎独'意味着修养功夫,这个观念到了《大学》就发展成'诚意',这被认为是儒家修养功夫发展的顶点。"[①]《礼记·大学》中关于慎独的文字为:"所谓诚其意者,毋自欺也,如恶恶臭,如好好色。此之谓自谦。故君子慎其独也。小人闲居为不善,无所不至,见君子而后厌然掩其不善而著其善,人之视己如见其肺肝然,则何益矣。此谓诚于中,形于外,故君子必慎其独也。"

《大学》中这段话是孟子"思诚"说与荀子"慎独"说的综合。这样,不讲"慎独"就难以说明意志的纯化与坚定,故又有荀子的"慎独",以为主体缺乏道德意志的坚定性,其伪善的行为必将暴露:"掩其不著而著其善,人之视己,如见其肺肝然"(《礼记·大学》)。《大学》所阐明的"诚意",是要

---

① 徐复观:《中国人性论史·先秦篇》,商务印书馆 1969 年版,第 282—284 页。

求主体保持意志上的纯化专一，从而使主体有高度的自制力，即使在独自一人时也做到问心无愧。从字面上解释是说心要端正而不存邪念，强调的是不受情绪的影响而保持清醒的头脑，所谓的"修身在正其心者，身有所忿懥，则不得其正，有所恐惧，则不得其正，有所好乐，则不得其正；有所忧患，则不得其正"。这里的"身"当作"心"，心正是说不因愤怒、恐惧、好乐、忧患等情感而丧失理智，要求个人主体不因情感的一时冲动而丧失心性修养的方向。

易见，慎独是一种内在的精神体悟，是一种人生境界。"谨慎独处论"之所以千百年来为人所认可就在于其具有很强的可操作性，但慎独的真正含义是回归本性即"心独"而不仅仅是"身独"，正如梁漱溟所说："慎者，宇宙生命的不独者，宇宙生命的无对"。

三、大爱无私

朱熹说："仁者如水，有一杯水，有一溪水，有一江水，圣人便是大海水。""杯水、溪水、江水、大海水"，是用个人施"仁"的群体大小作为其衡量尺度，施"仁"的对象越多，道德成就也越高。圣人是道德最完善的人，所以圣人是大海水。"无私故能成其私"的道家，老子在他的《道德经》中特别阐述了利己利他的思想，天长地久。"天地所以能长且久者，以其不自生，故能长生。是以圣人后其身而身先，外其身而身存。非以其无私邪？故能成其私。"天地之所以能够长久存在，是因为它们无私，它们不有意为自己求长久存在，而是去滋养天地之间的万物，结果反而能够长久存在。因此，圣人效法天地的无私，把自身的位置摆在众人的后面，反而能赢得众人的拥戴而德高望重。上善若水。水如"道"一样，是无私的，正因为水的大公无私全心全意地滋润着万物，它的力量才是无穷的，不可战胜的。真正有道的人（圣人），不会私自积累财富。这是圣人无私无我的至高境界。

佛教在中国存在的是大乘佛教。小乘佛教是度己的，大乘佛教度人度己，普度众生。佛教认为，任何利益他人的善行都会产生功德，利他就是利己。修行者多布施他人，接济他人，教化他人远离众恶，多做利他之事，就是利己的修为。但如果只想到布施他人，让自己的福报更大，这还是小乘，还达不到更高的修为。更高的修为是，只想到无私地奉献自己，毫无私心。在佛教修为中，最初信佛的人，希望成佛，这是必要的。但是当修行到一定阶段，就不要有"我"的观念，要破"我执"，破除自己想通过利他得到福报的自私心。否则，将永远不能成佛。地藏菩萨说："我不入地狱，谁入地狱！"他的最大志愿是到地狱去救人，而不在于自己成不成佛。他说："地狱不空，誓不成佛!"他忘了自己,专为他人,这才是菩萨。易见,这种境界与老子无私"故能成其私"的观点如出一辙。圣人也好,菩萨也罢,他们都是因为有无私的奉献精神,才成就了他们自己。美国爱默生说:"人生最美好的一项补偿,就是凡事诚心诚意帮助他人,最终自己也一定会受益。"①

天地之大德曰生,它们无不持载,无不覆育。圣人中和于天,性纯德渊;其浩翰之仁,与天之生生之道同一,表现为博爱、泛爱。"天地之道,博也,厚也,高也,明也,悠也,久也。今夫天斯昭昭之多,及其无穷也,日月星辰系焉,万物覆焉。今夫地一撮土之多,及其广厚载华岳而不重,振河海而不洩,万物载焉。"(《中庸·第二十六章》)"大哉,圣人之道! 洋洋乎,发育万物,峻极于天。"(《中庸·第二十七章》)民胞物与之爱,并非痛爱、怜爱,不是主宰者的恩赐,而是自我真实本性的自然引申。天地之道真实不妄,但此本体之真却非空洞的抽象,它即表现为万物之生长发育。易言之,万物的生长发育就是本体之真的现实性确证。圣人正是觉悟到了这一点,至诚通天,从而把他人、把万物都视为自己的同类同伴,都视为本体之真的现实呈露,故能打破物我界限,以其博大的胸怀,泛爱万物,溥博如天,渊泉如渊。余英时说:"所谓'知识分子',除了献身于专业工作以外,同时还必须深切地关怀着国家、社会,以至世界上一切有公共利害之事,而且这种关怀又必须是超越个人的私利之上的。所以有人指出,'知识分子'事实上具有一种宗教承当的精神。"②当然儒士与知识分子还有很大不同,儒士侧重于身心的修好,知识分子侧重于某种专业知识的占有与传播,但他们的共同点是对社会的参与。

仁民爱物依然是当今社会至高境界。社会发展的真正动力,就是激发亿万群众潜能,重视与肯定个人利益是社会进步的必然,但人对于获得财富后的处置却有个人觉解与境界。冯友兰提出了人生四重境界说(自然、功利、道德、天地),可以说,人的境界是分层的,同时,人的境界是可以觉解的,何谓觉解? 即自我觉悟理解或自悟或他人指点或环境影响,自我觉解者可以是身居要职的领导,或是富甲一方的大贾,或身无分文的一介平民皆可以通过自我觉解而心忧天下。觉解是人的本质反映,因为人是文化化的人,人是历史长河中的一朵浪花。日常生活中,常有人说起人生在世"吃喝"二字,也有人说人生在世"奉献"二字。显然,人生境界有高有低,不可以法律规范强制,但可教化引领。其实,人生真谛不在吃喝,不在个人财富积累,而

① 邹建国:《浅议儒道释的自利利他思想》,《科教导刊》2011 年第 4 期。
② 余时英:《内在超越之路》,中国广播电视出版社 1993 年版,第 126 页。

在于由物质向精神提升，由小我向大我提升，由仁爱亲情向仁民爱物提升。同时，人要有一颗善良之心，中国自古就有"老吾老以及人之老，幼吾幼以及人之幼"（《孟子·梁惠王上》），墨子提出"有力者疾以助人，有财者勉以分人，有道者劝以教人"（《孟子·尚贤下》）。圣人无私也就是大无大有、大爱无疆、大彻大悟。

第十章　儒家成人的个体自我外显表征：风度、气质、气象

第一节　风度与气度

一、优雅的风度

也许人不一定都可以获得名利的成功，但每个人都可以通过自我修养而完善德性、品性并外显于风度。古人曰："克己，复礼，为仁。"（《论语·颜渊》）仁就是与人为善，相处中使周边如沐春风。在此心态下的批评，一定是真诚的帮助；在此立意上的竞争，一定是有利于共同发展的互相促进。这就是堂堂正正、从容不迫的风度。当今社会，竞争激烈，处处是诱惑和压力，人们的欲望受到刺激、扩张进而受挫后，导致心理病菌的产生、扩散和交叉感染在所难免。那些面对强大对手的进攻，仍能"羽扇纶巾，谈笑间，樯橹灰飞烟灭"（《念奴娇·赤壁怀古》）的将帅，那些自己承受着尖锐的生存压力，仍能为大众呐喊"安得广厦千万间，大庇天下寒士俱欢颜！风雨不动安如山。呜呼！何时眼前突兀见此屋，吾庐独破受冻死亦足"（《茅屋为秋风所破歌》）的志士，虽然身世各异，但成熟豁达的品性，同样的令人尊敬和向往。风度、气度，绝不是贴标签似的贴上去的，而是自我修为，来自人的心灵，来自人的综合素养。

美好的风度来自优秀的品性，有了优秀的品性，才有照人的风度。优秀的品性，人人钦佩。从男性来说，男性应具备诚实正直、光明磊落的美德。不虚伪，坦率真诚，与人肝胆相照。男性的风度特点就是沉稳、刚毅、执着、豁达、豪放、爽朗、乐观、坚韧、大胆、果断、博大、深沉等，具有特殊的力度感。女性的风度是女士最优秀人品的集中体现，表现为温柔娴静、高雅端庄、自然质朴、妩媚优雅。

中国古代社会，风度是修养，对人生的理解更是对"礼"的理解。唐君毅对"礼"极为赞颂。他认为"礼"是尊让、权利之平等。唐君毅说："礼之精神，包含先承认他人之价值；先承认他人之价值，即先承认他人之权利。故礼与让连。辞让之心，人皆有之。人如果不对于一些权利，至少本已消极的

辞让之心，而不加争夺，则人与人互争互夺之结果，即无一人之权利可保持。而保障人我权利平等之法律，亦无据而立。纵有法律，亦将日日时时有人犯法，而监狱必是人满之患。而孔子之重礼，则是要特别发展人之积极的辞让之心，故教人尊人卑己，先人后己。此即可培养一种对他人之权利自动先加以承认尊重之态度。此比起立法以消极的保障他人与我之权利之平等，使不相害，正是一更高的精神，此乃人之所以积极的互相护持其权利之一道也。礼之辞让，首为让权利。而最高者为让德。让德者，将己之功德，让与我自己以外之他人。"①就是说，承认他人的价值，承认他人的权利。因此，"礼让"教人尊人卑己，从而积极地肯定人之价值和权利，与法律比是更高的精神。这就是"礼"的人文精神。他认为"礼让"是对人格的尊重。唐君毅说："西方之理想主义哲人，恒只知对于人与我之人格尊严，同加肯定之谓道德，并恒以为有法律保障个人之权利，即可使人人有从事文化活动，实现文化价值之自由。但是他们恒不知，先尊人而卑己之礼让之德，乃与人类原始向上心情最相应之德。唯有礼让之精神，可升举他人之人格之价值。人互尊礼让，以互升举其人格之价值，而后人文社会，乃日进于高明。此孔子礼教之精义。康德、黑格尔之徒，言国家社会之组织，仍止于公平之立法，而不知重中国之礼教。则其所以促进人文社会之进步，与护持人之自由权利之道，尚有一间未达也。"②在唐君毅看来，由于"礼"所包含的"尊人而卑己之礼让之德"，符合人类原始向上之心情。郭沫若也将"礼"视为充满人文精神的概念和制度，他说："孔子在春秋末年强调礼制，可以从两点来批判他，一层在礼的形式中吹进了一番新精神，二层是把'不下庶人'的东西下到庶人来了，至少在精神方面。'礼云礼云，玉帛云乎哉！乐云乐云，钟鼓云乎哉！'他并没有专重钟鼓玉帛等礼乐之外形。'人而不仁如礼何！人而不仁如乐何！'他是把仁道的新精神灌注在旧形式里面去了。'礼与其奢也宁俭，丧与其易（治）也宁戚。'（《论语·八佾》）'能以礼让为国乎，何有？不能以礼让为国，如礼何？'（《论语·里仁》）'先进于礼乐，野人也；后进于礼乐，君子也。如用之，则吾从先进。'（《论语·先进》）这些是表现着他的进步精神。"③野人就是农夫，他们所行的礼和乐虽然是非常素朴，然而是极端精诚。把精神灌注上去，把形式普及下来，重文兼重质，使得文质彬彬不野不史（质胜文则野，文胜质则史）。

---

① 唐君毅：《唐君毅全集》第 10 卷，九州出版社 2016 年版，第 299—300 页。
② 唐君毅：《唐君毅全集》第 10 卷，九州出版社 2016 年版，第 300 页。
③ 郭沫若：《郭沫若全集：历史编》第 2 卷，人民出版社 1982 年版，第 96—97 页。

易见,中华民族重礼仪,是礼仪之邦,其核心是讲礼节、讲礼仪,且在言行举止方面都很重礼节。当然,其中也有些与时代不符的元素,如等级尊卑观念,而其中许多优秀因子值得当代社会借鉴并融入人们的日常生活。

二、大度能容天下事

何谓气度?气度的意思是指气概度量,即胸怀博大,宽容大度,不计前嫌,不抱私怨。气度通常包括两个方面:一是有功不自耀,有善不自伐;二是有怨不计较,有错能容忍,表现出一种待人以宽、律己以严的雍容大度的态度。在日常生活中,有大气度者常可"不战而屈人之兵"(《孙子兵法·谋政》)。对于明事理的人是这样,对不明事理的人也不失为一种明智。气度是一种力量,这种力量常用先发制人的方式表现出来,气度也是一种状态、心境和目标,更多的还会是一种对人对事的反馈。

气度,决定了一个人的高度,一个有气度的人才有成功的本钱,否则他未来的成就势必会受到限制。在崇尚"知识就是力量"的同时,不妨也提醒自己"气度决定了高度"。当代社会,我们在追求知识、升学、才艺的同时,千万不要忽略了"内在",除了充实知识、才艺外,还包括了充实自我修养、品性及心胸气度。

气量与气度有相通之处,《现代汉语词典》中对"气量"的解释是:指能容纳不同意见的度量以及容忍谦让的限度。而对"气度"的解释则是指一个人的气魄,含有不凡的意思。二者相比较而言,"气度"要比"气量"含义更丰富。气度很像是一种高营养成分,你一旦拥有了它,它给你的人生带来的将是一种高层次的人格和品质,因为不凡的气度,是意志坚强者动人的风采,它昭示的是做人的豪迈;气度,是仁厚的等待,它让良知感化愚顽,用成熟来导引轻率;气度还是用生命担起的一份责任,它需要坚韧不拔的毅力和忍耐。一个没有气度的人会很容易走向气度的反面,那就是嫉妒和仇恨,就是小肚鸡肠与睚眦必报,就是凡事钻牛角尖。如果气度是命运,那么嫉妒就是命运的奴隶,最终的结果只能是作茧自缚。气度需要自己不断地自我修炼和超拔,需要修养,更需要涵养。仅有心胸,那是气量,而心胸加上智慧,才是气度。

三、风度、气度与宽容

风度与气度相关,风度涵盖着气度,而气度是风度中的重要一面。气度的核心即宽容的品性。

宽容既是德性修养,也是一种生存智慧。在人际交往中看透了社会人生以后所获得的那份从容、自信和超然，洞明世事、练达人情。论语中的"宽则得众"，说的是宽容忍让恰恰能够赢得别人的尊重和信任，能够融洽人际关系，从而达到团结众人的目的。同时，宽容在处理人际关系时，能够坚持原则。宽容不是纵容，不是免除对方应该承担的责任，任何人都需要为自己的行为负责，承担相应的后果。"不可容忍的事物是这样一些客观事实——它们由人的决定或行动直接或间接地造成，或者是漫不经心和迟钝懈怠的结果。不管它们是表现为条件、形势、做法、习俗、行动还是别的什么，都是不可容忍的，因为它们以这样或那样的方式妨碍了人所特有的潜能的实现，或者损害了我们所说的人的尊严。"①因此，我们提倡宽容，不是放弃原则。易见，宽容的品性会使人大度、从容，从而展现出个体独有的风度与魅力。

第二节　气质与性格

气质是内在美的性格特点的表现，它是经过长时间的修养、陶冶而形成的，并随着时间的推移而完善。常言："腹有诗书气自华"，讲得便是这个道理。

一、气　质

气质是一个古老的概念。古希腊希玻克利特在他所著的《论人的本质》中，最早提出了人体有四种体液：血液、黏液、黄胆汁、黑胆汁，这四种液体的不同组合形成了人体的不同特点：血液占优势为多血质，黏液占优势为黏液质，黄胆汁占优势为胆汁质，黑胆汁占优势为抑郁质。其实，气质是指一个人多种内在素质的综合显示，这些素质包括品德、个性、情操、情趣、艺术修养、才识、智慧等。

人的气质各种各样，它表现出了人的神经系统的某种特性。气质只表明一个人心理活动的动力特征，不涉及心理活动的方向和内容。因此，每种气质类型各有特色，其实，一个人的社会价值与成就高低与个人的气质没有必然联系。据研究，普希金具有明显的胆汁质特征，赫尔岑具有多血质的特征，克雷洛夫属于黏液质，而果戈理属于抑郁质。

总之，气质看似无形，而实质上是有形的，它是一个人对待生活的态度、个性特征、言行举止等外显，即外化在一个人的举手投足、言谈举止、待人接物等方面皆属气质。

---

① 吴新颖：《有容乃大——论宽容与和谐社会建设》，《道德与文明》2007 年第 5 期。

二、性格决定命运

在英文中,性格一词(Character)源于希腊语,意思是特点、特色、记号、标记。在现实生活中,既被用于标志事物的特征,也被用于标志人物的特性。我国心理学界一般把性格定义为:表现在人对现实的态度以及与之相适应的、习惯化的行为方式方面的个性心理特征,即性格指一个人独特的、稳定的个性心理。性格必须是经常出现的、习惯化的且从本质上最能代表一个人个性特征的那些态度和行为特征。性格是个性特征中最具核心意义的心理特征,即所有的个性心理特征中,唯有人的性格与个体需要、动机、信念和价值观联系最为密切,性格是一个人价值观和人生观的集中体现,性格是可以变化的,但这与个人自我认知、修为密切相关。

性格的发展规定了能力和气质的发展,影响着能力和气质的表现。"勤能补拙",就说明性格对能力有着巨大作用;某一种气质的消极方面,也可以通过性格的优点加以改造或掩盖。辜鸿铭曾经写过一本书,叫《中国人的精神》。在这本书里,辜鸿铭用他娴熟的英文、法文、德文来告诉西方人,真正的中国人的精神是什么样子的。他说中国人有三个最主要的精神:一个叫 deep,一个叫 broad,一个叫 simple,翻译成中文,一个叫深沉,一个叫博大,还有一个不叫简单而叫淳朴。辜鸿铭所说的中国人的这三个特征,反映了中国人的性格特点尤其是中国人的淳朴。

孔子重视由"习"入手,展开对"人"的考察,正如其所说:"性相近也,习相远也"(《论语·阳货》)。这一观念在日后的儒学演化过程中,逐渐演化出"性习之争"的问题。后人言性甚多,并认为性有善有恶,孔子并未拘泥于以"性"论"人",而是更多地把成人与"习"相关联。此处所谓的"习",即习俗,"里仁为美,择不处仁,焉得知"(《论语·里仁》),人所处的周边环境,对德性的养成有着一定程度的影响,"孟母三迁"即有鉴于此。同时,孔子还指主体的习行,并不全是由环境决定的,不能说德性就是"染于苍则苍,染于黄则黄"(《墨子·所染》)。社会习俗虽然对德性的培养有着助益或制约的作用,但主体可以适当地选择环境,显示出个体自我主体性。

儒家不是说教,而应是"化性"。靠什么来化性呢?荀子说:"注错习俗,所以化性也。"(《荀子·儒效》)"明礼义以化之。"(《荀子·性恶》)即一个长期的举止行为,渐渐地会形成习惯,在人的身上固定下来,使先天的性得以改变。所谓有"长迁而不反其初,则化矣"(《荀子·不苟》)。应该说,习俗、礼义是社会生活所要求的,是每个人必须要遵守的。长期生活在某种习俗、礼义之中,可能形成某种先天所不具有的习惯。一个良好的社会文化环境在其中起着一种潜移默化的熏陶作用，深深地影响着行为主体，有助于德性养成，也有助于性格的改变。"夫人虽有性质美而心辩知，必将求贤师而事之，择良友而友之。得贤师而事之，则所闻者尧、舜、禹、汤之道也。得良友而友之，则所见者忠信敬让之行也。"（《荀子·性恶》）"蓬生麻中，不扶而直；白沙在涅，与之俱黑。……所渐者然也。"（《荀子·劝学》）荀子把一直坚持某种习俗从而养成一种习惯，称之为"积"，也就是慢慢一点点积累的过程。而这种过程可改变人的先天本性，所谓"并一而不二，所以成积也"（《荀子·儒效》）。这也就是"习俗移志，安久移质"（《荀子·儒效》）。深受儒学的润化与滋养，中国人有其独有的品性、性格，如谦虚等。

　　谦虚是一种文化化的性格。所谓"谦谦君子"（《周易·谦卦》）。《周易》里还有"劳谦，君子有终，吉"。《周易·谦卦》还有："谦也者，致恭以存其位者也。"《周易》的这种谦逊的思想在后世儒家那里得到了正反两方面的表述。《尚书·说命中》云："伐其善，丧厥善；矜其能，丧厥功。"意思是说：夸耀自己的德性；即使有德也会失去；夸耀自己的才能，即使有才也会失去。《左传·定公十三年》有言："骄而不亡者；未之有也。"《说苑·敬慎》写道："德行广大而守以恭者荣，土地博裕而守以俭者安，禄位尊盛而守以卑者贵，人众兵强而守以畏者胜，聪明睿智而守以愚者益，博闻多记而守以浅者广。"这六种自守，都是谦虚的。《河南程氏遗书》记载："富贵骄人，固不善；学问骄人，害亦不细。"元代胡祗遹通深有感触地说："少年富贵才俊为不幸。"因为年少安富尊荣、才华横溢最易滋长矫情与惰性，所以才是人生的大不幸。所有这些思想都表达了共同的主旨："满招损，谦受益。"（《尚书·大禹谟》）《尚书》还说："汝惟不矜，天下莫与汝争能；汝惟不伐，天下莫与汝争功。"（《尚书·大禹谟》）你不逞能，天下就没有谁与你争能；你不夸功，天下就没有谁与你争功。刘劭说："自伐其善，则莫不恶也。"（《人物志·八观》）刘劭还说："卑让降下者，茂进之遂路也；矜奋侵陵者，毁塞之险途也。"（《人物志·释争》）也就是说，谦卑礼让甘居人下是勤勉上进的大道；而自夸逞能欺凌强霸是失败停滞的危途。《菜根谭》也说过这样一句话："处世让一步为高，退步即进步的张本。"（《菜根谭·概论》）洪自诚把谦让与谦退视为人进步的准备。当一个人品格超拔、才华卓绝时怎么办呢？洪自诚说："君子之心事，天青日白，不可使人不知；君子之才华，玉韫珠藏，不可使人易知。"（《菜根谭》）也就是要内秀于中、涵泳于心，这样不至于光芒漫射，招致意料之中和预料之外的非议和诋毁。韩信无疑是战争史上罕见的军事谋略家和指挥家，但他并不懂得谦让进退之理，他被自己的军事才华和盖世功勋冲昏了头脑，恃才傲物，逞能显功，最终被皇后吕雉毒杀。难怪司马迁感叹地说:"假令韩信学道谦让,不伐己功,不矜其能,则庶几哉,于汉家勋可以比周、召、太公之徒,后世血食矣。"(司马迁《史记·淮阴侯列传》)《尚书·秦誓》说:"人之有技,若己有之。人之彦圣,其心好之。"明吴麟征说:"进学莫如谦。"(《家诫要言》)清人申居郧也说:"才子多傲,余曰傲便是不才。"(《西岩赘语》)这话可谓说到了症结处。所以正确对待自己的优点,要谦虚;正确对待他人的优点,也要谦虚。明代名士杨继盛对他的两个儿子说得好:"人之胜于我,则敬重之,不可有傲忌之心;人之不如我,则谦待之,不可有轻贱之意。"(《杨椒山遗嘱》)

　　儒家当然不会教人故意去谦虚,因为谦虚是一种德性,是人的性格而不是生活技巧或生存策略。如果把谦虚视为生活的花招,那不仅是对自身德行的玷污,也是对儒家德性精神的亵渎。羊枯说:"恭为德首。"王阳明也说:"谦者,众善之基。"(《王阳明全集·传习录下》)可见,谦恭和谦虚是德性修养的基础。

　　致"中和",也是人的一种文化化的性格,《中庸》继承并发挥了孔子思想,把中庸引申到"中和",认为"中"是"喜怒哀乐之未发",即行为尚未开始的状态;"和"是行为开始,并且都合乎规"发而皆中节谓之和"。行为之"节"就是礼,内心有守礼的观念,行动起来又有合礼的实际,这就是中和,也就是中庸。《中庸》:"顺乎亲有道,反诸身不诚,不顺乎亲矣;诚身有道,不明乎善,不诚乎身矣。"(《礼记·中庸》)即事亲事神,态度必须真诚;不真诚,就得不到信任。《中庸》也提出"极高明",即所谓"极高明而道中庸"。中庸之德作为儒家提倡的为人处世原则,一直以来对人的各种关系处理具有原则性的指导意义。《说文解字》对"中"的解释是:"中者,别于外之辞也,别于偏之辞也,亦合宜之辞也。""中,正也。"《礼记·中庸》就说:"喜怒哀乐之未发,谓之中;发而皆中节,谓之和。中也者,天下之大本也;和也者,天下之达道也。致中和,天地位焉,万物育焉。""中"作为对事物位置的确定,是万事万物和谐的前提,"和"是"中"的结果,也是"中"的目的。万物如此,为此,儒家倡导人之德性修养亦当如此。

　　冯友兰曾以"极高明而道中庸"作为中国传统哲学的基本精神。他对于"中庸"则基本不管"中"而只管"庸"了,对于"庸"亦只作"平常"解,而这"平常"乃日常生活,不是如朱熹那样作"平常之理"解,这样就把"中庸"从宋儒的"理"世界拉回到了日常的现实世界中来。在宋儒那里,"中庸"本身被视为一个"极高明"的境界,而在冯友兰这里"中庸"本身不是"极高明"的境界,但它能包容极高明的境界,也就是说有极高明境界的人,同样生活在极为普通的日常生活当中。就"极高明"而言,宋儒指的心性修养方面,而冯友兰侧重的是由高觉解而带来的人生高境界。

致"中和"即人性、人的性格，尤其是人的内心平和，保持稳定情绪，不偏激、不激动，不骄不躁，内心和谐。对此，古代先哲还注重乐教修炼个体自我性格，追求内心和谐。如果人始终处在焦虑与不安的精神状态下，那么无从谈起自我的德性修养。古人所倡导的乐教方法可为保持人具有一个和谐平衡的心理状态提供了一条重要措施。在儒家看来，心性与乐内在相通。"夫乐者乐也，人情之所不能免也。乐必发于声音，形于动静，人之道也。声音动静，性术之变，尽于此类。故人不耐无乐，乐不耐无形，形而不为道，不耐无乱。先王耻其乱，故制《雅》《颂》之声以道之。使其声足乐而不流，使其文足论而不息，使其曲、直、繁、瘠、廉、肉、节奏足以感动人之善心而已矣，不使放心邪气得接焉。"（《礼记·乐记》）乐的导向功能表现为使"声足乐而不流"，"文足论而不息"，"曲直、繁、瘠、廉、肉、节奏足以感动人之善心"，所以，如果人们接受雅乐的熏陶，"志意得广焉；执其干戚，习其俯、仰、诎伸，容貌得庄焉；行其缀兆，要其节奏，行列得正焉，进退得齐焉"（《荀子·乐论》）。有此根据，人们就可以制作有品位的音乐来引导教化人的精神世界，以期达到和谐身心、培育德性的目的。

其实，最佳的人的性格则是"中和"，所以刘劭说："凡人之质量，中和最贵矣。中和之质，必平淡无味，故能调成五材，变化应节"（《人物志·卷上·九征第一》）。而这"中和"又是"中庸"，刘劭进一步说："夫中庸之德，其质无名。故咸而不碱，淡而不[酉贵]，质而不缦，文而不缋；能威能怀，能辨能讷；变化无方，以达为节"（《人物志·体别》）。王弼在《论语释疑》也作了相应论述，他说："至和之调，五味不形，大成之乐，五声不分，中和备质，五材无名也"。这样，使刘劭的《人物志》超越原本魏晋人学的范畴，而纳入玄学的轨道，使刘劭的人物性格的造就培养也渗透着玄学贵无理论。正因为这样，孔子的中庸之说也被刘劭以老子道家的"无"来解释之，认为人只有超越、克服自身的某些固执的性格弱点，形成或造就"中和""平淡"的性格特征，才能因应变化不偏不倚，与万事、万物、万人无不相应；如此，也就意蕴着此人的智慧，刘劭在《人物志》中说："必先察其平淡，而后求其聪明"。由此也造成了魏晋名士的养性风气与魏晋名士"无执"的性格特征。

三、"确乎不拔"的意志力

孟子在承认生理和环境因素是影响人的条件时，也坚持认为有德之人的根本原因是其有志。在孟子看来，"志"能够带来转化道德的行为。荀子说："君子立志如穷，虽天子、三公问正，以是非对。君子隘穷而不失，劳倦而不苟,临患难而不忘细席之言。"(《荀子·大略》)与孔孟不同的是,荀子把安贫乐道与人的意志联系在一起,强调意志力是安贫乐道的前提。荀子在《解蔽》篇中曾考察了意志的特点,认为意志有"自禁""自便""自夺""自取""自止"等特点。"形可劫而使诎申,心不可劫而使易意,是之则受,非之则辞。"(《荀子·解蔽》)荀子还提出意志双重品性,即自主性与专一性。"志意修则骄高贵""君子贫穷而志广,隆仁也",都把具有自主与专一品性的意志力的坚持,视为成人成贤的前提。恩格斯说:"外部世界对人的影响表现在人的头脑中,反映在人的头脑中,成为感觉、思想、动机、意志,总之,成为'理想的意图',并且通过这种形态变成'理想的力量'。"①由此可见,意志并不是人的认识的直接表现,而是人采取行动、决定行为的前导精神力量,是人的认识转向人的行动的中间环节,也就是从"理想的意图"变成"理想的力量"的精神形态。秦汉以降,儒家对安贫乐道的看法是重复多于新的建树。对此,韩愈说:"之子自惟其若是也,于是居固巷以致其诚,饮一取以求其志,不以富贵妨其道,不以隐约易其心,确乎不拔,浩然自守"。颜子居陋巷而有其乐,是其意志坚定的映照。"确乎不拔",就是形容没有什么外在力量可以改变颜回安贫乐道的志向。这是韩愈对颜回的赞扬。朱熹也说:"君子所以为君子也,以其仁也。若贪富贵而厌贫残,则是自离其仁,而无君子之实矣,何所成其名乎?"

孟子提出了"大丈夫",所谓"居天下之广居,立天下之正位,行天下之大道。得志,与民由之,不得志,独行其道。富贵不能淫,贫贱不能移,威武不能屈,此之谓大丈夫"(《孟子·滕文公下》)。中国古代有个叫景春的人对孟子说,公孙行、张仪这样的人难道不算大丈夫吗? 他们"一怒而诸侯惧,安居而天下熄"(《孟子·滕文公下》)。孟子没有同意景春的说法,显然只从外在气势来说明大丈夫的特征是不够的,大丈夫的真正豪气在于内在于人的德性。孟子强调富贵、贫贱、威武这些外在的压力都不能改变我个人的志节,这才是真正的大丈夫。这里涉及"志"与"气"的关系:"夫志,气之帅也,体之充也。夫志至焉,气次焉。"故曰:"持其志,无暴其气。"(《孟子·公孙丑上》)意志是主宰,坚强的意志能使人浑身充满豪勇之气。同时"志"与"气"又相互影响,"志登则动气,气登则动志也"(《孟子·公孙丑上》)。所以孟子要求既要坚持行义的志向,又要不损伤自己的豪勇之气,此即"持其志,无暴其气"。孟子说:"君子之志于道也,不成章不达。"(《孟子·尽心上》)

---

① 《马克思恩格斯选集》第4卷,人民出版社1995年版,第276页。

第三节　气　象

一、豪杰气象

儒家提出的豪杰（又称为英雄、大丈夫等）人格。所谓豪杰，是一种杰出、俊伟的人格形象，是具有大智大勇的有德之人。力勇过人谓之豪，德智非凡谓之杰。如果说，君子集中反映了恭谦守礼的人格形象，那么，豪杰便表现出胆识超人、直道而行的气概。这种区别在孔子和孟子的思想中最为显现。孔子一生以恢复西周章典制度为己任，要求人们知礼、守礼、复礼，他心目中的人，过于温文尔雅。而孟子以推行王道于天下为己任，要求人们知义、求义、履义，他所设想的人，就带有雄壮、伟岸的色彩，即以义为行为准则，而不循规蹈矩地守礼。"非其义也，非其道也，禄之以天下，弗顾也，系马千驷，弗视也；非其义也，非其道也，一介不以与人，一介不以取诸人。"（《孟子·万章上》）同时，豪杰之士比君子更加注重人格的独立与尊严。孔子说君子有三畏，其一即"畏大人"。豪杰则不然，"说大人，则藐之，勿视其巍巍然"。高堂华室、美食侍妾、酒乐田猎群仆这些"大人"引以自傲的东西，豪杰均不屑一顾，"在彼者，皆我所不为也，……我何畏彼哉"（《孟子·尽心下》）。豪杰只以义为贵，只服从于义。"自反而缩，虽千万人，吾往矣。"（《孟子·公孙丑上》）。刺肤刺目，无动于心，只要坚信自己拥有义、符合义，虽有千万人反对、阻挠，豪杰之士也能勇往直前。表明豪杰对义具有极强的信心。

豪杰之士有着刚毅的意志、宽广的胸怀和凛然的正气。自强任道，君子有"杀身成仁"，豪杰亦有"舍生取义"。豪杰之士以义为生命的价值所在，自觉地坚定不移地实践义，比君子具有更加强烈的历史使命感。"得志，与民由之；不得志，独行其道。"（《孟子·藤文公上》）即自觉地把救世利民，行仁义于天下作为自己神圣的使命，越是危难之时世，越显英雄本色。"待文王而后兴者，凡民也；若夫豪杰之士，虽无文王犹兴。"（《孟子·尽心上》）因而，豪杰不相信任何救世主，敢于只身担道义，并以为天下、为人民视为自己义不容辞的历史使命。孟子说："予，天民之先觉者也。予将以斯道觉斯民也，非予觉之而谁也。"（《孟子·万章上》）又说："五百年必有王者兴，其间必有名世者。……夫天未欲平治天下也。如欲平治天下，当今之世，舍我其谁也？"（《孟子·公孙丑下》）这就是历史的担当与使命。

在儒家经典中，豪杰较早见于《孟子·尽心上》："若夫豪杰之士，虽无文王犹兴"。这里的豪杰指才智出众者。《淮南子·泰族训》沿袭其义:"智过万人者谓之英,千人者谓之俊,百人者谓之豪,十人者谓之杰。"在两汉,豪杰又往往与地方上的士族豪强相联系在一起:"汉兴,立都长安,徙齐诸田、楚昭、屈、景,及诸幼功臣家于长陵。后世,徙吏二千石,高皆富人及豪杰兼并之家于诸陵"(《汉书·地理志下》)。理学兴盛之后,有以"豪杰"比之于儒学"圣贤"的说法。元人吴澄在给别人的信中说:"夫所谓豪杰之士,以其知之过人,度越一世而超出等夷也",以为孟子为"旷古一人"、真豪杰之士,"至于周、程、张、邵,一时选出,非豪杰其孰解与斯时",而对朱熹则推崇备至,"又百年而朱子集数学之大成,则中兴之豪杰也"。

到了明清之际,赋予了"豪杰"以新的意蕴,显现出与以往不同的时代特色。是否为国家和民族建功立业,在启蒙学者看来,是成为"豪杰"所必须具备的条件。黄宗羲说:"学其先于立志。立志则为豪杰,不立志则为凡民。凡民之后兴者,草上之风必耳。吾因而有概,如洛闽大儒之门下,碌碌无所表见,仅以问答传注,依样葫芦,依大儒以成名者,是普凡民之类也。故读宋之文集,通此等便不欲观,无奈世眼易欺,不置可否于其间,使此学日流于肤浅耳。"①"凡民"实指朱熹所说的"醇儒"、二程所说的"圣贤气象"。程朱以后的理学信徒在事功上"碌碌无所表现",而只在"问答传说"中去践履"内圣"之学,以蒙敝世人而获取声名。这里黄宗羲把理学所憧憬的"醇儒""圣贤气象"统统贬落为"凡民",显示他对玩弄于"正心诚意"间"内圣"型理想人格的轻视。在他的心目中,真正的豪杰是胸中怀有"经天纬地"的志向、"立功建业"的志向。黄宗羲说:"儒者之学,经纬天地,而后世乃以语录为究竟,仅附答问一二条于伊洛门下,便厕儒者之列,假其名以欺世。治财赋者则目为聚敛,开阃边目为粗材,读书作文者则目为玩物丧志,留心政事则目为俗吏。以生民立极、天地立心、万世开太平之阔论,钤束天下。一旦有大夫之忧,当报国之日,则蒙然张口,如坐云雾,世道以是潦倒泥腐,遂使尚论者以为立功建业别是法门,而非儒者之所与也。"②

在他心目中,成为豪杰(儒者)的首要条件是立下"经天纬地"的伟大抱负,不可像醇儒(凡民)那样只知语录,高谈阔论。这种醇儒平时以钻研程朱的传注出名,而一旦国家有难,则束手无策。在黄宗羲看来,真正的豪杰应该"经天纬地、建功立业",而非朱熹所说的醇儒。他心目中的"儒者"是懂得经济(治财赋)、政治(留心政事)、军事(开打边)的人才,也有较高的

<hr />

① (明)黄宗羲:《黄宗羲全集》第11册,浙江古籍出版社2012年版,第141页。
② (明)黄宗羲:《黄宗羲全集》第10册,浙江古籍出版社2005年版,第433页。

学术修养，善于读书、写文章（读书作文）。这是立足于"外王"基石上的复合型人才。

对此，颜元也认为，宋明儒者静态内求的践履不是儒家真正意义上的践履，真正的践履应当是经世致用的社会实践。他说："人必能斡旋乾坤，利济苍生方是圣贤。"圣贤必须能经世致用，必须有盛大的外王事功。他还说："'儒者天地之元气'，以其在上在下，皆能造就人材，以辅世泽民，参赞化育故也。"认为真正的豪杰应"辅世泽民"。要有社会担当与使命，颜元则反对"习静"，主张"习动"，要求人们"振起精神，寻事去做"。

二、浩 然 之 气

浩然之气是一股人间的正气和豪气，它至大至刚，流布于天地之间，具有笼天罩地的恢宏气派，它广阔无边、浩浩荡荡；浩然之气就是人身上盛大刚直的正气。杨继盛诗云："浩气还太虚，丹心照万古。"常言也道："树活一张皮，人活一口气。"可见，气不仅是人的生命形式，而且也是人的存在状态。浩然之气最早见于《孟子·公孙丑上》："我善养吾浩然之气"。何为浩然之气？孟子解说："难言也。其为气也；至大至刚，以直养而无害，则塞于天地之间。其为气也，配义与道；无是，馁也。是集义所生者，非义袭而取之也。行有不慊于心，则馁矣。"（《孟子·公孙丑上》）孟子的浩然之气在其整个论述中有着重要地位，并对后世产生深远影响。

孟子的浩然之气直接受到了曾子的"大勇"的启迪，《孟子·公孙丑上》就记载了浩然之气与大勇的渊源关系。"昔者曾子谓子襄曰：'子好勇乎？吾尝闻大勇于夫子矣；自反而不缩，虽褐宽博，吾不惴焉；自反而缩，虽千万人，吾往矣。'"孟子说："我知言，我善养吾浩然之气。"朱子解释道："盖惟知言，则有以明夫道德，而于天下之事无所疑。养气则有以配夫道义；而天下之事无所惧。此其所以当大任而不动心也。"关于养气的方法是"配义与道"，"集义所生"，朱子这样注释"集义"："集义，犹言积善，盖欲事事皆合于义也"。所以孟子的浩然之气也是有所存养，有所准备，至大至刚方能至勇，由此可知孟子的浩然之气与曾子的大勇具有内在的承续性。

"养浩然之气"，这里的"气"不是指客观存在的一种物质，而是指一种精神或心理状态。"气"的这一意义并非孟子首创。曹刿在齐鲁长勺之战中说："夫战，勇气也。一鼓作气，再而衰，三而竭，彼竭我盈，故克之。"孙子也说："是故三军可夺气，将军可夺心。是故朝气锐，昼气惰，暮气归。"所以他讲"浩然之气"，是从北宫黝、孟施舍这两个当时有名的勇士讲起。就二人勇气强弱而言，孟子觉得是难分伯仲的；但从培养方法而论，则孟施舍

"养勇"的方法是"守气",这是因为"气"能盛能衰,所以要守住它。孟子认为,不能滞留在"守气"上,凡是勇气都是靠"养","浩然之气"也是如此。一方面是靠对道与义的把握而形成的自觉性,常做自己认为应该做的正义的事,如果于心有愧而感到理屈就要气馁了,这叫"配义与道""集义所生"。另一方面要靠持久不懈的修养和锻炼,即"以直养而无害"。孟子在解释"直养"时说:"必有事焉,而勿正,心勿忘,勿助长也。"(《孟子·公孙丑上》)无论是浩然之气还是大勇,都贯穿着一股人间的正气和豪气。热血男儿,七尺之躯,堂堂正正,顶天立地,临渊不惊,临危不惧,宁折勿弯,宁死不屈,血溅江山,气贯长虹。屈原大概是孟子之后的第一个具有浩然之气的人,他品德高洁,心定志广,他是孟子所说的"天下无道,以身殉道"的人,"苏世独立,横而不流兮","虽体解吾犹未变兮,岂余心之可惩","吾不能变心而从俗兮,固将愁苦而终穷"。孟子说:"夫天未欲平治天下也。如欲平治天下,当今之世,舍我其谁也。"孟子还说:"待文王而后兴,凡民也。若夫豪杰之士,虽无文王犹兴。"杜甫的"国破山河在,城春草木深",白居易的"地不知寒人要暖,少夺人衣作地衣",范仲淹的"先天下之忧而忧,后天下之乐而乐",陆游的"王师北定中原日,家祭无忘告乃翁",文天祥的"臣心一片磁针石,不指南方不肯休",都是"心事浩渺连广宇"的忧国忧民的具有感召力的典范,他们以自己的知识、智慧和情感乃至生命奉献于社会,并且不企求回报。《正气歌》有:"天地有正气,杂然赋流形。下则为河岳,上则为日星。于人曰浩然,沛乎塞苍冥。……是气所磅礴,凛冽万古存。当其贯日月,生死安足论!"何等豪迈与激昂! 青山不动,江河断流,没有超越生死的凛然正气,没有惊天地泣鬼神的无畏气概,就不会有对自身力量与勇气如此坚贞的自信。屈原、文天祥,还有杜甫、岳飞、辛弃疾这些浩气长存的人,他们以自己的生命谱写了一曲响彻尘寰的人间正气之歌。

三、自然之气象

自然之气象为人的最高外在表征,可以为功成事遂之自然,可以为泰山压顶而镇定自若之气象,也可以为文人墨客放情于山水之自然之气象,还可以为儒家仁者之气象。

"自然"出自《老子》:"功成事遂,百姓皆谓我自然。"(《老子》十七章)"希言自然。故飘风不终朝,骤雨不终日。孰为此者? 天地。"(《老子》二十三章)"域中有四大,而人居其一焉。人法地,地法天,天法道,道法自然。"(《老子》二十五章)无疑,在老子研究史上,"自然"被作过各式各样的解释,被赋予不同的含义。那么,何为"自然"? 刘笑敢认为,道家的"自然"是一种"人文自然"，这种"人文自然"表现为三个层次。第一，"自然"表达了老子对人类以及人与自然宇宙关系的终极状态的关切。刘笑敢说："老子之自然则是事物存在的一种状态，当我们谈到自然时，可以指自然界的情况，但在更多的情况下，特别是在老子哲学中，自然显然是指与人类以及人类社会有关的状态。道家讲自然，其关心的焦点并不是大自然，而是人类社会的生存状态。所以，我们要强调《老子》所讲之自然是人文之自然，而不是自然界之自然。"①就是说，在老子的语境中，"自然"不属于自然界的自然，而是指与人类以及人类社会有关的状态，这也代表了"自然"的最高价值。第二，"自然"体现了老子对人类群体社会的关切。刘笑敢说："老子所说的'百姓皆谓我自然'中的自然不是大自然，不是没有人类文明的野蛮状态。人文自然的提法就能比较准确地揭示出老子之自然所涉及的是人类社会的生存状态问题，而不是自然界或没有文明的野蛮状态。"②第三，"自然"代表了老子对个体生命的关切。刘笑敢说："我们今天讲到为往往包括一切行为，似乎辅也是一种'为'，'无为'就否定了一切作为，圣人就是什么事都不做。但是这显然不是老子的本意。老子显然没有把辅当作普通的'弗能为'的为而否定掉，也就是说，'无为'的概念并不是要否定一切作为。'辅万物之自然'是圣人的特殊的行为方式，不是一般人的行为方式。'弗能为'和'无为'否定的只是一般人的通常的行为及其行为方式。这里'辅万物之自然'的说法再次说明老子之自然不是什么事都不做，不是没有人类文明的野蛮状态。"③在刘笑敢看来，首先是"辅万物"；其次，"辅万物"是主动的、自发的，不是被迫的，因而可以理解为对个体生命的关切。这样，上述三个层次构成了所谓"人文自然原则"。

刘香莲则从四个方面揭示了"自然"的人文主义意涵。其一，"自然"是"自己如此"的一种状态。她说："老子把'自然'视为'道之内在法则、根本的存在方式，肯定'道'的本性就是纯任自然。他强调宇宙、世界、万物完全是按照自然的法则，自己如此的方式存在和运行的。"④就是说，老子所讲"自然"即谓宇宙万物皆是自然的，人亦应当顺其本来的自然。其二，"自然"是一种内在本性。她说："肯定'自然'作为内心本性并加以保持和发展的思想，是老子人文思想的一重含义。人也必须按照符合本性的生活方式生活，实现其自身之价值。若是忘却本性之存在，势必造成人为物役、心为

---

① 刘笑敢：《老子之人文自然论纲》，《哲学研究》2004 年第 12 期。
② 刘笑敢：《人文自然对正义原则的兼容与补充》，《开放时代》2005 年第 3 期。
③ 刘笑敢：《人文自然对正义原则的兼容与补充》，《开放时代》2005 年第 3 期。
④ 刘香莲：《浅谈老子"自然"概念的人文内涵》，《哈尔滨学院学报》2012 年第 3 期。

行役、不知反省自身之存在价值,轻易地于日常生活之中迷失了自我,找不到存在之根。"①即是说,"自然"必须尊重内心,必须顺应本性,这样就不会被物所役,不会为名所困。其三,"自然"就是真实、质朴的品质。她说:"照老子之观点,最真实的东西就是最自然质朴无华的东西,生命自由地展示着自己的本质,呈现出一种'真'的精神状态,也即老子所谓的'质真若渝'、'无知守真,顺自然也'。"②就是说,"自然"意味着去除伪饰,回到本真,人人是他自己本来的样子。其四,"自然"也指一种理想的状态或理想的境界。她说:"在这种自然的理想状态之中,宇宙、世界、社会和个人是一个有机的统一体,物尽其宜,是一种整体的和谐状态。"

大自然之于文人,除是庇身之所外,更昭示他们以无穷的玄理奥义。"人闲桂花落,夜静春山空"的氛围对中国文人有无穷尽的诱惑力,精神的享受在于斯,人生的乐趣在于斯,空山静夜中蕴藏着无限人生哲理,"此中有真意,欲辩已忘言",心灵与外界的最佳融洽点正是这山山水水。大自然中的山川林木、孤石飞鸟无不隐藏着造化之理,故清人邹一桂云:"以万物为师,以生机为运,见一花一尊,谛视而熟察之,以得其所以然,则韵致丰采,自然生动,而造物在我矣。"③谛视熟察,不仅是为了精确地把握那"一花一萼"的形态外观,更是寻求其玄理,清人龚资也说:"古人之书画,与造化同根,阴阳同候,非若今人泥粉本为先天,奉师说为上智也。然则今之学画者当长亲奈何? 曰:'心穷万物之源,目尽山川之势,取证于余晋唐人,则得之矣。'"④

姚最在《续画品》中就说过"心师造化"的话。对于画家来说,感受大自然,都有重要意义,对中国尤其如此。其原因是,中国画以山水、花鸟、人物分科,素来少风俗画,这种题材的畸轻畸重,先天地便使中国画贴近山林岩穴而疏离社会,即使是人物画,所画人物也多是从现实生活中"净化过滤"出来的。中国文人很少对社会生活怀有热情,虽然"独善其身""修身自洁"是文人奉以为圭臬的,但"独涂""自洁"表现为自身的完善。从魏晋时代起,佯狂畸特便是文人假以为远祸自保的手段——社会对于文人而言无异于陷阱。疏于此便亲于彼,于是,在以上观念、制度、习俗的有形无形的合力推导下,文人们便投身于大自然之中以求慰藉。

---

① 刘香莲:《浅谈老子"自然"概念的人文内涵》,《哈尔滨学院学报》2012 年第 3 期。
② 刘香莲:《浅谈老子"自然"概念的人文内涵》,《哈尔滨学院学报》2012 年第 3 期。
③ 张仲夏:《升级为运——袁晓岑先生的动物雕塑创作》,《美苑》2015 年第 5 期,第 34 页。
④ 朱松苗:《论"观"视域下〈林泉高致〉的运思逻辑》,《武汉理工大学学报(社会科学版)》2017 年第 1 期。

中国古代，诗是无形画，画是有形诗。哲人多谈此言。"余因暇日阅晋、唐古今诗什，其中佳句，有道尽人腹中之事，有装出目前之景。然不因静居燕坐，明窗净几，一炷炉香，万虑消沉，则佳句好意，亦看不出，度幽情美趣，亦想不成，即画之主意，亦岂易及乎？……古人清篇秀句，有发于佳思而可画者，并思亦尝旁搜广引。"①

姚最的"天遥来雁小，江阔去帆孤"之句，韦应物的"春潮带雨晚来急，野渡无人舟自横"之句，王维的"行到水穷处，坐看云起时"之句，等等。诗词足以触发画家的灵感，借助于诗人对山水意境的熔铸，以感悟山川之美、造化之妙，他山之石可以攻玉。这又反过来给艺术家以巨大的自由抒写天地。问题只在于艺术家的灵性与悟性如何！有灵性与悟性的画家，即使置身荒山剩水间，亦能于荒残枯剩之中掘其内涵、美质。

被后世儒者所传颂的"吾与点也"（《论语·先进》）是孔子关于人与自然界之间的一种微妙的生命关系，是一种人生体验，它是以人与自然为一体的，表达了对人生意义的理解，当孔子问他的学生们各有什么志向、志趣时，曾点说："暮春者，春服既成，冠者五六人，童子六七人，浴乎沂，风乎舞雩，咏而归"（《论语·先进》）。这就是说，在温和的暮春时节，穿上春天的服装，和五六个成年人、六七个童子，一起到沂水边洗澡，到舞雩台（祭天祷雨之处）吹风，然后唱着歌儿回家。孔子听后，感叹说："吾与点也"。可以看出，孔子向往一种人的自由的、自然的生活方式，即在自然界的山水中去感受美，去体验乐。曾点所说的"冠者五六人，童子六七人"，几个志同道合好友、朋友乃至亲人放情于山水，享受着真正意义上的山水之乐。这也是人的一种返归自然的本然状态，人已超越功利，超越烦恼，是人的一种美好的心态。

《礼记·儒行》篇还对仁者的具体德行和表现作出了说明，指出："温良者，仁之本也；敬慎者，仁之地也；宽裕者，仁之作也；孙接者，仁之能也；礼节者，仁之貌也；言谈者，仁之文也；歌乐者，仁之和也；分散者，仁之施也。儒者兼此而有之，犹且不敢言仁也，其尊让有如此者"。这也可以看作仁者气象的具体描绘。

---

①　朱松苗：《论"观"视域下〈林泉高致〉的运思逻辑》，《武汉理工大学学报》2017 年第 1 期。

第十一章　儒家成人观的当代启示

第一节　凸显人的尊严及人性化治理

一、凸显人的尊严

人不是物,人有"自我"性,有自己的思想、态度、选择、理想,有自己的身心发展规律,人的发展也是自我生命实现的过程。因此,当代社会必须尊重人的生命,尊重人的一切生命特征。人为什么活着,人生的意义和价值是什么,这自古以来就是永恒的话题。

当代社会尤其是教育的核心意义是促进人性发展与完满教育,是"使人成人"的事业,教育的目的乃是人的完成,重在人性的陶冶与丰富。人之为人的关键在于人性,教育的核心意义就在于对于人的人性成长进行价值引导,使他们学会在人性抉择中能够把握正确的方向,以保证其人性发展不断提升,使他们在人性完整和谐、属人的发展中,更具有人性,更像人,更有可能趋向成为真正的人。尽管"成人"是一个不断完善的过程,但只要在此路上不断前进,人就会感受到做人的尊严和骄傲;当人获得自身期望的属人的发展,感觉自己像个真正的人时,才会获得内心的愉悦和最大的幸福感。当代社会存有"物化"或"异化"的现象,我们更应该注重人的品性陶冶,使人具有生命的内涵,富有生命的意义。鲁洁曾言,教育是人之自我建构的实践活动,要使"教育赋人以人所独有的应然性,使人有追求,有理想、有创造、有超越、有意义世界的建构,有终极性的关怀,它引导人,使得这种种人的属性得以从他们身上萌发、形成、伸张、提升,使他有别于世界上其他的物,使他成为真正的人"①。这说明教育不仅是知识技能增长,更是人之为人的理解、感悟,教育对人的深层关怀和终极意义在于帮助人实现人性的提升与完满的思想。

另外,无论是社会、家庭、学校,关于人的教育,应坚持人性化教育,只有人性化教育才能培养出富有人性的人。人性化教育就是以理解、尊重人性

---

① 鲁洁:《教育:人之自我建构的实践活动》,《教育研究》1998 年第 9 期。

为前提和基础,要借助符合人性特点的教育理念、态度、方法及评价管理等,注重人性培育、熏染与引导,使他们获得丰满的人性塑形。当然,我们也要尊重人性、重视个体差异。我们还要尊重人多样化的人性发展,不用一种标准和模式对待和要求所有人,不让个体的成长湮没于大多数。

人的尊严在当代社会最重要的体现是在人权上,其实,安靖如认为"许多学者认为,经典儒家思想的价值观,即追溯到公元前5世纪到公元3世纪的早期儒家传统,是与人权相容的,它甚至能够积极地促进人权"①是存在问题的,五四运动的最终目标就是再造文明,就是把人从传统制度法统束缚中解脱出来,以现代性要素为基础构筑"新人"概念,以"人权"为基础塑造法律人格,以"法治"为基础维护人的尊严。中国式的处理"实质上是对人的尊严问题的另一种处理,一种与人权没有关系的处理"。现代人权作为保护人尊严的一种方式,是建立在将每个人理解为仅仅因为是人就享有自由、平等权利、享有尊严基础上的,传统中国应不存在此种人的概念,但是,传统中国也有着丰富的尊重人、关爱人的思想传统。

关于人权,马克思主义认为,在资本主义社会,资本主义劳动的异化导致了人的异化。马克思分析道:"工人同自己的劳动产品的关系就是同一个异己的对象的关系。因为根据这个前提,很明显,工人在劳动中耗费的力量越多,他亲手创造出来反对自身的、异己的对象世界的力量就越强大,他本身、他的内部世界就越贫乏,归他所有的东西就越少。"②人异化成了机器的附属物,丧失了主体性,从而也丧失了做人的基本权利。在这种状况下,无产阶级的痛苦"不是特殊的无权,而是一般无权,它不能再求助于历史权利,而只能求助于人权"③。可见,在马克思看来,争取人权就是争取人的解放,人权是人类解放的根本凭据。人们只有求助于人权,才能获得彻底的人类的解放,并且提出了建立一种新的社会制度,即共产主义制度。"共产主义是私有财产即人的自我异化的积极的扬弃,因而是通过人并且为了人而对人的本质的真正占有;因此,它是人向自身、向社会的(即人的)人的复归。"④在共产主义社会,"代替那存在着阶级和阶级对立的资产阶级旧社会的,将是这样一个联合体,在那里,每个人的自由发展是一切人的自由发展

① [美]安靖如:《人权与中国思想》,黄金荣、黄斌译,中国人民大学出版社2012年版,第124页。
② 《马克思恩格斯全集》第42卷,人民出版社1979年版,第91—92页。
③ 《马克思恩格斯选集》第1卷,人民出版社1972年版,第41页。
④ 马克思:《1844年经济学哲学手稿》,人民出版社2000年版,第81页。

的条件。"①在马克思那里，每个人都实现了对自我、他人、社会和自然的超越，真正达到了自由全面发展的境界。

二、彰显人文教化

当今社会发展迅速，社会面貌日新月异，人类社会的物质生活，尤其是在衣、食、住、行方面，相比古代，我们过上了富足的生活。但人是文化化的人，人是观念的集合体，我们应当重视教化，尤其重视人文教化。

当代社会及教育要"把人培养成一个具有完美人性的人，一个对自己本质真正占有的人"，从而"发挥人的潜能"，就像马克思说的那样，"要改变一般人的本性，使它获得一定劳动部门的技能和技巧，成为发达的和专门的劳动力，就要有一定的教育或训练"②。易见，为了适应社会化大生产的需要，在培育专门性人才来尽力掌握自然科学技术的现实面前，当代教育特别注重对人的智性训练，其之所以体现出比较鲜明的智性活动特征，这有当代社会发展的历史必然。

中国古代社会的教育所倾注的是一种"巨大的塑造人的精神的实践热情，而少有纯粹的理论热情"，并且这种理论认为"有教养比有某种特定知识重要得多"。即特别注重培养人的德性素养，并注重用歌诗、习礼、读书等方法来对人进行德性教化。如"射礼"，"故射者，进退周还必中礼，内志正，外体直，然后持弓矢审固。持弓矢审固，然后可以言中。此可以观德行也。"（《礼记·射义》）其中"射"不单训练人的技术，而是一种人文教化。中国古代社会"礼"尤其强调在日常生活中的语言、饮食、洒扫、应对、进退之法，这事实上就是福柯所谓的"微观权力"，是日常生活的微观控制机制，它规训着礼治秩序中的人们谨言慎行，注意细节。此在《礼记·曲记》中记载尤为详细。如："夫为人子者，出必告，反必面；所游必有常，所习必有业，恒言不称老。年长以倍，则父事之；十年以长，则兄事之；五年以长，则肩随之。群居五人，则长者必异席。为人子者，居不主奥，坐不中席，立不中门。……听于无声，视于无形。不登高，不临深，不苟訾，不苟笑。"（《礼记·曲礼上》）这些都是很好的日常生活中的行为规范，所谓教养即是对这些行为规范的遵守和显现。这样，我们可以在学校中增设礼仪课程，学习传统礼仪文化，培养良好的行为习惯。同时，当代社会要更注重节日、庆典等仪式对人的浸润与陶冶。

---

① 《马克思恩格斯文集》第2卷，人民出版社2009年版，第53页。
② 《资本论》第1卷，人民出版社2004年版，第200页。

为此，我们的教育应进一步凸显人文理念、人文精神，当代社会教育除了注重政治素养、科学素养、艺术素养，还要更注重人文素养。人生在世，应坚守做人的底线，不欺诈、不害人，这正是儒家所谓"老吾老及人之老，幼吾幼及人之幼""四海之内皆兄弟"思想的现代化表现。

三、创设有温度的制度规范

人是社会的存在物，也是制度的存在物。人发展得如何及怎样发展，根本上是由生产力水平所决定的，而直接的则是由社会关系即制度来统领和决定的。社会制度的一般功能及特征是不同层次的社会制度产生不同的功能，其影响和制约的范围也不相同。总体社会制度决定着该社会形态的性质，是制定各种制度的依据。不同领域里的制度决定了各种具体模式和规则。其具有对人行为的导向功能。"任何一种社会制度，作为一种约束和协调人们行为的规范体系，都隐含着对人性的规定性以及人的行为取向的某种主观预期和理论假设。这种预设往往在很大程度上影响着公共权力规范建构的思维方式以及制度选择的可行性空间。"①通过法律和法规以规定人的权利和义务范围，为人们提供思想和行为模式，使其较快地适应社会生活，以避免个人与社会的矛盾和冲突。通过社会的规范体系协调社会行为，调适人际关系以利于建立社会正常的秩序。同时，社会制度是人类文化的重要组成部分。在人类社会发展史中，一种社会制度的世代交替表现出相对的长久性和稳定性，社会制度文化的世代传递在一般情况下是必然的。通过政府和制度保存与传递人类的发明、创造、思想、信仰、风俗、习惯等文化，使之世代沿袭，并在空间上得到普及。人的成长过程即是人的社会化、文化化过程，更是人适应制度的过程，即人更多地表现于人是制度人。在现实的社会中，人是通过制度与他人、社会进行联系交往的，在联系交往的过程中以制度确定的社会关系为准则，成为现实社会关系中的人。因此，正是社会制度，作用和影响着人的形成和发展，而不同的社会制度则使人的社会关系呈现出不同的特征。制度首先是由人所建立，又为人而设。任何人都生活在一定的社会制度之中，正如康芒斯所说，人是"一种制度里的公民"。制度是人的唯一选择。作为一种"手段的现实"，制度的具体形态可以被我们改变、创造，但是我们却不能够脱离制度。这是由人成为人的那一刻所决定的，人不能脱离历史、脱离现实而存在。我们出生并接受着现有的制度，承认着现有的制度，反思存在过的制度，改变当下的制度，创造新的制度，这

---

① 何显明：《儒家政治哲学的内在理路及其限制》，《哲学研究》2004年第5期。

构成了人类的全部历史。由此,当下我们需制定更多更细且更有温度的制度,让人们依规依理依法而行。

第二节　成人的磨砺

一、艰难困苦玉汝于成

汤因比曾比较了人类的 26 个文明的发生和发展,认为是人与自然的挑战和应战的矛盾构成了文明发展的动力。自然向人挑战,人奋起应战,这才形成文明及其发展。当然,自然条件太严酷或者太顺当,都不构成文明发展的刺激,只有困难的刺激,才使人的应战得到充分发挥。中国的黄河流域和长江流域是典型的自然对人的“困难的刺激”,因而文明得以在这里形成和发展。因此,人要正确对待挫折。人生在世,总会遇到这样或那样的困难,而面对困难,中国人总会自强不息,坚韧不拔。自古就有“盖文王拘而演《周易》,仲尼厄而作《春秋》,屈原放逐,乃赋《离骚》”等。

豪杰之士不畏任何艰难险阻,把一切挫折、困顿都看作对自己意志的磨炼。“故天将降大任于斯人也,必先苦其心志,劳其筋骨,饿其体肤,空乏其身,行拂乱其所为,所以动心忍性,曾益其所不能。”(《孟子·告子下》)只有吃大苦、耐大劳,才能立大志、成大业。

人生在世,确实有“命运”,如何看待“命运”,是自我的消极厌世还是自我积极应对。关于历史上的“命”或“命运”,王国维将孔子之“命”理解为积极向上的抗命精神,它既不是取消人的主体性的“宿命论”,也不是肆意妄为的“自由意志论”,而是在掌握自然规律基础上以“仁”为最高追求,置死生、穷达、荣枯、盛衰等于不顾的“任天主义”。王国维认为,从普遍角度看,孔子的“仁”即为人人具有,与义、礼、智、信一样普遍,“仁”的这种普遍性即其“平等”义。熊十力则开发了“仁”的“自由”义,他认为“我欲仁,斯仁至矣”是自由的最高境界,行“仁”就是践德,一个人自觉实践道德,这是“自由”的最高境界。贝多芬人生不幸,他贫穷、孤独、失聪,但他创作了多部精美的乐曲,且他的音乐始终洋溢着奋进的力量。

人生在奋斗,奋斗就是人生,奋斗本身就是一种幸福。历史上,秦始皇经常出游,浩浩荡荡,气势非凡。刘邦见了后说:“嗟乎,大丈夫当如此矣!”(《史记·高祖本纪》)而项羽说得更为干脆:“彼可取而代也。”(《史记·项羽本纪》)不愿碌碌地度过一生,追求功名事业,是大丈夫的行为目标。东汉末年,阉党乱政,民不聊生,为京兆丞的赵温叹曰:“大丈夫当雄飞,安能雌伏！"(《后汉书·赵典传》)赵温为赵典之子,赵典"博学经书,弟子自远方至"。赵温此言当是受儒学影响所致。后来他弃官而去,在自然灾害发生时,"散家粮以报穷饿,所活万余人"(《后汉书·赵典传》)。王秀之也说:"丈夫处世,岂可寂漠恩荣,空为一代丘土！足下业润重光,声居朝右,不修高世之绩,将何隔于愚夫？"(《南齐书·王秀之传》)

故古人云:"是以君子藏器,待时而动,发挥事业,固宜蓄素以猗中,散采以彪外,楩楠其质,豫章其干。摘文必在纬军国,负重必在任栋梁。"(《文心雕龙·程器》)"士之席,以成务为用。鲁之数姜,妇人之明耳,然推其机缘,以方治国。安有丈夫学文,而不达于政事哉？"(《文心雕龙·程器》)在刘勰那里,君子和丈夫是同义的。他虽出身贫寒,但在青壮年时期是有宏伟的抱负的。他雄心勃物,待时而动,立志在有涯的一生,干一番建功立业的事情,使自己能起到社会栋梁的作用。他研究文学,写出《文心雕龙》这部杰出的文艺理论著作,目标不是当个文人,而是把为文当作达于政事的阶梯。《文心雕龙》一完成,便不情屈身"负其书候约出,干之于车前,状若货"(《梁书刘品传》),以此祈求当时身居骠骑司马的沈约的赏识,希望通过依附权贵来达到名显功就的目的。当然,他的"纬军国""任栋梁"的目标未曾实现,他的主观意识里还是深深烙着大丈夫的印痕的。这样的情况一直延续到清代。郑板桥明知自己只能借"笔墨为糊口觅食之资",但还是在给兄弟的家书中"愿吾弟发愤自雄",主张"大丈夫不能立功天地,字养生民,而以区区笔墨供人好玩,非俗事而何"[1]。

二、构建容错纠错防错机制

中国古代社会儒家"成人"的过程是实然之态向应然之境无限涌动,就连尧、舜这样的典范都有不足之处,孔子两次提到"尧舜其犹病诸",因此,"人谁无过？过而能改,善莫大焉"(《左传·宣公二年》),其意蕴:首先,其断言"人"都会有过,虽没有具体说明有过的原因,但奠定了人是有限的基调,正因如此,孔子特别强调"毋意、毋必、毋固、毋我"(《论语·子罕》)。其次,"人的有限性"不是问题的重点,关键在于能不能改,"过而不改,是谓过矣"(《论语·卫灵公》)。也就是说,过错人人都会犯,所以这不是关键,对待过错的态度才是直接成人的关键。蘧伯玉作为有德君子,毕生以"欲寡其过而未能也"(《论语·宪问》)。《淮南子·原道训》更言其"年五十而有四十九年非"。孔子之所以独称颜回好学,不只是因为他乐道,还在于其

---

① 《郑板桥集·潍县署中寄舍弟墨第一书》。

"不贰过"（《论语·雍也》）。日常生活中，我们会做错各种各样的事情，有时是出于"无知"，这种"无知"可能是知识意义上的，也可能是价值观上的，如"事君尽礼，人以为谄也"（《论语·八佾》），原本是依照臣子的礼节做事，旁人却以为在谄媚君主。可是，有些时候不是"无知"，而是"不自知"。明知此事做错了却怨天尤人，把错误原因归咎他人或其他，而与自我无关。在孔子看来这是"小人"心态在作祟："君子求诸己，小人求诸人。"（《论语·卫灵公》）君子严于律己、宽以待人，有了过错先是自我反省；"小人"恰恰相反，苛责他人、宽恕自己，认为一切过错都与自己无关。

荀子注重"积习"在明善中的作用，强调在德性修养时要有恒心和毅力。他指出："故不积跬步，无以至千里；不积小流，无以成江海。"（《荀子·劝学》）"积圭而为山，积水而为海，旦暮积谓之岁。至高谓之天，至下谓之地，宇中六指谓之极；涂之人百姓，积善而全尽，谓之圣人。"（《荀子·儒效》）他把德性修养看作一个积善的过程。孔子指出，犯了错误不要害怕改正。"过则勿惮改。"（《论语·子罕》）"过而不改，是谓过矣。"（《论语·卫灵公》）

《近思录》中的修身论，最终的目的都指向向善、从善，以达到善的境界。在修身篇章中，不管是复礼、节欲、克己都是为了迁善，以达到修身的目的。改过迁善就是在明确自身有不足过失的情况下，要着力改正迁善。濂溪曰："君子乾乾不息于诚，然必惩忿窒欲，迁善改过而后至。"就是说君子若要达到诚的境界，就必须要惩忿窒欲，一心向善，勇于改过。程颐认为："过既未形而改，何悔之有？……然其明而刚，故一有不善，未尝不知，既知未尝不遽改，故不止于悔，乃不远复也。学问之道无他也，惟知其不善则速改，以从善而已。"张载主张：纤恶必除，善斯成性矣；察恶未尽，虽善必粗矣。（《正蒙·诚明篇第六》）即改过要彻底，认为"勿以恶小而为之"，更不能勿以恶小而不改之，另若要改过除恶，必善于察恶，察恶当尽方能纤恶必除。

除自我知错而改，同时，社会应建立防错机制或制度，古乐府《君子行》曰："君子防未然，不处嫌疑间，瓜田不纳履，李下不整冠。"这强调个体自觉，但是人的自觉性是有限的，常常会有顺手牵羊，因此，我们可以在瓜田及李下设置障碍物以阻止人的错误出现与发生。同时，我们的社会应宽容。

三、七十从心而不逾矩

儒家所强调的是"学"的一种特别方式，即所谓的"为己之学"。学习在儒家眼中被认为是自我完善完整的过程。通过"大体"的自觉养成，这一过程包括了致力于自我实现的存在意义,这是个无间断无止息的过程。把自我反省和个人内省作为日常功课的一部分,是时时进行着的。在这个意义上,儒家的自我不是一个静态的结构,而是一个始终在改变的动态过程。所谓"活到老,学到老,改造到老"。

孙奇逢的例子就很能说明这一点。他不断地自我反省,使他能够在庆祝九十岁生日时仍能发觉自己在八十九岁时的言行缺点。带着些许幽默,他甚至在他的学生面前说,他在年过八十以后,才认识到自己在七十多岁时的幼稚不成熟。儒家对成人(成熟的人)的定义是,经历了重要的"成人过程"而完全地步入成熟之道者。然而,学以成人的过程是没有止境的,所以成熟之路也就永不停歇。孔子本人的生涯,就更能理解儒家思想的这一层面。孔子在七十三岁将死之前,自述他七十岁就能"从心所欲不逾矩"了。

第三节　信人、任人

一、涂之人皆可为尧舜

孟子提出了"人皆可以为尧舜"(《孟子·告子下》)的命题。荀子虽然主张性恶论,但是他主张政治平等。他说:"我欲贱而贵,愚而智,贫而富,可乎? 曰:其唯学乎!"(《荀子·儒效》)董仲舒提出"性三品论"说。他说:"圣人之性不可以名性。斗筲之性又不可以名性。名性者,中民之性。"(《春秋繁露·实性》)但是,董仲舒又认为具有中人之性的人占总人口的绝大部分,且这部分人可以通过王道教化以及个人修养,把自己塑造成具有完美德性的人。至宋代,濂溪提出了"圣可学"的说法,这应是和孟子"人皆可以为尧舜"思想一脉相承。

"人皆可以为尧舜"寓有怎样的人文精神呢? 熊十力说:"平等者,非谓无尊卑上下也。天伦之地亲尊而子卑,兄尊而弟卑。社会上有先觉先进与后觉后进之分,其尊卑亦秩然也。政界上有上级下级,其统属亦不容紊也。然则平等之义安在耶? 曰:以法治言之,在法律上一切平等,国家不得以非法侵犯其人民之思想、言论等自由,而况其他乎? 以性分言之,人类天性本无差别,故佛说一切众生皆得成佛,孔子曰:'当仁不让于师',孟子曰:'人皆可以为尧舜',此皆平等义也。"[1]就是说,"人皆可以为尧舜"自然含有"性分上"的"平等"义。与熊十力相比,冯友兰说:"'人是人'的第一种解

---

[1]　熊十力:《熊十力全集》第4卷,湖北教育出版社2001年版,第367页。

释,就是说,人有独立的人格,自由的意志,凡人都是彼此平等,决不能拿任何人作工具。这是讲民主政治应有的常识,也是应持的态度。在中国哲学史上,儒家道家都具有这种见解,孟子说'人皆可以为尧舜',又说'尧舜与人同耳'。这些话实在含有人人平等的意思。人人都可以为尧舜,尧舜和一般人相同,这是最平等的思想。"①在冯友兰看来,"将人当人看"是基本的权利,而"人皆可以为尧舜"即内含"人人平等"的思想。

王阳明提出了"满街皆圣人"的观点。圣人之所以为圣就在于他使自己胸中的良知在他的言行中流溢,发扬出来,他说:"心之良知是谓圣人之学,惟是致此良知而已"。所以说每个人心中有个良知。良知是一个成圣的内在根据。正因为如此,王阳明提出了"圣人可学而至"的口号,即是说,任何人经过学习都可以成为圣人。虽然人的资质不同,但每个人心中都有个至善的良知本体,因此,资质的高低并不妨碍能上达于"圣人",不只是每个主体的努力程度不同,对良知的明觉程度不同。王阳明还提出"致良知"就是要将"本然之知"化为"明觉之知":本然的良知是"天理之昭明",是至善至美的人之本性,没有任何亏缺障蔽,是高尚的道德,"本来自明";这种本然之良知人人皆同,人人皆有,但由于私意障碍,使得不同的人对良知的明觉程度不同,即所谓"良知良能,愚夫愚妇与圣人同,但圣人能致其良知,而愚夫愚妇不能致,此圣愚之由分也"。

孔子的祖先可能是贵族,但是在他出生时已经沦为贫民。孔子三岁时,他的父亲就去世了。最初他由母亲教导,后来才有老师。在少年时代,孔子就以好学著称。他无意中开启了教育的一个重要传统:典范教育往往是由母亲以口传心授的方式进行。人们普遍承认,母亲在孔子的求学过程中占有十分重要的地位,但是几乎没有人对此进行分析。孔子晚年曾回忆说,他自己在十五岁时便有志于学。一则历史纪录提到,即使孔子已经是个知识渊博的年轻学者,他"人太庙"时仍然"每事问"。孔子的求学态度让弟子们清楚地知道好学是儒家伦理中的最高德目之一。孔子是宣讲仁道的老师、是文化的传承者、是历史的阐释者和中国精神的铸造者。从孔子无可比拟的重要性来看,他的生平似乎毫无传奇色彩,可以说他的生平相当"平实"。然而,孔子平淡无奇和真实不妄的生平正好表明了这一事实:他的仁道不是某种被揭示出来的真理,而是指修身,即一个人为立命而不懈努力。孔子的榜样,使人们相信普通人也可能成为圣人和杰出的人。对于一般人来说,相信一个人透过自我的努力就能够获得成功,甚至出人头地,这不仅是可能

---

① 冯友兰:《三松堂学术文集》,北京大学出版社 1984 年版,第 632 页。

的,而且是一个可以付诸实践的观念。人是可以教育的、可以改善的、可以达到完美的,当然这要透过个人和集体的努力,这一信念深深地根植于中国人的心灵。孔子相信,每一个人都能够从自我修养中获益。他从事教育,并且他把教育的大门向所有的人敞开。同时,他还认为求学不仅是获取知识而且是塑造人、成就人。这似乎蕴含着一种信念:普通人的自我转变不仅是可能的,而且是可以实现的。

二、有恒产者有恒心

孟子曰:"有恒产者有恒心,无恒产者无恒心。苟无恒心,放辟邪侈,无不为已。"(《孟子·滕文公上》)"是故明君制民之产,必使仰足以事父母,俯足以畜妻子,乐岁终身饱,凶年免于死亡。然后驱而之善,民之从之也轻。"(《孟子·梁惠王上》)"恒产"就是土地。只有有了足够的土地,人民才能安心于生产,从而维持家庭的最低生活,才不至于到处流离作乱。对于"制民之产"的具体方案,孟子亦有明确的设想:"五亩之宅,树之以桑,五十者可以衣帛矣,鸡豚狗彘之畜,无失其时,七十者可以食肉矣;百亩之田,勿夺其时,数口之家可以无饥矣。谨庠序之教,申之以孝悌之义,颁白者不负戴于道路矣。七十者衣帛食肉,黎民不饥不寒,然而不王者,未之有也。"(《孟子·梁惠王上》)故孟子又曰:"仁政必自经界始。""省刑罚,薄税敛,深耕易耨。""不违农时,谷不可胜食也数罟不入洿池,鱼鳖不可胜食也;斧斤以时入山林,材木不可胜用也。"(《孟子·梁惠王上》)有了土地,还必须给予充裕的时间去耕作,特别要保证农业之季节的时间,机不可失,时不再来,只有抓住农时,才有希望获取好的收成。粮食收到手,如遇横征暴敛,亦无以养家糊口。孟子的这一套措施是相互关联的一个整体,既要"制民之产",又要"取于民有制"。

董仲舒作为汉代仁政思想的倡导者和践行者,在政治实践中秉承了孟子"置恒产养恒心"的思想,主张轻徭薄赋,省刑罚,宽民力,以求"天下和洽,万民皆安仁乐谊"。到了唐代,统治者也将"仁民爱物"的思想原则贯穿于治国理政实践中。唐太宗李世民吸取隋亡教训,命令魏征等人编辑《群书治要》,该书择取六经、四史、诸子百家中有关修齐治平的精要内容,比如有关仁民爱物的思想,《群书治要》援引陆贾《新语》篇称"治以道德为上,行以仁义为本"的思想;同时又援引了《孔子家语》指出:"故为政在于得人。取人以身,修身以道,修道以仁。仁者,人也,亲亲为大",所以,国家政权的稳定与社会和谐离不开统治者仁爱之心的坚守,就像孟子所说的,"三代之得天下也以仁,其失天下也以不仁。……天子不仁,不保四海;诸侯不仁,不保社稷;卿大夫不仁,不保宗庙;士庶不仁,不保四体"。

三、营造出彩人生的多维度空间

何谓人生,人生就是人的一生,即人从出生到死亡所经历的整个过程,包括生老病死等生物体的自然现象,人的一生是真实的,而不是虚幻的,人是实实在在生活着的。人首先是自然的人生。自然即天然,非人为的,自产生以来就一直是这样的,其特性就是客观性、稳定性和既成性。关于自然之人生,费尔巴哈在《从人本学观点论不死问题》中认为,人是自然界长期发展的产物,是自然界的一部分,与自然界的其他动植物一样,人的个体无疑可以构成一个类,即"人类"。他说:"完全与动植物一样,人也是一个自然本质。"人首先表现为一个自然的生命体,人离不开自然属性。人的生命是人类生存的基础:新陈代谢及种的延续是生命的前提,没有这些,个体生命就会消亡,种的生命无法延续,世界上一切文明都无从谈起。所以,生活中人们常说:"活着比什么都重要"。人类的自然生命源于动物的进化,人类永远具有动物的自然属性,新陈代谢、生长发育、繁殖和遗传变异都是自然的生命形式。恩格斯曾指出,人来源于动物界这个事实已经决定人永远不能完全摆脱兽性,所以问题永远只能在于摆脱得多些或少些。这里所说的兽性,就是指人的生理本能,或者说是人的生物性,而我们所说的自然之人生主要指人的生理或生物方面的属性。

从生物学的观点看,人生之伦执着最牢固的是生命,最强烈的本能是叔本华所说的生命意志。首先是个体生命意志。我们挣扎、营求、竭力劳心,都无非是要个体生命在物质方面得到维持、发展。一切活动都是以"谋生"为最终目的。尼采认为:"构成人的天性的不是意识、精神和理性,而是无意识的不受拘束的生命、纵横溢流的精力以及过于蒙昧和混乱的本能。"①柏格森认为:"生命的动力是生命冲动,它经常创造着层出不穷的新形式,从一个创造向另一个创造前进。"②爱德华·奥·威尔逊断言:"生物学是理解人类本性的一把钥匙。"从生物学角度来说,生命只有一次,因此,我们要珍惜生命。费尔巴哈在《费尔巴哈哲学著作选集》中说:"我爱生命,爱它是必然的,因此我以同样程度躲避和厌恶毒药和一切戕害生命的东西,这也是必然的。"这就是费尔巴哈一直强调的"趋乐避苦"的价值取向。中国古代

---

① [苏]鲍·季·格里戈里杨:《关于人的本质的哲学》,生活·读书·新知三联书店1984年版,第105页。

② [苏]鲍·季·格里戈里杨:《关于人的本质的哲学》,生活·读书·新知三联书店1984年版,第107页。

《北史·源贺传》也有:"臣闻人之所宝,莫宝于生命。"可见,对于每个人而言,再没有比生命更宝贵的东西了。柳永就在《尾犯》中写道:"似此光阴催逼。念浮生、不满百。虽照人轩冕,润屋珠金,于身何益。一种劳心力。图利禄,殆非长策。"在他看来,功名利禄、金银财宝都属身外之物,而人生唯一值得珍视的便是生命。词人予以生命高度的重视,尽管表达方式不尽相同,但结论却高度一致:珍爱生命,珍惜此生。①

　　人和动物都要活着,都有自我的生存本能,表现出强烈的生的欲望。但是,人不仅活着,更追求生命的质量,都想使自我活出个样子来,即出彩的人生,但由于人所在的家庭、社会际遇,即所谓"命运",决定了每一个人不一定都有出彩机会。由此,社会应创设多维度、多时空、多层次的平台,有的显现德性,有的显现智能,有的显现技能,有的显现才艺。创设主体可以是国家政府层面,也可以是民间层面。尽可能让更多人展示自我。

---

① 陈翰苑、吴新颖:《论人生的三个维度》,《云梦学刊》2019 年第 4 期。

参 考 文 献

[1]《毛泽东选集》第二卷,人民出版社 1991 年版。

[2]中共中央文献研究室编:《毛泽东书信选集》,人民出版社 1983 年版。

[3]中共中央宣传部编:《习近平总书记系列重要讲话读本》,学习出版社、人民出版社 2014 年版。

[4]习近平:《决胜全面建成小康社会　夺取新时代中国特色社会主义伟大胜利——在中国共产党第十九次全国代表大会上的报告》,人民出版社 2017 年版。

[5]《马克思恩格斯文集》第 1 卷,人民出版社 2009 年版。

[6]《马克思恩格斯文集》第 2 卷,人民出版社 2009 年版。

[7]《马克思恩格斯文集》第 10 卷,人民出版社 2009 年版。

[8]《马克思恩格斯选集》第 1 卷,人民出版社 1972 年版。

[9]《马克思恩格斯选集》第 4 卷,人民出版社 1995 年版。

[10]《马克思恩格斯全集》第 3 卷,人民出版社 2009 年版。

[11]《马克思恩格斯全集》第 13 卷,人民出版社 1962 年版。

[12]《马克思恩格斯全集》第 42 卷,人民出版社 1995 年版。

[13]《马克思恩格斯全集》第 46 卷上,人民出版社 1979 年版。

[14]马克思:《黑格尔法哲学批判》,中央编译局译,人民出版社 1963 年版。

[15]《资本论》第 1 卷,人民出版社 2004 年版。

[16]恩格斯:《反杜林论》,中共中央著作编译局译,人民出版社 1970 年版。

[17]《诸子集成》(全八册),中华书局 1986 年版。

[18]杨伯峻:《论语译注》,中华书局 1980 年版。

[19]杨伯峻:《孟子译注》,中华书局 1980 年版。

[20]《荀子》,上海书店 1986 年版。

[21](西汉)董仲舒:《春秋繁露》,中华书局 1975 年版。

[22](西汉)司马迁:《史记》,中华书局 1982 年版。

[23](东汉)班固:《汉书》,岳麓书社 1993 年版。

[24](东汉)王充:《论衡》,上海人民出版社 1974 年版。

[25](唐)吴兢:《贞观政要》,岳麓书社 1996 年版。

[26](宋)司马光主编:《资治通鉴》,中华书局 1956 年版。

[27]《陈亮集》,中华书局 1974 年版。

[28](清)谷应泰:《明史纪事本末》,中华书局 1977 年版。

[29]赵尔巽主编:《清史稿》,中华书局 1976 年版。

［30］胡适:《中国哲学史大纲》,上海古籍出版社 1919 年版。

［31］《辞源》,商务印书馆 1964 年版。

［32］《诗经》,北京出版社 2006 年版。

［33］(宋)戴侗:《六书故》,上海社会科学院出版社 2006 年版。

［34］《吕氏春秋》,中华书局 2007 年版。

［35］(清)段玉裁:《说文解字段注》,成都古籍书店 1981 年版。

［36］《管子》,辽宁教育出版社 1997 年版。

［37］《老子》,山西古籍出版社 2003 年版。

［38］《春秋公羊传》,辽宁教育出版社 1997 年版。

［39］《春秋谷梁传》,辽宁教育出版社 1997 年版。

［40］《尚书大传》,商务印书馆 1937 年版。

［41］《庄子》,中国社会科学出版社 2004 年版。

［42］《孝经》,中国纺织出版社 2007 年版。

［43］《大戴礼记》,方向东译注,江苏人民出版社 2019 年版。

［44］《淮南子》,陈广忠译注,中华书局 2011 年版。

［45］《大学》,中国纺织出版社 2007 年版。

［46］(清)戴震:《孟子字义疏证》,何文光整理,中华书局 2008 年版。

［47］《墨子》,山西古籍出版社 2003 年版。

［48］(清)黄宗羲:《宋元学案》,全祖望补修,中华书局 1986 年版。

［49］(清)阮元校刻:《十三经注疏》,中华书局 2009 年版。

［50］(南朝)刘勰:《文心雕龙》,中州古籍出版社 2008 年版。

［51］(明)王阳明:《传习录》,中州古籍出版社 2008 年版。

［52］(宋)司马光:《资治通鉴》,中华书局 2009 年版。

［53］(东汉)班固:《汉书艺文志》,商务印书馆 1957 年版。

［54］《乐记》,吉联抗译注,音乐出版社 1979 年版。

［55］《孟子》,方勇译注,中华书局 2010 年版。

［56］《中庸》,山东友谊出版社 1992 年版。

［57］《礼记》,胡平生、张萌译注,中华书局 2017 年版。

［58］《左传》,刘利译注,中华书局 2007 年版。

［59］左丘明:《国语》,上海古籍出版社 1978 年版。

［60］《管子》,中华书局 2009 年版。

［61］(汉)许慎:《说文解字》,(宋)徐铉杨校定,中华书局影印本 1963 年版。

［62］《韩非子》,山西古籍出版社 2003 年版。

［63］(宋)范晔:《后汉书》,(唐)李贤等注,中华书局 2000 年版。

［64］(宋)黎靖德:《朱子语类》,王星贤注解,中华书局 1986 年版。

［65］(宋)朱熹、吕祖谦:《近思录》,斯彦莉译注,中华书局 2011 年版。

［66］(清)王夫之:《尚书引义》,中华书局 1976 年版。

[67]《黄帝内经》,姚春鹏注释,中华书局2010年版。

[68]《尚书》,王世舜译注,中华书局2011年版。

[69]《周易》,郭彧译注,中华书局2006年版。

[70](东汉)班固等:《白虎通义》,上海古籍出版社1992年版。

[71]陈立:《白虎通疏证》,吴则虞注解,中华书局1994年版。

[72]《孔子家语》,上海古籍出版社1990年版。

[73]谢赫、姚最:《古画品录 续画品录》,王伯敏注译,人民美术出版社1962年版。

[74](魏)刘劭:《人物志》,中州古籍出版社2007年版。

[75]翦伯赞:《秦汉史》,北京大学出版社1983年版。

[76]黄留珠:《秦汉仕进制度》,西北大学出版社1985年版。

[77]刘振东:《中国儒学史·魏晋南北朝卷》,广东教育出版社1998年版。

[78]陈谷嘉、朱汉民:《中国德育思想史》,浙江教育出版社1998年版。

[79]邱伟光、张耀灿:《思想政治教育原理》,高等教育出版社1999年版。

[80]徐大同:《西方政治思想史》,天津教育出版社2000年版。

[81]徐复观:《中国人性论史·先秦篇》,上海三联书店2001年版。

[82]吕思勉:《中国制度史》,上海教育出版社2002年版。

[83]翟博:《中华家训经典》,海南出版社2002年版。

[84]罗洪铁主编:《思想政治教育原理与方法研究》,贵州人民出版社2002年版。

[85]余治平:《唯天为大》,商务印书馆2003年版。

[86]于春松:《制度化儒家及其解体》,中国人民大学出版社2003年版。

[87]周桂钿、李祥俊:《中国学术通史·秦汉卷》,人民出版社2004年版。

[88]龚鹏程:《汉代思潮》,商务印书馆2005年版。

[89]张岱年:《中国哲学大纲》,江苏教育出版社2005年版。

[90]任继愈、张岱年、冯契:《中国哲学史通览》,东方出版中心2005年版。

[91]韩星:《儒法整合——秦汉政治文化论》,中国社会科学出版社2005年版。

[92]李明辉:《儒家视野下的政治思想》,北京大学出版社2005年版。

[93]韦政通:《先秦七大哲学家》,江苏教育出版社2006年版。

[94]董雅、邓力主编:《困惑与超越》,人民出版社2006年版。

[95]董建辉:《明清乡约——理论演进与实践发展》,厦门大学出版社2008年版。

[96]吴新颖:《儒学与中国传统文化》,中央民族大学出版社2010年版。

[97]杨国荣:《成己与成物——意义世界的生成》,北京大学出版社2011年版。

[98]陈戍国:《中国礼制史》(先秦卷),湖南教育出版社2011年版。

[99]洪修平:《中国儒佛道三教关系研究》,中国社会科学出版社2011年版。

[100]韩星:《儒家人文精神》,陕西人民出版社2012年版。

[101]赵敏俐:《文学传统与中国文化》,东北师范大学出版社1993年版.

[102]刘康德:《魏晋风度与东方人格》,辽宁教育出版社1991年版。

[103]王春林:《和而不同　儒释道与中国文化》,中国古籍出版社 2015 年版.．

[104]谢选骏:《神话与民族精神》,山东文艺出版社 1986 年版。

[105]朱义禄:《儒家理想人格与中国文化》,辽宁教育出版社 1991 年版。

[106]李承贵:《生生的传统——中国传统哲学认知范式研究》,中国社会科学出版社 2018 年版。

[107]刘仲宇:《儒释道与中国民俗》,广西师范大学出版社 2016 年版。

[108]姜澄清:《中国绘画精神体系》,辽宁教育出版社 1992 年版。

[109]南怀瑾:《孟子公孙丑》(上),东方出版社 2011 年版。

[110]王国维:《王国维哲学美学论文辑佚》,佛雏校辑,华东师范大学出版社 1993 年版。

[111]冯契:《中国古代哲学的逻辑发展》,上海人民出版社 1985 年版。

[112]高清海:《高清海哲学文存》(第一卷),吉林人民出版社 1997 年版。

[113]高清海:《人就是"人"》,辽宁人民出版社 2001 年版。

[114]方东美:《中国哲学精神及其发展》(下册),黎明文化事业股份有限公司 2005 年版。

[115]牟宗三:《中国哲学的物质》,上海古籍出版社 1997 年版。

[116]牟宗三:《心体与性体》(中册),上海古籍出版社 1999 年版。

[117]陈寅恪:《审查报告三》,《中国哲学史》(下册),华东师范大学出版社 2000 年版。

[118]冯友兰:《三松堂全集》,河南人民出版社 2000 年版。

[119]冯友兰:《中国哲学史》,中华书局 1983 年版。

[120]水如编:《陈独秀书信集》,新华出版社 1987 年版。

[121]杜维明:《道·学·政》,生活·读书·新知三联书店 2013 年版。

[122]费正清:《中国:传统与变迁》,世界知识出版社 2002 年版。

[123]吕思勉:《秦汉史》,上海古籍出版社 1983 年版。

[124]高平叔:《蔡元培美育论集》,湖南教育出版社 1987 年版。

[125]徐复观:《中国人性论史·先秦篇》,台北商务印书馆 1969 年版。

[126]余时英:《内在超越之路》,中国广播电视出版社 1993 年版。

[127]郭沫若:《郭沫若全集》(第二卷),人民出版社 1982 年版。

[128]熊十力:《熊十力全集》(第四卷),湖北教育出版社 2001 年版。

[129]冯友兰:《三松堂学术文集》,北京大学出版社 1984 年版。

[130]钱穆:《论语新解》,巴蜀书社 1985 年版。

[131]余英时:《士与中国文化》,上海人民出版社 1987 年版。

[132]金春峰:《汉代思想史》,中国社会科学出版社 1987 年版。

[133]吴乃恭:《儒家思想研究》,东北师范大学出版社 1988 年版。

[134]周桂钿:《董学探微》,北京师范大学出版社 1989 年版。

[135]刘泽华:《中国古代政治思想史论》,南开大学出版社 1992 年版。

[136]钱穆:《中国文化史导论》,商务印书馆 1994 年版。

[137]钱穆:《国史大纲》,商务印书馆 1994 年版。

[138]王炳照、郭齐家:《简明中国教育史》,北京师范大学出版社 1994 年版。

[139]王永祥:《董仲舒评传》,南京大学出版社 1995 年版。

[140]顾颉刚:《汉代学术史略》,东方出版社 1996 年版。

[141]梁启超:《先秦政治思想史》,东方出版社 1996 年版。

[142]《辞海》,上海辞书出版社 1997 年版。

[143]徐征:《全元曲》,河北教育出版社 1998 年版。

[144]肖君和:《论人》,浙江人民出版社 1986 年版。

[145]唐凯麟、陈仁仁:《成人之道——儒家伦理文化》,山东教育出版社 2011 年版。

[146]杜维明:《儒教——世界宗教入门》,陈静译,上海古籍出版社 2008 年版。

[147]吴新颖、杨定明:《儒家教化论》,浙江大学出版社 2018 年版。

[148]李泽厚:《李泽厚近年答问录》,天津社会科学院出版社 2006 年版。

[149]杜保瑞:《功夫理论与境界哲学》,华文出版社 1999 年版。

[150]李泽厚:《中国古代思想史论》,人民出版社 1985 年版。

[151]冯友兰:《三松堂全集》第五卷,河南人民出版社 1986 年版。

[152][法]笛卡尔:《第一哲学沉思集》,商务印书馆 1986 年版。

[153]高平叔:《蔡元培全集》第四卷,中华书局 1984 年版。

[154]徐复观:《中国艺术精神》,商务印书馆 2010 年版。

[155]牛其贞:《胡适论学近著》(第一集),山东人民出版社 1998 年版。

[156]章太炎:《章太炎政论选集》(上册),中华书局 1977 年版。

[157]李景林:《教化哲学——儒学思想的一种诠释》,黑龙江人民出版社 2006 年版。

[158]梁漱溟:《中国文化要义》,上海人民出版社 2011 年版。

[159]俞吾金:《意识形态论》,上海人民出版社 1993 年版。

[160]瞿葆奎:《教育基本理论之研究(1978—1995)》,福建教育出版社 1998 年版。

[161]杜维明:《人性与自我修养》,中国和平出版社 1988 年版。

[162]马振铎:《仁·人道:孔子的哲学思想》,中国社会科学出版社 1993 年版。

[163]唐君毅:《人文精神之重建》,广西师大出版社 2005 年版。

[164]方东美:《中国人生哲学》,黎明文化事业股份有限公司 2005 年版。

[165]费孝通:《文化自觉——传统与现代的接榫》,中国社会科学出版社 2005 年版。

[166]余英时:《内在超越之路》,中国广播电视出版社 1993 年版。

[167]李泽厚:《新版中国古代思想史说》,天津社会科学出版社 2008 年版。

[168]李泽厚:《中国古代思想史论》,人民出版社 1985 年版。

[169]贺麟:《文化与人生》,商务印书馆 1988 年版。

［170］周桂钿:《朱熹的宇宙论和天文观》,《朱子学新论——纪念朱熹诞辰 860 周年国际学术会议论文集》,1999 年 6 月 30 日。

［171］章太炎:《章太炎全集》(第三册),上海人民出版社 1984 年版。

［172］冯友兰:《中国哲学史》,中华书局 1961 年版。

［173］张世英:《天人之际》,人民出版社 1995 年版。

［174］吴宣德:《中国教育制度通史》(第四卷),山东教育出版社 2000 年版。

［175］葛兆光:《中国思想史》,复旦大学出版社 2000 年版。

［176］徐复观:《两汉思想史》,华东师范大学出版社 2001 年版。

［177］［古希腊］色诺芬:《回忆苏格拉底》(第 4 卷),吴永泉译,商务印书馆 1984 年版。

［178］［英］莎士比亚:《莎士比亚全集》(第 9 卷),朱生豪译,人民出版社 1978 年版。

［179］［美］摩尔根:《古代社会》(上册),杨东莼、马雍、马巨译,商务印书馆出版社 1987 年版。

［180］［德］恩斯特·卡西尔:《人论》,李琛译,光明日报出版社 2009 年版。

［181］［英］马林诺夫斯基:《原始的性爱》,王启龙、邓小泳译,中国社会科学出版社 2000 年版。

［182］［英］马林诺夫斯基:《西太平洋的航海者》,梁永佳、李绍明译,华夏出版社 2002 年版。

［183］［德］黑格尔:《哲学史讲演录》(第 2 卷),贺麟、王太庆译,商务印书馆 1960 年版。

［184］［德］黑格尔:《小逻辑》,贺麟译,商务印书馆 1980 年版。

［185］［英］波普尔:《科学知识进化论》,纪树立译,生活·读书·新知三联书店 1987 年版。

［186］［美］赫舍尔:《人是谁》,隗仁莲、安希孟译,陈维政校译,贵州人民出版社 1994 年版。

［187］［美］克利福德·格尔茨:《文化的解释》,韩莉译,译林出版社 1999 年版。

［188］［美］安靖如:《人权与中国思想》,黄金荣、黄斌译,中国人民大学出版社 2012 年版。

［189］［德］加达默尔:《真理与方法》,王才勇译,辽宁人民出版社 1987 年版。

［190］［美］卡普拉:《物理学之道》,朱润生译,四川人民出版社 1984 年版。

［191］［德］伊曼怒尔·康德:《实践理性批判》,韩水法译,商务印书馆 1999 年版。

［192］［德］彼得·科斯洛夫斯基:《伦理经济学原理》,孙瑜译,中国社会科学出版社 1997 年版。

［193］［法］皮埃尔·布迪厄:《实践感》,蒋梓骅译,译林出版社 2012 年版。

［194］［法］罗兰·巴特:《一个解构主义的文本》,汪耀进、武佩荣译,上海人民出版社 1988 年版。

［195］［英］休谟:《人性论》,关文运译,商务印书馆 1983 年版。

［196］［印］奥修:《生命、爱与欢笑》,陶稀译,上海三联书店 1995 年版。

［197］［英］马林诺夫斯基:《文化论》,费孝通译,华夏出版社 2001 年版。

［198］［英］约翰·洛克:《论宗教宽容——致友人的一封信》,吴云贵译,商务印书馆 1998 年版。

［199］［德］黑格尔:《美学》(第 1 卷),朱光潜译,商务印书馆 1997 年版。

［200］［苏格兰］托马斯·卡莱尔:《论英雄和英雄崇拜》,张志民、段忠桥译,中国国际广播出版社 1988 年版。

［201］［法］帕斯卡尔:《思想录》,何兆武译,商务印书馆 1995 年版。

［202］［美］狄百瑞:《儒家的困境》,黄水婴译,北京大学出版社 2009 年版。

［203］［德］海德格尔:《存在与时间》,陈嘉映、王庆节译,生活·读书·新知三联书店 1999 年版。

［204］［德］康德:《历史理性批判文集》,何兆武译,商务印书馆 1990 年版。

［205］［古希腊］柏拉图:《柏拉图全集》,王晓朝译,人民出版社 2002 年版。

［206］［德］黑格尔:《逻辑学》上册,杨一之译,商务印书馆 1966 年版。

［207］［德］黑格尔:《逻辑学》,许景行译,杨一之校,商务印书馆 1991 年版。

［208］［英］达尔文:《人类的由来》,潘光旦、胡寿文译,商务印书馆 1983 年版。

［209］［加拿大］约翰·华特生:《康德哲学原著选读》,韦卓民译,商务印书馆 1963 年版。

［210］［英］罗素:《西方哲学史》上卷,何兆武、李约瑟译,商务印书馆 1982 年版。

［211］［德］黑格尔:《哲学史讲演录》第 2 卷,贺麟、王太庆译,商务印书馆 1983 年版。

后　记

　　"成人"这个话题自古有之,可谓常常讲、人人讲,是个永远讲不完的话题,这是为什么？我想,人的存在与生存,既具有时代性、民族性,也具有个体的差异性。每个人或是出生于不同的时代,或是出生于不同的民族,他们生活在不同的地域,成长在不同的家庭,除此之外,个体自身之特性,如性格、气质乃至生理特性(诸如血液的血型)等,也会对个体的成长产生影响。重要的是,我们每一个人都会经历"人之在"到"人之成"的转变,都有一个由"自然人"向"社会人"的成长过程,这就是"成人",而"成人"是艰难的、曲折的,也是复杂的。

　　人偶然地来到这个世界上,却真实而具体地生存于这个世界中,在其生存与生活中,有一个重要的问题,即要处理各种关系,这包括熟人的、陌生人的、亲朋好友的以及其他各种各样的人际关系。其中,家庭及其成员的各种关系是每个人首先需要面对的,随着活动范围的扩大,人总是会有更宽广的交往,同学、朋友、老乡、同事等。在人与人的交往之中,异性间的交往,或者说是男女之友情、之真情尤其爱情是人成长中的重要一环。可以说,人总是在他人的关注下逐渐成长,在与他人的交往中逐步成熟,他人就好像一面镜子。当然,人际交往中人的成长并不是单线,并不总是好的,因此,同什么人交往以及如何与人交往就显得尤为重要,交友不慎或是关系处理不当,则可能会对自身的成长造成不利的影响。人的一生是真实的一生,虽说人生不过百年,所谓"白驹过隙""弹指一挥间",但具体到每一个个体的自然人生之上,人生则是漫长的,如果没能处理好各种关系以及遇到的种种困难,特别是在是非善恶的价值判断上出了问题,则很可能困人于窘境。另外,人也会追求名利,现实生活中,人常常烦恼于各种求而不得。可以说,人总是有欲有求的,人世间若无欲无求,这个世界就会停止运转。人还有生老病死之困扰。总而言之,人存在于这个世界上总会有烦恼、有困惑,如何面对烦恼,化解困惑,寻找人生的意义与价值,这自然就会想到中国传统文化,尤其是儒家文化。

　　中国传统文化自始就关注人,是人生之哲学,"哲学的任务不是增加关于实际的积极的知识,而是提高人的精神境界",冯友兰定义的这个"哲学",也"就是对于人生的有系统的反思的思想"。而作为中国传统文化的主流,儒家更是把全部出发点和落脚点放在成人及如何成人上。总体上看,儒学应是治世哲学,是人的哲学,是成人的哲学。放眼世界,东西方哲学之间虽有差异,但在哲学的本质和作用上共通于促进人的存在。中国传统文化,尤其儒家文化即是关于"人""成人"的学说。以"成人"为核心,儒家文化形成了"学以成人"这一教育理念,"学以成人"被定为第二十四届世界哲学大会的主题,正是这一理念带来的哲学思考。"学以成人"指向人的存在,符合世界哲学的新转向。在很大意义上说,"学以成人"的观念是中国人赖以安身立命的精神家园,中国历代哲人是这一理念的垂范者,即使在现代化、信息化的今天,这些观念仍然是大多数中国人的精神核心和价值基础。当代社会尽管在物质方面得到了极大的丰富(满足人的生理欲望),但是人类生存的基本社会架构依然存在,人的各种关系依然存在。人情、人性古今有共通性、同质性。

也许幸运,于2019年我又获得了一个国家社科基金后期资助项目,自项目立项后,我即着手修改,半年多时间,排除一切干扰,一心一意思考与研究,常常彻夜修改与完善,经过本人刻苦努力及团队成员的大力协助,尤其是核心成员全程参与帮助,基本上按规定时间完成。书稿参照专家宝贵意见,反复修改,前后达30余次,由材料提炼观点,再按观点去查找、整理资料,并随时记录下自我的所思所悟,且已融入书稿。2020年春节起,我天天"宅"于家中,一边修改书稿,一边关注疫情,深感中国强有力的组织与执行能力,也深感中国人民优良品性,努力克制自我,以大局为重。面对疫情,中国人民展示出了良好的精神风貌。中华民族自古就有饱经忧患经历,但从来都是自强不息,这些体现了中国传统文化尤其是儒家文化的价值取向,有关于此的所观、所想、所悟也都融到了书稿中。

写作与修改的过程是非常辛苦的,个人力量也是有限的,需团队的共同努力,课题组核心成员陈翰苑,也是我的博士生,自始至终参与课题选题、提纲确定、部分章节的撰写以及整体文字校对等全程工作。同时,我的部分硕士研究生也参与了研究与校对,终得以顺利完成。

其实,成人何其难,其原因在于人是生活在一个文化环境之中,而其中精神文化涵盖的制度与观念文化对于"人之成"产生着至关重要的作用,因为有这种文化,个体要不断适应着文化变迁,而人也在不断更新着对自我的认知,修炼自我,倘若个体略有疏忽则很有可能与时代要求相背离,甚至受到时代的惩罚,而导致个体成长受挫。诚然,面对挫折,化解困境的方式有很多,但其中有一点,人须得保持头脑清醒,内心清静,即荀子所谓的"大清明"状态。关于人生,不应是看破,而应是看透、悟透,感悟人生之美、之乐。

而面对人生的是是非非、恩恩怨怨,《三国演义》的主题曲或许能给予人们一些启迪,"滚滚长江东逝水,浪花淘尽英雄……古今多少事,都付笑谈中",我们不是虚无主义者,我们应多一些爱心,少一些狭隘;多一些快乐,少一些忧愁;多一些付出,少一些贪意。

在出版过程中,人民出版社以及我的其他好友给予了极大帮助,在此表示感谢! 同时,在申请课题、撰写、校对以及出版中,得到了许多专家以及亲朋好友关心关照与支持,在此,一并表示感谢!

当用心完成这一课题,完成这本专著时,发现还有不足之处,深感中国传统文化博大精深,更深感关于人的世界或人的反思还有许多空间要去探究。当然,课题研究本身还有些不足,这包括少部分结构以及个别观点提炼,敬请专家与读者指正。

吴新颖

2021 年 5 月

责任编辑:王彦波

封面设计:毛　淳　徐　晖

图书在版编目(CIP)数据

儒家成人论/吴新颖,陈翰苑 著. —北京:人民出版社,2021.5

(国家社科基金后期资助项目)

ISBN 978－7－01－023303－1

Ⅰ.①儒…　Ⅱ.①吴…②陈…　Ⅲ.①儒家-哲学思想-研究

　Ⅳ.①B222.05

中国版本图书馆 CIP 数据核字(2021)第 062016 号

儒家成人论

RUJIA CHENGREN LUN

吴新颖　陈翰苑　著

人民出版社 出版发行

(100706　北京市东城区隆福寺街 99 号)

北京建宏印刷有限公司印刷　新华书店经销

2021 年 5 月第 1 版　2021 年 5 月北京第 1 次印刷

开本:710 毫米×1000 毫米 1/16　印张:16.75

字数:273 千字

ISBN 978－7－01－023303－1　定价:59.00 元

邮购地址 100706　北京市东城区隆福寺街 99 号

人民东方图书销售中心　电话 (010)65250042　65289539